Hildegard Müller-Kohlenberg
Klaus Münstermann (Hrsg.)
Qualität von Humandienstleistungen

Hildegard Müller-Kohlenberg
Klaus Münstermann (Hrsg.)

Qualität von Humandienstleistungen

Evaluation und Qualitätsmanagement in Sozialer Arbeit und Gesundheitswesen

Leske + Budrich, Opladen 2000

Die Deutsche Bibliothek – CIP-Einheitsaufnahme
Ein Titeldatensatz für diese Publikation ist bei
Der Deutschen Bibliothek erhältlich.

ISBN 3-8100-2916-5

Gedruckt auf säurefreiem und alterungsbeständigem Papier.

Satz: Leske + Budrich
Druck: Druck Partner Rübelmann, Hemsbach
Printed in Germany

Inhalt

Vorwort ... 15

Beiträge zu Methoden, Standards und Nutzen von Evaluation und Qualitätsmanagement

Helmut Kromrey
Die Bewertung von Humandienstleistungen. Fallstricke bei der Implementations- und Wirkungsforschung sowie methodische Alternativen ... 19

1 Vorbemerkung: Dilemmata einer Aufgabenkombination Evaluation, Innovationen, Dienstleistungen ... 19
2 Die Vielfalt von Evaluationen: eine grobe Klassifikation ... 25
2.1 Das „Forschungsparadigma“ der Evaluation ... 25
2.2 Das „Kontrollparadigma“ der Evaluation ... 26
2.3 Das „Entwicklungsparadigma“ der Evaluation ... 26
2.4 Welches „Paradigma“ ist das zur Evaluation von Humandienstleistungen geeignetste? ... 27
2.5 Zur „Theorie der Evaluation“ ... 29
3 Das Leitkonzept für das Forschungs- und das Kontrollparadigma der Evaluation: Programmforschung ... 30
3.1 Begriffsexplikation ... 30
3.1.1 Implementations- oder Wirkungsforschung: Was wird evaluiert? ... 32
3.1.2 Summative oder formative Evaluation: Wann wird evaluiert? ... 32
3.1.3 Externe oder interne Evaluation: Wo ist die Evaluation angesiedelt? ... 33
3.1.4 Instanzen der Evaluierung: Wer beurteilt nach welchen Kriterien? ... 33
3.2 Methoden der Programmforschung ... 34
3.2.1 Ziel- und Maßnahmenanalyse ... 36
3.2.2 Konzipierung der Wirkungen (Modell des Wirkungsfeldes) ... 40

3.2.3 Das Feldexperiment als Referenzdesign für die Programmforschung ... 43
3.3 Alternativen zum Experimentaldesign ... 47
3.3.1 Alternativen im Forschungsparadigma: „ex-post-facto-Design“, theoriebasierte Evaluation; Meta-Analyse ... 47
3.3.2 Alternativen im Kontrollparadigma: Indikatorenmodelle, Bewertung durch Betroffene ... 52
4 Das Leitkonzept für das Entwicklungsparadigma der Evaluation: Das „Helfer- und BeraterInnenmodell“ der Evaluation ... 55

Christopher Pollitt
Qualitätsmanagement und Evaluation in Europa: Strategien der Innovation oder der Legitimation? ... 59

1 Generelle Perspektive ... 59
2 Zielsetzungen dieses Beitrags ... 61
3 Modelle von Evaluation und Qualitätsmanagement: – Einige Ähnlichkeiten ... 62
4 Modelle von Evaluation und Qualitätsmanagement: – Einige Unterschiede ... 65
5 Evaluations- und Qualitätsmanagementmodelle: – Variationen innerhalb beider Aktivitäten ... 68
6 Die Beziehung(en) zwischen Evaluation und Qualitätsmanagement ... 69

Thomas Widmer
Kontext, Inhalt und Funktion der „Standards für die Evaluation von Programmen“ ... 77

1 Die Entstehung der Standards ... 77
2 Interaktionstheoretisches Modell und Konsequenzen für die Evaluationsgestaltung ... 79
2.1 Interaktion Politik/Verwaltung – Evaluation ... 80
2.2 Interaktion Wissenschaft – Evaluation ... 81
2.3 Interaktion Öffentlichkeit – Evaluation ... 81
2.4 Zusammenfassung ... 82
3 Inhalt der „Standards für die Evaluation von Programmen“ ... 82
3.1 Nützlichkeit ... 83
3.2 Durchführbarkeit ... 83
3.3 Korrektheit ... 83
3.4 Genauigkeit ... 83
4 Funktionen der „Standards für die Evaluation von Programmen“ ... 85
4.1 Handlungsanleitung bei der Planung und Ausführung von Evaluationen ... 85

4.2 Didaktisches Instrument in Aus- und Weiterbildung für (angehende) EvaluatorInnen 85
4.3 Instrument zur systematischen Selbstreflexion im Evaluationsprozess 86
4.4 Bewertungsgrundlage in Meta-Evaluationen 86
4.5 Bestandteil von Evaluationskontrakten, Reglementen, Weisungen, Handbüchern u.ä. 86
4.6 Identitätsstiftende Grundlage der Evaluationsgemeinde 86
4.7 Zum Abschluss: Dysfunktionalitäten 87

Reinhard Stockmann
Methoden der Wirkungs- und Nachhaltigkeitsanalyse: Zur Konzeption und praktischen Umsetzung 89

1 Elemente des theoretischen Grundmodells 90
2 Das Analyseraster 94
3 Nützlichkeit 96
3.1 Nützlichkeit des Ansatzes für die AnwenderInnen 96
3.2 Nützlichkeit der Ergebnisse für die AuftraggeberInnen 97

Hildegard Müller-Kohlenberg, Cornelia Kammann
Die NutzerInnenperspektive in der Evaluationsforschung: Innovationsquelle oder opportunistische Falle? 99

1 Wie beurteilen Menschen mit psychischen Problemen ihre Behandlung und Therapie? 100
1.1 Forschungsmethodischer Rückblick: Der Weg zur qualitativen Forschung 100
1.2 Erträge der quantitativen Forschung 105
2 Wie erleben Kinder mit kognitiven Behinderungen ihre Situation in der Sonderschule bzw. in Integrationsklassen? 106
2.1 Befragungsinstrument: Das konsekutive Interview 107
2.2 Datenerhebung und Befragungsergebnisse 107
2.2.1 Wie schätzen nichtbehinderte SchülerInnen aus Integrationsklassen ihre behinderten MitschülerInnen ein? (Das Fremdbild) 108
2.2.2 Wie bewerten behinderte SchülerInnen aus den verschiedenen Einrichtungen ihre Pause? 110
2.2.3 Lassen sich Stigmatisierungssituationen in Integrationsklassen aufzeigen? 111
2.2.4 Vergleich mit früheren Untersuchungsergebnissen 113
2.3 Die Bedeutung der NutzerInnenperspektive für die Sonderpädagogik 114

3 Die Sicht der NutzerInnen: Eine komplementäre Perspektive zur Bewertung von Humandienstleistungen 114
3.1 Welche Forderungen sind an die Erforschung der NutzerInnenperspektive zu richten? 114
3.2 Welche innovativen Hinweise können durch die Erforschung der NutzerInnenperspektive gewonnen werden? (Einige Beispiele) .. 115
3.2.1 Unerwartetes 115
3.2.2 Unbewusstes oder Abgewehrtes 116
3.3 Welche „Fallen“ können sich bei der Erforschung und Interpretation der NutzerInnenperspektive sowie der praktischen Verwendung der Ergebnisse auftun? 117
3.3.1 Das KundInnenkonzept 117
3.3.2 NutzerInnenperspektive und Entscheidungen für die Zukunft 118
3.3.3 Das Problem repräsentativer Stichproben 119
4 NutzerInnenbefragung und professionelle Standards 120

Uta Stockbauer
Was macht Evaluationen nützlich?
Überblick zum Forschungsstand – Ergebnisse von Fallstudien 121

1 Überblick zum Forschungsstand 121
2 Ergebnisse aus Fallstudien 126

Qualität im Gesundheitswesen: PatientInnenerwartungen, fachliche Standards und der soziale Kontext

Alison Kitson
Evaluation und Qualitätsmanagement im Bereich der Gesundheitswissenschaften: Reise in das Unbekannte 131

1 Einführung 131
2 Arten der Urteilsbildung über die Qualität von Dienstleistungen 133
3 Schlüsselelemente innerhalb des Prozesses der Evaluation im Pflegebereich 136
4 Rahmenvorschläge für die praktische Umsetzung von Forschung 137
4.1 Die Art der Evidenz 138
4.2 Art des Kontextes 139
4.3 Facilitation oder Veränderungs-Management 140
5 Das Verhältnis zwischen Evidenz, Kontext und Facilitation (bei hoher Evidenz) 141
6 Testen des Schemas 143
7 Die Bedeutung des Schemas in Bezug auf die Entwicklung von Evaluations- und Qualitätsverbesserungsmethoden 146

Martin Moers, Doris Schiemann
Das Projekt „Pflegediagnostik" im Universitätsspital Zürich. Ergebnisse einer externen Evaluation zur Projekteinführung, -durchführung und -steuerung ... 149

1 Einführung ... 149
2 Ausgangslage der Pflegewissenschaft im deutschsprachigen Raum ... 149
3 Einordnung des Projekts ... 150
4 Evaluationsauftrag ... 151
5 Datenbasis und methodisches Vorgehen ... 152
6 Ergebnisdarstellung ... 153
6.1 Struktur ... 153
6.2 Prozess ... 155
6.3 Ergebnis ... 158
7 Wissenschaftlicher Ertrag ... 162
7.1 Strukturen ... 162
7.2 Projektgruppenarbeit vor Ort ... 163
7.3 Schulungskonzept ... 163
7.4 Projektbegleitung/Pflegeentwicklung durch PflegeexpertInnen .. 163
7.5 MentorInnenmodell ... 163
7.6 Handlungsspielräume der MitarbeiterInnen ... 164
7.7 Pflegediagnostik ... 164
7.8 Pflegeprozessmethode ... 164
7.9 Evaluation ... 164

Klaus Eichler, Marc-Anton Hochreutener
Die PatientInnenperspektive im Gesundheitswesen. Messung der Ergebnisqualität im Kanton Zürich ... 165

1 Stellenwert der Outcome-Messung bei leistungsorientierter Finanzierung ... 165
2 Leistungsorientierte Ressourcenallokation im Spitalbereich (Kanton Zürich) ... 166
2.1 Das LORAS-Teilprojekt Outcome 1 ... 166
2.2 Projekt „Outcome 98" im Überblick ... 168
2.3 Evolution der Outcome-Messung ... 169
3 Die bisherigen Resultate und Erkenntnisse ... 170
4 Verankerungsprozess der Outcome-Messung im Kanton Zürich ... 172

Ursula Reck-Hog
KundInnenorientierung in der ambulanten Pflege 173

1 Qualitätsanforderungen 173
2 Prüfinstrumente 175
3 KundInnenerwartungen an ambulante Pflegedienste 176
3.1 Freundlichkeit 176
3.2 Achtung der Person 177
3.3 Hilfsbereitschaft 177
3.4 Kontinuität 178
3.5 Information/Beratung 178
3.6 Verlässlichkeit 179
3.7 Einhalten der vereinbarten Betreuungszeiten 179
3.8 Fachliches Können/Gewissenhaftigkeit 179
3.9 Vertraulichkeit 180
3.10 Ernstnehmen der individuellen Wünsche und Bedürfnisse 180
4 Bewertungsverfahren 181

Gabriele Müller-Mundt, Ulrike Höhmann, Brigitte Schulz, Hubert Anton
Anforderungen an das Qualitätsmanagement in der Gesundheitsversorgung aus der Sicht der PatientInnen. Ergebnisse aus dem Hessischen Modellprojekt zur kooperativen Qualitätssicherung 183

1 Anliegen und Konzeption des Modellprojektes zur kooperativen Qualitätssicherung 183
2 Zur Ausgangssituation: Probleme der Versorgungssituation pflegebedürftiger Menschen 185
2.1 Ein Fallbeispiel 185
3 Perspektivenabgleich und Anforderungen an die Versorgungsqualität 188
4 Maßnahmen zur Verbesserung der Versorgungsqualität 190
5 Zur Evaluation und Nachhaltigkeit der Projektinitiative 192

Christian Thomeczek
Stand der Diskussion um Leitlinien im Gesundheitswesen 195

1 Leitlinien: Definition, Merkmale, Ziele 195
2 Leitlinien, Richtlinien, Standards 196
3 Leitlinienentwicklung im internationalen Vergleich 197
3.1 Vereinigte Staaten 197
3.2 Schottland, Neuseeland, Holland 198
3.3 Deutschland 198
4 Qualitätskriterien von Leitlinien 200
5 Leitlinien Clearingverfahren 201

Innovation, Evaluation und Qualitätsmanagement in Sozialer Arbeit und Supervision

Maja Heiner
Interne Evaluation zwischen institutioneller Steuerung und pädagogischer Reflexion – Sieben Thesen 207

Warum interne Evaluation?
1 Interne Evaluation ist ein zentrales Medium der Qualitätsentwicklung und institutionellen Steuerung lernender Organisationen über Wissensmanagement. 208
2 Interne Evaluation setzt Qualitätsmanagement voraus, unterstützt es und führt zugleich entscheidend darüber hinaus. ... 209
3 Ohne Verknüpfung mit der pädagogischen Reflexion bleibt die institutionelle Steuerung global, die Evaluation oberflächlich. ... 211
4 Zwischen institutioneller Steuerung und pädagogischer Reflexion besteht ein Spannungsverhältnis, keine grundsätzliche Unvereinbarkeit. 213
5 Das Spannungsverhältnis von institutioneller Steuerung und pädagogischer Reflexion beruht auch auf einem prinzipiellen Unterschied des Erkenntnisinteresses von Leitung und MitarbeiterInnen. Es kann am ehesten durch kasuistische, qualitative Evaluationen überbrückt werden. 215
6 Die Verknüpfung von institutioneller Steuerung und pädagogischer Reflexion verlangt eine gezielte Kombination stark vorstrukturierter, zentraler Evaluationen mit autonomen, dezentralen Vorhaben von unterschiedlichem Detaillierungsgrad. 218
7 Die Verknüpfung von institutioneller Steuerung und pädagogischer Reflexion legt experimentierende Evaluationsansätze nahe. 222
Zusammenfassung 225

Burkhard Müller
Evaluationskompetenz und Innovationskompetenz. Oder: Interne Evaluation als Ziel, externe Evaluation als Mittel. 227

1 Qualität der Kontrollverfahren und Selbstevaluation 227
2 Selbstevaluation und Fremdevaluation 228
3 Selbststeuerung als professionelle Qualität und die Wirkung von Evaluationsinstrumenten 229
4 Evaluation als integraler Teil professioneller Arbeit 230
5 EvaluationsberaterInnen und InnovationsagentInnen 231

Eckhard Hansen
Rahmenbedingungen nationaler Qualitätsdiskurse im Bereich personenbezogener Sozialer Dienstleistungen am Beispiel der Länder England und Deutschland 233

1 Die Frage der Qualität personenbezogener Sozialer Dienstleistungen 233
2 Rahmenbedingungen der Reformdurchsetzung 235
3 Ideologisch-politische Rahmenbedingungen 236
4 Weitere den Diskurs bestimmende Rahmenbedingungen 237
5 Ergebnisse des Paradigmenwechsels 239

Edgar Baumgartner
Evaluationen für wen? Meta-evaluative Anmerkungen zu Evaluationssettings in der Sozialen Arbeit 241

1 Funktionen der Evaluationsforschung in der Sozialen Arbeit 241
2 Evaluationssettings in der Sozialen Arbeit und deren Leistungsfähigkeit 243
3 Kooperation als Modus der Erkenntnisproduktion 245
4 Abschließende Bemerkungen 246

Angelika Stötzel, Michael Appel
Das WANJA-Instrumentarium zur Qualitätsentwicklung in der Offenen Kinder- und Jugendarbeit 249

1 Ziele und Prinzipien des Forschungs- und Entwicklungsprojektes 249
1.1 Fachlichkeit 250
1.2 Nutzerorientierung 250
1.3 Diskursivität 251
2 Besonderheiten des methodischen Vorgehens bei der Entwicklung des WANJA-Instrumentariums 251
3 Qualitätskriterien und Indikatoren als Grundlage und Einstieg in die Selbstevaluation 253
3.1 Qualitätskriterien 253
3.2 Indikatoren 254
3.3 Methodische Anmerkungen zur Arbeit mit den Kriterien- und Indikatoren-Katalogen 255
3.3.1 Auswahl des Evaluationsbereiches 255
3.3.2 Unterschiedliche Settings 255
3.3.3 Diskussion der Inhalte 255
3.3.4 Bewertungen und Kommentare in Einzelarbeit 256
3.3.5 Einrichtungsbezogener Vergleich der Einzelbewertungen 256
3.3.6 Stärke-Schwäche-Beschreibung und Identifizierung von Veränderungsbedarfen 256

3.4 Hinweis auf die unberücksichtigt gebliebenen Ergebnisse unseres Projektes ... 257
3.4.1 Responsive Evaluationsprojekte ... 257
3.4.2 Einbringung der internen Qualitätsarbeit in den kommunalen Wirksamkeitsdialog ... 257

Christine Spreyermann, Monica Tschanz, Susanna Wälti, Raffaela Vedova
Werkatelier für Frauen. Qualifizierende und qualifizierte Interventionen durch systematische Gespräche ... 259

1 Projektziele ... 259
2 Das Angebot ... 260
3 Logic Model ... 260
4 Die Selbst-Evaluation ... 261
5 Definition der Projektwirkungsziele/Operationalisierung ... 261
6 Entwicklung selbst-evaluationsgeeigneter Datenerhebungsinstrumente ... 263
7 Interventions- und Datenerhebungsinstrument „Leitfaden für die regelmäßigen Mitarbeiterinnen- und Zielvereinbarungsgespräche" ... 264
8 Erste Ergebnisse ... 267
8.1 Kritische Rückmeldungen der Teilnehmerinnen ... 267
8.2 Positive Erfahrungen auf Seiten der Team-Frauen ... 268
8.3 Kritische Erfahrungen auf Seiten der Team-Frauen ... 268
9 Ausblick ... 268
10 Anhang ... 270

Thomas Beer, Günther Gediga
Empirische Supervisionsforschung durch Evaluation von Supervision .. 275

1 Einleitung ... 275
2 Untersuchungsziele ... 275
3 Darstellung der Untersuchung ... 276
3.1 Design und Instrumente ... 276
3.2 Ablauf und Umfang der Evaluationsstudie ... 278
4 Darstellung der Ergebnisse ... 279
4.1 Empirische Stichprobenbeschreibung ... 279
4.2 Ergebnisse: Reliabilitäts- und Validitätsbestimmung ... 279
4.3 Ergebnisse: Hypothesenprüfung ... 280
5 Diskussion der Ergebnisse ... 284

Wolfgang Kühl
Bewerten und Beraten – Qualität Sozialer Arbeit durch Evaluation und Supervision 287

1 Inwiefern macht die Qualitätsentwicklung Sozialer Arbeit eine Kooperation von Evaluation und Supervision erforderlich? 287
2 Weshalb ist bislang eine Kooperation unterblieben? 290
3 Welche konzeptionellen Vorarbeiten sind notwendig aber auch lohnend, um Anschlussstellen für eine Kooperation zwischen der Fremdevaluation und der Supervision zu schaffen? 291
4 Welche konzeptionellen Anknüpfungspunkte zwischen Selbstevaluation und Supervision gibt es? 293

Literatur 295

MitarbeiterInnen dieses Bandes 311

Vorwort

Es ist auffällig wie sehr die bundesdeutsche Diskussion zu Evaluation und Qualitätsmanagement abgeschottet verläuft: Einerseits handlungsfeldspezifisch ohne direkte Bezüge zu benachbarten Arbeits- und Politikfeldern; andererseits wird die eigene Entwicklung kaum im Kontext der beginnenden europäischen Vereinheitlichung von fachlichen Standards diskutiert. Dabei sind die Qualitätsmanagementkonzepte selbst immer schon supranational konzipiert (EFQM, ISO, TQM usw.) und bieten dadurch eine gute Grundlage z.B. für eine vernetzte europäische Entwicklung. Die durch wissenschaftliche Methoden geprägte Tradition der Evaluation bietet zwar Anregungen zur Entwicklung eines Grundkonsenses über Länder- und Disziplingrenzen hinweg; die unterschiedlichen Denktraditionen und sozialen Kulturen, die sehr verschiedenen Rechts- und Finanzierungssysteme und nicht zuletzt die vielfältige Interpretationsmöglichkeiten von Fachtermini stellen allerdings eine Herausforderung für die professionellen Akteure – auch in der Sozialen Arbeit und im Gesundheitswesen – dar, wenn sie die Entwicklung ihrer Handlungsfelder im europäischen Kontext antizipieren wollen.

Die Beiträge des vorliegenden Bandes wurden unter vier Aspekten zusammengestellt:

- Sie sollen Einblicke in die Entwicklung nicht nur im deutschen, sondern darüber hinaus auch im europäischen Bereich geben;
- Neben theoretischen und forschungsmethodischen Themen sind Berichte aus der Praxis (sowohl im Sinne genereller Diskurse wie auch als Projektberichte) zu finden;
- Die Beiträge beziehen sich auf unterschiedliche Politik- und Praxisfelder: Jugendhilfe, Arbeitsmarktintegration, Supervision, Gesundheitswesen – hier insbesondere Pflege. Es geht also um die Bewertung von Humandienstleistungen in einem fachübergreifenden Sinne.
- Fast alle AutorInnen thematisieren die Frage von Interessen und Perspektiven der unterschiedlichen Beteiligten im Evaluationsprozess. Dabei

wird insbesondere die Sichtweise der AdressatInnen der Dienstleistungsangebote angesprochen.

Letzterer Gesichtspunkt – die AdressatInnen- oder KlientInnenperspektive – wird jedoch nicht von allen VerfasserInnen in gleicher Weise gesehen. Während einige Projekte, besonders aus dem Gesundheitswesen, die PatientInnenperspektive eindeutig in den Mittelpunkt ihrer Untersuchungen stellen, steht in anderen eher grundsätzlichen Beiträgen die neutrale Rolle der EvaluatorInnen im Mittelpunkt der Betrachtung.

Die Frage nach dem Sinn und der Berechtigung von Evaluationsstudien – seien sie intern oder extern durchgeführt –, sowie nach den unausgesprochenen und bedrohlichen Hintergründen der Qualitätsdiskussion, die die erste Generation von Veröffentlichungen zu diesem Thema in Deutschland geprägt hat, wird in den Beiträgen dieses Bandes nicht mehr gestellt. Es geht vielmehr um die Orientierung an Standards, um eine Dokumentation des in der Evaluationsdisziplin Erreichten und um die Rezeption der europäischen Diskussion. Dies charakterisiert die pragmatische Wendung in der Diskussion.

Alle Beiträge wurden auf dem „Europäischen Kongress zu Evaluation und Qualitätsmanagement in Sozialer Arbeit und Gesundheitswesen“ (Oktober 1999, Universität Osnabrück) vorgetragen und diskutiert. Wir danken der Deutschen Forschungsgemeinschaft, dem Land Niedersachsen, der Hanns-Lilje-Stiftung für die Unterstützung und nicht zuletzt der Diakonischen Akademie Deutschland als Mitveranstalterin sowie den Mitwirkenden bei der Vorbereitung und Durchführung dieser Tagung, insbesondere *Gabriel Meinders* für die Tagungsorganisation. Der Austausch zwischen praxisbezogenen Studien und theoretischen sowie methodischen Überlegungen konnte auf diesem Kongress exemplarisch praktiziert werden.

Die Arbeitsergebnisse des Kongresses zeigen die Notwendigkeit auf, den Diskurs auf nationaler wie europäischer Ebene zu verstetigen, als Plattform bietet sich hierzu auf nationaler Ebene z.B. die Deutsche Gesellschaft für Evaluation (DGEval) an; im europäischen Bezug die European Evaluation Society.

Osnabrück, im April 2000

Hildegard Müller-Kohlenberg
Klaus Münstermann

Beiträge zu Methoden, Standards und Nutzen von Evaluation und Qualitätsmanagement

Helmut Kromrey

Die Bewertung von Humandienstleistungen. Fallstricke bei der Implementations- und Wirkungsforschung sowie methodische Alternativen

1. Vorbemerkung: Dilemmata einer Aufgabenkombination Evaluation, Innovationen, Dienstleistungen

Wer *Evaluation* als empirisch-wissenschaftliche Disziplin betreibt, wer ihren Zweck und ihre Methodik anderen vermitteln will, sieht sich einem mehrfachen Dilemma gegenüber. Dies ist *zum einen* bedingt durch eine mittlerweile geradezu inflationäre Verwendung des Begriffs, *zum anderen* durch einen „fließenden" Gegenstand, *drittens* durch eine unüberschaubare Vielfalt von Fragestellungen, Zwecken und Perspektiven und *schließlich* durch die Komplexität des Evaluationsprozesses selbst.

Zum *ersten* Problem:

Im alltäglichen Sprachgebrauch bedeutet „Evaluation" nichts weiter als „Bewertung": Irgend etwas wird von irgend jemandem nach irgendwelchen Kriterien in irgendeiner Weise bewertet. In anderen Kontexten sind die Begriffsverwendungen wesentlich spezifischer, unglücklicherweise aber außerordentlich vielfältig. Die Bezeichnung gilt für Effizienz*messungen* in ökonomischen Kontexten ebenso wie für die von Sachverständigen vorgenommene *Analyse* der Funktionsfähigkeit von Organisationen (etwa: „Evaluation" wissenschaftlicher Einrichtungen), sie umfasst sowohl durch Umfragen ermittelte Zufriedenheits- oder Unzufriedenheits*äußerungen* (etwa: „Evaluation" von Fortbildungsveranstaltungen durch die TeilnehmerInnen) als auch die Erfassung des Akzeptanz- und Abstimmungs*verhaltens* von Klienten- und Zielgruppen (etwa: TeilnehmerInnenzahlen als Indikator der Güte einer Veranstaltung, Wahlresultate als „Evaluation" der Politik) und sogar die *beratende und moderierende Beteiligung* im Prozess der Entwicklung von Handlungsprogrammen mit dem Ziel der Optimierung ihrer Nützlichkeit („formative" oder „responsive Evaluation").

Gemeinsam ist allen diesen Verwendungen, dass – im Unterschied zum alltagssprachlichen Verständnis – nicht „irgendetwas" evaluiert wird, sondern Programme, Maßnahmen, manchmal auch ganze Organisationen Gegenstand der Betrachtung sind. Zweitens nimmt nicht „irgendjemand" die Evaluation vor, sondern es sind Personen, die dazu in besonderer Weise befähigt erscheinen: „Sachverständige", methodische oder durch Praxiserfahrungen ausgewiesene „ExpertInnen", konkret „Betroffene". Drittens kommt das

Urteil nicht nach „irgendwelchen" Kriterien zustande, sondern diese müssen *explizit* auf den zu bewertenden Sachverhalt bezogen sein. Und schließlich darf bei einer systematischen Evaluation nicht „irgendwie" vorgegangen werden, sondern das Verfahren ist zu „objektivieren", d.h. im Detail zu planen und in einem „Evaluationsdesign" verbindlich für alle Beteiligten festzulegen.

Präzisierungen zu jedem dieser vier genannten Aspekte (Gegenstand – EvaluatorIn – Kriterien – Verfahren) sind in unterschiedlicher Weise möglich und kommen im Evaluationsalltag in unterschiedlichen Kombinationen vor. So kann der zu evaluierende Sachverhalt schon lange bestehen oder aber gerade erst realisiert werden oder gar erst als Planungs- und Entwicklungsabsicht existieren; er kann sehr umfassend und abstrakt oder eng umgrenzt und konkret sein. Die mit der Evaluation betrauten Personen können in unterschiedlicher Weise zum Gegenstand der Bewertung in Bezug stehen: als außenstehende unabhängige WissenschaftlerInnen, als AuftragsforscherInnen für die Programmdurchführenden oder für eine Kontrollinstanz, als unmittelbar im Programm Mitwirkende oder als hinzugezogene externe BeraterInnen, als wenig engagierte Betroffene oder als organisierte BefürworterInnen oder GegnerInnen – um nur einige Varianten zu nennen. Die Bewertungskriterien können sich auf die *Wirkungen* und Nebenwirkungen der Maßnahmen des Programms beziehen, auf die Art und Effizienz der *Durchführung*, auf die *Eignung* und Effektivität der gewählten Maßnahmen für die Ziel-Erreichung, auf die Angemessenheit und Legitimierbarkeit der Ziele selbst. Die Kriterien können aus unterschiedlicher Perspektive hergeleitet werden (AuftraggeberInnen – Betroffene – Durchführende; ökonomische Effizienz – Nutzen für das Allgemeinwohl – Sozialverträglichkeit etc.). Das Verfahren der Evaluierung schließlich kann von der qualitativen oder der quantitativen Logik der Informationsgewinnung geprägt sein; das Forschungsdesign kann experimentell oder nicht-experimentell angelegt sein. Die Evaluationsaktivitäten können im Vorfeld, projektbegleitend oder im Nachhinein unternommen werden; die Evaluation kann so angelegt sein, dass sie möglichst wenig Einfluss auf das laufende Programm ausübt (um „verzerrungsfreie" empirische Befunde zu gewährleisten), oder – im Gegenteil – so, dass jede gewonnene Information unmittelbar rückgekoppelt wird und somit direkte Konsequenzen für das Programm hat.

Hinzu kommt, dass zwischen den genannten vier Aspekten Wechselbeziehungen existieren. Die Evaluation eines noch in der Entwicklung und Erprobung befindlichen Sozialarbeitskonzepts in einem kommunalen sozialen Brennpunkt erfordert ein gänzlich anderes Design als etwa die Überprüfung, ob ein Bundesgesetz zum Anreiz von Investitionen im privaten innerstädtischen Wohnungsbestand zur Verbesserung der Wohnqualität „erfolgreich" ist, d.h. von den zuständigen Instanzen korrekt und effizient ausgeführt wird, die richtigen Zielgruppen erreicht und keine unerwünschten Nebeneffekte hervorruft.

Mehr als nur angedeutet ist in den genannten Beispielen bereits *das zweite Feld von Problemen*, mit denen es EvaluatorInnen zu tun haben:

Gegenstand der Evaluation kann praktisch alles sein – von einem bereits implementierten politischen Programm (etwa: Verbesserung der Gesundheits-Infrastruktur im ländlichen Raum) über Feldversuche zur Erprobung von Grundschulcurricula zur Aufklärung gegen Drogenkonsum über Maßnahmen zur Verbesserung der Kommunikation zwischen ÄrztInnen und den anderen medizinischen Berufsgruppen im Krankenhaus bis hin zur Entwicklung organisatorischer Innovationen (etwa: Konzipierung, Realisierung und Test eines Seminars zur EDV-Weiterbildung von Leitungspersonal). Evaluationsgegenstand sind nicht nur bereits realisierte (abgeschlossene) oder gegenwärtig durchgeführte (laufende) Maßnahmen, sondern ebenso auch noch in der Erprobung und Weiterentwicklung befindliche Programme; ausgeschlossen ist auch nicht die Ideenfindungs- und Konzipierungsphase neuer Politiken.

Dabei ist – *drittens* – das Spektrum der interessierenden *Evaluations-Fragestellungen* praktisch unbegrenzt; etwa (um nur einige zu nennen):

- Messung und Beurteilung der *Auswirkungen* von Programmen und Politiken;
- Ermittlung der *Effektivität und Effizienz* von Programmen, Projekten und eingesetzten Maßnahmen und Instrumenten;
- *Einblick gewinnen* in soziale Probleme sowie einen vergleichenden Überblick geben über gegenwärtige und vergangene Bemühungen zu ihrer Lösung;
- *Grundlagenwissen* bereitstellen über die interne Struktur und Arbeitsweise von Organisationen und Institutionen (etwa: Einrichtungen der häuslichen Pflege);
- Stärkung der „*KundInnenorientierung*" der öffentlichen Verwaltung; aber auch:
- Überprüfung der methodischen und fachlichen Güte bisher durchgeführter Evaluationen, also *Meta-Evaluation*;
- *Transfer* des aus bisherigen Evaluationsprojekten eines Politikfelds gewonnenen Handlungswissens in die gegenwärtige und künftige generelle Handlungspraxis (etwa durch Formulierung verbindlicher Standards).

Als Konsequenz folgt daraus *viertens* eine nicht auflösbare methodische Problematik für empirisch-wissenschaftlich zu betreibende Evaluationen:

Nicht nur sind die Aufgaben jeweils unterschiedlich und ist der Gegenstand vielgestaltig und fließend, sondern beides – Aufgabe und Gegenstand der Evaluation – ist jeweils „mitten im Leben" angesiedelt und entzieht sich der methodischen Kontrolle durch den/die EvaluatorIn. Während bei anderen Typen wissenschaftlicher Forschung eine zu komplexe Fragestellung durch die Wahl eines vereinfachenden Modells auf das machbar Scheinende reduziert werden darf und der Untersuchungsgegenstand durch die Wahl eines geeigneten Forschungsdesigns zumindest teilweise gegen „störende" Umgebungseinflüsse abgeschirmt werden kann, ist beides in der Evaluationsforschung weder erlaubt noch möglich. Der zu evaluierende Gegenstand soll in seiner natürlichen Umwelt und in der ihm eigenen Komplexität analysiert, beurteilt und weiterentwickelt werden. Nicht einmal die Konstanz des Gegenstandes während der Dauer der Evaluationsstudie ist gewährleistet.

Zusammengefasst bedeutet das für den/die empirisch-wissenschaftlichen EvaluatorIn:

Es existieren *keine speziellen Methoden* der Evaluation; vielmehr ist aus dem gesamten Arsenal der empirischen Sozialforschung das für die spezifische Aufgabe Geeignete auszuwählen und an die jeweiligen Gegebenheiten anzupassen. Ebenso existiert *kein allgemein gültiges Evaluationsdesign*; vielmehr ist unter Rückgriff auf die Logik verschiedener Forschungsstrategien (quantitative *und* qualitative Ansätze) sowie Forschungspläne (Experimental- und Surveyforschung, Querschnitt- und Längsschnittstudien, Primär- und Sekundäranalysen etc.) ein für die jeweilige Aufgabe spezifisches, „maßgeschneidertes" Design zu entwerfen, das zudem so flexibel angelegt sein muss, dass es jederzeit ohne Funktionsverlust dem sich wandelnden Gegenstand angepasst werden kann. Um es noch einmal hervorzuheben: Jede Erwartung, es könne einen allgemeinen und weitgehend verbindlichen methodologischen und/oder theoretischen Rahmen, eine Art Rezeptbuch für gute Evaluationen geben, ist eine Illusion. *Michael Quinn Patton* listet in seinem einflussreichen Werk „Utilization-Focused Evaluation" (*Patton*, 1997, S. 192-194) nicht weniger als 58 das Design bestimmende Zwecke auf; und er fügt hinzu, dass damit noch bei weitem nicht das gesamte Spektrum erfasst sei.

Was aber ist dann eigentlich „Evaluation" als empirisch-wissenschaftliches Verfahren? Es ist eine besondere Form angewandter Sozialwissenschaft (nicht nur Sozial*forschung*). Es ist eine *methodisch kontrollierte, verwertungs- und bewertungsorientierte Form des Sammelns und Auswertens von Informationen.*

Ihr Besonderes liegt *nicht* in der Methodik der Datengewinnung und liegt *nicht* in der Logik der Begründung und Absicherung der zu treffenden Aussagen. Das Besondere liegt vielmehr *zum einen* in der gewählten *Perspektive*, die der/die EvaluatorIn einzunehmen hat: Erfüllt der zu evaluierende Gegenstand seinen ihm zugeschriebenen Zweck? Wie muss bzw. wie kann er ggf. verändert werden, damit er den vorgesehenen Zweck besser erfüllt? Bei noch in der Erprobung oder gar Konzipierung befindlichen Vorhaben auch: Welche Zwecke sollen überhaupt für welche Zielgruppen angestrebt werden? *Zur Evaluation wird empirische Wissenschaft somit nicht durch die Methode, sondern durch ein spezifisches Erkenntnis- und Verwertungsinteresse.*

Das Besondere liegt *zum anderen* in einer für die Wissenschaft ungewohnten Verschiebung von Rangordnungen, die sich im *Primat der Praxis* vor der Wissenschaft ausdrückt. Vorrangiges Ziel der Evaluation – im Unterschied zu üblicher wissenschaftlicher Forschung – ist es nicht, am Fall des zu evaluierenden Gegenstands die wissenschaftliche *theoretische* Erkenntnis voranzutreiben, sondern wissenschaftliche Verfahren und Erkenntnisse *einzubringen*, um sie für den zu evaluierenden Gegenstand nutzbar zu machen. Wissenschaft liefert hier – ähnlich wie im Ingenieurwesen – *Handlungswissen* für die Praxis. Geraten wissenschaftlich-methodische Ansprüche einer möglichst objektiven Erkenntnisgewinnung (etwa methodische Kontrolle „störender" Umgebungseinflüsse) mit den Funktionsansprüchen des zu evaluierenden Gegenstands in Konflikt, haben die wissenschaftlichen Ansprüche zurückzutreten und ist nach – aus wissenschaftlicher Perspektive – suboptimalen Lösungen zu suchen, nach Lösungen jedenfalls, die das Funktionsgefüge im sozialen Feld nicht „stören".

Besonders massiv treten die angesprochenen Probleme in Erscheinung, wenn sich die Evaluationsaufgabe – was eher die Regel als der Ausnahmefall ist – auf *Innovationen* bezieht. Das ist leicht einsehbar, denn der Gegenstand, für den die Evaluation „maßgeschneidert" werden soll, existiert ja entweder noch gar nicht oder zumindest nicht in seiner endgültigen Form: Welcher „Gegenstand" also soll evaluiert werden? Ist unter solchen Bedingungen Evaluation überhaupt *sinnvoll möglich*? Ist sie nicht lediglich – so sieht es manche(r) „PraktikerIn" – eine modische, lästige und überflüssige Pflichtübung? Steht sie vielleicht bei dem beabsichtigten phantasievollen Vorstoß ins Neuland, beim Verfolgen neuer Ideen eher im Wege als dass sie förderlich und hilfreich wäre?

Diese Fragen sind – was ansonsten selten genug der Fall ist – eindeutig beantwortbar: Innovation wird durch Evaluation nicht behindert; im Gegenteil: Evaluation und Innovation sind wechselseitig aufeinander angewiesen. Ohne dass zumindest die Frage nach möglicherweise notwendigen Innovationen gestellt würde, wäre jede Evaluation in der Tat überflüssig. Und umgekehrt: Innovationen in Angriff zu nehmen, ohne die Situation, in der gehandelt werden soll, und ohne die Sachverhalte, auf die Innovationen abzielen sollen, kontrolliert und kontrollierbar einschätzen zu können, würde mit großer Wahrscheinlichkeit die Verschwendung von Geld, Arbeitsaufwand und Ressourcen bedeuten. Aber leider: Das Faktum, dass es sich beim Evaluationsgegenstand häufig um Innovationen handelt, macht die Evaluationsaufgabe in besonderem Maße schwierig.

Nun spricht das Rahmenthema noch einen dritten Grad von Schwierigkeiten an: die Evaluation von Humandienstleistungen, also eines nicht konkret fassbaren „Gegenstands". Im Falle der Güterproduktion lassen sich Effizienz und Effektivität des Produktionsprozesses sowie die Qualität des Produkts (output) – und das sind häufig an die Evaluation gerichtete zentrale Fragen – relativ leicht beurteilen. Haben wir es etwa mit der Herstellung von Automobilen zu tun, so kann man sich als Effektivitätskriterium die Fehlerfreiheit des Produktionsablaufs, als Effizienzkriterium die Stückkosten pro Automobil eines bestimmten Typs vorstellen. Und auch für den output selbst, das hergestellte Automobil, sind Qualitätskriterien sowie darauf zugeschnittene Tests relativ einfach zu definieren: Straßenlage, Bodenhaftung, Haltbarkeit der Teile, Kraftstoffverbrauch usw.

Wie aber sieht es bei Dienstleistungen, noch dazu bei Humandienstleistungen aus? Die zwischenmenschliche Dimension, deren Wirkungen nicht ausschließlich mit dem Begriff der organisatorischen Funktionalität erfassbar sind, deren Gebrauchswert nicht darin besteht, dass sie verbraucht werden, sondern dass eine Austauschbeziehung zwischen Menschen im Kontext ihrer Lebenswelt entsteht, hat einen besonderen Mehrwert von nicht-fiskalischem Charakter. Das klingt sehr abstrakt. Was also ist hier das Produkt? Was ist der Produktionsprozess? Ist es der Aufbau und das Vorhalten einer Dienstleistungsinfrastruktur (etwa Gesundheitsinfrastruktur im ländlichen Raum) oder die einzelne Dienstleistung selbst (etwa der Behandlungsfall im Krankenhaus oder in der Arztpraxis)? Oder interessiert nicht eher das, was durch die vorgehaltene und realisierte Dienstleistung bewirkt wird (outcome anstelle von output)? Und falls es sich um eine Dienstleistung handelt, die auf die Akzeptanz oder gar das aktive Mitwirken der AdressatInnen angewiesen ist (wie etwa bei Diensten im Bereich Bildung und Qualifizierung): Wer oder was ist dann eigentlich zu evaluieren? Im Bereich der Hochschule haben wir uns seit längerem damit herumzuschlagen – Stichwort: Evaluation von Lehre und Studium. Woran z.B. liegt es, wenn Studienzeiten länger werden und aus politischer Perspektive zu lang erscheinen? An den Lehrenden, an den Curricula, an der Ausstattung der Hochschulen, an den Studierenden, am Arbeitsmarkt, am gesellschaftlichen Anspruchsniveau für einen als angemessen erachteten Konsum-, Lebens- und Freizeitstandard der Studierenden schon während der Studienzeit? Noch ein Stück weiter gefragt: Ist es wirklich ein sinnvolles Ziel, Studienzeiten zu verkürzen (output), ohne danach zu fragen, was dann nach dem abgeschlossenen (kürzeren) Studium aus den AbsolventInnen wird (outcome)?

Ich werde diese Fragen in Abschnitt 3.3.1 an einem konkreten Beispiel illustrieren, einem US-amerikanischen Großprogramm zur Bekämpfung von Drogenmissbrauch unter Jugendlichen: Drug Abuse Resistance Education (D.A.R.E.), das darauf baute, durch gezielten Unterricht bereits in der Grundschule über Drogen und ihre Gefahren zu informieren und den Jugendlichen dadurch das kognitive Rüstzeug zu vermitteln, dass sie nicht unüberlegt in Drogenabhängigkeit geraten. In einem einjährigen Pflichtschulunterricht durch speziell ausgebildete und uniformiert auftretende PolizeibeamtInnen sollte ihnen nicht nur Wissen vermittelt werden, sondern sollte ihre Entscheidungsfähigkeit geschult, sollten das Selbstvertrauen und die Fähigkeit gestärkt werden, sich ggf. auch dem Gruppendruck durch Gleichaltrige zu widersetzen. Was ist hier zu evaluieren und nach welchen Kriterien zu beurteilen: die flächendeckende Implementation des Programms, die Eignung der vermittelten Informationen und die Güte von Unterricht und Trainings, die Bereitschaft der SchülerInnen zur engagierten Mitwirkung am Unterricht und ihre Bereitschaft, die Ziele des Programms als ihre Ziele zu übernehmen, oder der kurz-, mittel- und langfristige Effekt auf das faktische Drogenkonsum-Verhalten der Jugendlichen?

2 Die Vielfalt von Evaluationen: eine grobe Klassifikation

Angesichts der geschilderten Variationsbreite von Evaluationen existiert verständlicherweise eine Reihe von Versuchen, die Vielfalt im Detail auf eine überschaubare Zahl von Typen zu reduzieren. Ich greife hier auf einen Vorschlag von *Eleanor Chelimsky* (1997, S. 100ff.) zurück, die drei „conceptual frameworks" unterscheidet:

- Evaluation zur Verbreiterung der Wissensbasis (ich wähle dafür im folgenden den Begriff „Forschungsparadigma" der Evaluation),
- Evaluation zu Kontrollzwecken (im folgenden das „Kontrollparadigma") und
- Evaluation zu Entwicklungszwecken (im Folgenden das „Entwicklungsparadigma").

Für mein Thema hat diese Einteilung den Vorteil, dass jedes der drei „Paradigmen" eine je spezifische Affinität zu Designtypen, zur Logik bzw. „Theorie" der Evaluation, zu Methoden und Qualitätskriterien des Evaluationshandelns aufweist.

2.1 Das „Forschungsparadigma" der Evaluation

Insbesondere für UniversitätswissenschaftlerInnen gelten Evaluationsprojekte als Chance und als Herausforderung, neben dem „eigentlichen" Evaluationszweck grundlagenwissenschaftliche Ziele zu verfolgen. Evaluation wird aus dieser Perspektive verstanden als angewandte Forschung, die sich mit der Wirksamkeit von sozialen Interventionen befasst. Ihr kommt die Rolle eines Bindeglieds zwischen Theorie und Praxis zu (*Weiss* 1974, S. 11). Insbesondere staatliche Auftragsforschung eröffnet einen Weg, Zugang zu den internen Strukturen und Prozessen des politisch-administrativen Systems zu erhalten (*Wollmann & Hellstern*, 1977, S. 456). Alle Anlässe, Aktionsprogramme zur Bewältigung sozialer Probleme zu implementieren, alle Situationskonstellationen, in denen durch neue gesetzliche Regelungen wichtige Randbedingungen geändert werden, alle Bemühungen, technische, organisatorische oder soziale Innovationen einzuführen, werfen zugleich sozialwissenschaftlich interessante Fragestellungen auf. Und im Unterschied zu forschungsproduzierten Daten zeichnen sich Untersuchungen unmittelbar im sozialen Feld durch einen ansonsten kaum erreichbaren Grad an externer Validität aus.

Evaluationsforschung wird in erster Linie als Wirkungsforschung, die Evaluation selbst als wertneutrale technologische Aussage verstanden, die aus dem Vergleich von beobachteten Veränderungen mit den vom Programm angestrebten Effekten (den Programmzielen) besteht. EvaluatorInnenen, die sich dem Forschungsparadigma verpflichtet fühlen, werden versuchen, wissenschaftlichen Gütekriterien so weit wie möglich Geltung zu verschaffen und Designs zu realisieren, die methodisch unstrittige Zurechnungen von Effekten zu Elementen des Programms durch Kontrolle der relevanten Randbedingungen erlauben. Es ist daher kaum ein Zufall, dass Beiträge zur Entwicklung einer allgemeinen Evaluationstheorie und -methodologie vor allem aus dem Kreis universitärer EvaluationsforscherInnen geleistet wurden.

2.2 Das „Kontrollparadigma" der Evaluation

Im Unterschied zur Wirkungsforschung versteht sich der zweite Typus von Evaluation als Beitrag zur Planungsrationalität durch Erfolgskontrolle des Programmhandelns. Planung, verstanden als Instrument zielgerichteten Handelns, um einen definierten Zweck zu erreichen, muss sich bestimmten Erfolgskriterien (Effektivität, Effizienz, Akzeptanz) unterwerfen. Evaluationen dieser Art werden argumentativ vertreten als eine weitere Kontrollform administrativen Handelns neben Rechtmäßigkeits-Kontrolle (Gerichte), politischer Kontrolle (Parlamente) und Wirtschaftlichkeits-Kontrolle (Rechnungshöfe). Eine charakteristische Definition: „Der Begriff Erfolgskontrolle impliziert ex-post-Kontrolle von Ausführung und Auswirkung von zu einem früheren Zeitpunkt geplanten Maßnahmen, und Erfolgskontrolle ist immer zugleich Problemanalyse für den nächsten Planungszyklus" (*Hübener & Halberstadt,* 1976, S. 15). In welcher Weise der Erfolg kontrolliert wird und an welchen Kriterien der Erfolg gemessen wird, ob die Evaluation ihren Schwerpunkt auf output oder outcome des Programms legt oder auf dessen Implementation, hängt ab vom Informationsbedarf der programmdurchführenden und/oder der finanzierenden Instanz. Gefordert werden häufig quantitative Informationen.

2.3 Das „Entwicklungsparadigma" der Evaluation

Im Vergleich zu den beiden vorhergehenden Klassen von Evaluationen sind Problemstellung und Erkenntnisinteresse bei diesem dritten Typus grundsätzlich anders gelagert. Am Beginn steht *nicht* ein bereits realisiertes oder in der Implementationsphase befindliches oder zumindest ausformuliertes Programm;[1] vielmehr geht es darum, Konzepte und Vorstellungen zu entwickeln,

---

1 Programme sind komplexe Handlungsmodelle, die auf die Erreichung bestimmter Ziele gerichtet sind, die auf bestimmten, den Zielen angemessen erscheinenden Hand-

die Fähigkeit von Organisationen zur Problemwahrnehmung und -bewältigung zu stärken, mitzuwirken retrospektiv und prospektiv Politikfelder zu strukturieren. Im Falle der Entwicklung und Erprobung von Programmen bedeutet dies: Die Evaluation ist in die gesamte Programm-Historie eingebunden, von der Aufarbeitung und Präzisierung von Problemwahrnehmungen und Zielvorstellungen über eine zunächst vage Programmidee, über die Entwicklung geeignet erscheinender Maßnahmen und deren Erprobung bis hin zu einem auf seine Güte und Eignung getesteten (endgültigen) Konzept. Evaluation unter solchen Bedingungen ist im wörtlichen Sinne „formativ", also programmgestaltend. Sie ist wesentlicher Bestandteil des Entwicklungsprozesses, in welchem ihr die Funktion der Qualitätsentwicklung und Qualitätssicherung zukommt. Sie kann sogar – wie *Ehrlich* (1995, S. 33) es ausdrückt – „Geburtshelfer" einer Idee und ihrer Realisierung sein. Gelegentlich wird diese Konstellation auch als „offene" Evaluation bezeichnet, im Unterschied zu den zuvor geschilderten „geschlossenen" Evaluationen, in denen Problem- und Fragestellungen, methodisches Vorgehen, Bewertungskriterien und die Zielgruppen der Evaluationsberichte von vornherein feststehen. Dagegen ist in „offenen" Evaluationen nach einer Charakterisierung von *Beywl* „die Bestimmung der Feinziele, Fragestellungen, Hypothesen usw. zentrale Aufgabe des Evaluationsprozesses selbst. Der Evaluationsgegenstand ist lediglich vorläufig abgesteckt und wird im Fortgang der Untersuchung neu konturiert – je nach den Interessen der Organisationen, Gruppierungen oder Personen, die am Programm beteiligt sind. Besonders die Eingangsphase einer Evaluation, aber auch die anschließenden Erhebungs-, Auswertungs-, Interpretations- und Berichtsarbeiten werden auf die Wünsche der Beteiligtengruppen abgestimmt" (Beywl, 1991, S. 268). Die Funktion der Evaluation ist hier in erster Linie die eines Helfers und Beraters.[2]

2.4 Welches „Paradigma" ist das zur Evaluation von Humandienstleistungen geeignetste?

Die Frage drängt sich auf – jedenfalls wenn man sich mit den Möglichkeiten von und den Anforderungen an die Evaluation von Humandienstleistungen befasst , ob sich nicht eines der drei skizzierten Paradigmen als besonders geeignet erweisen könnte. Schließlich handelt es sich hier um ein Feld mit besonderen Charakteristika: Humandienstleistungen erzeugen nicht ein konkretes „Produkt", dessen Qualität mit einem Satz von Qualitätsindikatoren durch standardisierte Messverfahren abgebildet werden kann; die erzielbaren

lungsstrategien beruhen und für deren Abwicklung finanzielle, personelle und sonstige Ressourcen bereitgestellt werden (*Hellstern & Wollmann*, 1983, S. 7)

2 Entsprechend findet sich manchmal auch die Charakterisierung als „Helfer- und BeraterInnenmodell der Evaluation" (s. Abschnitt 4 dieses Beitrags).

Wirkungen sind in der Regel nicht unmittelbar gegenständlich sichtbar, oft sogar subjektiv schwer kommunizierbar (*Müller-Kohlenberg,* 1997). Auch das professionelle Handeln ist – trotz aller Versuche zur Entwicklung verbindlicher Handlungsstandards – nur in geringem Maße standardisierbar; es bewegt sich in einem Feld der Interaktion mit den KlientInnen, in dem die komplexen Bedingungen des Einzelfalls darüber entscheiden, welches Handeln angemessen ist (*Koditek,* 1997). In dieser Situation liegt es nahe, für das Entwicklungsparadigma in der Konkretisierung als Helfer- und BeraterInnenmodell der Evaluation zu plädieren, bis hin zur Vermittlung von Kompetenzen zur Selbstevaluation bei den im Humandienstleistungsbereich professionell Tätigen.

Dennoch wäre eine Beschränkung auf dieses Paradigma kurzschlüssig. Je komplexer der Gegenstand der Evaluation, um so mehr besteht die methodologische Notwendigkeit der Triangulation durch Berücksichtigung unterschiedlicher Perspektiven. Damit meine ich nicht nur die Kombination verschiedenartiger Informationserhebungs*methoden* (z.B. qualitativ und quantitativ) und die Einbeziehung verschiedener *Akteursgruppen* (z.B. ProjektträgerInnen – GeldgeberInnen – Aufsichtsbehörden; Programmdurchführende – MitarbeiterInnen – Projektteam; KlientInnen – AdressatInnen – NutzerInnen – Betroffene; vgl. *Müller-Kohlenberg,* 1997, S. 10ff.), sondern eben auch die Wahl geeigneter, je nach Fragestellung durchaus unterschiedlicher Designtypen.

Thomas Koditek hat das für die sozialpädagogische Praxis und soziale Arbeit in einem Vortrag vor gut zwei Jahren deutlich herausgearbeitet (*Koditek,* 1997). Darin verwies er *einerseits* auf den wachsenden „Innovations- und Legitimitätsdruck für die soziale Arbeit ... auf der Grundlage verschärfter externer Kostenvorgaben“ sowie auf die in diesem Zusammenhang geführte Debatte um neue Steuerungsmodelle, Qualitätssicherung und Qualitätsmanagement (a.a.O., S. 50). Auf der Seite der Evaluation entspricht dem natürlich das Kontrollparadigma.

Im Zuge der Forderungen nach kostensparender Reorganisation des öffentlichen Sektors insgesamt und der sozialpädagogischen Praxis im Besonderen haben – so der *zweite* Argumentationsstrang von *Koditek* – „Organisations-, Management- und Personalentwicklungskonzepte auch in der sozialen Arbeit Konjunktur“. In dieser Debatte gehe es „nicht nur um die Entwicklung und Veränderung von Arbeitsbedingungen und professionellen Standards, sondern auch um die Beantwortung der zentralen Frage, wo die Kriterien in diesem Erneuerungsprozess zu verorten seien“ (a.a.O.). Seine Antwort: „Der Weg dahin ist ... nur durch die jeweils konkret Beteiligten gestaltbar. Dies verpflichtet zu der Suche nach Verbindungen zwischen sozialpädagogischen Praxisforschern/Praxisforscherinnen und Praktikern/Praktikerinnen ..., die durch Prozesse der Interaktion und Kooperation erst geschaffen werden müssen. Es verpflichtet vor allem aber auch zu einer weitaus stärkeren und systematischen Beteiligung der Klienten (Klientenforschung) und zu weitgehender Integration ihrer Bedürfnisse in einen innovativen Gestaltungsprozess" (a.a.O., S. 52). Damit ist nun eindeutig das Helfer- und BeraterInnenmodell der Evaluation angesprochen.

Für diesen Gestaltungsprozess aber – darauf weist *Koditek als drittes* ausdrücklich hin – ist gesichertes und praxisrelevantes Wissen notwendig. Aufgabe sozialpädagogischer Evaluation ist also ebenfalls die „Produktion von Grundlagenwissen in Bezug auf soziale Probleme sowie deren Verursachung" und die „Erforschung der Lebenswelt potentieller oder realer Klientengruppen". Damit ist nun auch das Forschungsmodell der Evaluation in die Pflicht genommen, denn – so *Koditek* – innovative Anstöße von Entwicklungsprozessen in sozialpädagogischen Institutionen haben „sozialpädagogische Praxisforschung bzw. die Evaluation sozialpädagogischer Praxis zur Voraussetzung" (a.a.O., S. 53).

Mit der Wahl eines bestimmten Designtyps ist im Übrigen – das wird häufig verwechselt – noch nicht entschieden, welche Methoden der Informationsbeschaffung und -analyse einzusetzen sind. Diese Entscheidung ist unabhängig davon so zu treffen, dass sie in bestmöglicher Weise den Bedingungen des Evaluationsfeldes und der beteiligten AkteurInnen angepasst sind. Selbstverständlich ist die Erhebung unmittelbar messbarer Sachverhalte mittels standardisierter Verfahren und ist deren Auswertung mit dem Instrumentarium der Statistik vorzunehmen. Ebenso selbstverständlich sind in einem noch nicht durch gesichertes Wissen vorstrukturierbaren diffusen, komplexen Aktionsfeld offene Erhebungsverfahren sowie rekonstruktive Analysemethoden zu wählen. Darüber hinaus ist auch die Akzeptanz bestimmter Forschungsstrategien bei den beteiligten AkteurInnen zu berücksichtigen. In der sozialen Arbeit, in der „weiche" Verfahren auch die professionelle Tätigkeit bestimmen, sind „harte" Forschungstechniken eher ein Störfaktor, der zu Widerständen führen kann. In der Schulmedizin oder in den Ingenieurwissenschaften, die ihre professionelle Tätigkeit und ihre professionellen Entscheidungen auf „harte" Messwerte stützen, stoßen dagegen rein qualitative Forschungstechniken auf Vorbehalte und auf eher geringe Akzeptanz. Ähnliches gilt tendenziell für die Entscheidungsebenen in Politik und Verwaltung.

2.5 Zur „Theorie der Evaluation"

Gefordert wird im akademischen Diskurs häufig eine generelle wissenschaftstheoretische und methodologische Fundierung angewandter Sozialwissenschaft, eine Theorie der sozialwissenschaftlichen Praxis – für unseren Kontext: eine „Theorie der Evaluation". Gerade weil das Handlungsfeld so vielfältig ist und sich gegen Versuche der Standardisierung sperrt, werde ein Satz theoretischer Kategorien benötigt, anhand derer der konkrete Evaluationsfall präzise beschreibbar ist. Ohne einen solchen theoretischen Rahmen sei es sehr schwierig, die professionelle Qualität der Evaluation sowie die Aussagekraft und praktische Relevanz ihrer Ergebnisse einzuschätzen und ggf. zu kritisieren.

Shadish, Cook und *Leviton* (1991, S. 36-64) schlagen in diesem Zusammenhang eine Differenzierung nach fünf Dimensionen vor (Darstellung nach *Rebien*, 1997, S. 441-444):

- *die soziale Intervention, auf die sich die Evaluation bezieht*: In welchem Kontext sozialer Veränderungen steht die Intervention, und wie wird sie von den Beteiligten und Betroffenen wahrgenommen? (Struktur und Funktion der Intervention, ihr externer Kontext, vorgesehener Ablauf)
- *die Konstruktion von Wissen durch die Evaluation*: Explikation der ontologischen, wissenschaftstheoretischen und methodischen Überlegungen des Evaluationsvorhabens, möglicher Bias des geplanten Vorgehens
- *Werte, Wertungen*: Wertungen sind in mehrfacher Hinsicht mit dem Evaluationsprozess verbunden: als wirksam gewordene Prioritäten in politischen Entscheidungen, im Entstehungskontext der Evaluationsdaten, im programmbezogenen und Prioritäten setzenden Entscheidungssystem, in der Wertgeladenheit der Evaluationsdaten selbst, im spezifischen Nutzen der Daten für die Beteiligtengruppen
- *Nutzung, Verwertung*: Darstellung der potentiellen Nutzungsmöglichkeiten der Evaluation (instrumentell, konzeptionell, persuasiv) sowie Beschreibung des Zeithorizonts ihrer Verwertung (im Interventionsprozess selbst, im politischen Prozess, als zukünftiges Hintergrundwissen)
- *Praxis des Evaluationshandelns*: Unter Berücksichtigung gegebener Begrenztheit der zur Verfügung stehenden Zeit, Ressourcen und Qualifikationen haben EvaluatorInnen Designentscheidungen zu treffen und zu dokumentieren sowie damit verbundene trade-offs herauszuarbeiten.

Wenn also Evaluationsvorhaben unter methodologischen und substanziellen Gesichtspunkten diskutierbar und kritisierbar sein sollen, wenn die mit dem Vorgehen verbundenen möglichen Fallstricke und Risiken erkennbar werden sollen, dann liefern die von *Shadish, Cook* und *Leviton* vorgeschlagenen Dimensionen ein nützliches Beschreibungs- und Argumentationsraster.

3 Das Leitkonzept für das Forschungs- und das Kontrollparadigma der Evaluation: Programmforschung

3.1 Begriffsexplikation

In den Vorbemerkungen habe ich darauf hingewiesen, dass die Fachsprache empirischer Wissenschaft sich vom unbestimmt-weiten, im Alltagssprachgebrauch und auch in der politischen Diskussion grassierenden Modebegriff ‚Evaluation' – *Irgend etwas wird von irgend jemandem nach irgendwelchen Kriterien in irgendeiner Weise bewertet* – durch eindeutige Präzisierungen absetzt. Da jedoch Präzisierungen zu den genannten vier Aspekten (Gegenstand – EvaluatorIn – Kriterien – Verfahren) in unterschiedlicher Weise möglich sind und auch in unterschiedlichen Kombinationen vorkommen, sehen sich EvaluatorInnen einer solchen Vielfalt von Aufgabenprofilen und Rahmenbedingungen gegenüber, dass von einem vorherrschenden Evaluationsmodell und von einer *Methodik „der" Evaluation* nicht die Rede sein kann. Bei aller Vielfalt bleibt dennoch – zumindest für das Forschungs- und das Kontrollparadigma – allen Vorhaben gemeinsam, dass sie (mindestens) drei interdependente Dimensionen aufweisen – nämlich Ziele, Maßnahmenprogramm, Effekte – und dass sie (anders als in einem Forschungslabor) von Umgebungseinflüssen nicht abgeschirmt werden können.

Abbildung 1: Programmforschung

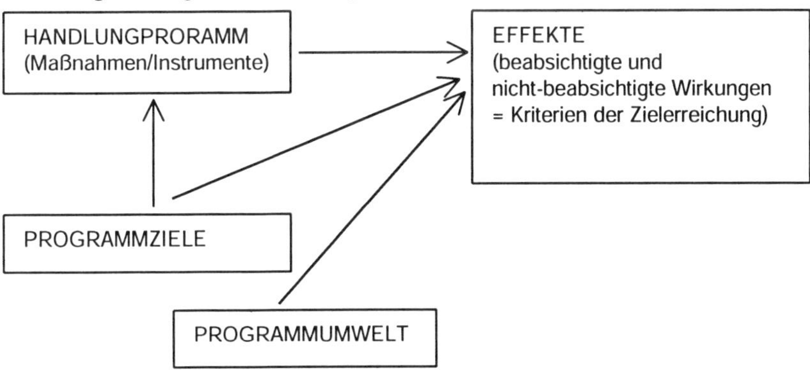

Die drei in der Abbildung dargestellten Programmdimensionen (Ziele – Maßnahmen – Effekte) können jeweils mehr oder weniger konkret oder abstrakt, mehr oder weniger festliegend oder variabel, mehr oder weniger ausformuliert oder nur implizit, mehr oder weniger offiziell oder informell sein. In jedem Fall aber orientieren die Beteiligten in dem zu evaluierenden Programm ihr Argumentieren und Handeln daran. Mit diesen drei Dimensionen muss sich daher auch jede Evaluation auseinandersetzen: Ungenaue Formulierungen von Zielen und Maßnahmen sind zu präzisieren und zu operationalisieren, implizit gelassene zu rekonstruieren, ungeordnete Ziele sind in einem Zielsystem zu ordnen, Zielkonflikte herauszuarbeiten. Ziele sind von Maßnahmen (als Instrumente zu deren Erreichung) abzugrenzen. Die Art und Weise der vorgesehenen Realisierung (Implementation) ist zu berücksichtigen und ggf. zu konkretisieren. Schließlich ist zu klären, was das Handlungsprogramm im Detail bewirken soll (und darüber hinaus bewirken kann): Welche Veränderungen müssen in welcher Frist an welcher Stelle auftreten, damit die Ziele als erreicht gelten? Wie können sie festgestellt und gemessen werden? Wie können feststellbare Veränderungen als Wirkungen des Programms identifiziert und gegenüber anderen Einflüssen abgegrenzt werden?

Eine so umfassende Evaluation, wie sie nach dieser ersten groben Strukturierung des Aufgabenfeldes notwendig erscheint, ist in keinem Projekt realisierbar. Es müssen Schwerpunkte gesetzt werden. Hierzu sind vier zentrale Fragen zu beantworten:

- Was wird evaluiert? – Implementations- oder Wirkungsforschung
- Wann wird evaluiert? – Summative oder formative Evaluation
- Wo ist die Evaluation angesiedelt? – Externe oder interne Evaluation
- Wer beurteilt nach welchen Kriterien? – Instanzen der Evaluierung

Je nach deren Beantwortung lassen sich verschiedene Arten von Evaluation unterscheiden.

3.1.1 Implementations- oder Wirkungsforschung: Was wird evaluiert?

Die Unterscheidung bezieht sich hier auf den Gegenstand der Evaluation.

Stehen im Vordergrund die Effekte, die von den Maßnahmen eines Programms oder Projekts hervorgerufen werden, haben wir es mit *Wirkungsanalysen* (impact evaluations) zu tun. Im umfassendsten Fall kann sich das Bemühen darauf richten, möglichst *alle*, also nicht nur die intendierten Effekte (Zielvorgaben), sondern auch die unbeabsichtigten Konsequenzen und Nebenwirkungen – d.h. das gesamte „Wirkungsfeld" des Programms – zu erfassen.

Richtet sich der Blick nicht schwerpunktmäßig auf die Effekte, sondern steht die systematische Untersuchung der Planung, Durchsetzung und des Vollzugs im Vordergrund, spricht man von *Implementationsforschung*. Eine Hauptaufgabe der Evaluation ist die systematische und kontrollierte „Buchführung": Was passiert? Was wird wann und wie gemacht? (= „monitoring")

3.1.2 Summative oder formative Evaluation: Wann wird evaluiert?

Diese – ebenfalls gängige – Differenzierung bezieht sich auf den Zeitpunkt, an dem eine Evaluation ansetzt. Hier kann zwischen einer projektbegleitenden und einer abschließenden Evaluation unterschieden werden.

Da üblicherweise bei *begleitender Evaluation* zugleich regelmäßige Rückkoppelungen von Ergebnissen in das Projekt vorgesehen sind, hat die Forschung Konsequenzen für dessen Verlauf. Sie wirkt sozusagen programmgestaltend oder -formend. In einem solchen Fall spricht man deshalb von *„formativer" Evaluation*. Formative Evaluation ist definitionsgemäß besonders „praxisrelevant". Andererseits ist es besonders schwer, ihre Resultate im Sinne von Erfolgs- oder Wirkungskontrolle zu interpretieren, da die Forschung den Gegenstand der Bewertung selbst fortlaufend beeinflusst und verändert. Besonders geeignet ist sie dagegen als Instrument der Qualitätsentwicklung und/oder Qualitätssicherung. Anfangs- und Endpunkt einer formativen Evaluation sind methodisch nicht eindeutig definiert.

Eine erst gegen Ende oder gar nach Abschluss eines Projekts durchgeführte (oder erst dann zugänglich gemachte) Evaluation verzichtet explizit auf „projektformende" Effekte. Vielmehr gibt sie im Nachhinein ein zusammenfassendes Urteil, ein „Evaluationsgutachten" ab. Man spricht hier von *„summativer" Evaluation.* Bei summativer Evaluation sind Anfang und Ende der Forschung klar definiert.

3.1.3 Externe oder interne Evaluation: Wo ist die Evaluation angesiedelt?

Diese dritte – und für die Praxis wichtige – Unterscheidung geschieht danach, wem die Evaluationsaufgabe übertragen wird.

In manchen Projekten ist die ständige Überprüfung und Ergebniskontrolle expliziter Bestandteil des Programms selbst. Die Informationssammlung und -einspeisung gehört als Instrument der Qualitätssicherung zum Entwicklungs- und Implementationskonzept. Da hiermit das eigene Personal des Projektträgers betraut wird, spricht man von *interner Evaluation.* Ihre Vorzüge werden darin gesehen, dass die Evaluation problemlosen Zugang zu allen notwendigen Informationen hat und während des gesamten Prozesses ständig „vor Ort" präsent ist. Probleme bestehen dagegen zum einen in der Gefahr mangelnder Professionalität, zum anderen im Hinblick auf die „Objektivität" der Resultate.

Werden dagegen die Dienste eines Forschungsinstituts oder außenstehender unabhängiger ForscherInnen in Anspruch genommen, handelt es sich um *externe Evaluation.* Bei den meisten mit öffentlichen Mitteln geförderten Vorhaben ist eine externe wissenschaftliche Begleitung und/oder Begutachtung vorgeschrieben. Da es sich hierbei in der Regel um ForschungsexpertInnen handelt, ist die notwendige Professionalität gewährleistet; und da die Evaluation ihre Arbeit nicht durch einen erfolgreichen Ablauf des zu begleitenden Projekts, sondern durch wissenschaftliche Standards zu legitimieren hat, kann auch von einem höheren Grad an Objektivität ausgegangen werden.

3.1.4 Instanzen der Evaluierung: Wer beurteilt nach welchen Kriterien?

Unter diesem Gesichtspunkt ist danach zu fragen, woher die Kriterien der Evaluation stammen und wer die Bewertungsinstanz ist.

Im „traditionellen" Fall stammen die Beurteilungskriterien aus dem zu evaluierenden Programm selbst. Seine Implementation sowie seine Wirkungen werden im Lichte seiner eigenen Ziele bewertet. Vorgenommen wird die Beurteilung vom Evaluationsforscher, der jedoch keine subjektiven Werturteile abgibt, sondern *„technologische Einschätzungen"* formuliert, die intersubjektiv nachprüfbar sein müssen (Vorher-nachher-Vergleich verbunden mit dem Vergleich des Soll-Zustands mit dem erreichten Ist-Zustand).

Ein solches Vorgehen verlangt relativ umfassendes theoretisches Wissen über die Struktur der Zusammenhänge zwischen Zielen, Maßnahmen, Wirkungen und Umwelteinflüssen, das jedoch gerade im Falle von Pilotprojekten und Modellversuchen nicht vorhanden ist. Hier behilft sich die Evaluation häufig damit, dass die eigentliche Bewertung auf *programm- und evaluationsexterne Instanzen* verlagert wird. Beispielsweise können Fachgutachten eingeholt werden. Oder es werden neutrale ExpertInnen befragt, die sich thematisch besonders intensiv mit projektrelevanten Themen befasst haben oder die durch berufliche Erfahrungen mit ähnlich gelagerten Aufgaben ausgewiesen sind.

Als eine Variante des Verlagerns der Evaluierung auf eine programmexterne Instanz wird verschiedentlich die *Befragung der AdressatInnen eines Programms* (NutzerInnen oder Betroffene) favorisiert. Die Begründung fällt scheinbar leicht: Die NutzerInnen einer Dienstleistung, die Betroffenen einer Maßnahme sind die „eigentlichen" ExpertInnen. Sie haben den Gegenstand der Untersuchung aus eigener Erfahrung kennen gelernt und wissen, wie er – bei ihnen – wirkt. Bei den so erhobenen Urteilen handelt es sich allerdings weder um Bewertungen im Sinne „technologischer" Evaluationseinschätzung noch um Bewertungen neutraler ExpertInnen. Es sind vielmehr „Akzeptanzaussagen" von Personen, die in einer besonderen Beziehung (eben als NutzerInnen, als Betroffene) zum Untersuchungsgegenstand stehen. Folgerichtig wird diese Evaluationsstrategie als *Akzeptanzforschung* bezeichnet (s.u.: Abschnitt 3.3.2).

3.2 Methoden der Programmforschung

Die Methodologie der Programmforschung wurde im Wesentlichen in den 70er und 80er Jahren entwickelt. Je nachdem, ob ein Evaluationsprojekt mehr in Richtung Wirkungsforschung oder mehr in Richtung Erfolgskontrolle tendiert, hat sich der/die ForscherIn zwar auf in der Gewichtung unterschiedliche Voraussetzungen und Anforderungen einzustellen. Gemeinsam bleibt aber allen Projekten die auf den ersten Blick simpel anmutende, praktisch jedoch kaum lösbare Aufgabe, die in Abb. 1 aufgeführten vier Variablenbereiche (Ziele – Maßnahmen – Effekte – Programmumwelt) mit empirischen Daten abzubilden (zu „messen") und miteinander zu verknüpfen. Wirkungs- und Erfolgskontrolle orientiert sich dabei am Modell der Kontrolle der „unabhängigen" bzw. „explikativen" Variablen (hier: Maßnahmen des Programms) und der Feststellung ihrer Effekte auf genau definierte „abhängige" Variablen (Zielerreichungs-Kriterien).

An Forschungsaufgaben folgen daraus:

- Messung der „unabhängigen Variablen", d.h.: das Handlungsprogramm mit seinen einzelnen Maßnahmen ist präzise zu erfassen;
- Identifizierung und Erfassung von Umwelt-Ereignissen und -Bedingungen, die ebenfalls auf die vom Programm angestrebte Zielsituation Einfluss nehmen könnten (exogene Einflüsse);

- Messung der „abhängigen Variablen“ , d.h.: das Wirkungsfeld (beabsichtigte und nicht-beabsichtigte Effekte) ist zu identifizieren, die Wirkungen sind anhand definierter Zielerreichungs-Kriterien (operationalisierter Ziele) zu messen.

Die Aufgabe der Datenerhebung besteht für die gesamte Dauer des Programmablaufs in einem – so *Eekhoff* u.a. 1977, S. 11ff. – „Monitoring“ der Instrumentvariablen (Programm-Input), der exogenen Einflüsse und der Zielerreichungsgrade (Output). Methodisch gesehen handelt es sich bei diesem dreifachen „Monitoring“ somit um vergleichsweise einfache, *deskriptive* Forschungsaktivitäten.

Wesentlich schwerer zu lösen ist die darauf folgende *analytische* Aufgabenstellung: Die festgestellten Veränderungen im Wirkungsfeld des Programms sind aufzubrechen

- in jene Teile, die den jeweiligen Maßnahmen als deren Wirkung zurechenbar sind,
- und in die verbleibenden Teile, die als Effekte exogener Einflüsse (Programmumwelt) zu gelten haben.

Die eigentliche „Erfolgskontrolle“ oder „Evaluation“ beinhaltet nach diesem Modell zwei Aspekte:

- Analyse der Programmziele und ihrer Interdependenzen (Präzisierung eines Zielsystems einschließlich der Festlegung des angestrebten Zielniveaus) sowie Zuordnung der Instrumente zur Zielerreichung (Maßnahmen des Programms);
- Vergleich der den einzelnen Maßnahmen zurechenbaren Effekte mit den angestrebten Zielniveaus.

Das damit skizzierte Modell einer kausalanalytisch angeleiteten Programmevaluations- und Wirkungsforschung wirkt in sich schlüssig und einleuchtend und scheint nur noch einer weiteren Differenzierung hinsichtlich der Methodik zu bedürfen (was im Folgenden geschehen soll). Bei näherem Hinsehen allerdings wird erkennbar, dass es von anspruchsvollen Voraussetzungen über den Gegenstand der Untersuchung wie auch von Voraussetzungen bei den programmdurchführenden Instanzen und der Evaluation selbst ausgeht. Diese mögen zwar bei Vorhaben der Grundlagenforschung (vereinzelt) gegeben sein, sind jedoch in Programmforschungsprojekten wenig realitätsnah. Drei dieser meist implizit gelassenen Voraussetzungen sind besonders hervorzuheben, da deren Erfüllung eine wesentliche Bedingung dafür ist, das methodologische Forschungsprogramm empirischer Kausalanalysen überhaupt anwenden zu können:

Vor der Entwicklung des Forschungsdesigns muss Klarheit über die Untersuchungsziele – bezogen auf einen definierbaren und empirisch abgrenzbaren Untersuchungsgegenstand – bestehen. Für die Dauer der Datenerhebung dürfen sich weder die Untersuchungsziele noch die wesentlichen Randbedingungen des Untersuchungsgegenstandes in unvorhersehbarer Weise ändern.

Vor der Entwicklung des Forschungsdesigns müssen des Weiteren begründete Vermutungen (Hypothesen) über die Struktur des Gegenstandes wie auch über Zusammenhänge und Beziehungen zwischen dessen wesentlichen Elementen existieren, nach Möglichkeit in Form empirisch bewährter Theorien. Erst auf ihrer Basis kann ein Gültigkeit beanspruchendes Indikatorenmodell konstruiert, können geeignete Messinstrumente entwickelt, kann über problemangemessene Auswertungsverfahren entschieden werden.

Der/die ForscherIn muss die Kontrolle über den Forschungsablauf haben, um die (interne und externe) Gültigkeit der Resultate weitestgehend sicherzustellen.

Im Normalfall der Begleitforschung zu Programm-Implementationen oder gar zu Modellversuchen neuer Techniken, neuer Schulformen, zur Erprobung alternativer Curricula oder Lernformen u.ä. ist keine einzige dieser Bedingungen voll erfüllt. Die Untersuchungssituation weist vielmehr in dieser Hinsicht erhebliche „Mängel" auf (ausführlicher dazu *Kromrey,* 1988). Die im Folgenden skizzierte Methodologie der Programmevaluation ist daher weniger ein Real- als ein Idealtyp, an den anzunähern der/die ForscherIn sich je nach gegebener Situation bemühen wird.

3.2.1 Ziel- und Maßnahmenanalyse

Nimmt man die gängigen Definitionen von „Interventionsprogramm" oder „Handlungsprogramm" beim Wort (vgl. Anmerkung 1), dann müssten die Kenntnisse, die man sich durch die Forschung erhofft, bei den AkteurInnen weitestgehend schon vorhanden sein: Neben einem widerspruchsfreien Zielsystem müsste zuverlässiges Praxiswissen existieren, um – auf der Basis von Daten über die gegebene Ausgangssituation – die erforderlichen Maßnahmen und Instrumente zur Erreichung der Zielsituation zu bestimmen. Solche Kenntnisse über Ziel-Mittel-Relationen müssten zudem technologisch verwertbar sein; d.h. die als strategisch wichtig erkannten Variablen müssten dem Eingriff der Programmdurchführenden zugänglich sein. *Mayntz* (1980, S. 4) weist jedoch mit Recht darauf hin, „dass nur im Ausnahmefall ein Programm zu Beginn des Implementationsprozesses als konkrete, fassbare Einheit vorliegt". So sind die Ziele oft nicht eindeutig und nicht konkret, sondern vage und leerformelhaft formuliert. Das kann ganz bewusst im Prozess der Programmaushandlung geschehen sein (um einen Kompromiss zwischen widerstreitenden Interessen zu ermöglichen oder um Konflikte zwischen KoalitionspartnerInnen zu vermeiden). So wird die Aufgabe der Präzisierung aus der (politisch-öffentlichen) Zielfindungs- in die (weniger öffentliche) Implementierungsphase verschoben. Besonders problematisch ist dies, wenn am Programmvollzug mehrere Ebenen beteiligt sind (Bund – Länder – Kommunen – andere TrägerInnen). Auf jeder Ebene von AkteurInnen kann die Ausfüllung der Ziel-Leerformeln in unterschiedlicher Weise geschehen. Gleiches kann bei der Zuordnung von Maßnahmen (Instrumenten) der Fall sein, die der Zielerreichung dienen sollen. So können im Prinzip unterschiedliche Maßnahmen mit dem gleichen Programm vereinbar erscheinen. Eine mögliche Folge ist, dass bestimmte TrägerInnen ihre bereits auf Vorrat bestehenden „Schubladenprogramme" unter das neu beschlossene Programm subsumieren. In solchen Fällen entstehen Diskrepanzen zwischen offiziellen (manifesten) und verdeckten (latenten) Programmzielen. Außerdem können Ziele, die in ihrer vagen Formulierung als miteinander vereinbar erschienen, sich bei der Konkretisierung als im Widerspruch zueinander stehend erweisen. Des Weiteren können zu Beginn gesetzte Ziele (selbst wenn sie präzise formuliert waren) sich im Laufe der Programmrealisierung ändern oder in ihrer Gewichtung verschieben, etwa weil sich wichtige Rahmenbedingungen für das Programm in nicht erwarteter Weise entwickelt haben. In manchen Programmen schließlich finden sich eher *Kataloge von Maßnahmen* statt eindeutiger Ziele, so dass unbestimmt bleibt, was mit dem Programm letztlich erreicht werden soll, welches also die angestrebten Effekte sind.

Mag es bei der *Formulierung von Programmzielen* im politischen Aushandlungsprozess durchaus funktional sein, diese bewusst vage und mehrdeutig zu lassen, so darf die Interpretation empirischer Befunde dagegen nicht „aushandelbar" sein. Das bedeutet, dass ungenaue Zielformulierungen im Zuge der Designentwicklung konkretisiert werden müssen. Präzise Aussagen über die genannten Aspekte (Ziele – Instrumente – Ziel/Mittel-Relationen) sind schon rein forschungstechnisch unabdingbare Voraussetzung, um überhaupt eine Evaluation im hier verstandenen Sinne vornehmen zu können (darauf wurde bereits mehrfach hingewiesen). Der/die EvaluationsforscherIn ist somit im Falle „unvollständiger" Programme gezwungen, Lücken zu schließen und die notwendigen Präzisierungen vorzunehmen sowie im Falle widersprüchlicher Formulierungen Konflikte und Unverträglichkeiten zwischen den Zielen herauszuarbeiten und zu beseitigen – selbst auf die Gefahr hin, dass damit das Programm in Teilen zu einem „Konstrukt des Forschers" wird (*Mayntz*, 1980, S. 4).[3]

Ein erster Ansatz ist eine eher „technische" Zielanalyse in der Absicht, die Liste der Programmziele zu komplettieren, ein hierarchisches Zielsystem zu konstruieren (ausgehend von Oberzielen über Haupt-, Teil- und Unterziele bis hin zu Indikatoren, die als Näherungskriterien den Grad der Zielerreichung zu

3 Dies impliziert ein häufig nicht gesehenes Wertproblem für die Programmforschung, nach deren Konzept die „Evaluierung" kein (subjektives) Werturteil ist, sondern eine technologische Wertung: Vergleich vorgegebener Sollwerte (= Programmziele) mit empirisch erhobenen Daten über feststellbare Effekte. In dem Maße aber, wie bei der Rekonstruktion des Zielsystems als Wertbasis der Evaluation Ergänzungen vorzunehmen und Inkonsistenzen zu beseitigen waren, werden zwangsläufig Wertungen/Werturteile der ForscherInnen Bestandteil der Wertbasis und die Evaluierung verliert ihren Status als lediglich technologisches Vergleichsurteil.

messen gestatten) und die jeweils einzusetzenden Instrumente zuzuordnen (dazu und zum Folgenden ausführlich *Hellstern & Wollmann;* 1983, S. 11ff.). Ausgangspunkt sind die vorhandenen Angaben im Programm; daneben sind relevante ergänzende Dokumente (Beratungsprotokolle, Grundsatz-Aussagen der beteiligten Organisationen/Parteien etc.) heranzuziehen sowie ggf. Beteiligte am *Entscheidungsprozeß* zu befragen. Ein weiterer Zugriff bietet sich über die Personen und Institutionen an, die für die *Implementation* verantwortlich sind (insbesondere wenn sich der Vollzug des Programms über mehrere Ebenen erstreckt). Eine Zielpräzisierung aus der Sicht der Beteiligten bietet bereits zu Beginn wichtige Anhaltspunkte, ob und in welcher Weise es im Verlaufe des Programmvollzugs zu Zielverschiebungen kommen dürfte. Bei umfassender Evaluation (comprehensive evaluation)[4] ist schließlich auch noch die Perspektive der *Zielgruppen des Programms* (NutzerInnen, Betroffene) bedeutsam. Sie erlaubt eine schon frühzeitige Aussage darüber, inwieweit das Programm die Bedürfnisse derer trifft, für die es konzipiert wurde, und insofern überhaupt die Mindestvoraussetzungen für einen „Erfolg" erfüllt.[5] Manche Programme bleiben hinsichtlich ihrer Zielpopulation so unbestimmt, dass eine Zielgruppenanalyse schon aus evaluationstechnischen Gründen unumgänglich ist: nämlich zur Bestimmung des potentiellen Wirkungsfeldes des Programms (Wer wird es in Anspruch nehmen? Wer wird von möglichen Aus- und Nebenwirkungen betroffen sein?).[6]

---

4 Eine umfassende Evaluation (*Rossi & Freeman*, 1988; *Rein* 1981) bestünde in einer „systematischen Anwendung rationaler Methoden, um die Konzeptualisierung und Planung, Implementierung und Nützlichkeit eines sozialen Interventionsprogramms zu untersuchen". Sie beträfe „Fragen nach der Art, dem Ausmaß und der Verteilung des jeweiligen Problems, den Zielen und der Angemessenheit eines Programms, dem planmäßigen Ablauf der Intervention, dem Ausmaß, mit dem die beabsichtigten Änderungen bei der Zielpopulation erreicht werden, den Nebenwirkungen sowie der Nützlichkeit des Programms entsprechend Kosten-Effektivitäts- bzw. Kosten-Nutzen-Analysen" (*Lösel & Nowack*, 1987, S. 57).

5 Dieser Aspekt steht in besonderer Weise im Zentrum der „utilization focused evaluation" (*Patton*, 1997).

6 Manche AutorInnen gehen noch ein Stück weiter und fordern, dass Evaluation nicht ausschließlich aus der Sicht und nach den Kriterien der politisch-administrativen Entscheidungsebene oder der Programmdurchführenden vorgenommen werden dürfe. Durch die Orientierung auf Verwaltungsinteressen würden der Sozialwissenschaft „Scheuklappen aufgezogen"; es würden alle jene Themenbereiche ausgeblendet, die nicht bereits von Politik und Planung als krisenhaft und zugleich auch als prinzipiell politisch-administrativ regelbar wahrgenommen worden sind. Solche Wirkungsanalysen seien zwar geeignet, „die Effektivität bei der staatlichen Bearbeitung bereits erkannter Probleme [zu] steigern. Die Belange bislang unberücksichtigter Interessen kann [sie] nur insoweit thematisieren, als sie im Brunnen nach den hineingefallenen Kindern forscht" (*Häußermann & Siebel*, 1978, S. 493). Als methodisches Instrument, um Evaluation auch innovativ wirken zu lassen, schlägt Sjoberg eine – von ihm so genannte – „Gegensystemanalyse" (countersystem analysis) vor: Weder dürfe der/die EvaluationsforscherIn die herrschenden Systemkategorien akzeptieren noch

Das erstellte Zielsystem hat drei formalen Kriterien zu genügen: Konsistenz, Operationalisierbarkeit, Praktikabilität. Ein *inkonsistentes* System von Zielen (das also nicht in sich geschlossen und logisch widerspruchsfrei ist) kann nicht Grundlage für eine rationale Analyse und für die Bewertung eines Programms sein. *Nicht-operationalisierbare* Ziele sind nicht durch Daten abbildbar, können somit nicht Gegenstand empirischer Forschung sein. In Bezug auf den Zielinhalt sind Ziele operational, wenn sich gegenüber einer bestehenden Ausgangssituation die angestrebte Zielsituation genau herleiten und anhand geeigneter Indikatoren (Zielerreichungs-Kriterien) messen lässt. *Praktikabel* schließlich sind Ziele dann, wenn sie auf praktisches Handeln gerichtet sind und ihre Verwirklichung kontrolliert werden kann. Zielaussagen zu Sachverhalten, die im Rahmen des Programms nicht Gegenstand von planenden und handelnden Eingriffen sein können, sind für den/die PraktikerIn irrelevant; Forschungsbefunde zu Aspekten, die im Zuständigkeitsbereich der ProgrammdurchführerInnen nicht veränderbar sind, tragen in diesem Kontext nicht zu praxisrelevantem Wissen bei und sind aus dieser Sicht „wertlos".

Eine wichtige Unterscheidung – die nicht in allen Programmen vorgenommen wird – ist die zwischen Zielen und Maßnahmen/Instrumenten. Ziele geben an, was erreicht werden soll. Instrumente sind die Hilfsmittel, die einzusetzen sind, um die Ziele zu erreichen. Diese eindeutig klingende Abgrenzung ist jedoch nicht so simpel, wie es den Anschein hat, insbesondere dann nicht, wenn mehrere Ebenen an der Durchführung beteiligt sind. Je nach Betrachtungsperspektive kann ein und derselbe Sachverhalt ein Ziel oder aber eine Maßnahme sein.

Als *Beispiel* seien aus einem (denkbaren) Programm zur Verbesserung der Wohnqualität in innerstädtischen Altbaugebieten die *Unterziele* „Lärmschutz" und „Energieeinsparung" herausgegriffen. Ein geeignetes *Instrument* könnte – „vor Ort", d.h. bei der Zielpopulation des Programms – der Einbau neuer Wohnungsfenster mit Mehrfachverglasung sein (Zielerreichungs-Kriterien: Verringerung des Geräuschpegels in den zur Straße gelegenen Räumen zur Hauptverkehrszeit, gemessen in Dezibel; Verringerung der Heizkosten, gemessen in DM); die Maßnahme wäre effektiv (sie wirkt) und zugleich effizient (sie wirkt gleichzeitig positiv auf beide Ziele). Die programmdurchführende Instanz – das zuständige kommunale Amt für Wohnungswesen – wird es dagegen als ihr „Ziel" betrachten, möglichst viele private InvestorInnen (WohnungseigentümerInnen, VermieterInnen, Baugenossenschaften) dazu zu bewegen, den Einbau neuer Fenster vorzunehmen. Ihre „Instrumente" sind: Öffentlichkeitsarbeit, um private InvestorInnen auf die Möglichkeit der Inanspruchnahme öffentlicher Förderungsmittel hinzuweisen, sowie möglichst

---

unhinterfragt die Kategorien der Betroffenen übernehmen; vielmehr müsse er/sie „alternative Ordnungen" formulieren, um Möglichkeiten zu erkennen, die gegenwärtige Situation zu „transzendieren" und für die Evaluation eine utopisch-denkbare Zielsituation als Vergleichsmaßstab zu erhalten (*Sjoberg*, 1983, S. 81ff.).

schnelle und unbürokratische Bearbeitung von Förderungsanträgen (Zielerreichungs-Kriterien: bewilligtes Förderungsvolumen, durchschnittliche Bearbeitungsdauer der Anträge).[7] Für EigentümerInnen von Gebäuden oder Wohnungen – durch ihre Investition die eigentlichen „Durchführenden" des Programms – ist ein ganz anderes Ziel maßgeblich, das im Programm überhaupt nicht aufgeführt wird: die Wertsteigerung, zumindest die Substanzsicherung ihres Kapitals, als VermieterInnen auch die Steigerung ihrer Kapitalrendite.

Allerdings ist kein Evaluationsvorhaben so umfassend realisierbar, dass alle aus den verschiedenen Beteiligten-Perspektiven erstellbaren Ziel-Mittel-Systeme als alternative Maßstäbe an die Bewertung angelegt werden können. Somit ist die vorherige bewusste und begründete Entscheidung über den Verwendungszusammenhang notwendig: Wer ist AdressatIn der Evaluationsaussagen, und welchem Zweck sollen die Ergebnisse dienen? Offensichtlich kann also die Ziel-/Maßnahmen-Analyse niemals eine (interessenneutrale) Rekonstruktion und Präzisierung „des Programms" sein, sondern immer nur *eine* Perspektive, unter der das komplexe Gefüge Programm/Beteiligte/Umwelt betrachtet und untersucht wird. Selbst im Idealfall umfassender Evaluation können nur wenige ausgewählte Perspektiven evaluationsrelevant werden.

3.2.2 Konzipierung der Wirkungen (Modell des Wirkungsfeldes)

Mit der Ziel- und Maßnahmenanalyse ist zwar die Voraussetzung für die *Evaluierung*, nicht jedoch für die *Wirkungs*analyse geschaffen. Programmforschung erfolgt nicht in einer Laborsituation, in der jede einzelne Maßnahme isoliert auf ihre Effekte hin untersucht und in der die Wirkung der isolierten Maßnahme von allen übrigen Einflüssen („Störgrößen") abgeschirmt werden könnte. Die Forschung hat es auch nicht mit einfachen Kausalketten zu tun (Maßnahme X_1 bewirkt über die intervenierenden Zwischenschritte Y_1 und Y_2 die Veränderung der Zielsituation von Z_0 nach Z_1), sondern mit einem komplexen *Wirkungsfeld*. Insbesondere wirkt eine Maßnahme nicht (trennscharf) nur auf ein Ziel und ist ein Ziel nicht (monokausal) nur durch eine Maßnahme erreichbar. Die Wirkungen treten nicht sämtlich zu gleicher Zeit ein; es ist zwischen kurz-, mittel- und langfristigen Effekten zu unterscheiden. Schließlich kann es neben den beabsichtigten auch zu ungeplanten Wirkungen und Wechselwirkungen kommen. Die Programmumwelt (Maßnahmen anderer Programme oder sozialer AkteurInnen) können auf den Verlauf des zu evaluierenden Programms in erwünschter wie auch in unerwünschter Richtung Einfluss nehmen (und umgekehrt: das Programm kann seine Umwelt verändern).

Ziel des zu konzipierenden Wirkungsmodells ist es also, möglichst alle für die Beurteilung des Programmverlaufs relevanten (potentiellen) Wirkungen

---

7 Das Beispiel kann von Ebene zu Ebene mit wechselnden Ziel-Mittel-Konstellationen bis zu den politischen Parteien in den parlamentarischen Beschlussgremien weitergeführt werden.

und Wirkungszusammenhänge auf gedanklicher Ebene vorab zu explizieren. Kriterien für die Entscheidung, was das „relevante Wirkungsfeld“ sein soll, liefern die Programmziele. Benötigt werden aber darüber hinaus begründete Vermutungen und empirisch abgesicherte Theorien, die geeignet sind, die wechselseitigen Beziehungen zwischen Zielen, Maßnahmen und Umfeld zu antizipieren. Dieses Denkmodell eines Wirkungsfeldes – die formale Darstellung

Abbildung 2: Grobes Variablenmodell einer Evaluationsstudie

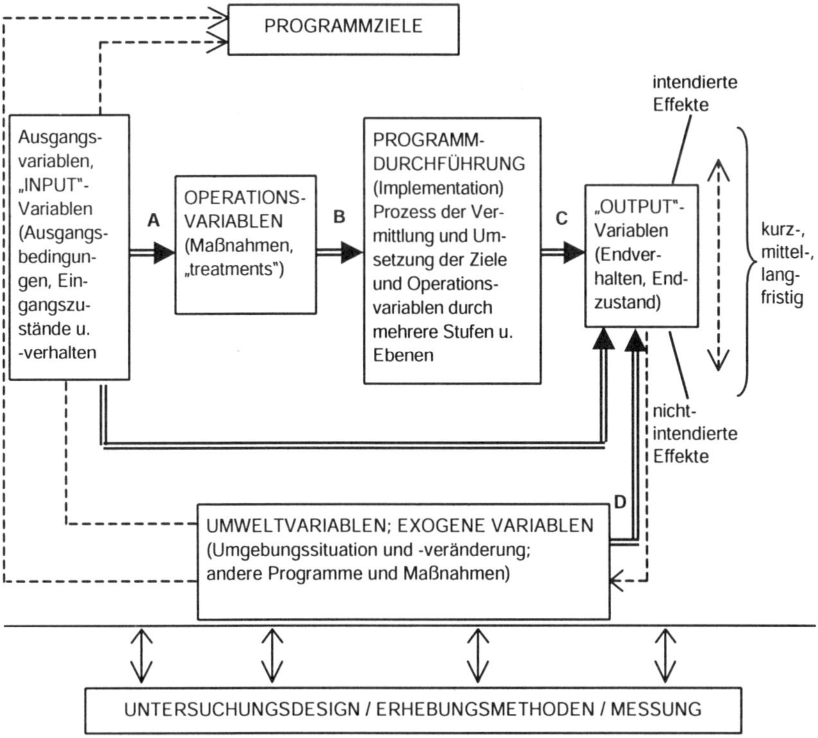

PROGRAMMZIELE

Ausgangsvariablen, „INPUT"-Variablen (Ausgangsbedingungen, Eingangszustände u. -verhalten)

A

OPERATIONS-VARIABLEN (Maßnahmen, „treatments")

B

PROGRAMM-DURCHFÜHRUNG (Implementation) Prozess der Vermittlung und Umsetzung der Ziele und Operationsvariablen durch mehrere Stufen u. Ebenen

C

„OUTPUT"-Variablen (Endverhalten, Endzustand)

intendierte Effekte

kurz-, mittel-, langfristig

nicht-intendierte Effekte

D

UMWELTVARIABLEN; EXOGENE VARIABLEN (Umgebungssituation und -veränderung; andere Programme und Maßnahmen)

UNTERSUCHUNGSDESIGN / ERHEBUNGSMETHODEN / MESSUNG

Erläuterung: (die Pfeile symbolisieren die Wirkungsrichtung)

- - - - -> im Allgemeinen nicht Gegenstand von Evaluationsstudien

A ⟹ Maßnahmen orientieren sich am „Input“ und an den Zielen

B ⟹ Maßnahmen werden durchgeführt und haben „Wirkungen“

C ⟹ „Reifungsprozesse“ (Zustände ändern sich im Zeitablauf ohne Einwirkung von „Maßnahmen“

D ⟹ externe Effekte (Wirkungen der Programmumwelt)

Zustände der Realität werden durch Messinstrumente abgebildet („Daten“); die verwendeten Untersuchungsmethoden sind jedoch niemals völlig neutral, sondern haben (insbesondere bei wiederholter Anwendung) Auswirkungen auf das Messergebnis

einer Theorie des Handlungsprogramms und seiner Einbettung in soziale Realität – ist die Basis für die Entwicklung eines „maßgeschneiderten" Forschungsdesigns. Dieses Design soll einerseits unter methodologischen Gesichtspunkten möglichst hohen Standards der empirischen Wissenschaft genügen, zugleich aber unter den durch das Programm gesetzten Rahmenbedingungen realisierbar sein. Jede ernstzunehmende Grundlagenforschung würde unter solchen Bedingungen versuchen, die Fragestellung so weit einzuschränken, dass möglichst alle wesentlichen (potentiellen) Einflussgrößen methodisch kontrolliert werden können. Evaluationsforschung darf genau diese Strategie – sollen die Ergebnisse ernstgenommen werden – nicht verfolgen, sondern muss möglichst viel Komplexität in ihrer Untersuchungsanlage mitberücksichtigen.

Das zu Beginn skizzierte Modell der Programmforschung stellt sich nach diesen Überlegungen nun wie folgt dar (wobei die methodischen Probleme der Indikatorenbildung und -messung in jedem der Variablenfelder sich nicht in anderer Weise stellen als bei jeder empirischen Untersuchung und daher hier nicht gesondert behandelt werden).

Diese aus der Forschungslogik empirischer Theorie- bzw. Hypothesentests entlehnte Konzeption führt jedoch zu einem gewissen Paradoxon, wenn sie – wie hier – auf angewandte Forschung in einem Aufgabenfeld übertragen wird, das charakteristischerweise „Neuland" ist. Zu evaluierende Programme, sozialwissenschaftlich zu begleitende Modellvorhaben bewegen sich in einem Praxisfeld, in dem es gerade sowohl an theoretischem als auch an Erfahrungswissen mangelt (andernfalls wäre ihre Evaluierung überflüssig).[8] Bei der Konzipierung der Untersuchung sind dennoch die wesentlichen Wirkungszusammenhänge zu antizipieren, und zwar – anders als bei Forschungen zum Zwecke der Theorieentwicklung – nicht „versuchsweise", um dann empirisch auf ihre Haltbarkeit überprüft zu werden, sondern unmittelbar anwendungsbezogen. Die Befunde sollen anschließend nicht im „akademischen Elfenbeinturm" abgewogen werden, sondern sollen für das laufende Handlungsprogramm und für ggf. sich anschließende Entscheidungen Geltung haben. Das Paradoxon besteht nun in Folgendem: Einerseits müssen unter *methodologischen* Gesichtspunkten empirisch bestätigte Theorien über die Struktur des Untersuchungsfeldes verlangt werden; sie sind als Basis für die Entwicklung eines auf Wirkungsmessungen angelegten Designs erforderlich. Andererseits existiert *logischerweise* bei „neuen" Untersuchungsfeldern das

8 Außer Betracht bleibt bei der folgenden Darstellung die zusätzliche Schwierigkeit, dass je nach Programmtyp unterschiedliche Probleme auftreten. Bei einem explizit formulierten Programm mit feststehendem Katalog von Maßnahmen und Zuständigkeiten sind dies andere als bei einem Rahmenprogramm oder einem Projekt, das durch Setzen von „incentives" die aktive Mitwirkung der NutzerInnen anregen und beeinflussen will. Die beiden letzteren Programmtypen leiden über die hier angesprochenen Probleme hinaus insbesondere an einer chronischen Unbestimmtheit des Wirkungsfeldes.

empirisch gesicherte Wissen noch nicht; es kann erst durch die noch durchzuführende Untersuchung gewonnen werden.

Dieses Dilemma ist nur durch einen Verstoß gegen die Methodologie traditioneller empirischer Forschung auflösbar. Den oben festgestellten „Mängeln“ der Untersuchungssituation (fehlende Konstanz des Programms und der Rahmenbedingungen) kann nur mit einem analogen „Mangel“ des Designs begegnet werden: Das zu Beginn formulierte Wirkungsmodell ebenso wie das darauf zugeschnittene Forschungsdesign sind „veränderungsoffen“ anzulegen. Die Forschungslogik strukturtestender Verfahren (einschließlich standardisierter Erhebungsmethoden) ist zu ergänzen um Verfahren strukturentdeckender Forschung (etwa das von *Glaser & Strauss* entwickelte Konzept zur „Entdeckung einer gegenstandsbezogenen Theorie“, vgl. *Kromrey*, 1994a). Das zu entwickelnde und schrittweise zu optimierende Design hat jedoch nicht nur – wie bei jeder empirischen Datenerhebung – zu gewährleisten, dass die in Abb. 2 dargestellten Variablengruppen möglichst zuverlässig und verzerrungsfrei gemessen werden können, es muss darüber hinaus die Voraussetzungen für eine Kausalanalyse der Daten schaffen. Idealtypisch geeignet ist die (feld)experimentelle Vorgehensweise. Sie darf dementsprechend als der „Königsweg“ der Programmforschung gelten, ist allerdings – wegen des Primats des Programms vor der Forschung – im Normalfall nur näherungsweise (in Form diverser quasi-experimenteller Ansätze) realisierbar.

3.2.3 Das Feldexperiment als Referenzdesign für die Programmforschung

Das Design eines „echten“ Experiments zeichnet sich dadurch aus, dass es mindestens die folgenden Merkmale aufweist:

- Es existiert eine Experimentalgruppe G_1, die dem experimentellen Stimulus X, dem „treatment“ (hier: der auf ihre Auswirkungen zu untersuchenden Maßnahme), ausgesetzt wird.
- Es existiert eine in allen wesentlichen Merkmalen äquivalente Kontrollgruppe G_2, die dem experimentellen Stimulus nicht ausgesetzt wird, die also von der Maßnahme „verschont“ bleibt.
- In beiden Gruppen werden vor dem Zeitpunkt des treatments und ausreichende Zeit danach die Ausprägungen der abhängigen Variablen (Merkmale, bei denen man Auswirkungen durch die Maßnahme erwartet) gemessen (M_1 und M_2).
- Stimmen vor dem treatment in der Experimental- und in der Kontrollgruppe die Verteilungen der abhängigen Variablen überein (und das sollten sie bei äquivalenten Kontrollgruppen), und sind nach dem treatment Unterschiede zwischen den Gruppen feststellbar, dann werden diese Unterschiede als Effekte des treatments (als Auswirkungen der Maßnahme) interpretiert.

Dieses Design kann noch um zwei weitere Gruppen (eine Experimental- und eine Kontrollgruppe, G_3 und G_4) erweitert werden, in denen man auf die Messung vor dem treatment verzichtet. Dadurch wird kontrolliert, ob nicht allein durch die Vorher-Messung schon Veränderungen in Gang gesetzt wurden (Versuchskaninchen-Effekt).

Abbildung 3: Designstrukturen bei Experimenten (nach *Frey & Frenz,* 1982, S. 250)

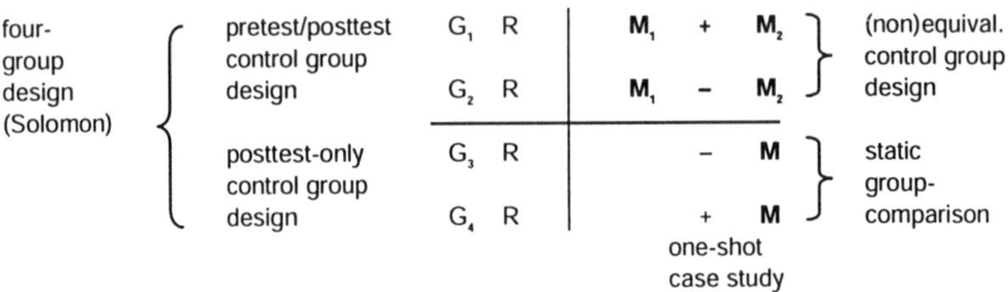

Erläuterung:
G = Gruppe; R = Randomisierung; M = Messung; + = „treatment“

Für Untersuchungsgegenstände, bei denen in Bevölkerungs-Teilgruppen jeweils unterschiedliche Auswirkungen der gleichen Maßnahmen möglich sein könnten (z.B. alte Leute gegenüber Jugendlichen, Frauen gegenüber Männern, Familien mit Kleinkindern gegenüber älteren Ehepaaren usw.), wäre das Design auf eine größere Zahl von Experimental- und zugeordneten Kontrollgruppen auszuweiten (für jede relevante Bevölkerungs-Teilgruppe ein komplettes Experimentaldesign).

Als Prototyp des sozialwissenschaftlichen Experiments ist das (psychologische) Labor-Experiment anzusehen. Hierfür gilt, dass – im günstigsten Fall – die Auswirkungen möglichst aller Randbedingungen mit Ausnahme des experimentellen Stimulus bekannt sein sollten, so dass die Äquivalenz von Versuchs- und Kontrollgruppe auf der Basis empirisch bestätigter theoretischer Kenntnisse herstellbar ist. Die Zusammensetzung der Gruppen kann in einem solchen Fall gezielt vorgenommen werden, die möglichen Einflussgrößen sind gezielt kontrollierbar.

Diese anspruchsvolle Voraussetzung – Vorhandensein hinreichender empirisch bestätigter Kenntnisse, um voll kontrollierte Experimente durchzuführen – ist normalerweise nicht gegeben. Daher machen sich sozialwissenschaftliche Experimente den Vorteil des Zufallsprinzips zunutze, der darin besteht, auch (noch) unbekannte Merkmale und Faktoren mit angebbarer Wahrscheinlichkeit in einer nicht einseitig verzerrenden Weise zu repräsentieren. Allerdings wird das Zufallsprinzip nicht etwa auf die Auswahl der ExperimentteilnehmerInnen angewendet – hier ist man in der Regel auf Freiwillige angewiesen; man hat es selbst im echten Experimentaldesign (nicht nur in Quasi-Experimenten) in der Regel mit einer systematisch verzerrenden TeilnehmerInnenstichprobe zu tun. Das Zufallsprinzip wird eine Stufe tiefer eingesetzt: Sobald eine genügende Anzahl von ExperimentteilnehmerInnen gefunden ist, werden diese nach den Merkmalen geschichtet, die für den Ausgang des Experiments als bedeutsam gelten – vielleicht Alter, Geschlecht, Bildung. Danach entscheidet ein Zufallsverfahren, welche Personen aus jeder Schicht den Experimentalgruppen und welche den Kontrollgruppen zugewiesen werden (Randomisierung).

Auf diese Weise erreicht man zweierlei: zum einen die Bildung von äquivalenten Experimental- und Kontrollgruppen hinsichtlich der Schichtungsmerkmale, zum anderen durch das zufällige Zuweisen zur Experimental- oder Kontrollgruppe die Ausschaltung der Gefahr systematischer Ergebnisverzerrungen durch andere, dem/der ForscherIn vorab nicht bekannte Faktoren. Das Zufallsverfahren dient somit *nicht* dazu, eine möglichst weitgehende Identität zwischen Grundgesamtheit und verkleinertem Abbild (Repräsentativität einer Stichprobe) zu erreichen, sondern die möglichst weitgehende Identität zwischen Experimental- und Kontrollgruppen zu sichern.

Wenn diese gesichert ist, dann gilt: Die Differenz zwischen der Entwicklung der Zielvariablen in der Experimental- und in der Kontrollgruppe ist (da mit Ausnahme des „treatments" alle übrigen Situationsbedingungen und Einflüsse identisch sind) unmittelbar der getroffenen Maßnahme als Wirkung zurechenbar.

Es wurde bereits mehrfach darauf hingewiesen, dass die Evaluationsforschung in der unter methodischen Gesichtspunkten unangenehmen Situation ist, die Bedingungen der Untersuchung nur in beschränktem Maße festlegen und kontrollieren zu können. Vorrang vor der Forschung hat das Programm. Deshalb ist es praktisch niemals möglich, die Evaluation als „echtes (soziales) Experiment" zu konzipieren. Ersatzweise versucht man daher „quasi-experimentelle Anordnungen" zu realisieren, in denen Abweichungen vom echten Experiment durch alternative methodische Kontrollen ersetzt werden.

Grundsätzliche Schwierigkeiten bereitet in der Regel insbesondere die Zusammenstellung „echter" Kontrollgruppen. So existiert z.B. im Falle von Programmen mit „Angebotscharakter" für die Zielpopulation ebenso wenig eine Pflicht zur aktiven Beteiligung (forschungsmethodisch ausgedrückt: in der Experimentalgruppe mitzuwirken) wie eine Möglichkeit des kontrollierten Ausschlusses (forschungsmethodisch: der Kontrollgruppe zugewiesen zu werden). Selbst wenn das zu evaluierende Programm letzteres zuließe (etwa durch regionale Begrenzung seiner Geltung), wäre dies unter ethischen Gesichtspunkten häufig nicht zu rechtfertigen (etwa bei sozialpolitischen Förderungsmaßnahmen).

Wenn aber die Inanspruchnahme von Maßnahmen oder Optionen eines Programms auf Freiwilligkeit beruht, lautet die Konsequenz für den Versuch der Realisierung eines Experimentaldesigns: Die Zuweisung zu Experimental- und Kontrollgruppen geschieht nicht per Randomisierung, sondern durch

Selbstselektion der TeilnehmerInnen. Damit erhält die Evaluation für die *Phase der empirischen Feldforschung* notwendigerweise lediglich nicht-äquivalente Kontrollgruppen (denn die Entscheidung für oder gegen das Programm geschieht nicht „zufällig", sondern ist systematisch mit der Lebens- und Persönlichkeitsstruktur der betreffenden Zielpersonen verknüpft). Um dennoch Aussagen mit angebbarem Grad an Gültigkeit zu gewinnen, muss die Forschung in der *Phase der Datenauswertung* versuchen, die Designmängel der Erhebungsphase durch geeignete statistische Analyseverfahren auszugleichen (für Möglichkeiten dazu s. *Kromrey*, 1987). Ein einfacher Vergleich zwischen Experimental- und Kontrollgruppen (wie im echten Experiment) ist in keinem Falle hinreichend.

Besteht ein Programm nicht aus „Angeboten", sondern aus Maßnahmen, die vom Programmträger „durchgeführt" werden und die Auswirkungen für die gesamte Zielpopulation des Programms haben (etwa Einführung einer Geschwindigkeitsbeschränkung auf Bundesstraßen und Autobahnen, Einführung einer Öko-Steuer, flächendeckende Reform der gymnasialen Oberstufe), ist selbst die Möglichkeit der Bildung *nicht-äquivalenter* Kontrollgruppen stark eingeschränkt. Nur selten wird es möglich sein, politisch-administrative Systeme oder Regionen zu finden, die in allen wesentlichen Hinsichten vergleichbar sind und in denen lediglich die jetzt zu untersuchende Veränderung nicht vorgenommen wurde. Im Normalfall wird sich die Analyse auf Vorher-Nachher-Vergleiche ohne Kontrollgruppen beschränken und umfassende Daten über mögliche „externe Einflüsse" erheben müssen, um im Zuge der Auswertung deren Effekte statistisch „kontrollieren" zu können.

Schließlich ist die Evaluation in einigen Fällen mit der Aufgabe konfrontiert, die Effekte von Programmen zu erforschen, die keine „Zielpopulation" (im Sinne von Personen, die Leistungen in Anspruch nehmen oder von Maßnahmen betroffen sind) aufweisen, sondern die das Verhalten von „Systemen" beeinflussen sollen: z.B. Eindämmen des Waldsterbens durch Maßnahmen zur Verringerung des CO_2-Ausstoßes; Verringerung der Arbeitslosigkeit in strukturschwachen Regionen durch Infrastruktur-Investitionen und Anreize zur Industrieansiedlung o.ä. In solchen Fällen existieren definitionsgemäß keinerlei „Kontrollgruppen". Hier sind in anderer Weise Referenzgrößen für die Zielvariablen zu finden, wie sie sich *ohne* die Maßnahmen des durchgeführten Programms (vermutlich) ergeben hätten. Solche Referenzwerte können in diesem Fall lediglich über Modellrechnungen oder Simulationsverfahren bestimmt werden: Nach Abschluss des Programms wird anhand der Daten über die Entwicklung aller relevanten Einflussgrößen, die *nicht* programmabhängig sind, ein Verlauf der Zielvariablen in einer hypothetischen Realität „ohne Programm" ermittelt (entsprechende Strategien sind bei *Eekhoff* u.a., 1977 nachzulesen).

Alle Untersuchungsansätze, die sich an der oben skizzierten grundlegenden Logik des Experiments orientieren, die aber dessen methodische Anforderungen nicht in vollem Umfang realisieren können, werden üblicherweise als „quasi-experimentell" bezeichnet. Je nach den „Mängeln der Forschungssituation" und je nach den gewählten methodischen Strategien zum bestmöglichen Ausgleich dieser Mängel ergibt sich eine Vielzahl quasi-experimenteller Designformen, die hier auch nicht ansatzweise darstellbar sind. Gute Überblicke bieten *Frey & Frenz,* 1982; *Lösel & Nowack,* 1987; *Rossi & Freeman,* 1988, und natürlich die „Klassiker" dieses Ansatzes: *Campbell,* 1983; *Cook & Campbell,* 1979; für „handwerkliche" Fragen der Planung und Durchführung von Evaluationsprojekten s. *Wottawa & Thierau,* 1990.

3.3 Alternativen zum Experimentaldesign

3.3.1 Alternativen im Forschungsparadigma: „ex-post-facto-Design", theoriebasierte Evaluation; Meta-Analyse

- Als unbestrittener „Königsweg" der Evaluationsforschung (in angelsächsischen Texten auch als „Goldstandard" bezeichnet) gilt das Experimentaldesign, mit Einschränkungen noch das Quasi-Experiment, das so viele Elemente des klassischen Experiments wie möglich zu realisieren versucht und für nicht realisierbare Design-Elemente methodisch kontrollierte Ersatzlösungen einführt. So tritt etwa bei der Zusammenstellung strukturäquivalenter Versuchs- und Kontrollgruppen das matching-Verfahren an die Stelle der Randomisierung; oder die nicht mögliche Abschirmung von Störgrößen in der Informationsbeschaffungsphase wird ersetzt durch umfassende Erhebung relevanter potentieller exogener Wirkungsfaktoren, um nachträglich in der Auswertungsphase die exogenen Einflüsse statistisch zu kontrollieren.
- Mit letzterem Beispiel sind wir bereits auf halbem Wege, die Experimentallogik in der Erhebungsphase durch *Experimentallogik in der Auswertungsphase* zu simulieren. Wo ein Interventionsprogramm eine soziale Situation schafft, in der sich ein Feldexperiment verbietet, kann sich die Evaluation an dem in Abbildung 2 skizzierten Variablenmodell orientieren und eine möglichst vollständige Deskription des Programmverlaufs („monitoring") anstreben; das heißt: Für alle untersuchungsrelevanten Variablen werden mit Hilfe des Instrumentariums der herkömmlichen empirischen Sozialforschung über die gesamte Laufzeit des Programms Daten erhoben. Erst im Nachhinein – im Zuge der Analyse – werden die Daten so gruppiert, dass Schlussfolgerungen wie bei einem Experiment möglich werden, also Einteilung von Personen nach ProgrammnutzerInnen bzw. -teilnehmerInnen und NichtnutzerInnen bzw. Nicht-TeilnehmerInnen (in Analogie zu Versuchs- und Kontrollgruppen), empirische Klassifikation der NutzerInnen bzw. NichtnutzerInnen im Hinblick auf relevante demographische und Persönlichkeitsvariablen (in Analogie zur Bildung *äquivalenter* Gruppen) sowie statistische Kontrolle

exogener Einflüsse (in Anologie zur Abschirmung von Störgrößen). Diese *nachträgliche* Anordnung der Informationen in einer Weise, als stammten die Daten aus einem Experiment, wird üblicherweise als *„ex-post-facto-Design"* bezeichnet.

– Allerdings weist die ex-post-facto-Anordnung eine gravierende und prinzipiell nicht kontrollierbare Verletzung des Experimentalprinzips auf, nämlich das Problem der Selbstselektion der TeilnehmerInnen/NutzerInnen. Auch das ausgefeilteste statistische Analysemodell kann kein Äquivalent zur kontrollierten Zuweisung zur Experimental- bzw. Kontrollgruppe anbieten. Allenfalls kann versucht werden, diesen Mangel in der Feldphase dadurch zu mildern, dass Gründe für die Teilnahme oder Nicht-Teilnahme mit erhoben werden, um möglicherweise existierende systematische Unterschiede erkennen und abschätzen zu können. Darüber hinaus erhält die generelle Problematik der Messung sozialer Sachverhalte im Vergleich zum echten Experiment ein erheblich größeres Gewicht: Soll die Gültigkeit der Analyse-Resultate gesichert sein, müssen alle potentiellen exogenen Einflüsse und müssen alle relevanten Persönlichkeitsmerkmale nicht nur bekannt, sondern auch operationalisierbar sein und zuverlässig gemessen werden. Im echten Experiment entfällt diese Notwendigkeit dadurch, dass alle (bekannten und unbekannten) exogenen Einflussgrößen durch Randomisierung bei der Bildung von Experimental- und Kontrollgruppen neutralisiert werden.

– Einen anderen Zugang zur Gewinnung detaillierten empirischen Wissens über das zu evaluierende Vorhaben wählt das Modell einer *„theoriebasierten Evaluation"* (theory-based evaluation). Gemeint ist hier mit dem Terminus „Theorie" allerdings nicht ein System hoch abstrakter, generalisierender, logisch verknüpfter Hypothesen mit im Idealfall räumlich und zeitlich uneingeschränktem Geltungsanspruch, sondern – ähnlich wie beim grounded-theory-Konzept – eine gegenstandbezogene Theorie, eine Theorie des Programmablaufs (*Weiss*, 1995, 1997). Die Bezeichnung „logisches Modell" wäre vielleicht treffender (vgl. *Patton*, 1997, S. 234ff.: logical framework approach), zumal die Bezeichnung „theoriebasierte Evaluation" etwas irreführend ist, denn auch das Modell der Programmforschung – wie oben vorgestellt – ist „theoriebasiert" (s. Abschnitt 3.2.2): Als forschungsleitendes Modell des Wirkungsfeldes versucht die Programmevaluation ein in sich schlüssiges, einheitliches System von operationalisierbaren Hypothesen zu formulieren, das die theoretische Basis für die Planung des Programms (Zuordnung von Maßnahmen/Instrumenten zu Programmzielen), für die Implementation und für die gezielte Messung der Effekte (Zurechnung der beobachteten Veränderungen zu den durchgeführten Maßnahmen) rekonstruieren soll.

– Bei diesem Rationalmodell der Programmevaluation tritt nun das bereits genannte zentrale Problem auf, dass im allgemeinen eine solche einheitliche Programmtheorie als Grundlage rationaler Ziel- und Maßnahmenplanung nicht existiert, sondern ein Konstrukt des/der ForscherIn(s) ist, das er/sie an das Programm heranträgt, um sein/ihr Evaluationsdesign wissenschaftlich und methodologisch begründet entwickeln zu können. Faktisch dürften bei den PlanerInnen der Maßnahmen ihre jeweils eigenen individuellen Vermutungen über die Notwendigkeit der Erreichung bestimmter Ziele und die Eignung dafür einzusetzender Instrumente für ihre Entscheidungen maßgebend sein. Ebenso dürften die mit der Implementation betrauten Instanzen eigene – vielleicht sogar von den Planern abweichende – Vorstellungen darüber besitzen, wie die Maßnahmen im Detail unter den jeweils gegebenen Randbedingungen zu organisieren und zu realisieren sind. Und schließlich werden auch die für den konkreten Alltagsbetrieb des Programms zuständigen MitarbeiterInnen sowie ggf. die AdressatInnen des Programms (soweit deren Akzeptanz und/ oder Mitwirkung erforderlich ist) ihr Handeln von ihren jeweiligen Alltagstheorien leiten lassen.

– Es existieren also im Normalfall unabhängig von den abstrahierenden theoretischen Vorstellungen der Evaluatoren mehrere – im Idealfall sich ergänzende, vielleicht aber auch in Konkurrenz stehende – Programmtheorien, die den Fortgang des Programms steuern und für dessen Erfolg oder Misserfolg maßgeblich sind. Sie gilt es zu rekonstruieren und zum theoretischen Leitmodell der Evaluation zu systematisieren. Das Ergebnis könnte dann ein *handlungslogisches Rahmenkonzept* sein, in dem der von den Beteiligten vermutete Prozess von den Maßnahmen über alle Zwischenschritte bis zu den Wirkungen skizziert ist.[9] Wo mehrere Wirkungsstränge denkbar sind, wären diese parallel darzustellen und ggf. zu vernetzen. Von einem solchen ablaufsorientierten „logischen Modell" angeleitet, kann die Evaluation Detailinformationen über den gesamten Prozess aus der Perspektive der jeweiligen AkteurInnen sammeln. Sie vermeidet es, zwischen dem Einsatz eines Instruments und der Messung der Veränderungen im vorgesehenen Wirkungsfeld eine black box zu belassen (wie dies etwa im Experimentaldesign geschieht). Sie kann nachzeichnen, an welcher Stelle ggf. der vermutete Prozess von der Implementation über die Ingangsetzung von Wirkungsmechanismen bis zu den beabsichtigten Effekten von welchen Beteiligten auf welche Weise unterbrochen wurde, wo ggf. Auslöser für nicht-intendierte Effekte auftraten, an welchen Stellen und bei welchen Beteiligten Programmrevisionen angezeigt sind usw. Zudem kann eine so konzipierte Evaluation auf methodisch hoch anspruchsvolle, standardisierte, mit großem Kontrollaufwand durchzuführende und damit potentiell das Programm störende Datenerhebungen verzichten, da sie ihre Informa-

9 Während das Modell der Programmforschung in Abbildung 2 (variablenorientiert) die *wirkungslogische* Beziehungsstruktur der Programmelemente einschließlich der Programmumwelt darstellt, handelt es sich hier um die (akteurInnenorientierte) Skizze der *zeitlich-sachlogischen* Ablaufsstruktur des Programms.

tionen jeweils ereignis- und akteurInnennah mit situationsangemessenen Instrumenten sammeln und direkt validieren kann.

Ich möchte mich zur Illustration auf eine Skizze beschränken und zu diesem Zweck auf das vorne bereits angesprochene US-amerikanische Programm D.A.R.E. (Drug Abuse Resistance Education) zurückgreifen.[10] Das mit außerordentlich hohem Aufwand durchgeführte Vorhaben – allein 1993 wurden 750 Millionen Dollar an öffentlichen Mitteln dafür bereitgestellt (*McNeal & Hansen*, 1995, S. 141) – hatte seinen Ursprung 1983 in einer Zusammenarbeit zwischen Polizei und Schulverwaltung in Los Angeles. Ein grobes logisches Ablaufsmodell hat die folgende Struktur:

- *Akteure 1*: Polizei und Schulverwaltung in Los Angeles entwickeln ein Modellprojekt mit dem Programmziel, potentielle spätere Drogenkonsumenten bereits in frühem Jugendalter dagegen zu immunisieren (Theorie: Drogenmarkt als Denkmodell: Eingriff auf der Seite der „Nachfrage"; Persönlichkeitsentwicklung: Grundlagen für späteres Verhalten werden im Jugendalter gelegt; Wirkung von Unterricht: Wissen beeinflusst Einstellungen, geänderte Einstellungen beeinflussen langfristig das Verhalten). Instrumente/Ressourcen: Da verbreiteter Drogenkonsum unter Jugendlichen in der öffentlichen Diskussion als ein gesellschaftliches Problem akzeptiert ist, führen politische Bemühungen zur Bereitstellung öffentlicher Mittel.
- *Akteure 2*: Der Unterricht soll von PolizistInnen in Grundschulen gehalten werden; für diesen Unterricht sind geeignete PolizistInnen auszuwählen (Hypothesen über didaktische und soziale Voraussetzungen für den Anti-Drogen-Unterricht, z.B.: In der Grundschule sind die Jugendlichen noch eher formbar als in späteren Sozialisationsphasen; Unterricht durch PolizistInnen assoziiert Drogenkonsum mit einem Straftatbestand; Jugendliche akzeptieren junge PolizistInnen als Bezugspersonen eher als ältere).
- *Vorbereitende Aktivitäten 1*: Ein geeignetes Curriculum ist zu entwickeln; die ausgewählten PolizistInnen sind für ihren Schuleinsatz zu trainieren (kognitivistische Didaktiktheorien; Hypothesen über die Relevanz selektiver Wissensbestände für die beabsichtigte Beeinflussung von Einstellungen gegenüber Drogenkonsum: Nur harte Drogen? Soll auch Nikotin und Alkohol behandelt werden?).
- *Vorbereitende Aktivitäten 2*: Zuweisung von PolizistInnen zu Schulklassen, Unterrichtseinsatz in Uniform (Hypothesen über die Rolle des Vertrautseins mit dem räumlichen Kontext der SchülerInnen, über die Wirkung des Auftretens und der Kleidung: Unterricht in Uniform verstärkt die Assoziation von Drogenkonsum mit Straftatbestand).
- *Programmaktivitäten: Durchführungsplanung und -organisation*: Kursdauer 10 Wochen, eine Stunde pro Woche innerhalb des regulären Unterrichts (Lernpsychologie und Didaktiktheorien: über angemessene Menge des Unterrichtsstoffs, über zur Wissensvermittlung und Wissensstabilisierung erforderliche Mindestdauer des Kurses, über maximale Dauer zur Vermeidung von Akzeptanzproblemen gegenüber dem neuen Unterrichtsfach).
- *Programmdurchführung/Beteiligungsverhalten*: PolizistInnen geben als externe Lehrende Unterricht in den Schulklassen (Hypothesen über Reaktionen der SchülerInnen, über ihre Beteiligung, ihre Reaktionen; Vorannahmen über eventuell erforderliche flexible Anpassungen des Unterrichtsverhaltens an schulische Notwendigkeiten, über Unterstützung/Abwehrverhalten des regulären Lehrpersonals).

---

10 Ein weiteres illustratives Beispiel für ein solches kleinschrittiges Programmwirkungsmodell ist bei *Carol Weiss* (1997, S. 503ff.) zu finden.

- Kurzfristige *Veränderungen von Wissen und Einstellungen*: SchülerInnen erwerben Kenntnisse über Gefahren von Drogen sowie Fertigkeiten zum Fällen selbstverantwortlicher Entscheidungen (Hypothesen über die Auswirkung von Wissen auf Einstellungen, von Entscheidungsfähigkeit auf gesteigerte Selbstwerteinschätzung).
- Kurzfristige *Wirkung geänderter Einstellungen auf Verhalten*: SchülerInnen gestalten ihr Leben bewusster, entwickeln – wenn notwendig – Widerstandskraft gegen Gruppendruck („rationalistische" Handlungstheorie: Wissen und Fertigkeiten führen zu mehr Selbstbewusstsein, zu verbesserter Urteilsfähigkeit, zur Orientierung am eigenen Wohl: Drogen sind in diesem Zusammenhang negativ und werden gemieden).
- Geänderte *Einstellungen und Verhaltensänderungen bleiben langfristig erhalten* (Hypothesen über die Konstanz von erworbenen Persönlichkeitsmerkmalen; hier: rationales Entscheidungsverhalten und geänderte Einstellungen gegenüber Drogen im frühen Jugendalter verhindern den Drogenkonsum als Teenager).

Die hier nur in groben Zügen skizzierte Programmlogik (oder Programmtheorie) kann als ein Stufenmodell charakterisiert werden: Jede der Folgestufen kann erst erreicht werden, wenn davor liegenden Stufen erfolgreich durchlaufen wurden. Eine in dieser Weise „theoriebasierte" Evaluation könnte programmbegleitend sofort feststellen, in welcher Stufe evtl. Probleme auftreten; sie könnte dadurch Informationen liefern, die den erfolgreichen Fortgang des Projekts unterstützen und sichern. Zugleich sind konkret gegenstandsbezogene Informationen eine geeignete empirische Basis für die Fortentwicklung sozialwissenschaftlichen Grundlagenwissens.

In besonderer Weise steht die Produktion von Grundlagenwissen natürlich im Vordergrund bei Vorhaben der *Meta-Evaluation* sowie der *Meta-Analyse von Evaluationsstudien*. Im ersten Fall geht es darum, durchgeführte Forschungsvorhaben zu evaluieren, einerseits um die Reichweite ihrer Aussagen zu überprüfen und ggf. (im Falle der Kumulation mehrerer Studien mit vergleichbarer Thematik) zu erhöhen, andererseits um methodologische Standards zu prüfen und weiter zu entwickeln (s. z.B. *Marconi & Rudzinski*, 1995; *McNeal & Hansen*, 1995).

Im zweiten Fall, der Meta-Analyse von Evaluationen, steht eindeutig die Prüfung der Geltung gewonnener Aussagen, ihre Differenzierung und Erweiterung an vorderster Stelle. Dies kann auf zweierlei Weise geschehen. Zum einen können vorliegende Studien zur gleichen Thematik (etwa Einzelprojekt-Evaluationen zum gleichen Programmtyp) gesammelt und ihre Ergebnisse anhand eines vergleichenden Rasters kumuliert werden. Dies setzt voraus, dass die Untersuchungsdesigns der einzubeziehenden Studien weitgehend ähnlich und die Durchführung von hinreichender methodischer Qualität sind (etwa: nur Studien, die ein Experimentaldesign mit äquivalenten Kontrollgruppen realisiert haben). Die Güte der Ergebniskumulation ist dann mit abhängig von der Vollständigkeit der Erschließung der existierenden Untersuchungen sowie von der Stringenz der angewendeten Inklusions- bzw. Exklusionskriterien der Meta-Analyse (vgl. dazu *Petrosino*, 1995). Eine andere Strategie ist, die recherchierten und dokumentierten Studien zu einem Themenkomplex als Objektmenge für eine Inhaltsanalyse zu nutzen. Designmerkmale können dann ebenso wie berichtete Befunde anhand eines Kategorienschemas codiert und im Auswertungsverfahren der

Meta-Analyse zueinander in Beziehung gesetzt werden (vgl. *Hellstern & Wollmann*, 1983).

3.3.2 Alternativen im Kontrollparadigma: Indikatorenmodelle, Bewertung durch Betroffene

Beim Kontrollparadigma steht, wie zu Beginn geschildert, nicht das Interesse an der Gewinnung übergreifender und transferfähiger Erkenntnisse im Vordergrund, sondern die Beurteilung der Implementation und des Erfolgs eines Interventionsprogramms. Soweit es sich um ein Programm mit explizierten Ziel-Mittel-Relationen handelt, sind unter methodischem Gesichtspunkt selbstverständlich das Experiment bzw. – wenn nicht realisierbar – seine Alternativen Quasi-Experiment bzw. ex-post-facto-Design die geeignete Wahl. Allerdings steht nicht selten eine andere Thematik im Zentrum des Kontroll-Interesses, nämlich Qualitätssicherung und Qualitätsentwicklung – auch und gerade im Falle fortlaufend zu erbringender Humandienstleistungen durch eine Organisation oder Institution. Zwar gilt inzwischen weitgehend unbestritten *der positive Effekt bei den AdressatInnen der Dienstleistung (outcome) als letztliches Kriterium für den Erfolg der Dienstleistung*. Doch ist zugleich die unerschütterliche Annahme weit verbreitet, dass gute Servicequalität eine weitgehende Gewähr für solchen Erfolg sei. So wird z.B. in der Hochschulpolitik für wahrgenommene Mängel im universitär vermittelten Qualifikations-Output (z.B. lange Studienzeiten oder hohe Studienabbruchquoten) in erster Linie die vorgeblich schlechte Lehre verantwortlich gemacht und deren Qualitätsverbesserung eingefordert.

Somit gehört es zu den ersten Aufgaben der Evaluation, die qualitätsrelevanten Dimensionen des Dienstleistungsangebots zu bestimmen und zu deren Beurteilung Qualitätsindikatoren zu begründen und zu operationalisieren – eine Aufgabe, mit der sich die Sozialwissenschaft im Rahmen der Sozialindikatorenbewegung seit Jahrzehnten befasst. Hierbei wird die Evaluation gleich zu Beginn mit einem zentralen theoretischen und methodologischen Problem konfrontiert, der Unbestimmtheit des Begriffs „Qualität". Je nachdem, auf welchen Aspekt der Dienstleistungserbringung sich der Blick richtet und aus welcher Perspektive der Sachverhalt betrachtet wird, kann Qualität etwas sehr Unterschiedliches bedeuten. Eine Durchsicht verschiedener Versuche der Annäherung an diese Thematik erweist sehr schnell, dass „Qualität" keine Eigenschaft eines Sachverhalts (z.B. einer Dienstleistung) ist, sondern ein mehrdimensionales Konstrukt, das von außen an den Sachverhalt zum Zwecke der Beurteilung herangetragen wird. Wenn nun – wie oben angedeutet – die positiven Effekte bei den AdressatInnen einer Dienstleistung das eigentliche Kriterium der Qualitätsbeurteilung sein sollen, die Qualität der Dienstleistung jedoch aus unterschiedlichsten Gründen nicht an den Effekten auf die AdressatInnen abgelesen werden kann, dann erwächst daraus ein methodisches Problem, das ebenfalls schon in der Sozialindikatorenbewegung unter den Schlagworten subjektive versus objektive Indikatoren ausgiebig diskutiert worden ist. Dann muss entweder den AdressatInnen die Rolle der EvaluatorInnen zugeschoben werden, indem per mehr oder weniger differenzierter Befragung ihre Beurteilung der Dienstleistung erhoben wird. Oder es müssen „objektive" Qualitätsmerkmale der Dienstleistung und des Prozesses der Dienstleistungserbringung ermittelt werden, die auch „subjektive Bedeutung" haben, die also in der Tat die Wahrscheinlichkeit positiver Effekte bei den AdressatInnen begründen können (*Kromrey & Ollmann*, 1985).

Im Gesundheitswesen – und von dort ausgehend in anderen sozialen Dienstleistungsbereichen – ist der wohl bekannteste Ansatz das von *Donabedian* entworfene Qualitätskonzept (ausführlich in *Donabedian*, 1980). Er stellt die Evaluation eines Prozesses in den Mittelpunkt seiner Definition, nämlich *Qualität als Grad der Übereinstimmung zwischen zuvor formulierten Kriterien und der tatsächlich erbrachten Leistung*. Diesen Prozess bettet er ein in die Strukturen als Rahmenbedingungen für die Leistungserbringung sowie die Ergebnisse, die die erbrachte Leistung bei den AdressatInnen bewirkt. Damit sind drei Qualitätsbereiche benannt sowie drei Felder für die Auswahl und Operationalisierung qualitätsrelevanter Indikatoren abgegrenzt. Außerdem ist damit eine Wirkungshypothese impliziert: Die Strukturqualität (personelle, finanzielle und materielle Ressourcen, physische und organisatorische Rahmenbedingungen, physische und soziale Umwelt) ist die Bedingung der Möglichkeit von Prozessqualität (Erbringung der Dienstleistung, Interaktionsbeziehung zwischen AnbieterInnen und KlientInnen); diese wiederum ist eine Voraussetzung für Ergebnisqualität (Zustandsveränderung der KlientInnen im Hinblick auf den Zweck der Dienstleistung, Zufriedenheit der KlientInnen).

Wird die sachliche Angemessenheit dieses dimensionalen Schemas unterstellt, so besteht die entscheidende Aufgabe der Evaluation darin, zu jeder der Dimensionen diejenigen Indikatoren zu bestimmen und zu operationalisieren, die dem konkret zu evaluierenden Programm angemessen sind. Dies kann nicht ohne Einbeziehung der ProgrammträgerInnen, des eigentlichen Dienstleistungspersonals sowie der AdressatInnen der Dienstleistung und ggf. weiterer Beteiligter und Betroffener geschehen (als Beispiel: *Herman*, 1997). Des Weiteren sind die Indikatoren als gültige Messgrößen durch Formulierung von „Korrespondenzregeln" methodisch zu begründen; d.h. es ist nachzuweisen, dass sie „stellvertretend" die eigentlich interessierenden Dimensionen abbilden. Häufig genug geschieht dies entweder überhaupt nicht oder lediglich gestützt auf Vermutungen oder als Ergebnis eines Aushandlungsprozesses zwischen den Beteiligten,[11] oder sie werden von vornherein unter dem Gesichtspunkt leichter Messbarkeit ausgewählt. Nicht nur ist die Validität solcher Indikatoren zweifelhaft (Wird damit wirklich die angezielte

11 Die Entscheidung nach dem Konsensprinzip führt erfahrungsgemäß zur Einigung auf ein System von Indikatoren, dessen Anwendung am gegenwärtigen Zustand wenig bis gar nichts ändert.

„Qualität“ gemessen?). Sie bergen auch die Gefahr der Fehlsteuerung, indem statt der gewünschten Qualität vor allem die leicht messbaren Sachverhalte optimiert werden.[12]

Wenn – wie zu Beginn dargelegt – der positive Effekt bei den AdressatInnen der Dienstleistung (outcome) als letztliches Kriterium für den Erfolg der Dienstleistung gelten soll, dann ist als Beurteilungsmaßstab für die Güte der Indikatoren die sog. „Kriteriumsvalidität“ zu wählen; d.h. die Indikatoren in den Bereichen Struktur und Prozess sind in dem Maße valide, wie sie signifikante empirische Beziehungen zu outcome-Indikatoren aufweisen. Dies folgt im *Donabedian*-Modell auch aus der kausalen Verknüpfung, die der Autor zwischen den Bereichen Struktur → Prozess → Ergebnis postuliert. Eine nachweisbar gültige Messung von Qualität über Indikatoren hat somit stets aus einem theoretisch begründbaren und empirisch prüfbaren System von Indikatoren zu bestehen, in welchem zwischen Qualitätsindikatoren und Gültigkeitskontrollindikatoren („validators“) unterschieden werden kann. Ein solches Indikatorensystem für das *Donabedian*-Modell wird in einem Artikel von *Salzer* u.a. (1997) vorgestellt und methodologisch grundlegend diskutiert.

Angesichts der Schwierigkeit und Aufwendigkeit solchen Vorgehens wird nicht selten eine einfachere Lösung gesucht und – vermeintlich – auch gefunden. An die Stelle methodisch kontrollierter Evaluation durch Forschung wird – wie oben (Abschnitt 3.1.4) bereits kurz angesprochen – die Bewertung durch Betroffene und/oder die Ermittlung ihrer Zufriedenheit gesetzt: Man befrage die AdressatInnen und erhebe deren Bewertungen. Die AdressatInnen und NutzerInnen – so wird argumentiert – sind die von dem zu evaluierenden Programm ganz konkret „Betroffenen“ und daher in der Lage, aus eigener Erfahrung auch dessen Qualität zuverlässig zu beurteilen. Sind die erbrachten Dienstleistungen „schlecht“, so werden auch die Beurteilungen auf einer vorgegebenen Skala negativ ausfallen und umgekehrt. Befragt man eine hinreichend große Zahl von „Betroffenen“ und berechnet pro Skala statistische Kennziffern (etwa Mittelwerte oder Prozentanteile), dann kommen – so die weitere Argumentation – individuelle Abweichungen der ein-

12 Selbst bei im Prinzip gültigen Indikatoren besteht das Dilemma, dass sie gültige Informationen nur so lange liefern, wie sie lediglich deskriptive Funktionen erfüllen, ihre Anwendung also ohne Konsequenzen bleibt. Andernfalls (wie etwa bei Verteilung von Haushaltsmitteln in Universitäten nach sog. Leistungs- und Belastungskriterien) wird jeder rational Handelnde versuchen, die Ausprägung der Indikatorwerte in seinem Sinne zu „optimieren“. Gilt beispielsweise der Anteil erfolgreicher Abschlüsse an der Zahl der Studierenden in einem Studiengang als ein „Leistungsindikator“, dann ist es unter Haushaltsgesichtspunkten rational, auch diejenigen zum Abschluss zu führen (unter „geeigneter“ Anpassung des Anspruchsniveaus), denen man „eigentlich“ die Annahme eines ihren Fähigkeiten entsprechenden Arbeitsplatzes ohne Fortführung des Studiums empfehlen sollte.

zelnen Urteilenden darin nicht mehr zur Geltung. Erhofftes Fazit: Man erhält verlässliche Qualitätsindikatoren.

Leider erweisen sich solche Vorstellungen als empirisch falsch (vgl. am Beispiel „Lehrevaluation" an Hochschulen: *Kromrey*, 1994b, 1996). Die per Umfrageforschung bei NutzerInnen oder Betroffenen erhobenen Antworten auf bewertende (also evaluative) Fragen haben nicht den Status von „Evaluation" als methodisch kontrollierter, empirischer Qualitätsbewertung. Ermittelt wird lediglich die „Akzeptanz" (oder Nicht-Akzeptanz), auf die der beurteilte Sachverhalt bei den Befragten stößt; und die hängt im Wesentlichen ab von Merkmalen der Befragten und nur relativ gering von Merkmalen des beurteilten Sachverhalts. Natürlich sind auch Akzeptanzaussagen keine unwesentliche Information, insbesondere in solchen Dienstleistungsbereichen, in denen der Erfolg von der aktiven Partizipation der AdressatInnen abhängt (etwa in der Familienhilfe oder generell in der Sozialarbeit).[13] Akzeptanzaussagen geben Auskunft darüber, in welchem Ausmaß und unter welchen Bedingungen das neue Angebot, das neue Programm etc. ‚akzeptiert' (oder abgelehnt) wird, sowie darüber, welche Änderungen ggf. notwendig sind, um die ‚Akzeptanz' – nicht unbedingt das Produkt – zu verbessern. Akzeptanz und/oder Zufriedenheit kann auch – wie im *Donabedian*-Modell – eine Teildimension von outcome-Qualität sein; dann nämlich, wenn die aktive Partizipation der AdressatInnen ein explizites Ziel des Programms ist. Aber selbst als Teildimension von Qualität kann sie nicht stellvertretend für das *gesamte* Qualitätskonzept stehen.

4 Das Leitkonzept für das Entwicklungsparadigma der Evaluation: Das „Helfer- und BeraterInnenmodell" der Evaluation

Das Konzept von Evaluation als Programmforschung ist – wie in Abschnitt 3.2 dargestellt – methodisch schwer realisierbar und muss von Voraussetzungen über den Untersuchungsgegenstand ausgehen, die nur selten hinreichend erfüllt sind. Auch das dem „Programm"-Verständnis zugrunde liegende Leitbild rationaler Planung hat nicht mehr die gleiche Gültigkeit wie in den 1970er Jahren. Nach diesem Leitbild ist – ausgehend von sozialen Problemen, die systemimmanent lösbar erscheinen – auf der Basis einer Gegenüberstellung von Ist-Analyse und Soll-Zustand ein Handlungsprogramm zu entwerfen und zu implementieren; dieses ist begleitend und/oder abschließend auf seinen Erfolg zu überprüfen und erforderlichenfalls für die nächste Periode zu modifizieren. Für die Entwicklung und Erprobung innovativer Kon-

13 Ein informationsreiches Akzeptanzforschungsprojekt stellen *H. Müller-Kohlenberg & C. Kammann* in diesem Band vor.

zepte ist dieses Forschungsmodell außerordentlich unhandlich, in manchen Konstellationen auch überhaupt nicht realisierbar. Zunehmend werden in jüngerer Zeit empirische Informationen und sozialwissenschaftliches Know-how bereits bei der Entwicklung und Optimierung eines Programms sowie bei der Erkundung der Möglichkeiten seiner „Umsetzung" verlangt.

Gegenüber dem bisher dargestellten Konzept ergeben sich dadurch zwei grundlegende Unterschiede für die Funktion der Evaluation.

Zum Einen steht *am Anfang nicht ein „fertiges" Programm*, dessen Implementierung und Wirksamkeit zu überprüfen ist. Vielmehr ist Evaluation in die gesamte Programm-Historie eingebunden: von der Aufarbeitung und Präzisierung von Problemwahrnehmungen und Zielvorstellungen über eine zunächst vage Programmidee, über die Entwicklung geeignet erscheinender Maßnahmen und deren Erprobung bis hin zu einem auf seine Güte und Eignung getesteten (endgültigen) Konzept. Evaluation unter solchen Bedingungen ist im wörtlichen Sinne „formativ". Sie ist wesentlicher Bestandteil des Entwicklungsprozesses, in welchem ihr die Funktion der Qualitätsentwicklung und Qualitätssicherung zukommt.

Zum Zweiten kann der *Blickwinkel* der Evaluation in diesem Rahmen *nicht auf den Sachverhalt „Programm"* (Ziele – Maßnahmen – Effekte) *beschränkt* bleiben, sondern muss explizit auch die Beteiligten einbeziehen. Des Weiteren reduziert sich die Programmumwelt nicht auf ein Bündel von „Störfaktoren", die es statistisch zu kontrollieren oder – im Experimentaldesign – zu eliminieren gilt. Vielmehr ist die Umwelt – neben dem System von Programmzielen – eine *wesentliche Referenzgröße* für die optimale Konzeptentwicklung. Bei der Entwicklungsaufgabe geht es nicht um einen abstrakten Katalog von Maßnahmen, der kontextunabhängig realisierbar und transferierbar sein soll; sondern die Aufgabe besteht in der optimalen Abstimmung von Zielen und Maßnahmen auf das vorgesehene Einsatzfeld.

Nicht von allen wird jedoch Evaluation im zuletzt skizzierten Kontext mit Forschung gleichgesetzt. Im exponiertesten Fall gilt *Evaluation als eine „Kunst"*, die „von Wissenschaft grundsätzlich verschieden" sei (*Cronbach*, zit. bei *Ehrlich*, 1995, S. 35): Während in wissenschaftlich angelegten Vorhaben methodologische Standards und verallgemeinerbare Aussagen von ausschlaggebender Bedeutung seien, stehe für Evaluationsvorhaben das Interesse an nützlichen Informationen im Blickpunkt.

Methodisch verfährt Evaluation dieses Typus häufig ähnlich wie ein Forschungskonzept, das *Aktionsforschung* (Handlungsforschung, action research) genannt wird. Ihr *Ablauf ist iterativ, schleifenartig*, ist ein fortwährendes Fragenstellen, Antworten, Bewerten, Informieren und Aushandeln. Jede „Schleife" gliedert sich in drei Hauptphasen: Gegenstandsbestimmung, Informationssammlung, Ergebniseinspeisung. Der Zyklus ist entsprechend dem Programmfortschritt wiederholt zu durchlaufen.

EvaluatorInnen in diesem Konzept verstehen sich *als ModeratorInnen* im Diskurs der am Projekt beteiligten Gruppen (InformationssammlerInnen und -managerInnen, „ÜbersetzerInnen“ unterschiedlicher Fachsprachen und Argumentationsmuster, KoordinatorInnen und KonfliktreguliererInnen, VermittlerInnen von Fachwissen, BeraterInnen). Man kann daher mit Recht in diesem Zusammenhang von einem „Helfer- und BeraterInnenmodell“ sprechen.

Evaluation dieses Typs – also *begleitende Beratung* – darf *auf keinen Fall missverstanden* werden *als* die *„weichere“ oder anspruchslosere Variante* im Vergleich zum Konzept der Programmforschung. EvaluatorInnen in der Funktion von ModeratorInnen und BeraterInnn benötigen zunächst einmal alle im sozialwissenschaftlichen Studium üblicherweise vermittelten Kenntnisse und Fähigkeiten (insbesondere der *kompletten* empirischen Forschung: quantitative *und* qualitative Erhebungsmethoden, einfache *und* komplexe Verfahren der Datenanalyse, Daten- und Informationsverwaltung), darüber hinaus jedoch noch zusätzliche Qualifikationen, die nicht einfach „gelernt“, sondern durch praktische Erfahrungen erworben werden müssen: interdisziplinäre Orientierung, Kommunikationsfähigkeit und Überzeugungskraft, wissenschaftlich-präzise und journalistisch-verständliche Sprache, Empathie, Phantasie, Moderationstechniken, Präsentations- und Vortragstechniken und manches mehr.

Ein konkret ausformuliertes Design für eine Evaluation dieses Typs – UPQA-Methode (User Participation in Quality Assessment) genannt – präsentiert *Hanne K. Krogstrup* (1997). Es ist – so die Autorin – besonders auf komplexe, schlecht strukturierte Problemstellungen in den Handlungsfeldern Soziales, Gesundheit und Bildung zugeschnitten und basiert methodisch auf dialogorientierten Formen der Interaktion zwischen den AkteurInnen im Feld sowie zwischen dem Feld und der Evaluation. Das Konzept verfolgt das Ziel, in prozessbegleitender explorativer Forschung Anknüpfungspunkte für grundlegende Lernprozesse bei den Beteiligten im evaluierten Setting herauszuarbeiten und dadurch dauerhafte Kompetenzen für die Organisationsentwicklung zu schaffen (a.a.O., S. 205ff.). Wie schwierig ggf. ein solches Modell zu realisieren sein kann, schildern anschaulich *A. Smith* u.a. (1997), die ein beteiligtenorientiertes Evaluationsvorhaben in einem größeren Krankenhaus durchführten. Die ForscherInnen mussten erfahren, wie in ihrem Projekt unterschiedliche und durch die EvaluatorInnen kaum vermittelbare Kulturen (die AutorInnen sprechen von „Welten“) aufeinanderprallten, so dass Lösungen für eine zumindest indirekte – nämlich über den „Puffer“ EvaluatorInnen verlaufende – Kommunikation zwischen den „Welten“ gesucht werden mussten.

Christopher Pollitt

Qualitätsmanagement und Evaluation in Europa: Strategien der Innovation oder der Legitimation?[1]

1 Generelle Perspektive

Als ich damit begann, mich mit dem Verhältnis von Evaluation und Qualitätsmanagement zu beschäftigen und gleichzeitig Aspekte der Innovation und Legitimation einzubeziehen, dachte ich zuerst daran, die Bedingungen zu analysieren, unter denen die Legitimation zur primären Zielsetzung der „Reformvorhaben“ wurde wie auch diejenigen, deren Fokus sich auf die Innovation richtete. Ich ging davon aus, dass eine derartige Untersuchung stufenweise zu einem Endpunkt führen würde, an dem die Bedingungen für und die Folgen von derartigen unterschiedlichen Ansätzen offengelegt würden. Nach Weiterführung dieses Gedankens entschied ich mich jedoch gegen diese Vorgehensweise. Stattdessen möchte ich gleichsam in Vorwegnahme einer derartigen entdeckenden Erzählung sofort zu der Schlussfolgerung gelangen. Die Antwort besteht nämlich in der Erkenntnis, dass sowohl Evaluation als auch Qualitätsmanagement Innovationen einleiten *können*, *beide* können als Legitimation (für verschiedene Parteien) dienen und *beide können* gleichzeitig für *beide* Zwecke eingesetzt werden. Umgekehrt kann auch der Fall eintreten, dass durch die Evaluation Innovationen verhindert werden und weder Glaubwürdigkeit noch Legitimation erzeugt wird. Das gleiche gilt auch für Bestrebungen hinsichtlich einer Qualitätsverbesserung. Das, was tatsächlich in einer gegebenen Situation stattfindet, hängt von einer komplexen Interaktion zwischen mindestens zwei Variablensätzen ab.

Der erste Variablensatz bezieht sich auf die charakteristischen Merkmale des Qualitätssystems oder der Evaluationen selbst. Beispielsweise wird untersucht, wie sich die experimentellen Evaluationsansatze (*Campbell*, 1969) zu den utilization-focussed Evaluationen (*Patton*, 1997) oder den Evaluationen der „vierten Generation“ (*Guba & Lincoln*, 1989) verhalten. Gleichermaßen wird im Bereich der Qualitätsverbesserung analysiert, welche Hauptunterschiede zwischen der ISO 9000, dem TQM, benchmarking und reengineering (*Ovretveit*, 1999; *Pollit*, 1997, S. 40-48) bestehen.

---

1 Aus dem Englischen von Beate Kutz

Der zweite Variablensatz bezieht sich auf den lokalen Kontext, in dem das Qualitätssystem oder die Evaluation implementiert werden soll. Dieser Satz beinhaltet Faktoren wie z.B. den vorangegangenen Hintergrund und die Gepflogenheiten der betreffenden Organisation, die Intentionen und Kompetenzen der gegenwärtigen Führungsspitze, die Ressourcen, die für eine Qualitätsverbesserung und/oder eine Evaluation zur Verfügung stehen sowie die gegenwärtig vorhandene technologische Ausrüstung in dem betreffenden Dienstleistungsbetrieb oder die Dienstleistungen, die verändert werden sollen. So bestehen beispielsweise große Unterschiede, ob wir eine Intensivstation in einem Krankenhaus für Akutkranke transformieren, oder eine Station für ältere geisteskranke Langzeitpatienten verbessern wollen, oder ob wir uns mit einem Programm der Sozialarbeit beschäftigen, das darauf abzielt, Kinder vor dem Missbrauch ihrer Eltern zu schützen. Dieser zweiter Variablensatz ist daher sehr komplex, so dass kaum jemand in der Lage sein wird, ohne eine detaillierte Kenntnis der lokalen Situation nützliche Vorschläge für eine Verallgemeinerung anzubieten.

Hierbei kommt der Tatsache, dass die Ergebnisse (einschließlich der Innovation und Legitimation) von der Interaktion zwischen den allgemeinen Systemcharakteristika und den lokalen Besonderheiten abhängen, eine zentrale Bedeutung zu. Als Vergleich, den ich oft zitiert habe, mag das Beispiel des elektrischen Steckers und der Steckdose dienen. Es hat wenig Sinn, einen neuen Stecker (Qualitätssystem, Evaluation) zu installieren, wenn dieser nicht in die alte Steckdose passt (und man die Steckdose nicht auswechseln kann). Im Endeffekt wird man keine bessere Stromversorgung erreichen, sondern eher ein Gefühl der Frustration und Enttäuschung produzieren.

Wenn man das Modell von zwei Sätzen interagierenden Variablen akzeptiert, sind die Implikationen berechenbar. Sogar unter der Voraussetzung von nur 5 Schlüsselvariablen in jedem Satz (wobei es in Wirklichkeit wahrscheinlich mehr sind) ergibt dies eine Systemmatrix, die in Beziehung zu den Kontexten aus 25 Zellen besteht, d.h. 25 Interaktionen, die zu berücksichtigen sind. Dies beinhaltet wiederum mindestens zwei wichtige Konsequenzen. Erst einmal ist diese Art von Komplexität bereits zu hoch, als dass sie in einem einzigen Dokument oder Beitrag zusammengefasst und genau strukturiert dargestellt werden könnte, auch unter der Voraussetzung, dass jede Zelle bereits vorher definiert und erforscht wurde (was häufig nicht stattgefunden hat). Zweitens gibt es viele Aspekte, die besprochen werden müssen, und diese Diskussionsbeiträge können nicht aus einseitigen Instruktionen des örtlichen Personals, durch ExpertInnen des Qualitätsmanagements oder professionellen EvaluatorInnen bestehen, die „zeigen, wie man es am besten macht“. Stattdessen ist es in den meisten Fällen erforderlich, dass eine Vorbesprechung in Form eines Dialogs (oder sogar eines Metadialogs) stattfindet, in dem der Charakter der verschiedenen Systeme und ihre mögliche Interaktion mit den örtlichen Gegebenheiten gründlich erörtert wird. Erst, nachdem eine solche Diskussion stattgefunden hat, ist es sinnvoll, im Detail zu überlegen, in welcher Weise diese spezifische, ausgewählte Evaluationsform oder das System zur Qualitätsverbesserung implementiert werden soll.

2 Zielsetzungen dieses Beitrags

Zunächst möchte ich betonen, dass dieser Aufsatz nicht für sich beansprucht, alle Interaktionen zu berücksichtigen, die innerhalb der Matrix der o.a. Systemcharakteristika und örtlichen Gegebenheiten auftreten können. Selbst, wenn dies möglich wäre, wäre die Aufgabe für diese Darstellung zu umfangreich. Daher beschränkt sich mein Ziel auf drei vorläufige Schritte, die vor der detaillierten Diskussion über die o.a. Matrix als eine Art Prolog zu der spezifischeren Untersuchung stattfinden.

In einem ersten Schritt werden die sehr allgemeinen Ähnlichkeiten und Unterschiede analysiert, die zwischen den Evaluationen und Qualitätsverbesserungssystemen bestehen. In diesem Teil der Darstellung werden eher allgemeine Tendenzen dargelegt, als dass auf die Einzelheiten des einen oder anderen Systems näher eingegangen würde. In einem zweiten Schritt werden einige mögliche Beziehungen oder Interaktionen *zwischen* der Evaluation und der Qualitätsverbesserung identifiziert. Das dritte und letztendliche Ziel besteht darin, die Beobachtungen und Schlussfolgerungen, die aus den ersten beiden Schritten abgeleitet werden, auf den speziellen Sektor des Gesundheitswesens und der Sozialarbeit zu beziehen. Hierbei sollte beachtet werden, dass der Fokus durchgehend auf externe Evaluationsformen gerichtet ist. Dieser Beitrag richtet sich nicht direkt auf Aspekte, die durch Formen der internen oder Selbst-Evaluation hervorgerufen werden.

Die meisten Beispiele der von mir angeführten Studien stammen aus Westeuropa oder Nordamerika. Dabei ist jedoch zu berücksichtigen, dass die im vorangegangenen Teil beschriebene allgemeine Perspektive impliziert, dass verschiedene nationale Kontexte (in Bezug auf die verschiedenen Konstitutionen, politischen Systeme und Verwaltungsgepflogenheiten) wahrscheinlich die Auswahl und Implementierung von Evaluationen und Qualitätsverbesserungen in nicht unerheblicher Weise beeinflussen. Es würde im Rahmen dieses Beitrags zu weit führen, näher auf die Struktur einzugehen, die diesen nationalen Einflüssen zugrunde liegt und die an anderer Stelle ausführlich beschrieben ist (*Pollitt* & *Bouckaert*, 1999).

3 Modelle von Evaluation und Qualitätsmanagement:[2] – Einige Ähnlichkeiten

Ebenso wie die Bestrebungen zur Qualitätsverbesserung sind die Verfahrensweisen der Evaluation amerikanischen Ursprungs. Als umfassendes und eigenständiges Gebiet entstand der Bereich der Evaluation in den 60er Jahren als Form einer systematischen „Seelenerforschung", als Amerikas Selbstbewusstsein der Nachkriegsära unter dem Einfluss der verstärkten Erfolge der Sowjets in der Eroberung des Weltraums und der „Wiederentdeckung" von Armut in einem Land des Überflusses in Wanken geriet. Die modernen Systeme zur Qualitätsverbesserung wurden in Amerika erfunden, dann nach Japan exportiert und dann wieder zurück nach Amerika importiert, als das amerikanische Selbstbewusstsein von einer zweiten Krise in den 70er und frühen 80er Jahren erschüttert wurde, die durch die Bestrebungen der Amerikanischen Kooperationen im Wettbewerb mit ihren Japanischen Konkurrenten verursacht wurde (*Pollit* & *Bouckaert*, 1995, S. 4-10). Mir erscheint es sinnvoll, diese amerikanischen Anfänge zu erwähnen, da sie – wie bei anderen importierten Produkten auch – auf ihren kulturtypischen Ursprung hindeuten. In diesem Fall weisen sowohl die Evaluation als auch der Qualitätsverbesserung (zumindest in ihren ursprünglichen Formen) Züge des amerikanischen Optimismus auf, der davon ausgeht, dass Verbesserungen durch die Anwendung von rational-technischer Expertise entstehen und dass, sobald sich ein System als besser erwiesen hat, dessen weitverbreitete Übernahme mehr oder weniger automatisch erfolgt. Die Entdeckung, dass keine dieser Annahmen gesichert ist, war die Ursache vieler Debatten und Ausführungen der letzten 30 Jahre, die sowohl in Amerika selbst als auch in Europa stattgefunden haben (vgl. u.a. *Howe* et al, 1992; *Pollitt* & *Bouckaert*, 1995). Um es noch einmal mit den Worten der elektrischen Analogie auszudrücken: Der bessere Stecker allein reicht nicht aus.

Inzwischen ist es eine allgemein anerkannte Tatsache, dass viele Versuche, die darauf abzielen, Qualitätsverbesserungssysteme einzurichten, in mehr oder weniger starkem Maße fehlschlagen (vgl. u.a. Howe et. al, 1992; Pollitt, 1996; Zbaracki, 1998). Ein ebenso altbekanntes Problem in der Literatur zu Evaluationsprozessen ist der Mangel an Beweisen, dass Evaluationen einen wirksamen Einfluss auf Schlüsselentscheidungen in der öffentlichen Politik, in Programmen oder Projekten ausüben (vgl. u.a. Rist, 1995; Weiss, 1988). Daher kann man sagen, dass weder Evaluationen noch Systeme der Qualitätsverbesserungen bewährte und verlässliche Organisationstechnologien darstellen. Es handelt sich eher um risikoreiche Experimente, von denen viele in keiner Weise die ursprüngliche, erklärte Zielsetzung erreichen. Tatsächlich kann es sogar passieren, dass sie die Organisation letztendlich in

2 In der englischen Originalfassung *quality improvement.*

eine schlechtere Form als vorher versetzen. Der Status quo wurde aufgehoben und stattdessen wurden neue Fronten der Auseinandersetzung zwischen den einzelnen Abteilungen oder Berufsgruppen gezogen.

Eine dritte Ähnlichkeit zwischen der Evaluation und dem Qualitätsmanagement ist die gemeinsame Ausrichtung auf den/die KundInnen oder KlientInnen oder NutzerInnen, oder – allgemeiner gehalten – den/die InteressentInnen oder stakeholder. (Hier gibt es keinen absolut neutralen Begriff, jede Alternative birgt ihre eigenen Konotationen). Historisch gesehen, wurden beide Aktivitäten zunächst auf eine ProduzentInnenperspektive hin ausgerichtet. Die Evaluation fiel in die Domäne eines/einer unabhängigen GutachterIn(s), der/die wissenschaftliche Experimente entwarf, um die zugrundeliegende kausale Struktur öffentlicher Programme aufzudecken und ihre Effektivität zu messen. In gleicher Weise oblag das Qualitätsmanagement den ExpertInnen: Der/die beste GutachterIn für ein Auto war ein/e AutomobildesignerIn oder IngenieurIn und der/die beste BeurteilerIn für eine Intervention im Gesundheitswesen war der Arzt/die Ärztin. Diese ExpertInnen sagten der restlichen Menschheit, was für sie am besten sei, was angebracht und was gefährlich sei usw. In den letzten 15 bis 20 Jahren hat hier ein fundamentaler Richtungswechsel stattgefunden. Dies wird besonders deutlich im Bereich des Qualitätsmanagements, in dem TMQ-Konsultants unermüdlich irgendeine Variante derselben Botschaft wiederholen, die beinhaltet, dass die Organisationen ihre KundInnen identifizieren müssen, herausfinden müssen, welche Bedürfnisse diese haben, den Bedarf entsprechend zu decken, um dann durch Kontrolle kontinuierlich sicherzustellen, dass sie weiterhin diese Bedingungen erfüllen und noch übertreffen können. Die Autoren des höchst einflussreichen amerikanischen Buches ‚Reinventing Government' (Die Wiedererfindung der Regierung) zitieren wohlwollend einen Amerikanischen Polizeileiter, der sagte „Qualität wird allein durch die Kunden bestimmt" (*Osborne & Gaebler*, 1992, S. 166). Ein finnische strategische Veröffentlichung zur Qualitätsverbesserung von öffentlichen Dienstleistungen stellte vor kurzem fest: „Die Qualität wird erreicht, wenn die Bedürfnisse der Kunden immer im Blickfeld sind. Die Arbeit im Bereich der Qualitätsverbesserung sollte nicht darauf abzielen, neue zentralisierte Normenstrukturen zu entwerfen" (Verband der Finnischen lokalen und regionalen Behörden und des Finanzministeriums, 1998, S. 3).

Das gleiche Thema erscheint im Bereich der Evaluationen wieder, wenn auch nicht in dieser dominanten Form. Entsprechend ihrer Entstehung als Form von sozialwissenschaftlicher Technologie war man im Bereich der Evaluation immer mehr darum bemüht, die Bedürfnisse der KlientInnen zu befriedigen. Dies kann sich in der gemäßigteren und pragmatischen Form der *„utilization-focused"* oder „partizipatorischen" Evaluation ausdrücken (vgl. entsprechend *Patton*, 1997; *Toulemonde* et al., 1998), oder in einer programmatischen und explizit ideologischen Verkleidung, die auf das Empowerment aller Beteiligten abzielt, in jedem beliebigen Bereich, der gerade analysiert wird (vgl. *Greene*, 1999; *Guba & Lincoln*, 1989; *Floc'hlay & Plottu*, 1998). Man sollte jedoch nicht außer acht lassen, dass die Tendenz, die Beteiligten in möglichst vielen Aspekten der Evaluation zu involvieren, kontrovers verläuft. Einige Richtungen in der Evaluationsgemeinschaft sind gegenteiliger Ansicht. So unterscheidet beispielsweise Scriven streng zwischen einer echten Evaluation und einer „Evaluationsberatung" und steht im Falle echter Evaluation jeglicher Interaktion zwischen dem/der EvaluatorIn, dem Programm und der Belegschaft äußerst kritisch gegenüber (*Scriven*, 1997). Seiner Meinung nach sind die Gefahren für die Gültigkeit der Ergebnisse zu groß. Viele andere Kommentatoren äußern sich kritisch zu den radikaleren Formen von „Kollaborismus" (wie z.B. *Guba & Lincolns* „Evaluation der vierten Generation" , teilweise, weil sie den Evaluator als Experten mit speziellen Kenntnissen und bedeutsamem Fachwissen auf die völlig andere Rolle eines Mediators, Verhandlungsführenden und Gruppentherapeuten reduzieren (*Pawson & Tillney*, 1997; *Pollitt*, 1999). Ich halte es daher für sinnvoll, in allen Fällen, in denen im Folgenden von Evaluation die Rede ist, stets klar herauszustellen, auf welche Form der Evaluation ich mich beziehe, z.B. auf die „traditionellen" Formen (angewandte Sozialwissenschaft) oder die neueren Arten der „kollaborativen" , „interessentenorientierten" , „partizipatorischen" , „konstruktivistischen" , „demokratischen" , „Empowerment" und „vierte Generation" -Form. (Leider ist zur Zeit dieses erstaunliche Sortiment von wechselseitigen und übergreifenden Titeln durchaus üblich).

Eine vierte Parallele zwischen Evaluation und Qualitätsverbesserung besteht darin, dass beide in vielen Körperschaften häufig von Konsultationsagenturen auf vertraglicher Basis durchgeführt werden, obwohl sie auch von dem Personal der betreffenden Organisation selbst ausgeführt werden könnten. So hat sich in der Tat eine große Gemeinschaft von international tätigen Konsultationsunternehmen herausgebildet, von denen viele sowohl die Qualitätsverbesserungs- als auch die Evaluationsaufgaben übernehmen. Die großen Wirtschaftsprüfungsunternehmen – Andersen, Ernst & Young, Deloitte & Touch, Pricewaterhouse, Coopers usw. haben sich dabei besonders auf diesem Sektor hervorgetan, der einem rapidem Wirtschaftswachstum unterliegt. Die EU-Kommission gibt die Mehrzahl der vielen Evaluationen, die sie jährlich durchführt, vertraglich in Auftrag.

Ein fünftes gemeinsames Charakteristikum besteht darin, dass sowohl die Evaluationen als auch die Qualitätsverbesserung in einem potenziellen Spannungsverhältnis zu der beruflichen Autonomie stehen. Es kann daher kaum überraschen, dass diese Spannungen in den hoch professionalisierten öffentlichen Dienstleistungs-Sektoren, insbesondere im Gesundheits- und Bildungswesen – am deutlichsten sichtbar werden. ÄrztInnen, LehrerInnen und UniversitätsprofessorInnen sind nicht immer so erfreut, wenn ManagerInnen oder externe „Fachleute" zu ihnen kommen mit dem Anspruch, die Qualität der Dienstleistung, den die Professionellen erbringen, zu evaluieren oder zu verbessern (vgl. z.B. *Pollitt*, 1996; *Power*, 1997, S. 98-104).

Schließlich liegt eine sechste Gemeinsamkeit in der Tatsache, dass sowohl die Evaluationen als auch das Qualitätsmanagement zweifelsohne zu einem Symbol der Modernisierung geworden sind. Für einen leitenden Manager eines öffentlichen Sektors ist es tatsächlich schwierig geworden, zugeben zu müssen, dass seine Organisation nicht über ein Qualitätsverbesserungssystem oder über ein System zur periodischen Evaluation der Programme und Projekte verfügt. Die Durchführung von Evaluationen oder „TQM-Verfahren", „benchmarking", „Re-Engineering" oder BürgerInnenbefragungen beinhaltet gleichzeitig den Anspruch auf Legitimität und Modernität. Wenn man diese Verfahren nicht durchführt, lädt man geradezu dazu ein, für altmodisch, „nicht mit der Zeit gehend", selbstzufrieden oder sogar unzuverlässig gehalten zu werden. Beide Aktivitäten schließen eine starke rhetorische Dimension mit ein (*Zbaracki*, 1998). Manchmal überwiegen die rhetorischen bzw. symbolischen oder rituellen Aspekte und weichen signifikant von der Wahrnehmung der DienstleistungserbringerInnen und NutzerInnen an der Basis ab. Als Beispiel lässt sich hier das Bewertungsverfahren für die Lehrqualität nennen, das Mitte 1990 an den britischen Universitäten durchgeführt wurde:

„Trotz Anzeichen für gehobenere Standards, die als Erfolgsstory in der Öffentlichkeit bekannt gemacht wurden, gibt es auch Indizien, die darauf hinweisen, dass die Belegschaft die sinkenden Standards, die durch die zunehmenden StudentInnenzahlen in den Seminaren und die damit verbundenen wachsenden Verwaltungsaufgaben verursacht werden, verbirgt. Kurz gesagt: Der Prozess der Qualitätssicherung verselbstständigt sich zu einem teuren Ritual." (*Power*, 1997, S. 102).

4 Modelle von Evaluation und Qualitätsmanagement: – Einige Unterschiede

Obwohl in der historischen Entwicklung von Evaluation und Qualitätsverbesserung enge Verbindungen und Gemeinsamkeiten bestehen, gibt es auch einige deutliche Unterschiede. Ich werde im Folgenden auf fünf dieser Kontraste näher eingehen.

Zuerst *einmal stammen beide Aktivitäten aus verschiedenen Ursprungsbereichen. Techniken der Qualitätsverbesserung entwickelten sich hauptsächlich im privaten Sektor, wobei sie sich von Industrieprodukten zu kommerziellen Dienstleistungen und schließlich auf den öffentlichen Sektor verlagerten (Pollitt & Bouckaert, 1995, Kapitel 1). Evaluationsverfahren entstanden jedoch im öffentlichen Sektor und hatten stets ein öffentliches Grundprinzip.* So war beispielsweise die frühe Unterscheidungsweise zwischen Effizienz und Effektivität typisch für den öffentlichen Bereich. Dagegen wurde im marktwirtschaftlichen Sektor die Effizienz generell als wichtigster Wert angesehen und nur selten wurden andere Bedeutungsinhalte von Effektivität mit berücksichtigt. Noch wichtiger erscheint die Tatsache, dass in der traditionellen Literatur zur Evaluationsforschung schon recht bald erkannt wurde, welche herausragende Rolle den PolitikerInnen bei der Nachfrage nach Evaluation zukommt, und dass sie sich mit deren speziellen Bedürfnissen und Vorurteilen auseinander setzte (z.B. Weiss, 1992). Die Literatur im Bereich der Qualitätsverbesserung brauchte sehr viel mehr Zeit, um sich von ihren privatwirtschaftlichen Ursprüngen zu lösen und zu erkennen, dass PolitikerInnen eine andere Art der Betrachtungsweise benötigen und man sie nicht in der gleichen Weise wie Top ManagerInnen oder Vorstandsmitglieder behandeln kann.

Zweitens kann man generell davon ausgehen, dass die zwei Aktivitäten unterschiedlichen zeitlichen Regelungen unterworfen sind. Das TQM ist prinzipiell ein kontinuierlich ablaufendes Programm, das in das Gefüge der alltäglichen Arbeitspraktiken und -einstellungen integriert werden soll. Dagegen ist die Evaluation eine periodische Aktivität, die deutlich von der routinemäßigen Kontrolle bzw. standardisierten Verfahrensweisen zu unterscheiden ist. (*Davies*, 1999, S. 152; *Europäische Kommission*, 1997, S. 13). Prinzipiell wird eine Evaluation stets als besondere Angelegenheit durchgeführt.

Drittens: Während Qualitätsverbesserung eine Angelegenheit ist, die innerhalb der Organisation stattfindet (auch, wenn sie häufig von externen Beratungsfirmen geplant und initiiert wird), wird die Evaluation in den meisten Fällen von außerhalb in Form einer Visitation bei der Organisation durchgeführt. Auch, wenn diese Visitation beispielsweise auf Wunsch des höheren Managements stattfindet oder auf Anordnung politischer Führungskräfte oder übergeordneter Organisationen erfolgt, so kommt sie doch von außerhalb. Hierin liegt auch teilweise die Tatsache begründet, dass Evaluationen im allgemeinen stärkere Angstgefühle und Abwehr bei der Belegschaft hervorrufen als Initiativen zur Qualitätsverbesserung, obwohl auch diese als bedrohlich empfunden werden können. Die Frage nach der notwendigen „Neutralität" oder „Distanz" der EvaluatorInnen zieht sich wie ein roter Faden kontinuierlich durch die gesamte historische Entwicklung der Evaluationen (vgl. *Patton*, 1977, S. 121-122 und S. 283-284; *Scriven*, 1997, S. 483-496). Für diejenigen, die sich mit der Qualitätsverbesserung beschäftigen, ist dagegen diese Frage nicht so vorrangig. Neutral ist nicht gleichbedeutend mit extern, aber beide Kriterien sind auch nicht völlig losgelöst voneinander zu betrachten. Eine Evaluation, die intern durchgeführt wurde, wird sicherlich nicht so einfach von außenstehenden Organisationen als „neutral" akzeptiert wie eine Evaluation einer externen Einheit, (vorausgesetzt, dass diese nicht ihre eigennützigen Zwecke verfolgt). Ein interner Evaluator muss besonders vorsichtig und resolut vorgehen, damit jeglicher Zweifel an der Gültigkeit seines Urteils, kompromittierende Interaktionen und weitreichendere Folgeerscheinungen vermieden werden (*Scriven*, 1977, S. 487). Andererseits garantieren auch extern beauftragte EvaluatorInnen nicht für Neutralität, denn es ist durchaus möglich, dass sie ihr Referenzsystem sehr stark auf die Vorgaben der auftraggebenden Organisation ausgerichtet haben, und dass sie verschiedenartigsten Formen von subtiler Repression durch diejenigen ausgesetzt sind, die sie für ihre Arbeit bezahlen. In diesem Zusammenhang weichen die Auffassungen von „traditionellen" EvaluatorInnen stark von denen der „kooperierenden" EvaluatorInnen ab. Während die Ersten sehr großen Wert auf Unparteilichkeit, Distanz und eine gewisse Annäherung an „Objektivität" legen, sehen die Letztgenannten eine gute Evaluation als einen integrativen und partizipatorischen Prozess an, der alle Beteiligten in allen Phasen vor, während und nach der Evaluation in einem größtmöglichstem Umfang mit einschließt. (*Pollitt*, 1999). Im Gegensatz zu den traditionellen EvaluatorInnen schätzen daher die kooperierenden EvaluatorInnen generell Formen der Selbstevaluationen als höherwertig ein, da sie weniger Probleme verursachen und größeren Nutzen versprechen.

Viertens, und allgemeiner gesehen, *ist der Bereich der Qualitätsverbesserung sehr viel stärker als integraler Bestandteil der Performance-Management-Bewegung anzusehen als der Bereich der Evaluationen, bei dem die Verbindung zum Performance-Management nicht so stark gegeben ist.* Qualitätsverbesserungsmaßnahmen haben stets zum Instrumentarium des modernen Management gehört. Dagegen entstanden die Evaluationen aus dem Bestreben, einen Bereich der Angewandten Sozialwissenschaften zu entwickeln, der sicherlich dem Management dient, aber nicht dessen Bestandteil ist. Einigen EvaluatorInnen ist es gelungen, der Versuchung zu widerstehen, zu Handlangern des Management zu werden; sie haben derartige Behauptungen auf verschiedene Arten widerlegt (*Scriven*, 1997; *Shadish, Cook & Levington*, 1991, S. 143-150). Seit kurzem sind auch viele der „kooperativen" EvaluatorInnen bestrebt, sich von der von ihnen als eng empfundenen Manager-Perspektive zu unterscheiden, allerdings nicht so sehr in Richtung einer stärkeren „Wissenschaftlichkeit", sondern eher als Bemühung, allen interessierten BürgerInnn ein Mitspracherecht im Bereich der Evaluationen zu eröffnen. (vgl. *Greene*, 1999; *Guba & Lincoln*, 1989; *Floc'hlay & Plottu*, 1998).

Fünftens: Obwohl beide Aktivitäten eine positive Einstellung zu Innovationen haben, weist das Verhältnis dennoch einige Unterschiede auf. *Innovation ist als Schlüsselbegriff unlösbar mit dem Bestreben um Qualitätsverbesserung verbunden. Im Fall von traditionellen Evaluationsformen besteht eine indirekte Verbindung:* Eine Evaluation kann sicherlich Innovationen hervorrufen, wobei dann jedoch die Innovation über den eigentlichen Zweck der Evaluation hinausgeht. So enthält eine aussagekräftige Teilauswertung keine Empfehlungen, sondern beschreibt einfach nur bzw. analysiert den Status quo und überlässt es den KundInnen, ihre eigenen Schlussfolgerungen separat im Hinblick auf die notwendigen Änderungen zu ziehen. Dies ist allerdings bei einigen radikaleren kooperativen Evaluationsformen nicht der Fall. Diese sind in stärkerem Maße der Organisationsentwicklung (OE) angelehnt, die einen kontinuierlichen Diskussionsprozess zwischen dem Personal der zu evaluierenden Organisation, dem/der EvaluatorIn und anderen Beteiligten beinhaltet. Hier scheint die Erwartung zu bestehen, dass sich innovatorische

Erkenntnisse und Ideen tatsächlich entwickeln lassen. Unter diesen Umständen scheinen sich die Grenzen zwischen der Evaluation, den Empfehlungen und deren Umsetzung wirklich zu vermischen. Die Evaluation wird Teil des kontinuierlichen Arbeitsprozesses der betreffenden Organisation.

5 *Evaluations- und Qualitätsmanagementmodelle: – Variationen innerhalb beider Aktivitäten*

Bislang wurden grundlegende Ähnlichkeiten und Unterschiede zwischen der Evaluation einerseits und der Qualitätsverbesserung andererseits beschrieben. An verschiedenen Stellen erschien es notwendig, Vergleiche dadurch deutlicher zu machen, dass man die Variationsmöglichkeiten innerhalb eines jeden Lagers aufzeigt (beispielsweise der Hinweis auf die Unterschiede zwischen der traditionellen und kooperativen Evaluationsformen). Im Bereich der Qualitätsverbesserung könnte man beispielsweise zwischen den stärker datenbezogenen Systemen (wie das alte BS5759/ISO 9000 – vgl. *Gaster*, 1995, S. 71-73 oder *Ovretveit*, 1999, ppviii-ix) und den eher interaktiven Systemen unterscheiden, die darauf angelegt sind, die Belegschaft zu motivieren oder zu inspirieren. Sogar innerhalb der großen Gemeinschaft der BefürworterIn des TQM bestehen ziemlich große Unterschiede in der Ansatzweise der einzelnen Gurus oder untergeordneten Schulen, von denen einige eine top-down Sichtweise proklamieren, andere ein bottom-up Organisations-Lernprinzip, und andere wiederum eine statistische Prozesskontrolle (*Gaster*, 1995, S. 74-77). *Zbaracki* kommentiert dies in folgender Weise: „So wie die Planungs- und Organisationswissenschaftler Mühe damit hatten, das TQM-Phänomen zu verstehen, so müssen sie sich jetzt mit diffusen und mehrdeutigen Definitionen des Begriffs TQM herumschlagen“.

Innerhalb des Evaluationsbereiches treten die paradigmatischen Spaltungen noch deutlicher hervor. So bestehen grundlegende Unterschiede hinsichtlich der Epistemologie, der Ziele und Methoden zwischen den ExperimentalistInnen, den anwendungsorientierten EvaluatorInnen, den VertreterInnen der „vierten Generation“ usw. (*Pawson & Tilley*, 1997, Kap. 1; *Shadish, Cook & Leviton*, 1991). Hierbei handelt es sich nicht allein um die Frage, welche unterschiedlichen Ansätze für die jeweiligen Dienstleistungsbereiche passen, obwohl dies einen Teil der Problematik ausmacht, sondern es handelt sich um einen weiterreichenden Aspekt, der den eigentlichen *Sinn und Zweck* von Evaluationen betrifft. So finden innerhalb einzelner Bereiche oder auch untereinander (heiße) Kämpfe um Paradigmen oder eine (kühlere) Auswahl strategischer Optionen statt, wie beispielsweise *Cheetham* et al. (1992) für den Bereich der Sozialarbeit aufgezeigt hat.

Daher gibt es leider kein einheitliches oder standardisiertes Phänomen, das man entweder mit dem Begriff „Evaluation“ oder „Qualitätsverbesserung“ bzw. „Qualitätsmanagement“ bezeichnen könnte, so dass man sich – wie anfänglich ausgeführt – gezwungen sieht, die erste Variablenreihe (die Systemcharakteristika als Eingangsgröße der Gleichung) zu spezifizieren, um demgemäss den entsprechenden Typus der Evaluation oder des Qualitätsverbesserungsansatzes anzupassen.

6 Die Beziehung(en) zwischen Evaluation und Qualitätsmanagement

Nachdem Ähnlichkeiten und Unterschiede zwischen diesen beiden Ansätzen aufgezeigt wurden, können wir diese in einem zweiten Schritt als Grundlage für die Darstellung ihrer Beziehung verwenden. In dieser Hinsicht möchte ich behaupten, dass trotz vieler oberflächlich bestehender Verbindungen beide Aktivitäten generell sehr unterschiedlich sind. *Und ungeachtet der Tatsache, dass sich sowohl die Qualitätsverbesserung als auch die (externe) Evaluation mit Kriterien, Standards und Messungen befasst, beide einen sehr stark analytisch ausgerichteten Ansatz bei Organisationsprozessen aufweisen und zu Interaktionen führen können, die eine große Anzahl an Beteiligten mit einbezieht, so haben beide Aktivitäten doch einen fundamental unterschiedlichen Charakter und Zweck.*

Für diese Betonung der Unterschiedlichkeit möchte ich zwei Gründe nennen:

– Qualitätsverbesserung ist ein zentraler Teil der alltäglichen Routine des internen Managements der Organisation, und muss so sein, wenn es verankert werden soll. Evaluationen sind anders. Sie finden gelegentlich statt, werden oft extern durchgeführt und haben den Charakter einer wissenschaftlichen, oder zumindest unparteilichen Untersuchung.

(RepräsentantInnen der traditionellen und viele VertreterInnen der kooperativen Richtung würden wohl dieser Beschreibung zustimmen, während die radikalen VerfechterInnen der kooperativen Richtung hiermit wahrscheinlich nicht einverstanden wären. Einige der BefürworterInnen der Selbstevaluation würden wohl auch nicht zustimmen, da in einigen Dienstleistungsbetrieben die Selbstevaluation eher als ein kontinuierlicher, als ein periodisch stattfindender Prozess durchgeführt wird.)

– Bestrebungen zur Qualitätsverbesserung müssen eine Vielzahl der MitarbeiterInnen der Organisation miteinbeziehen. Die traditionellen Formen der Evaluation verlangen jedoch deutliche, oder manchmal auch völlige, Distanz des/der Evaluierenden zu den MitarbeiterInnen der zu evaluierenden Organisation. Der/die Evaluierende wird weder versuchen, die MitarbeiterInnen davon zu überzeugen, in einer anderen Weise als üblich zu handeln, noch sie zu motivieren oder aus- und weiterzubilden. (Diese Dinge gehören zu den Angelegenheiten des Managements). Der direkte Kontakt des/der Evaluierenden zu den MitarbeiterInnen kommt dadurch zustande, dass die Informationssammlung zu seinen/ihren Aufgaben gehört, um ein abgerundetes und verlässliches Bild von dem zu evaluierenden Prozess oder Programm zu erhalten. Allerdings bilden hier die radikaleren Formen der kooperativen Evaluation in ihrem Zweck, theoretischen Ansatz und ihren Verfahrensweisen wieder eine Ausnahme, so dass es fraglich ist, ob diese unter derselben Bezeichnung geführt werden sollten (*Pawson* & *Tilley*, 1997, Kap. 1; *Pollitt*, 1999; vgl. aber auch *Greene*, 1999; *Guba* & *Lincoln*, 1989 und *Floc'hlay* & *Plottu*, 1998, bezüglich enthusiastischer radikaler Darstellungen).

Auch, wenn man von diesen beiden großen Unterschieden ausgeht, bleibt die Frage offen, ob es sich bei Evaluationen und Maßnahmen zur Qualitätsverbesserung um *ergänzende, antagonistische* oder einfach nur *unzusammenhängende* Tätigkeiten handelt. Als empirischer Gegenstand lässt sich leicht nachweisen, dass beide Aktivitäten im „wirklichen Leben" manchmal sehr unzusammenhängend sind. Eine Initiative zur Qualitätsverbesserung geht von einer Gruppe innerhalb der Organisation aus, die auf eine Reihe von Stimuli reagiert, während eine Evaluation innerhalb der gleichen Organisation auf anderem Wege verläuft, andere Personen des MitarbeiterInnenkreises mit einbezieht und nach einem eigenen zeitlichen Schema durchgeführt wird. Gelegentlich kann die Interaktion antagonistisch verlaufen. Hier denke ich beispielsweise an eine öffentliche Organisation, bei der eine von außen angeordnete Evaluation unabsichtlich dazu führte, dass der Einsatz des Personals zur Durchführung einer Maßnahme im Rahmen der Qualitätsverbesserung zurückgezogen wurde, da dieses Programm für das Management nicht mehr als wichtig betrachtet wurde. Aber muss das so sein? Könnte man den Ablauf nicht so organisieren, dass Evaluation und Qualitätsverbesserung sich gegenseitig unterstützen und ergänzen?

Bei einer Untersuchung der Bewegung im Bereich des Leistungsverbesserungs-Managements (*„performance management"*) im weiteren Sinne, zu dem ich auch, wie bereits gesagt, die Qualitätsverbesserung zählen würde, gab ein Experte folgenden Kommentar ab:

> „Trotz aller Behauptungen, die aussagen, wie wünschenswert, komplementär oder notwendig die Wechselwirkung sein möge, so ist doch eine ausgewogene Mischung von Evaluation und ‚*performance management*' in der Führung nicht der Regelfall" (*Davies*, 1999, S. 153).

Trotzdem nennt *Davies* im Anschluss eine Reihe von Möglichkeiten, mit denen der gegenwärtige Zustand verbessert werden kann. Einer seiner Hauptgedanken lautet folgendermaßen:

> „Eine Evaluation kann in erheblicher Weise zu Problemlösungen beitragen, indem sie das know-how für den Entwurf von Kausalannahmen liefert" (*Davies*, 1999, S. 156).

Zusammenfassend kann gesagt werden, dass das „performance mangement", einschließlich der Maßnahmen zur Qualitätsverbesserung, angibt, *was* getan werden muss (kürze Warteschlangen, ÄrztInnen sollten ihren PatientInnen mehr Aufklärung anbieten), während die Evaluation das Werkzeug liefert, um die tieferen Ursachen herauszufinden, *warum* gewisse Dinge passieren, und welchem prinzipiellen Kausalmechanismus die zu beobachtenden Output- und Outcome-Werte unterliegen (warum entstehen solche Warteschlangen überhaupt und warum nehmen sich die ÄrztInnen nicht mehr Zeit, um mit ihren PatientInnen zu reden?)

Im Zusammenhang mit der Frage nach dem komplementären Charakter bietet *Davies* hier eine echte Lösungsmöglichkeit an. Später stellt er die noch weitergehende These auf, indem er sagt, dass sich Evaluation und *„performance management"* auch in dem Sinne ergänzen, dass Evaluationen Personalprobleme lösen helfen, in dem man partizipatorische Evaluationsformen, Evaluationen des Empowerment und andere Techniken aus den Schubladen der VertreterInnen der kooperativen Evaluation einsetzt. Dies wage ich jedoch zu bezweifeln. Problematisch ist hierbei, dass die radikalen VertreterInnen der kooperativen Evaluation in der Regel kausale Modelle und das gesamte Vokabular im Kontext von eindeutigen Zuordnungen und interner Validität ablehnen (*Guba* & *Lincoln*, 1989; *Pollitt*, 1999). Eine Evaluation kann nicht gleichzeitig zwei unvereinbare Dinge beinhalten: Entweder handelt es sich um eine eher traditionelle Evaluation, bei der Evaluierende Modelle konstruieren und nach kausalen Erklärungsmustern suchen (wobei sie sich dann wahrscheinlich nicht damit befassen möchten, jemandem bei der Lösung von Personalproblemen behilflich zu sein). Oder es handelt sich um radikale VertreterInnen der kooperativen Evaluationsform, wobei dann die Evaluation in eine Art konstruktivistischer Kombination aus Verhandlungen, Organisationsentwicklung und Gruppentherapie verwandelt, die in keiner Weise nach übergeordneten, wissenschaftlichen Erklärungen sucht.

Damit kehre ich wieder zu *Davies'* erstem Punkt zurück – der aussagt, wie nützlich es ist, dass die Evaluierenden nach kausalen Zusammenhängen forschen – wobei ich vermute, dass hiermit nur ein kleiner Teil benannt wird. Hierbei mag es sinnvoll sein, darauf hinzuweisen, dass Evaluationen häufig (oder meistens) gar nicht beabsichtigen, kausale Modelle zu konstruieren. So hat die Europäische Kommission beispielsweise in den vergangenen Jahren über 50 Evaluationen in Auftrag gegeben, bei denen es sich in der Mehrzahl weder um rigoros durchgeführte *ex-ante* Analysen der Programmlogik, noch um *ex-post* Untersuchungen von Kausalzusammenhängen handelte, sondern eher um gleichzeitig stattfindende Evaluationen von Prozessen und Managementstrukturen, die von Consulting-Firmen durchgeführt wurden (*Commission Européenne*, 1999, S. 7). Dies ist das Thema, mit dem sich die Europäischen EvaluatorInnen ihr Brot verdienen. Doch es ist fraglich, ob es in irgendeinem tatsächlichen oder potentiellen Zusammenhang mit dem Bereich der Qualitätsverbesserung steht. Und obwohl man feststellen muss, dass gegenwärtig kaum Beziehungen bestehen, so möchte ich doch behaupten, dass eine sich gegenseitig unterstützende Verbindung durchaus *denkbar wäre.* Dabei würde es nicht darum gehen, dass die Evaluation die Antworten auf Fragen der Wirkungen und Kausalität liefern sollte. Der Beitrag der Evaluation würde sicherlich sehr viel weltlicher, aber deswegen nicht weniger bedeutsam sein. Es würde darum gehen, Druck auf das Management auszuüben, damit es bessere Kontrollsysteme entwickelt und diese kontinuierlich verbessert. Eines der häufigsten Ergebnisse der durch die EU durchgeführten gleichzeitigen Evaluationen scheint zu zeigen, dass das Monitoring bzw. die Kontrolle der Outputs und Ergebnisse von Programmen schwach ist und dass für diese Variablen bessere Indikatoren entwickelt werden müssen. Die evaluierenden Personen kamen zu diesem Ergebnis, weil sie die routinemäßigen Kontrolldaten, die sie für ihre eigenen Analysen benötigen, entweder nicht vorfanden oder weil sie sich als nicht verlässlich herausstellten.

In diesem Szenario erfüllt die Evaluation nebenbei die Funktion, die Schwachpunkte und Lücken bei den Kontrollsystemen aufzudecken und Empfehlungen zur Lösung vorzuschlagen. Dies könnte die Initiativen zur Qualitätsverbesserung gut ergänzen, bei denen es von fundamentaler Wichtigkeit ist, auf gute Instrumente zur Messung der erreichten Qualität zurückgreifen zu können, die Praxis aber oft darauf hinausführt, dass das Aufstellen derartiger gültiger und verlässlicher Maßstäbe verzögert oder zur Seite gestellt wird (*Ovretveit*, 1999, S. 71-73f.; *Pollitt & Bouckaert*, 1995, S. 141-143).

Eine dritte Funktion, die die Evaluation erfüllen könnte, besteht darin, Initiativen zur Qualitätsverbesserung ins Leben zu rufen. Hier sähe die Reihenfolge so aus, dass eine Evaluation Qualitätsmängel bei einigen Arbeitsprozessen feststellt, und die ManagerInnen oder LeiterInnen der betreffenden Organisation dies zum Anlass nehmen, ein Programm zur Qualitätsverbesserung einzuführen. Eine externe Evaluation kann manchmal den reformerische Kräften innerhalb einer Organisation zusätzliche Legitimität und Einflussstärke verleihen, die sie benötigen, um Bewegung in die Angelegenheit zu bringen.

In umgekehrter Reihenfolge kann man mindestens drei Wege angeben, durch die Evaluationen und Qualitätsverbesserungsverfahren zu sich wechselseitig stützenden Systemen werden können:

- Die Erkenntnisse von Evaluationen können dazu führen, dass eine Initiative zur Qualitätsverbesserung ins Leben gerufen wird,
- Evaluationen könnten dazu führen, dass bessere Voraussetzungen für die Konstruktion und den Gebrauch von stärker an Leistung und Qualität orientierten Überwachungssystemen geschaffen werden und dass in einem allgemeineren Sinne Qualitätsmessung ernst genommen wird,
- Evaluationen könnten den Beauftragten für Qualitätsverbesserung dabei helfen, ein besseres Verständnis für die kausalen Verknüpfungen und Ketten zu entwickeln, die dem beobachteten Organisationsverhalten und den Organisationseffekten zugrunde liegen.

Zusammenfassend ist zu sagen, dass nicht notwendigerweise eine enge Beziehung zwischen Evaluation und Qualitätsverbesserung besteht, und dass beide Faktoren sogar im Widerspruch zueinander stehen können. Im Rahmen einer brauchbaren Management-Strategie könnten sich die beiden Aktivitäten allerdings wechselseitig stützen. Die drei o.a. Möglichkeiten stellen eine Auswahl und keinesfalls eine vollständige Aufzählung der einzuschlagenden Wege dar.

Schlussbemerkungen: Welche Anwendungsmöglichkeiten bestehen für diese Prinzipien der Evaluation und der Qualitätsverbesserung in den Sektoren des Gesundheitswesens und der Sozialarbeit?

Am Anfang dieses Beitrags bezog ich mich auf die Bedeutung lokaler Kontexte als einen Satz von Variablen, der das innovatorische und legitimierende Potential von Evaluation und Qualitätsverbesserungsinitiativen gleichermaßen beeinflusst. Im Rahmen dieser Schlussfolgerungen werde ich einige Bemerkungen über die kontextuellen Besonderheiten der Sektoren Gesundheitswesen und Sozialarbeit machen. Ich möchte aber vorab noch einmal betonen, dass es bei dem Bemühen, spezifische Anwendungen der Evaluation oder Qualitätsverbesserung zu bewerten, notwendig ist, zur Ebene lokaler Details vorzudringen, auf die ich in dem hier gegebenen Kontext nicht weiter eingehen kann. Was ich hier anbieten kann, sind einige grobe Hinweise und allgemeine Vorschläge.

Ein wichtiger Grund für diese Einschränkung liegt darin, dass die Sektoren des Gesundheitswesens und der personenbezogenen sozialen Dienstleistungen in sich äußerst differenziert sind. Innerhalb des Gesundheitswesens können wir uns mit sehr verschiedenartigen Angelegenheiten beschäftigen, beispielsweise mit einer hoch technologisierten Intensivpflegeeinheit, einem Massenimpfprogramm, einem Tageszentrum für psychiatrische PatientInnen in häuslicher Pflege oder einer allgemein medizinischen Praxis, in der innerhalb eines einzigen Tages 30 verschiedene medizinische Probleme behandelt werden, die zugleich auch eine erhebliche Anzahl sozialer Probleme mit sich bringen. Wichtige Faktoren, wie beispielsweise

- das Niveau der unterstützenden Technologie und die Reichweite der Eingriffe
- die Dauer und Regelmäßigkeit des persönlichen Kontakts mit dem Patienten
- der durchsetzbare Grad von Standardisierungen
  die Bestimmbarkeit und Wirkungsdauer der Resultate
- das Ausmaß, in dem die Ergebnisse aus einem Prozess der „Koproduktion" zwischen denen, die Dienstleistungen erbringen, und denen, die sie erhalten, hervorgehen
- die finanziellen Kosten von Veränderungen in der Praxis

variieren in großem Umfang von einem Pflegekontext zum anderen. Jeder der Faktoren kann Einfluss auf die Angemessenheit alternativer Verfahren der Evaluation oder der Qualitätsverbesserung haben. So ist z.B. oft argumentiert worden, dass experimentelle Verfahren der Evaluation um so weniger anwendbar und um so weniger nützlich sind, je weniger standardisiert die Behandlung ist, und je schwieriger es ist, die Resultate zu definieren oder zu ermitteln. Auf der anderen Seite würden vermutlich wenige Personen behaupten wollen, dass in der Evaluation des Komplexes „Neuer Arzneimittel“ oder „Medizinischer Technologien“ auf Doppel-blind-Versuche vollkommen zugunsten von „hermeneunitischen Zirkeln“ der vierten Generation (*Guba & Lincoln*, 1984) verzichtet werden sollte. Der Gesundheitssektor ist groß und differenziert genug, um eine ganze Bandbreite von Verfahren zu verkraften (wie es auch tatsächlich der Fall ist). Es sollte jedoch eine der Aufgaben des leitenden Managements sein, sich um die Aufrechterhaltung der Kohärenz des Gesamtsystems zu bemühen, und eine allzu große Duplizierung von Systemen zu vermeiden. Es mag im strategischen Sinne sehr wohl angeraten sein, die Schaffung komplementärer Systeme zu fördern (z.B. im strengen Sinne experimentelle Evaluationen neben einer „utlized focused“ Evaluationsberatung). Aber das Prinzip „Lasst tausend Blumen blühen“ (wie in einem Krankenhaus, das ich den frühen 90er Jahren besuchte, wo in einigen Abteilungen gleichzeitig mit nicht weniger als 5 Systemen der Qualitätsprüfung gearbeitet wurde), ist letztlich verwirrend, bedeutet Verschwendung und stellt für das Personal nur eine Belastung dar.

Die Bandbreite möglicher Kontexte mag in der Sozialarbeit nicht ganz so groß sein wie im Gesundheitswesen, aber sie ist immer noch beträchtlich. Innerhalb der sozialen Dienste auf der Ebene einer englischen Gemeindebehörde kann man SozialarbeiterInnen finden, die gefährdete Kinder in Fürsorgeinstitutionen unterbringen, die Aufsicht führen bei der Beschaffung von Arbeitsplätzen für Erwachsene mit Lernschwierigkeiten oder die mit Einheimischen zusammenarbeiten bei der Gründung und dem Betrieb von Gemeindezentren in Innenstadt-Bezirken mit sozialschwachen Bevölkerungsgruppen. Man kann dort fachlich unqualifiziertes Personal antreffen, das die Essensversorgung von BewohnerInnen von Altersheimen und Pflegeheimen sicherstellt. Oder auf vertraglicher Basis arbeitende Organisationen, die häusliche Reinigungsdienste und eine Reihe weiterer Pflegedienstleistungen im Haushalt anbieten. Um hier nur ein Beispiel herauszugreifen: Es ist wahrscheinlich, dass die Formulierung und Kontrolle von Qualitätsstandards für die Reinigung des Hauses einer pflegebedürftigen Person eine sehr viel weniger komplexe Aufgabe ist als die Leistung eines Gemeindezentrums in einem Problembezirk einer sich im wirtschaftlichen Niedergang befindlichen Industriestadt zu bewerten oder darüber zu urteilen, ob Entscheidungen, Kinder bei ihren natürlichen Eltern zu belassen, oder sie von ihnen zu trennen, vernünftig waren.

Ein weiterer Faktor, der eine gewisse Bedeutung zu haben scheint, ist das Ausmaß, in dem bestimmte Organisationen oder Berufsgruppen bereits schon vorher Erfahrungen mit Evaluationen und systematischen Verfahren der Festlegung und Kontrolle von Qualitätsstandards gemacht haben. Eine Reihe von Studien deutet darauf hin, dass der Erfolg in einem Zusammenhang mit dem Ausmaß vorher gemachter Erfahrungen der Beteiligten steht – und dass der Widerstand bei dem Personal in einem negativen Verhältnis zu solcher Erfahrung steht (*Beale & Pollitt*, 1994; *Joss & Kogan*, 1995). Aber es ist wichtig, diese vorgängigen Erfahrungen zu beachten und zur Kenntnis zu nehmen anstatt sie zu ignorieren oder sie fahrlässig zu übergehen. Das erste Hauptergebnis einer kürzlich durchgeführten Untersuchung von Qualitätsverbesserungsprogrammen an sechs norwegischen Krankenhäusern stellt sich wie folgt dar:

> „Bevor man mit der Einführung eines Programms zur Qualitätsverbesserung beginnt oder in eine neue Planungsphase eintritt, ist es wichtig, herauszufinden, welche qualitätsverbessernden Maßnahmen und welche Forschungsarbeiten bereits in der Organisation ausgeführt werden und dann auf dieser Arbeit aufzubauen" (*Ovretveit*, 1999, XI).

Dieses ist besonders wichtig im Zusammenhang mit hoch professionalisierten öffentlichen Dienstleistungsbereichen wie z.B. dem Gesundheits- oder Bildungswesen. Hier kann man davon ausgehen, dass die Berufsgruppen selbst Normen für Qualitätsstandards entwickelt und eigene Erfahrungen mit der Evaluation gemacht haben oder zumindest mit dem generellen Tenor der Evaluation vertraut sind. Jeder Versuch, diese beiseite zu schieben oder vorgeben zu wollen, dass nur die neuen Ansätze aus dem privaten Management-Sektor als wirksam anzusehen sind, würde nur Ärgernis und Widerstand hervorrufen. Auch in diesem Punkt unterstreicht *Ovretveit* diese Aussage in seiner Krankenhausstudie.

Er spricht von der „Notwendigkeit, Ärzte dazu zu motivieren, ihren vollen Beitrag (an Qualitätsverbesserungprogrammen) durch die Bereitstellung von Ausbildungsangeboten im Qualitätsmessungsbereich, die in ihren Arbeitszeitplan passen und die mit den Methoden der medizinischen Forschung und Praxis, die auf Evidenz basieren, kompatibel sind, zu leisten" (*Ovretveit*, 1999, XI).

Im Bereich der Sozialarbeit (zumindest in Großbritannien) ergibt sich in dieser Hinsicht ein ziemlich anderes Bild: hier ist, historisch gesehen, eine unabhängige institutionelle Professionalisierung weniger ausgeprägt. Die Mehrzahl der SozialarbeiterInnen verfügt weder über eine langjährige anerkannte Ausbildung an ausgewählten Bildungseinrichtungen, noch gehört sie einer stark akademisch ausgerichteten Elite von Professionellen an, die über ihre eigenen Codes, Standardvorgaben und disziplinäre Verfahrensweisen verfügen, wie die MedizinerInnen und Angehörige des Pflegeberufs. Für sie gehörten Evaluations- und Qualitätsmessungsverfahren nicht zu ihrer Berufskultur und werden erst seit kurzem als regelmäßiger Bestandteil der Organisation ihrer Arbeit angesehen. *Cheetham* et al. (1992, Kap. 1) beschreiben, wie in den 80er Jahren in Großbritannien verstärkt gefordert wurde, einen analytischeren Ansatz für die Sozialarbeit zu entwickeln. Zusätzlich erschwerend wirkt sich die Tatsache aus, dass die meisten Dienstleistungsbereiche stark vernetzt sind und eine Vielzahl ihrer Aktivitäten auf Vertragsbasis an kleine Organisationen vergeben, die über keine Erfahrung mit systematischen Bewertungsverfahren verfügen (*Pollitt*, 1997). Hieraus kann man schließen, dass sich in Zukunft der Trend auf kleine, flexible Systeme verlagern wird, die mit einem großen Einsatz von Erstinvestitionen im Ausbildungsbereich und in der Anschaffung von Informationssystemen eingeführt werden, und die dann, wenn das Personal und die NutzerInnen der Dienstleistung genügend Erfahrung gewonnen haben, weiter ausgebaut werden können. Erstevaluation sollten wahrscheinlich eher formative als summative Zielsetzungen haben, und die generelle Tendenz sollte dahin gehen, Vertrauen aufzubauen und die Bedeutung klar herauszustellen, als sich auf ambitiöse experimentelle Evaluationen oder auf Maßnahmen zur Qualitätsverbesserung einzulassen, die Lösungen im Eilverfahren („quick fix") versprechen. Hiermit soll allerdings nicht gesagt sein, dass „härtere" Evaluationsverfahren völlig abzulehnen sind. Es mag Gelegenheiten geben, wo experimentelle Techniken durchaus angebracht sind und funktionnieren. Trotzdem ist ein strategisches Mischverfahren vorzuziehen, dass in die Richtung formativer und kooperativer Untersuchungsarten tendiert.

Mit meinen vorangehenden Anmerkungen habe ich eigentlich nur das große Reservoir von Problemen und Möglichkeiten umrissen. Ich wollte verdeutlichen, dass auch, wenn die Bedingungen für eine sinnvolle Anwendung sowohl von Evaluation als auch von Maßnahmen zur Qualitätsverbesserung sehr komplexer Art sind, sie trotzdem verständlich gemacht werden können. Zur Zeit sind diese Bedingungen noch wenig erforscht, und teilweise noch nicht erkannt. Trotzdem sind wir nicht völlig naiv und allmählich taucht mehr und mehr Evidenz auf. Es scheint, dass die Implementation eine Vielzahl von Interaktionen zwischen den Charakteristika der einzelnen Systeme beinhaltet sowie der charakteristischen Merkmale der lokalen Kontexte, in denen die Systeme eingesetzt werden. Obwohl die Evaluierenden und die SpezialistInnen des Qualitätsmanagements ExpertInnen auf ihrem Gebiet von Systemcharakteristika sein mögen, so sind die ExpertInnen für die lokalen Kontexte doch die NutzerInnen und das Personal. Es ist daher unbedingt erforderlich, die gegenseitige Achtung zwischen diesen Gruppen untereinander zu fördern, damit derartige Systeme erfolgreich in die Praxis umgesetzt und danach benutzt werden können, unabhängig davon, ob es sich um TQM, eine formative Evaluation mit einer multiplen Zahl von Betroffenen oder einen summativen klinischen Stichproben-Versuch handelt.

Das Schaffen von Vertrauen und Respekt braucht eine gewisse Zeit. Es ist daher nicht verwunderlich, dass die Evaluation und Qualitätssysteme, die schließlich als erfolgreich bewertet werden, oft längere Zeit in Anspruch nehmen, als es ursprünglich vorgesehen war. Ich würde sogar noch weiter gehen und in Anlehnung an den Titel, den mein Beitrag trägt, sagen, dass Vertrauen ein Schlüsselelement für jegliche Innovation im Organisationsbereich ist, aber auch für das Erreichen einer Legitimation der Organisationsstruktur. Natürlich reicht Vertrauen alleine nicht aus. Ohne eine Vision, einen Plan und entsprechende Instrumente ist das Vertrauen ein Reservoir ohne Richtung. Die Aufgabe der ManagerInnen ist es, dieses Reservoir dahin zu führen, dass es in bestimmte Richtungen fließt, und gleichzeitig zu vermeiden, dass Wasser vergeudet wird.

Thomas Widmer

Kontext, Inhalt und Funktion der „Standards für die Evaluation von Programmen"

Die nachfolgenden Ausführung zielen darauf ab, in die Entstehungsbedingungen, die Inhalte und Strukturen der „Standards für die Evaluation von Programmen" (nachfolgend kurz „Standards") einzuführen. Weiter werden funktionale Aspekte der „Standards" sowie einige Fragen zu deren Anwendung in der Evaluationspraxis diskutiert. Der Text ist wie folgt strukturiert: In einem ersten Abschnitt wird kurz die Entstehungsgeschichte der „Standards" dargelegt. Anschließend werden, basierend auf einem interaktionstheoretischen Modell, die Grundstrukturen der „Standards" hergeleitet. Ein dritter Abschnitt widmet sich dem Inhalt der „Standards" im Einzelnen. Das abschließende vierte Kapitel sodann befasst sich mit den Funktionen der „Standards" in der Evaluationspraxis.

1 *Die Entstehung der Standards*

Ende der siebziger Jahre entwickelten sich in der Evaluationsgemeinde der USA verschiedene Pläne zur Entwicklung eines Sets von Anforderungen, die im Bereich der Evaluation eine anzustrebende Praxis abzubilden vermögen. Die Vorhaben, in dieser Form „best practice" zu normieren, stehen im Zusammenhang einer fortgeschrittenen Professionalisierung in der US-amerikanischen Evaluation. Die Formulierung von – mehr oder weniger verbindlichen (ich komme auf die Thematik der Verbindlichkeit zurück) – Normen zur Festlegung, was eine gute Evaluation ausmacht, kann als Symptom einer Konsolidierung der Profession resp. Disziplin betrachtet werden. Im Rahmen dieser Bemühungen stand die Frage im Raum, wie weit die Evaluationsgemeinde zu einem Konsens über allgemein anerkannte Regeln der Evaluation bereit ist. Es wäre bei weitem übertrieben, den Prozess der Konsensbildung als unproblematisch zu bezeichnen. Dabei lassen sich in den divergenten Auffassungen zwei zentrale Aspekte erkennen.

1. Erstens ging es um die bereits oben angesprochene Frage der Selbstdefinition der Evaluation. Während eine Gruppe von EvaluatorInnen von der Vorstellung ausging, dass sich die Evaluation als Profession weiterentwickeln sollte, und die Bezeichnung „EvaluatorIn" als Berufsbezeichnung verstanden, gingen andere davon aus, dass Evaluation eine wissenschaftliche Disziplin darstellt und sie somit in erster Linie im akademischen Kontext zu verorten sei.
2. Zweitens bestand – nicht ohne Bezüge zur ersten Frage – auch eine methodische Debatte, die sich zentral um die Frage drehte, ob Evaluationen mit quantitativen Verfahren arbeiten sollten oder ob die qualitative Methodik ebenfalls ihre eigenständige Daseinsberechtigung habe. Zu jener Zeit manifestierte sich diese Diskussion auch im Umstand, dass sich EvaluatorInnen mit qualitativer Ausrichtung getrennt von den AnhängerInnen der quantitativen Schule organisiert hatten. Während die „Evaluation Research Society" (ERS) schwerpunktmässig die „Quantitativisten" versammelte, gehörten die „Qualitativisten" dem „Evaluation Network" (ENet) an. Diese beiden Organisationen haben sich übrigens im Jahre 1985 zur „American Evaluation Association" (AEA) vereinigt, der heute ganz klar dominierenden Evaluationsorganisation in den USA mit rund 3000 Mitgliedern.

Die quantitativ ausgerichtete ERS orientierte sich an einem traditionellen erkenntnistheoretischen Paradigma. Im Rahmen dieser Organisation wurde nun Ende der siebziger und Anfang der achtziger Jahre ein Set von Standards formuliert. Betrachtet man diese „ERS-Standards" (*ERS Standards Committee,* 1982), die auch in Deutschland rezipiert wurden (*Koch & Wittmann,* 1990, S. 311-315), ist die erkenntnistheoretische wie methodische Position der Trägerorganisation deutlich ersichtlich. Dies war der Grund, weshalb die ERS-Standards zwar in der US-amerikanischen Literatur Anfang der achtziger Jahre rege diskutiert wurden, ab Mitte der achtziger Jahre aber im Zuge einer methodologischen Öffnung stark an Bedeutung verloren (vgl. dazu *Widmer,* 1996, S. 11 und 13).

Parallel zu dieser Entwicklung fanden sich verschiedene, mit Bildungs- und Erziehungsfragen befasste Organisationen zusammen und setzten ein gemeinsames Komitee zur Formulierung von Evaluationsstandards für die Bereiche Bildung und Erziehung ein. Dieses „Joint Committee on Standards for Educational Evaluation" präsentierte im Jahre 1981 die „Standards for Evaluation of Educational Programs, Projects, and Materials" (*Joint Committee,* 1981). Im Gegensatz zu den ERS-Standards verfolgten die Joint Committee-Standards (nachfolgend kurz „Standards") methodologisch und methodisch einen offenen Ansatz (*Widmer,* 1996, S. 9-14). Thematisch hingegen beschränkten sie sich auf Evaluationen in Bildung und Erziehung, ganz im Gegensatz zu den ERS-Standards, die keine thematischen Einschränkungen kennen.

Im Jahre 1994 publizierte das *„Joint Committee“* eine überarbeitete Fassung der „Standards“ unter dem geänderten Titel „The Program Evaluation Standards“. Mit dieser Titelveränderung verbunden ist auch die zunehmende Verwendung der eigentlich für die Bereiche Bildung und Erziehung gedachten „Standards“ in anderen Feldern (vgl. dazu *Widmer & Beywl,* 1999, S. 248-52). Inzwischen liegt auch eine deutsche Fassung dieser „Standards“ vor (*Joint Committee,* 1999) und die Schweizerische Evaluationsgesellschaft (SEVAL) hat inzwischen Evaluations-Standards erarbeitet, die sich sehr stark an den „Standards“ orientieren (*Widmer, Landert & Bachmann,*1999).

Sowohl bei der 1981er wie auch bei der 1994er Fassung wurde zur Ausarbeitung der „Standards“ ein äußerst breit abgestütztes, aufwendiges Verfahren gewählt, das im Jahre 1989 durch das „American National Standards Institute“ (ANSI) akkreditiert wurde (*Joint Committee, 1999*, S. 20). Das Verfahren umfasst nach der Formulierung einer ersten Fassung folgende Schritte: nationale und internationale Überprüfungspanels mit je sechzig Personen; rund vierzig Feldversuche; öffentliche Anhörungen; Einsprachemöglichkeiten; Validierungspanel bestehend aus sechs ExpertInnen (*Sanders,* 1999). Wie ersichtlich, wurde somit bei der Erarbeitung der „Standards“ ein weiter Kreis von Personen einbezogen, der weit über die Mitgliedschaft des *„Joint Committee“* hinausgeht. Dabei spielen auch die fünfzehn im *„Joint Committee“* vertretenen Organisation (darunter für die 1994er-Fassung auch die oben genannte AEA) eine wesentliche Rolle.

2 Interaktionstheoretisches Modell und Konsequenzen für die Evaluationsgestaltung

Der Zugang zu den Inhalten der „Standards“, der im nachfolgenden Kapitel dargestellt wird, soll auf der Grundlage eines interaktionstheoretischen Modells erfolgen, das in der Lage ist, die Spannungsfelder, in denen sich die Evaluation in der Praxis bewegt, fassen zu können. Ausgangspunkt meiner Überlegungen ist der Umstand, dass die Evaluation als Prozess sozialer Interaktion aufgefasst wird. Die/der EvaluatorIn sieht sich in diesem Prozess mit einer Vielzahl verschiedener Interaktionen konfrontiert, die ihre/seine Position als äußerst problematisch erscheinen lässt. Sie/er steht vor der Herausforderung, von verschiedenen Seiten an sie/ihn herangetragenen, oft widersprüchlichen Ansprüchen zu genügen. Zur Analyse derartiger Spannungsverhältnisse liegt bereits eine Vielzahl von theoretischen Überlegungen vor, die sich mit dem Verhältnis von Wissenschaft (Theorie) und Politik (Praxis) beschäftigen (vgl. etwa *Palumbo & Hallett,* 1993; *Beck & Bonss,* 1989; *Campbell,* 1984; *Habermas & Luhmann,* 1971; *Habermas,* 1968; *Weber,* 1988, S. 146-214 und S. 582-613). Nachstehende Abbildung zeigt das hier vorgeschlagene, nicht an Personen, sondern an funktionalen Rollen orientierte interaktionstheoretische Modell:

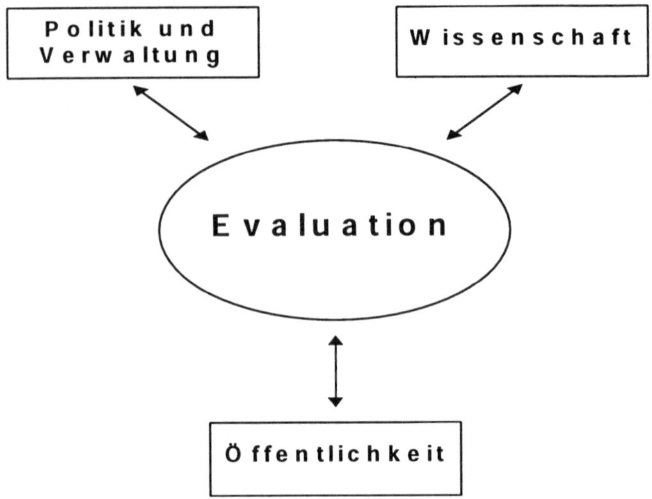

Der Kontext einer Evaluation kann – auf das Wesentliche beschränkt – durch drei verschiedene Akteure beschrieben werden, nämlich (1) Politik und Verwaltung, (2) Wissenschaft und (3) Öffentlichkeit. In diesem Modell werden die für eine demokratisch-verantwortlich (*MacDonald,* 1993) ausgestaltete Evaluation zentralen Interaktionsbeziehungen dargestellt. Diese Beziehungen, die je spezifisch strukturiert sind, sollen nachfolgend kurz charakterisiert werden.

2.1 Interaktion Politik/Verwaltung – Evaluation

Politik und Verwaltung sind zumeist in verschiedenen Rollen am Evaluationsprozess beteiligt. Sie sind häufig AuftraggeberIn einer Evaluation, aber auch oft Informationsquelle und zumeist auch primäre/r AdressatIn von Evaluationen. Nicht zuletzt sind Politik/Verwaltung auch die intendierten NutzerInnen einer Evaluation. Im Gegensatz zu anderen hier zu diskutierenden Beziehungen ist das Verhältnis zwischen Politik/Verwaltung und EvaluatorIn zumeist vertraglich geregelt. Die Ansprüche, die seitens Politik/Verwaltung an die Evaluation gerichtet werden, lassen sich mit den folgenden Stichworten umschreiben: nützlich, zeitgerecht, politisch opportun, anschlussfähig, günstig, praktikabel und korrekt.

Die/der EvaluatorIn andererseits hat ein ausgewiesenes Interesse, die Erwartungen der AuftraggeberInnen auch zu erfüllen. Je nach Organisationsform ist die/der EvaluatorIn finanziell mehr oder weniger stark von den AuftraggeberInnen abhängig. Sie/er kann zudem, sofern sie/er den Ansprüchen der AuftraggeberInnen gerecht wird, darauf spekulieren, auch in Zukunft als AuftragnehmerIn berücksichtigt zu werden.

Das Verhältnis zwischen Politik/Verwaltung und Evaluation ist somit schwergewichtig ökonomisch und juristisch geprägt.

2.2 Interaktion Wissenschaft – Evaluation

Das Verhältnis von Wissenschaft und Evaluation hat ebenso seine spezifische Struktur. Die Wissenschaft profitiert von der Evaluation vor allem in Bezug auf zwei Aspekte. Erstens ist die Evaluation in der Lage, die gesamtgesellschaftliche Legitimation des Wissenschaftssystems zu unterstützen. Dies geschieht insbesondere dann, wenn sich die Evaluation als praxisrelevant erweist. Zweitens ist die Evaluation in der Lage, für wissenschaftliche Erkenntnisse wie Theorien und Methoden empirische Evidenz zu produzieren. Gleichzeitig kann die Evaluation die Fachdisziplinen auch mit zusätzlichem inhaltlichem Wissen alimentieren.

Die Evaluation wiederum ist auf die Wissenschaft als Lieferantin wissenschaftlicher Wissensbeständen angewiesen. Die Evaluation kann nur mit Wissenschaft bestehen, da letztere zu ihrer gesellschaftlichen Reputation beiträgt. Ohne die „reine" Wissenschaft würde die Evaluation ihre Daseinsberechtigung verlieren.

Das Verhältnis zwischen Wissenschaft und Evaluation ist damit hauptsächlich durch den Austausch von Wissen und Reputation geprägt.

2.3 Interaktion Öffentlichkeit – Evaluation

Das Verhältnis zwischen Öffentlichkeit (im Sinne *Habermas'* als institutionelle Ordnung der Lebenswelt (1981, II, S. 472) und Evaluation weist – im Gegensatz zu den oben beschriebenen – eine deutlich andere Qualität auf. Während die anderen beiden Interaktionstypen dadurch gekennzeichnet sind, dass eine direkte gegenseitige Abhängigkeit besteht, ist dies hier kaum der Fall. Das heißt, dass die/der EvaluatorIn vordergründig nicht auf eine Interaktion mit der Öffentlichkeit angewiesen ist. Der/dem EvaluatorIn bietet es sich deshalb geradezu an, hier auf Interaktionen zu verzichten und sich primär in den für sie/ihn „lebensnotwendigen" Beziehungen mit Politik und Wissenschaft zu engagieren, was zur Vernachlässigung der Bedürfnisse der Öffentlichkeit führt. Die/der EvaluatorIn bewegt sich so primär im wissenschaftlich-politisch dominierten Bereich und versucht dort konsensfähige Lösungen auszuhandeln. Die Interessen der Öffentlichkeit bleiben auf der Strecke. Die Evaluation lässt sich im Dienste von Politik und/oder Wissenschaft instrumentalisieren.

Ein demokratisch verantwortungsvoller Evaluationsprozess erfordert jedoch nicht nur, dass der resultierende Schlussbericht zuhanden der Öffentlichkeit publik gemacht wird. Der Evaluationsprozess sollte von Beginn weg die Anliegen der Beteiligten & Betroffenen[1] (‚stakeholders') berücksichtigen. Erforderlich ist die Aufnahme eines kommunikativen Diskurses als Antipode zur „Entkoppelung von System und Lebenswelt" zur Steigerung der Freiheit des Individuums (in Anlehnung an *Habermas,* 1981, II, S. 229-293). Dieser Anspruch ist sehr hochgesteckt und in der Praxis wohl kaum jemals vollumfänglich einzulösen. *Klaus von Beyme* (1991, S. 269) dazu: „Der Sektor ‚Öffentlichkeit' als Teil der Lebenswelt ist schwerlich je so kommunikativ gewesen, wie im Modell vorgesehen."

Das Verhältnis zwischen Öffentlichkeit und Evaluation ist also primär ethisch-moralisch geprägt und zumindest latent gefährdet.

2.4 Zusammenfassung

Aus den vorangegangen Überlegungen lassen sich einige Konsequenzen in Hinblick auf die Evaluationsgestaltung ziehen:

- Die an die Evaluation herangetragenen Ansprüche sind vielfältig und oft konkurrierend.
- Die Evaluation läuft Gefahr, sich zu stark auf bestimmte Ansprüche einzulassen und andere zu vernachlässigen.
- Die Aufgabe für die Evaluation – die auch schon als Kunst bezeichnet wurde (*Cronbach,* 1982, S. 1) – besteht darin, sich in einem virulenten Spannungsfeld konfligierender Perspektiven und Interessen erfolgreich zu bewegen.
- Aussagen über die Qualität einer Evaluation sind nur unter Beachtung verschiedener Bewertungskriterien möglich. Eindimensionale Bewertungen greifen zu kurz.

Die im nachfolgenden Abschnitt dargestellten „Standards" haben zum Ziel, die an Evaluationen gestellten Anforderungen zu definieren.

3 Inhalt der „Standards für die Evaluation von Programmen"

Die „Standards für die Evaluation von Programmen" gehen davon aus, dass qualitativ hochstehende Evaluationen vier grundlegende Eigenschaften aufweisen: Nützlichkeit, Durchführbarkeit, Korrektheit und Genauigkeit. Die „Standards" führen für jede der vier genannten Charakteristiken eine bestimmte Zahl an Einzelstandards auf. Im Einzelnen sind dies die Folgenden (*Joint Committee,* 1999):

---

1 Um den Ausdruck Beteiligte & Betroffene als terminus technicus auszuweisen, wird er mit & geschrieben.

3.1 Nützlichkeit

Die Nützlichkeitsstandards sollen sicherstellen, dass sich eine Evaluation an den Informationsbedürfnissen der vorgesehenen EvaluationsnutzerInnen ausrichtet.

N1 Ermittlung der Beteiligten & Betroffenen
N2 Glaubwürdigkeit der/des EvaluatorIn(s)
N3 Umfang und Auswahl der Informationen
N4 Feststellung von Werten
N5 Klarheit des Berichts
N6 Rechtzeitigkeit und Verbreitung des Berichts
N7 Wirkung der Evaluation

3.2 Durchführbarkeit

Die Durchführbarkeitsstandards sollen sicherstellen, dass eine Evaluation realistisch, gut durchdacht, diplomatisch und kostenbewusst ausgeführt wird.

D1 Praktische Verfahren
D2 Politische Tragfähigkeit
D3 Kostenwirksamkeit

3.3 Korrektheit

Die Korrektheitsstandards sollen sicherstellen, dass eine Evaluation rechtlich und ethisch korrekt durchgeführt wird und dem Wohlergehen der in die Evaluation einbezogenen und auch der durch die Ergebnisse betroffenen Personen gebührende Aufmerksamkeit widmet.

K1 Unterstützung der Dienstleistungsorientierung
K2 Formale Vereinbarungen
K3 Schutz individueller Menschenrechte
K4 Menschlich gestaltete Interaktion
K5 Vollständige und faire Einschätzung
K6 Offenlegung der Ergebnisse
K7 Deklaration von Interessenkonflikten
K8 Finanzielle Verantwortlichkeit

3.4 Genauigkeit

Die Genauigkeitsstandards sollen sicherstellen, dass eine Evaluation über die Güte und/oder die Verwendbarkeit des evaluierten Programms fachlich angemessene Informationen hervorbringt und vermittelt.

G1 Programmdokumentation
G2 Kontextanalyse
G3 Beschreibung von Zielen und Vorgehen
G4 Verlässliche Informationsquellen
G5 Valide Informationen
G6 Reliable Informationen
G7 Systematische Informationsüberprüfung
G8 Analyse quantitativer Informationen
G9 Analyse qualitativer Informationen
G10 Begründete Schlussfolgerungen
G11 Unparteiische Berichterstattung
G12 Meta-Evaluation

Zu jedem dieser insgesamt 30 Einzelstandards wird in der Buchpublikation (*Joint Committee*, 1999) eine ganze Reihe von Zusatzinformationen gegeben. Neben der oben angeführten Benennung des Standards sind dies: der eigentliche Standard in einem Satz; ein erläuternder Überblick, der zur Einführung und Klärung dient; Richtlinien mit Vorschlägen zu einer den Standard einhaltenden Vorgehensweise; häufige Fehler, die auf Schwierigkeiten im Zusammenhang mit dem Standard hinweisen; ein bis zwei Anwendungsbeispiele mit dazugehöriger Analyse, welche die Bedeutung des Standards beispielhaft illustrieren sollen.

Vier Dinge sind an dieser Stelle speziell zu betonen:

1. Die „Standards" formulieren keine Minimalanforderungen, sondern definieren eine optimale Ausgestaltung einer Evaluation („Maximal-Standards").
2. Die „Standards" befassen sich mit der Qualität von Evaluationen, nicht mit jener der EvaluatorInnen (vgl. dazu AEA 1995 und *Beywl & Widmer*, 1999).
3. Die „Standards" sind zwar auf unterschiedliche Anwendungskontexte ausgerichtet, je nach Kontext sind sie jedoch nach den spezifischen Bedürfnissen anzupassen.
4. Die „Standards" enthalten keine Gewichtung, weder zu den vier Grundeigenschaften noch zu den Einzelstandards. Aus dem Umstand, dass eine Kriteriengruppe mehr oder weniger Einzelstandards aufweist, ist somit auch keine Aussage über die Bedeutung dieser Gruppe möglich. Die Gewichtung der „Standards" muss anhand des Einzelfalls und dessen Bedingungen vorgenommen werden.

Betrachtet man diese „Standards" kritisch, lässt sich feststellen, dass sie einige Schwachpunkte aufweisen (vgl. dazu ausführlicher *Widmer*, 1996, S. 39-40):

– *Eindeutigkeit:* Oftmals ist eine eindeutige Zuordnung eines empirischen Sachverhaltes zu einem – und nur einem – Einzelstandard nicht möglich.

- *Einheitlichkeit:* Die Einzelstandards bewegen sich auf deutlich unterschiedlichen analytischen Ebenen.
- *Unabhängigkeit:* Die Einzelstandards sind zum Teil hochgradig interdependent. Es bestehen zwischen ihnen teils positive, teils negative Zusammenhänge.
- *Konsistenz:* Die Einzelstandards formulieren teilweise sich gegenseitig konkurrierende Erfordernisse.

Diese vier Kritikpunkte widerspiegeln das im vorangehenden Kapitel dargelegte Spannungsfeld, in dem sich die Evaluation zu bewegen hat, recht gut. Gerade der letztgenannte Punkt kann somit als problemadäquat eingeschätzt werden und wird – so betrachtet – gerade zu einer ausgesprochenen Stärke der Standards.

4 Funktionen der „Standards für die Evaluation von Programmen"

Ohne den Anspruch auf Vollständigkeit damit zu verbinden, werde ich nachfolgend mögliche Funktionen der „Standards" aufzeigen und kurz erläutern. Nicht zuletzt strebe ich damit das Ziel an, auf die hohe Relevanz der „Standards" für die Evaluationspraxis zu verweisen.

4.1 Handlungsanleitung bei der Planung und Ausführung von Evaluationen

Die „Standards" sind von ihrer Entstehung her primär darauf ausgerichtet, den an einer Evaluation beteiligten Personen Hinweise für ihr Verhalten zu geben. Das bereits im Detail dargelegte Spannungsfeld, in dem sich die Evaluation als sozialwissenschaftliche Dienstleistung zu bewegen hat, stellt hohe Ansprüche. Die „Standards" unterstützen die Beteiligten darin, diesen vielfältigen Ansprüchen in ihrer täglichen Arbeit gerecht zu werden.

4.2 Didaktisches Instrument in Aus- und Weiterbildung für (angehende) Evaluatorinnen

Die „Standards" können dazu eingesetzt werden, die Evaluation an Teilnehmende von Aus- und Weiterbildung heranzutragen und ihnen die Spezifika der Evaluation näher zu bringen. Im meiner eigenen Lehrpraxis inner- und ausserhalb der Universität in Aus- wie Weiterbildung hat sich der Einsatz der „Standards" als Lehrmittel als ausgesprochen hilfreich erwiesen.

4.3 Instrument zur systematischen Selbstreflexion im Evaluationsprozess

Die „Standards" erlauben (besonders, wenn man das in der Buchpublikation vorliegende funktionale Inhaltsverzeichnis beachtet, das den verschiedenen, im Evaluationsprozess auszuführenden Tätigkeiten jeweils eine bestimmte Auswahl zentral relevanter „Einzelstandards" zuordnet) eine schrittweise Selbstvergewisserung der Beteiligten über die Zielkonformität des eigenen Handelns. Entgegen mancher Einwände lassen sich die „Standards" so auch in von Laien ausgeführten kleineren Selbstevaluationsprojekten ertragreich einsetzen.

4.4 Bewertungsgrundlage in Meta-Evaluationen

Die „Standards" eignen sich in idealer Weise als Bewertungsgrundlage für die Evaluation von Evaluationen (Meta-Evaluation; vgl. dazu *Widmer*, 1996 und *Widmer* et al., 1996). Dabei kann die Meta-Evaluation formative oder summative Ziele verfolgen, sie kann begleitend oder retrospektiv angelegt sein und sowohl intern wie auch extern ausgeführt werden. Die Meta-Evaluation kann gestützt auf die „Standards" ein zentrales Element der Qualitätssicherung in der Evaluation darstellen.

4.5 Bestandteil von Evaluationskontrakten, Reglementen, Weisungen, Handbüchern u.ä.

Immer häufiger erscheinen die „Standards" als Bestandteile von rechtlich mehr oder weniger verbindlichen Grundlagenpapieren mit fallbezogenem oder allgemeinem Geltungsanspruch. Nicht zuletzt werden die „Standards" dabei nicht einfach als Gütesiegel betrachtet, sondern vielmehr auch als Instrument zur Rollenklärung und -definition.

4.6 Identitätsstiftende Grundlage der Evaluationsgemeinde

Der im deutschsprachigen Raum in den letzten Jahren deutlich aufstrebenden Evaluationsgemeinde steht mit den „Standards" ein Instrument zur Verfügung, das sich zur Ausbildung eines disziplinär oder professionell orientierten Selbstverständnisses ausgesprochen gut eignet, ohne dass damit auch die heute bestehende Offenheit in Frage gestellt wird.

4.7 Zum Abschluss: Dysfunktionalitäten

Trotz der vielfältigen Einsatzmöglichkeiten, von denen ich hier nur einen Ausschnitt präsentieren konnte, möchte ich abschließend betonen, dass die „Standards" für bestimmte Funktionen weniger geeignet sind. Ansprechen möchte ich – und damit komme ich auf die zu Beginn aufgeworfene Frage nach der Verbindlichkeit zurück – insbesondere die umstrittenen Fragen der Akkreditierung und Zertifizierung von Personen oder Institutionen im Evaluationsbereich. Indem die „Standards" Maximalanforderungen definieren und sich nicht auf Akteure, sondern auf die Evaluation selbst richten, verbietet sich meines Erachtens deren Einsatz als Hilfsinstrument im Rahmen von Akkreditierungs- und Zertifizierungsverfahren.

Reinhard Stockmann

Methoden der Wirkungs- und Nachhaltigkeitsanalyse: Zur Konzeption und praktischen Umsetzung

Die *Ansprüche an die Erfolgsbeurteilung* von öffentlichen Maßnahmen haben sich in den letzten Jahrzehnten stark verändert. Während es zu Beginn der Geschichte der Erfolgskontrolle noch ausreichte auf den *Input* zu verweisen, ging man später dazu über, auch den *Output* zu beziffern, also z.B. die Zahl ausgebildeter Fachkräfte, die Anzahl von Krankenhausbetten, die Zahl von ÄrztInnen pro 1000 Einwohner etc. Doch auch diese Indikatoren stellen keine ausreichenden Bewertungsmaßstäbe dar, denn sie sagen nichts über die *Wirksamkeit* eines Programms aus, welchen *Impact* es erreicht hat, oder gar ob es nachhaltig ist. Hierzu müsste beispielsweise bekannt sein, ob die ausgebildeten Fachkräfte einen ausbildungsadäquaten Arbeitsplatz finden, ob die Krankenhausbetten denn auch belegt sind und von wem, wer die Dienstleistungen der ÄrztInnen bezahlen kann etc. Soll zusätzlich noch der Aspekt der *Nachhaltigkeit* bemessen werden, ist außerdem festzustellen, ob der Nutzen bei den Zielgruppen dauerhaft sichergestellt werden kann.

Bei der Durchführung von Wirkungsanalysen treten *zwei Grundprobleme* auf, die gelöst werden müssen:

Ein Problem besteht in der *Entdeckung und Messung von Wirkungen.* Dabei geht es um die Frage, wie sich die geplanten und ungeplanten Wirkungen eines Programms oder Projekts möglichst exakt bestimmen lassen.

Das andere Problem besteht in der *Identifikation von Kausalzusammenhängen.* Dabei geht es um die Frage, wie die Ursachenfaktoren der Wirkungen möglichst eindeutig bestimmt und rivalisierende Erklärungen ausgeschlossen werden können.

Die *Güte einer Forschungskonzeption* bestimmt sich deshalb danach, inwieweit möglichst alle relevanten Wirkungen erfasst und die Kausalitätsprobleme gelöst werden. *Rossi* und *Freeman* (1994) nennen diese Aufgabe „die Bestimmung der Netto-Wirkungen einer Intervention“.

Experimentelle Designs wären hierfür am besten geeignet, da nur sie den formalen Anforderungen zur Überprüfung einer kausalen Anordnung Rechnung tragen. Aus einer Reihe von Gründen, wie z.B. kulturellen und ethischen Restriktionen, der Komplexität der Projektinterventionen u.a., lassen sich experimentelle und quasi-experimentelle Designs im Kontext von gesellschaftlich wirksamen Maßnahmen kaum anwenden. Wenn man dennoch nicht in einen qualitativen Impressionismus verfallen möchte, müssen Alternativen gefunden werden. Hierzu wurden folgende *Strategien* eingesetzt, um die beiden Grundprobleme zu bewältigen.

1. Die *Entwicklung einer theoretischen Konzeption* erleichtert die Überprüfung von Zusammenhängen. Sie ermöglicht die Bildung von Hypothesen und lässt dadurch gezielte Suchstrategien nach potentiellen Wirkungen und deren Ursachen zu und erleichtert die Bewertung des Einflusses von Störvariablen. Dadurch wird ein aufwendiges Herumstochern im Informations- und Datennebel verhindert.
2. Eine vergleichende Analyse erleichtert das Auffinden ähnlicher Entwicklungsmuster. Indem die Gleichartigkeit bzw. die Unterschiede der Projektinputs, der Rahmenbedingungen und Entwicklungsverläufe herausgearbeitet werden, kann auf die Ursachen der hervorgerufenen Wirkungen geschlossen werden (Bildung von Ursache-Wirkungsketten). Aus der inneren Stimmigkeit der beobachteten Entwicklungsmuster und Wirkungsketten werden Schlussfolgerungen bezüglich des Ursache-Wirkungsverhältnisses gezogen. Faktoren, in denen sich die Projekte nicht unterscheiden, werden als Ursachen für unterschiedliche Projektoutcomes ausgeschlossen. Um die theoretisch begründeten, ausgewählten Parameter systematischen Vergleichen unterziehen zu können, ist eine Auswahl gleichartiger Projekte notwendig.
3. Durch die *Verwendung mehrerer Datenerhebungsverfahren* können Befunde mehrfach abgesichert und „cross-checks" unterzogen werden. Ein solcher Multimethodenansatz („patchwork-design") versucht die Schwächen einer Erhebungsmethode durch die Stärken einer anderen möglichst auszugleichen.
4. Und schließlich kann durch die *Untersuchung von Kontrollgruppen*, die nicht von den Projektmaßnahmen erfasst wurden, ein Vergleich mit den Zielgruppen angestellt werden.

1 Elemente des theoretischen Grundmodells

Die entwickelte *theoretische Konzeption* nimmt nacheinander verschiedene analytische Perspektiven ein und integriert hierfür verschiedene theoretische Ansätze, die sich jeweils mit unterschiedlichen Aspekten eines Projekts beschäftigen (*Stockmann*, 1996, S. 66ff.).

Um die Wirkungen eines Projekts oder Programms zu erkennen, messen und kausalen Ursachenfaktoren zuschreiben zu können, wird in dieser Untersuchung – im Unterschied zu makroökonomischen und makrosoziologischen Ansätzen – *von der Programm- und Projektebene ausgegangen*. Programme und Projekte können instrumentell als Maßnahmenbündel zur Erreichung festgelegter Planziele definiert werden, mit deren Hilfe Innovationen z.B. innerhalb sozialer Systeme eingeleitet werden sollen.

Der Verlauf von Entwicklungsprojekten folgt einem typischen Phasenmuster, das es erlaubt, die *„Lebensverlaufsperspektive" als heuristisches Modell* für die Analyse anzuwenden.

Schaubild: Lebenszyklus-Modell

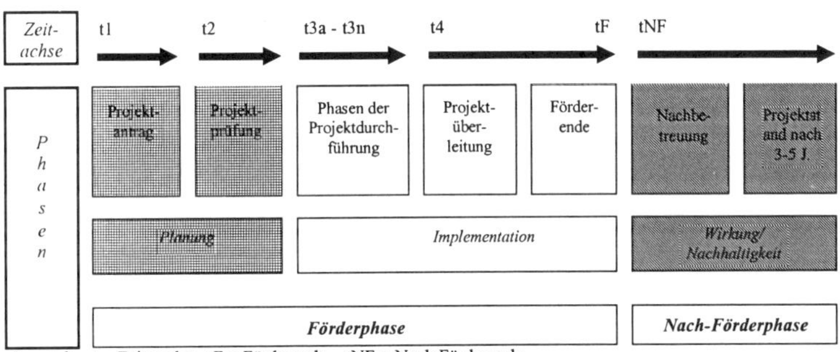

Legende: t = Zeitpunkt; tF = Förderende, tNF = Nach Förderende

Dies hat zwei Vorteile:

1. Das Denkmodell des Lebensverlaufs betont den *Prozesscharakter eines Projekts* und bietet die Möglichkeit, die Nachförderphase, in der sich die Nachhaltigkeit eines Projekts zeigt, als integrierten Bestandteil des Lebensverlaufs eines Projekts zu erkennen.
2. Darüber hinaus hebt die Lebensverlaufsperspektive die *kausale Verkettung der einzelnen Phasen* hervor. Wie die Sequenzen im Lebensverlauf eines Individuums, bauen die einzelnen Projektphasen aufeinander auf. Dabei wird deutlich, dass die während der Förderlaufzeit geschaffenen materiellen und immateriellen Strukturen das Fundament für die langfristigen Projektwirkungen bilden.

Hier wird davon ausgegangen, dass *Projekte* organisatorische Einheiten mit spezifischen Zielsetzungen sind, die in ein bestehendes oder neu gegründetes Organisationsgefüge (Trägerorganisation) eingebettet sind, das wiederum Bestandteil eines größeren Systemzusammenhangs ist. Für die Wirkungsanalyse wird deshalb ein *organisationstheoretischer Kontingenzansatz* verwendet.

Als *Grundelemente einer Organisation* gelten allgemein die Ziele einer Organisation, die Mitglieder, die Organisationsstruktur, die Technologie und die finanziellen Ressourcen sowie ihre Umwelt. Die *Organisationsumwelt* kann wiederum in bestimmte Teilsysteme differenziert werden. Im Falle von Gesundheitsprojekten interessiert natürlich vor allem das vorherrschende Gesundheitssystem. Nach der verwendeten organisations-theoretischen Vorstellung *entfalten Projekte innerhalb von und durch Organisationen Wirkungen und sind umgekehrt über ihre Trägerorganisationen der Beeinflussung durch die sie umgebenen Systeme ausgesetzt.*

Schaubild: Wirkungsmodell

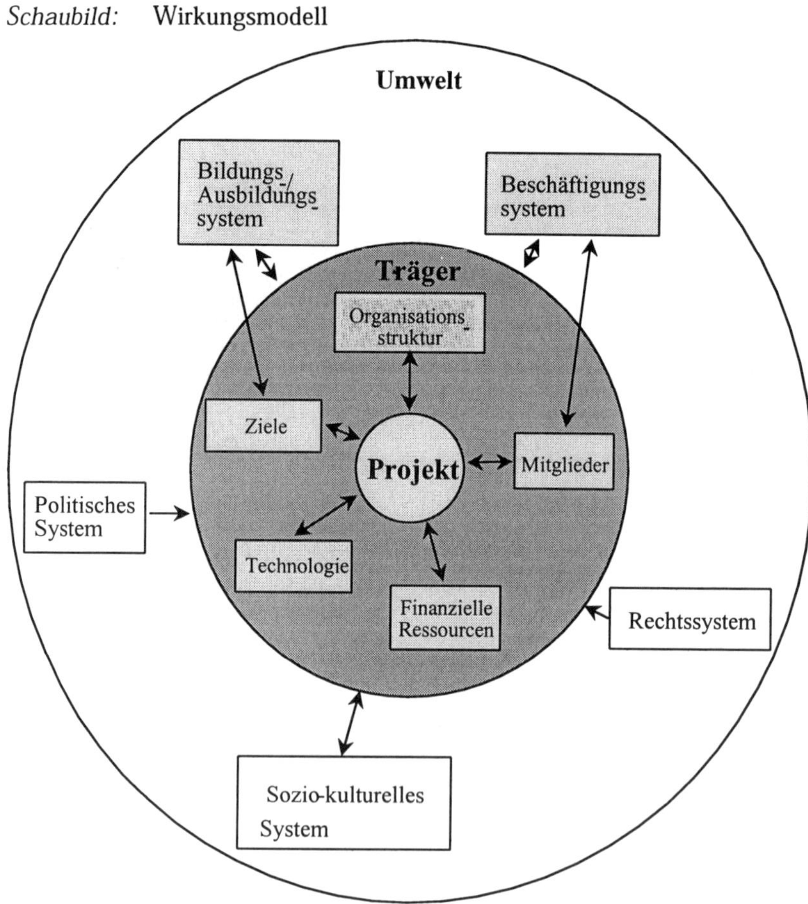

Die *Interventionen eines Projekts* können sich prinzipiell darauf richten, (interne) Veränderungen bei der Trägerorganisation selbst als auch bei anderen (externen) sozialen Systemen herbeizuführen. Die Projektträger können demnach *Objekte des Wandels* sein, sie können aber auch als Transmitter für die Diffusion von Innovationsprozessen dienen. Mit der Frage, unter welchen Bedingungen Diffusion stattfindet, beschäftigt sich die *Diffusionsforschung.*

Diffusion wird im Allgemeinen definiert als „the process by which an innovation spreads“.

Schaubild: Diffusionsmodell

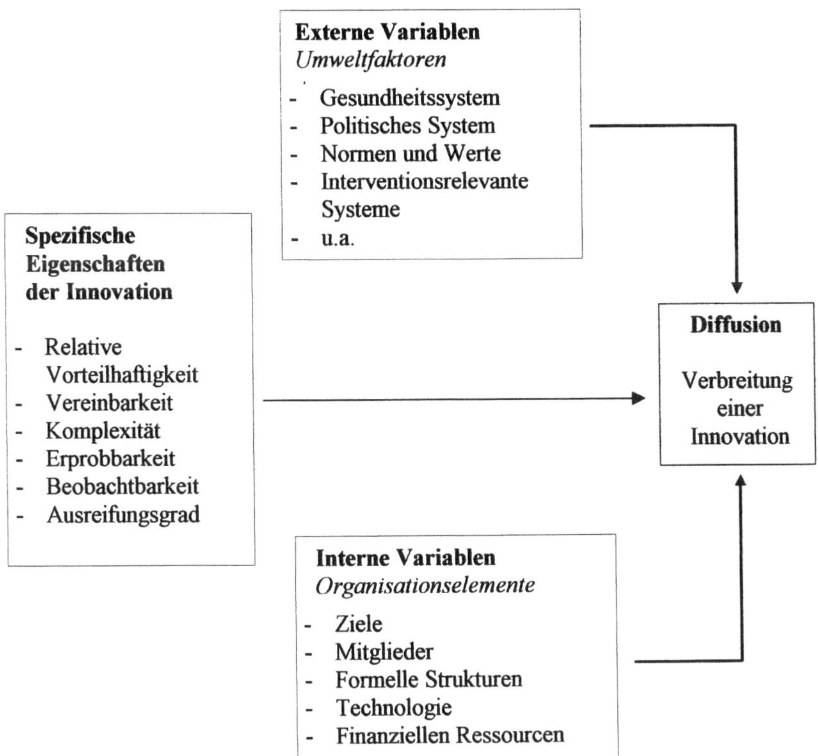

Drei Gruppen von Variablen können unterschieden werden, die den Diffusionsprozess beeinflussen:

1. Die erste Gruppe von Variablen bezieht sich auf die *spezifischen Eigenschaften der Innovation* selbst.
2. Der zweite Komplex setzt sich aus *Umweltvariablen* zusammen. Je nach Untersuchungsgegenstand werden unterschiedliche Faktoren bedeutsam.
3. Die *Elemente einer Organisation*, die die Innovation einführt, bilden die dritte Variablengruppe.

Ein *multidimensionales Nachhaltigkeitskonzept* führt die drei theoretischen Perspektiven zusammen:

- Das *Lebensverlaufsmodell* weist auf die Entwicklungsphasen eines Projekts und die Zeit nach dem Förderende hin.
- Der *organisationstheoretische Ansatz* rückt die organisationsinternen Bedingungen und Wirkungsfaktoren ins Bild.
- Und mit dem *diffusionstheoretischen Ansatz* wird untersucht, inwieweit die durch ein Projekt ausgelösten Innovationen über die Trägerorganisation hinaus in die Umwelt hinein diffundieren.

Übertragen auf die Programmebene bedeutet Nachhaltigkeit eine über kurzfristige Lösungen hinausgehende Strategie, eine Konzeption, die über die Gegenwartsorientierung hinausreicht. Die Diffusionsfähigkeit, die langfristige Tragbarkeit und die Folgenberücksichtigung entwicklungspolitischer Lösungen rücken dabei in den Mittelpunkt.

Das hier entwickelte Konzept unterscheidet sich in mehrfacher Hinsicht von dem bisher in der Entwicklungszusammenarbeit verwendeten Nachhaltigkeitsbegriff. Hier soll nur auf eine *inhaltliche Erweiterung* eingegangen werden. Da sich die Projektinterventionen auf die Trägerorganisation selbst oder über diese hinaus auf Umweltsysteme beziehen können, werden *zwei Nachhaltigkeitsdimensionen* unterschieden.

1. Zuerst wird untersucht, welche *Wirkungen* das Projekt *bei der Trägerorganisation* ausgelöst hat. Wenn bei der Trägerorganisation *problemadäquate Strukturen aufgebaut* wurden, die zielkonforme Wirkungen ermöglichen, die nicht durch ungeplante negative Effekte wieder aufgehoben werden, und wenn die *Problemlösungskapazität* der Trägerorganisation so *gesteigert* werden konnte, dass eine *permanente Anpassung an sich verändernde Umweltbedingungen stattfindet*, soll von *interner Nachhaltigkeit* gesprochen werden.
2. Da mit Hilfe von Projekten Wirkungen angestrebt werden, die über die Trägerorganisation hinaus gehen, stellen die erzielten *Diffusionseffekte in externen Umweltbereichen* (hier vor allem im Gesundheitssystem) das zweite wichtige Kriterium zur Beurteilung der Nachhaltigkeit eines Projekts dar. Die Diffusion der implementierten Innovationen wird als *externe Nachhaltigkeit* bezeichnet.

2 Das Analyseraster[1]

Die entwickelten theoretischen Überlegungen führten zur Formulierung eines umfassenden *Analyserasters*, das für die einzelnen Projektphasen im Detail die Konzepte und Variablen benennt, die dann die Datenerhebung und -

1 Das Analyseraster kann auf der Webseite des Lehrstuhls für Soziologie an der Universität des Saarlandes eingesehen werden: http://www.uni-sb.de/philfak/fb6/Stockmann/

analyse steuern. Das Raster ist so aufgebaut, dass die durch die Projektinterventionen unter gegebenen Rahmenbedingungen geplant oder ungeplant ausgelösten Wirkungen beim Implementationsträger und im Adressatenfeld systematisch untersucht werden.

Um die *Vergleichbarkeit* über die Zeit und die einzelnen Projekte hinweg zu erleichtern und um dadurch eher zu generalisierenden Aussagen zu gelangen, wurde ein *Indikatorensystem* entwickelt, mit dessen Hilfe die Wirkungen und die Nachhaltigkeit eines Projekts auf verschiedenen Dimensionen untersucht werden können. Die Dimensionen richten sich nach den theoretisch ermittelten Parametern.

Mit Hilfe eines komplexen *Bewertungsverfahrens*, auf das hier nicht näher eingegangen werden soll (*Stockmann*, 1996, S. 119ff.), werden eine Vielzahl von Einzelinformationen bewertet und trichterförmig zu einem bereichsumfassenden quantitativen Einzelindikator verdichtet. Diese Einschätzung wird in der Regel für *zwei Zeitpunkte* vorgenommen: Zum Projektbeginn und zum Evaluationszeitpunkt, bei abgeschlossenen Projekten auch zum Zeitpunkt des Förderendes.

Drei Gruppen von Indikatoren werden verwendet:

1. Mit einer Auswahl von Indikatoren wird der *Interventionsprozess* selbst bewertet. Dabei geht es um die Frage nach der Qualität des Planungs-, Durchführungs- und Nachbetreuungsprozesses.
2. Eine zweite Gruppe von Indikatoren besteht aus *organisationsinternen Indikatoren*, um die Veränderungen innerhalb der Trägerorganisation im Zeitverlauf beschreiben zu können.
3. Die Indikatoren der dritten Gruppe informieren über die Diffusionswirkungen der Projektinterventionen außerhalb des Projektträgers. Hier werden die *Diffusionswirkungen* bei der *Zielgruppe* und speziell im *Gesundheitssystem* bewertet.

Um die Vergleichbarkeit zwischen den Projekten und über die Zeit hinweg (Lebensverlaufsperspektive) weiter zu erhöhen, wird eine Vielzahl von Einzelbewertungen innerhalb eines Analysebereichs (also z.B. zur Zielakzeptanz oder organisatorischen Leistungsfähigkeit des Trägers) in eine *zusammenfassende* Bewertungsziffer transformiert. Dabei wird so vorgegangen, dass die benötigten Informationen mit Hilfe der im *Analyseraster* zusammengestellten Untersuchungsfragen gesammelt, strukturiert und bewertet werden.

Die einzelnen Bewertungen werden jeweils anhand einer *elfstufigen Skala* vorgenommen. Der Wert 0 steht für die niedrigste und der Wert 10 für die höchste Einschätzung. Es ist besonders zu betonen, dass der für einen Untersuchungsbereich ermittelte *Indikatorenwert eine extrem verkürzte, quantitative Bewertung* darstellt. Für die Bestimmung des Indikatorenwerts wird eine Vielzahl von qualitativen und quantitativen Daten gesammelt und bewertet, bevor diese in einem komplexen „Konzentrationsprozess“ zu einer einzigen Kennziffer – dem Indikatorenwert – kondensiert werden („*Trichtermethode*").

Um den Grad der subjektiven Einschätzung zu reduzieren, werden alle Bewertungen von zwei EvaluatorInnen jeweils getrennt voneinander vorgenommen und anschließend auf Übereinstimmung geprüft. Auftretende Bewertungsdifferenzen werden durch Mittelwertbildung überwunden.

Die vorgenommenen Bewertungen erheben nicht den Anspruch, „wahre" Werte zu sein. Der *Vorteil* dieses Verfahrens *gegenüber rein subjektiven Einschätzungen* liegt vor allem darin, dass

- die Beurteilungskriterien offen gelegt werden,
- zur Bewertung eine Vielfalt von qualitativen und quantitativen Daten erhoben werden, um eine möglichst breite empirische Beurteilungsgrundlage zu schaffen und
- die vorgenommenen Bewertungen anhand der dokumentierten Befunde und Begründungen zumindest teilweise intersubjektiv nachprüfbar sind.

Das *Analyseraster* selbst ist demnach *kein Erhebungsinstrument*, sondern ein *untersuchungsleitendes Strukturierungsinstrument*, um

- die für eine Wirkungsuntersuchung zentralen Bereiche und Kategorien zu spezifizieren,
- eine theoriegeleitete Informationssuche zu ermöglichen,
- systematisierte, vergleichbare Informationen zu gewinnen und
- die erhobenen Daten zu strukturieren und zu bewerten.

Für die *Gewinnung der Daten* werden verschiedene Erhebungsverfahren eingesetzt, auf die ich hier nicht eingehen kann. Statt dessen soll abschließend der Aspekt der Nützlichkeit behandelt werden.

3 Nützlichkeit

Der Aspekt der Nützlichkeit lässt sich unter zwei Gesichtspunkten betrachten:

3.1 Nützlichkeit des Ansatzes für die AnwenderInnen

Im Hinblick auf *die theoretische Grundkonzeption* hat sich dabei gezeigt:

1. Die *Lebensverlaufsperspektive* lässt sich auf Projekte aller Art übertragen. Sie macht die Verkettung einzelner Entwicklungsphasen deutlich und rückt die Diffusionsphase in den Blickwinkel.
2. Der *Organisationsansatz* hebt die Bedeutung von Trägerstrukturen für die Verbreitung von Innovationen hervor. Damit wird die Aufmerksam-

keit auf die Trägerauswahl, die organisatorische Leistungsfähigkeit von Trägern und die Organisationsentwicklung von Trägerstrukturen gelenkt.
3. Der *Diffusionsansatz* erlaubt die Spezifizierung von Bedingungen unter denen mit einer Diffusion von Innovationen zu rechnen ist. Dabei ist es grundsätzlich gleichgültig, ob das Ziel die Verbreitung adäquater Problemlösungen, die Verbesserung der allgemeinen Gesundheit, die Diffusion technischer Innovationen oder einfach die Erhöhung des ökonomischen Profits ist.

Im Hinblick auf die *methodische Konzeption* hat sich gezeigt:

1. Da das Analyseraster *modulförmig* aufgebaut ist, können einzelne *Module* je nach Untersuchungsgegenstand gegen neue Module ausgetauscht werden. Dadurch ist sichergestellt, dass das Analyseraster für die Evaluation unterschiedlicher Programme und Förderinstrumente eingesetzt werden kann.
2. Der verwendete *Methodenmix* erlaubt es, methodische Schwächen eines Instruments durch die Stärken anderer Instrumente auszugleichen und die gewonnen Informationen über „cross-checks" zu überprüfen.
3. Die *vergleichende Methode* erleichtert das Auffinden ähnlicher Entwicklungsmuster und die Rückführung von Wirkungen auf kausale Ursachenfaktoren.

Es ist klar, dass jede Untersuchung ihr eigenes, spezielles Methodendesign benötigt. Doch die bisher gewonnenen Erfahrungen scheinen zu belegen, dass die hier vorgestellte Konzeption auch im Kontext anderer Untersuchungsfelder grundsätzlich beibehalten werden kann. Modifikationen müssen vor allem im Hinblick auf das Analyseraster und eventuell im Hinblick auf das Repertoire eingesetzter Datenerhebungsverfahren vorgenommen werden. In welchem Umfang dies notwendig ist, hängt vor allem von dem ausgewählten Untersuchungsbereich ab.

3.2 Nützlichkeit der Ergebnisse für die AuftraggeberInnen

Die Informationen, die durch die genannten Evaluationen bereitgestellt werden, *nutzten vor allem den Programmverantwortlichen.* Diese können die Erkenntnisse für Steuerungsentscheidungen bei laufenden und für die Weiterentwicklung ihrer Konzeptionen bei abgeschlossenen Programmen verwenden. Den Programmverantwortlichen wurden die Ergebnisse per Bericht zugänglich gemacht und in Workshops erläutert (*partizipativer Ansatz,* Schlusspunkt einer *Reihe von Workshops*).

Der hohe *Strukturiertheitsgrad der Berichte* sowie die *Verwendung von Skalen und Projektprofilen erleichtert die Durchschaubarkeit* (Reduzierung von Komplexität) und damit auch die Akzeptanz der Ergebnisse. *Akzeptanz der Evaluation und damit der Ergebnisse wird vor allem gesteigert*

- durch frühzeitige Einbindung derjenigen, die evaluiert werden (gem. Workshops, Rundbriefe etc.)
- wenn deutlich wird, dass es sich nicht um Kontrolle, sondern um einen Versuch handelt, die eigene Arbeit effizienter zu gestalten,
- wenn persönliche Anonymität zugesichert wird,
- wenn die Evaluation als Prozess gestaltet wird (immer wieder Zwischeninformationen, Rückkopplungsschleifen)
- wenn die Empfehlungen (Verbesserungsvorschläge) möglichst konkret und nachvollziehbar formuliert sind.

Die Erkenntnisse aus einer Evaluation können nur wirksam werden, wenn bei den NutzerInnen einer Evaluation auch *wirklicher Reformwille* gegeben ist. Dieser ist nicht automatisch vorauszusetzen. Evaluationen werden letztlich aus sehr unterschiedlichen Motiven in Auftrag gegeben, so dass *sich die Frage der Nützlichkeit aus Sicht der AuftraggeberInnen ganz anders stellt als aus der der EvaluatorInnen.*

Hildegard Müller-Kohlenberg, Cornelia Kammann

Die NutzerInnenperspektive in der Evaluationsforschung: Innovationsquelle oder opportunistische Falle?

Wer sind die NutzerInnen? Weil der Begriff „User" oder „NutzerInnen" in der Evaluationsforschung uneinheitlich gebraucht wird, ist eine kurze Verständigung darüber, was in diesem Beitrag unter NutzerInnen verstanden werden soll, erforderlich.

Zu unterscheiden sind die NutzerInnen der Evaluationsergebnisse und die NutzerInnen der Angebote, Programme oder Maßnahmen. Letztere werden auch als KlientInnen, Betroffene, KonsumentInnen, AdressatInnen oder auch als „KundInnen" bezeichnet. Das Wort „KundIn" steht in Anführungszeichen, weil – wie wir weiter unten verdeutlichen wollen – der Begriff für den Personenkreis, um den es geht, eher unangemessen ist.

Die AnwenderInnen der Evaluationsergebnisse, die man bisweilen auch als NutzerInnen bezeichnet, sind diejenigen, die die Programme und Angebote gestalten und die Evaluationsergebnisse insofern „nutzen", als sie evtl. Veränderungen oder Verbesserungen der Angebote vornehmen: also z.B. politische EntscheidungsträgerInnen, Programm-ManagerInnen, AbteilungsleiterInnen bei einer Trägerorganisation usw.

Uns interessieren im Weiteren insbesondere die NutzerInnen der Programme und Angebote, also die PatientInnen, KlientInnen, SchülerInnen usw. Diese Akzentuierung bedeutet innerhalb des weiten Gebietes der Evaluationsforschung eine besondere Schwerpunktsetzung: nämlich auf die Akzeptanzforschung. Sie wird oftmals eher marginal behandelt. Wir sind der Auffassung, dass dies ein Mangel mit erheblichen negativen Folgen ist.

Trotz einiger methodischer Probleme ist es unerlässlich, in der Gesamtheit der verschiedenen Interessengruppen der Evaluation – gemeint sind die verschiedenen Stakeholder – die AdressatInnenperspektive explizit hervorzuheben. Dies kann, so die These, in bestimmten Fällen dazu führen, dass Programme und Angebote – u.U. auch professionelle Standards – zu verändern oder zu korrigieren sind.

An zwei Arbeitsfeldern soll exemplarisch verdeutlicht werden, wie man in den zurückliegenden Jahren mit den Schwierigkeiten beim Erforschen der NutzerInnenperspektive umgegangen ist; zugleich auch welche Lösungswege wir sehen. Es handelt sich bei den ausgewählten Feldern (a) um die Arbeit mit PsychiatriepatientInnen und (b) um die Beschulung von Kindern mit kognitiven Behinderungen. Von beiden KlientInnengruppen wird häufig angenommen, dass sie zu einer validen Beurteilung der ihnen zuteil gewordenen Behandlung, Beschulung oder Therapie schwerlich in der Lage seien. Wir haben also Extremgruppen ausgewählt, die in forschungsmethodischer Hinsicht besondere Anforderungen stellen – die aber auch ggf. Optimismus erlauben, jedenfalls sofern sich brauchbare Ergebnisse gewinnen lassen.

1 Wie beurteilen Menschen mit psychischen Problemen ihre Behandlung und Therapie?

Das Thema Psychiatrie ist besonders geeignet, die unterschiedlichen Einstellungen von WissenschaftlerInnen bei der Erforschung der NutzerInnenperspektive in den vergangenen Jahrzehnten exemplarisch darzustellen. In den 50er bis 70er Jahren stand die Psychiatrie bekanntlich im Mittelpunkt heftiger Kritik. Diese bezog sich auf die damalige Behandlung, die sich von der heutigen allerdings in wesentlichen Aspekten unterschied. Die damals verbreitete Praxis von Fixierungen, Elektroschocks, Isolierungen und anderer restriktiver Methoden, führte in verschiedenen Ländern zu psychiatrie-kritischen Bewegungen, zu gesetzlichen Auflagen und Vorschriften.

So wurde in den USA beispielsweise 1975 in einem Publik Law (Title III, 94-63) geregelt, dass öffentlich subventionierte Einrichtungen im Mental-Health-Bereich nicht nur evaluiert werden müssen, sondern dass dies unter Beteiligung der PatientInnen zu geschehen habe.

Das ist sicher einer der Gründe, warum insbesondere aus USA zahlreiche Untersuchungsberichte zum Thema *client-satisfaction* oder *consumer-satisfaction* vorliegen.

Es ist interessant, die Methodengeschichte dieser frühen Forschungsansätze bis hin zu heutigen Untersuchungsdesigns anhand einiger typischer Stationen zu verfolgen.

1.1 Forschungsmethodischer Rückblick: Der Weg zur qualitativen Forschung

Zunächst arbeitete man mit projektiven Verfahren. Es ging dabei um Einstellungen der PatientInnen *(attitudinal factors)* zur Behandlung und zur Klinik.

Diese wurden zunächst nicht durch Fragebogen oder Skalen erhoben, sondern durch Tests, die zu Deutungen auffordern, mit denen der/die PatientIn also Emotionen, Phantasien, Motivationen usw. offenbart, ohne, dass ihm oder ihr diese Regungen bewusst sein müssen: Das kann z.B. ein Satz-Ergänzungstest sein oder ein Verfahren, bei dem zu Bildern Geschichten zu erzählen sind. Beispielsweise testeten *Brady, Zeller* und *Reznikoff* (1959) PsychiatriepatientInnen mit einer veränderten Form des *Thematic Apperception Test* (TAT nach *Murray)*.

Projektive Verfahren setzt man im Allgemeinen ein, wenn man entweder unterstellt, dass dem/der ProbandIn die zu ermittelnde Thematik nicht bewusst ist (etwa unbewusste Ängste), oder wenn man befürchtet, dass er oder sie die Meinung nicht offen sagen möchte, oder wenn man die eigene Absicht der Untersuchung, die durch direkte Fragen zutage träte, verbergen will. Im hier vorliegenden Fall – der *ersten Station* unseres forschungsmethodischen Rückblicks – ist wohl anzunehmen, dass die Autoren davon ausgingen, die PatientInnen seien nicht in der Lage, Fragen zu ihrer Befindlichkeit, ihren Wünschen oder ihrer Kritik zu beantworten.

Diese Befürchtung war allerdings weitgehend unberechtigt, wie spätere Forschungsdesigns zeigten. Die Entwicklung verließ deshalb diesen Weg bald, der sich als wenig effektiv herausgestellt hatte. Das mag auch mit den ohnehin problematischen Gültigkeitswerten von projektiven Tests zusammenhängen.

Sehr bald jedenfalls ging man dazu über, die PatientInnen direkt danach zu befragen, wie sie die Behandlung, das Personal, die Klinik und bestimmte Einzelheiten einschätzen.

Diese Befragungen wurden teils als mündliches Interview kurz vor der Entlassung durchgeführt, als Telephoninterview einige Zeit nach der Entlassung, zu unterschiedlichen Zeitpunkten während des Klinikaufenthaltes, z.T. auch als selbstadministrierter Fragebogen oder als Skala. Damit ist die *zweite Station* der Entwicklung gekennzeichnet:

Überraschendes, einheitliches und recht stabiles Ergebnis war die Tatsache einer hohen Zufriedenheit der PatientInnen mit ihrer Behandlung, dem Personal und dem Behandlungsergebnis. Das war nun ein gänzlich anderer Befund als man aufgrund der psychiatrie-kritischen Bewegungen hätte erwarten können. Die Zufriedenheit lag zwischen 50% und 100%, im Durchschnitt über die verschiedenen Erhebungen etwa bei 80%.

Fazit: Ein Ergebnis, das deutlich unter 80% liegt, sagen wir bei 60% Zufriedenheitsquote, wäre demnach bereits auffällig negativ. Inwieweit diese erwartungskonträr positiven Ergebnisse (verglichen mit der Kritik der Antipsychiatrie) auf geänderte Behandlungsmethoden zurückzuführen sind, kann aufgrund der Anlage der Studien nicht entschieden werden (es wurden keine Zeitreihenuntersuchungen vorgelegt).

Die leichte Anwendbarkeit der Fragebögen und Skalen sowie das Problem der schiefen Verteilung in den positiven Bereich hinein führte zum Ruf nach einem standardisierten Verfahren, das die Vergleichbarkeit von Einrichtungen ermöglichen solle. Es wurden zahlreiche gut handhabbare Fragebögen und Skalen entwickelt. Damit ist die *dritte Station* der forschungsmethodischen Entwicklung gekennzeichnet.

Das Problem lag und liegt allerdings darin, dass jede/r AutorIn oder jede AutorInnengruppe ihr Instrument für den Prototyp des allgemein einzuführenden Verfahrens anpreist. Das wiederum hält andere und auch nachkommende AutorInnen nicht davon ab, ihre eigene Version zu entwickeln. (1994 lagen allein für den Bereich Gemeindepsychiatrie 69 verschiedene Skalen zur Messung der PatientInnenperspektive vor; viele von ihnen mit dem ausdrücklichen Anspruch, das geforderte Standard-Verfahren zu verkörpern).

Wahrscheinlich hängt das Dilemma, das zwischen Verallgemeinerungsanspruch und Spezifizierung besteht, sowohl mit den jeweils interessierenden Fragestellungen zusammen (z.B. Beurteilung der Isolation, Beurteilung bestimmter Medikamente, Vergleich von stationären und ambulanten Angeboten usw.) wie auch andererseits mit der Absicht, für die eigene Population passende Befragungsinstrumente zu entwickeln.

Die genannten Fragebögen und Skalen haben jedoch – neben der mangelnden Repräsentativität – einen weiteren schwerwiegenden Nachteil, den wir exemplarisch an einer 1989 in San Francisco veröffentlichten Studie erläutern möchten (*Greenfield* & *Attkisson*). Das Problem, um das es geht, kann charakterisiert werden als „durch die Methode induzierte Ergebnisse“. Ziel der Autoren war es, durch Anwendung einer 5-stufigen Skala, die insgesamt 13 Items enthielt, die Faktorenstruktur der PatientInnenzufriedenheit zu ermitteln. Sie schlossen daher an die Interkorrelationsmatrix der Skalen-Items eine Faktorenanalyse an und erhielten auch zwei deutliche und gut interpretierbare Faktoren. Wie gelangten sie zu diesem Ergebnis? Betrachtet man die Skala, die den PatientInnen vorgelegt wurde, so fällt auf, dass es vor allem um die Bewertung der *„services“* und der *„practitioners“* geht.

Wenn – wie in dieser Skala – gezielt und fast ausschließlich nach Behandlung und Personalqualifikation gefragt wird, so kann das Ergebnis kaum eine Überraschung bergen:

Faktor 1: practitioner: manner and skill

Faktor 2: effects of services

Was in dieser Studie besonders deutlich hervortritt – nämlich die Abhängigkeit des Ergebnisses von der Methode – ist auch in anderen Untersuchungen dieser Art im Prinzip enthalten; wenn auch nicht immer mit derart deutlicher Klarheit. Damit erwies sich die dritte Station in der forschungsmethodologischen Entwicklung ebenfalls als wenig ergiebig! Das skizzierte Problem ist allerdings für NutzerInnenbefragungen (und nicht nur da) bis auf den heutigen Tag nur ansatzweise überwunden.

Weil wir glauben, dass die *client-satisfaction*-Forschung auf diesem Wege keine Erfolg versprechenden Entwicklungsmöglichkeiten hat, führen wir diesen Punkt hier etwas genauer aus:

Vorgegebene Fragen in Interviews, Fragebogen oder Skalen ermitteln die PatientInneneinstellung nur in den jeweils vorher festgelegten Dimensionen.

Hierin allerdings in quantifizierbarer Weise, was zu den üblichen Ergebnissen wie Korrelationen, Mittelwertsvergleichen, Zeitreihen usw. verwendet werden kann. Im Bild gesprochen: In der großen unbekannten Sandwüste der PatientInneneinstellungen und PatientInnenwünsche wird ein kleiner Garten bearbeitet, über dessen Flora und Fauna nun einiges ausgesagt werden kann. Was aber ist mit dem unbekannten Gelände jenseits des Zaunes, das mit den verwendeten Untersuchungsinstrumenten nicht erreicht werden kann?

Auf welche Weise können PatientInnen ihre Zufriedenheit – und vor allem ihre Unzufriedenheit – mit Aspekten der Betreuung und Behandlung ausdrücken, von denen die EvaluatorInnen nichts ahnen und nach denen sie infolgedessen auch nicht fragen? Man hat versucht, dieses Terrain durch offene Fragen zu erreichen. Z.B. wurden im Anschluss an einen Fragebogen (der geschlossene Fragen enthielt) noch zwei oder drei Fragen des Typs gestellt:

„*List what you like most about the center:*

1. --------

2. ---------“

oder:

„*List what improvements you would like the center to make:*

1. ---------

2. ---------“

Diese Vorgehensweise erbrachte keine wesentliche Erweiterung der Erkenntnisse. Das war auch nicht zu erwarten, wenn man die Regeln qualitativer Sozialforschung berücksichtigt. Die PatientInnen griffen die eine oder andere Vorgabe des Fragebogens heraus und betonten sie noch einmal. Diese *vierte Station* markiert den Übergang zur qualitativen Forschung.

Um die subjektiven Relevanzstrukturen zu erfassen, bedarf es möglichst geringer Vorgaben von Seiten der EvaluatorInnen: Am besten gar keine Fragen sondern eher Erzählimpulse, durch die die PatientInnen gebeten werden, über ihr Befinden, ihre Erlebnisse und Erfahrungen zu berichten, ohne Aufforderung zu Bilanzierung oder zu zusammenfassender Bewertung.

Da nicht unterstellt werden darf, dass alle Wünsche und Ärgernisse, alle Ängste und Störfaktoren soweit bewusst sind, dass sie sich in einem Interview explizieren lassen, ist der direkt-fragende Zugang nur beschränkt tauglich. Aber vieles, was implizit erkannt ist, wird in Erzählungen transportiert, ist in den Schilderungen von Situationen enthalten und kann aus den Details der protokollierten Geschichten interpretierend geschlossen werden. Der Verzicht auf kategoriale Vorgaben (Fragebogen!) ist im Falle von Nicht-PatientInnen und psychisch nicht gestörten Menschen angebracht und ergiebig; z.B. in der Biographieforschung. Um wie viel wichtiger ist diese Zurückhaltung oder Abstinenz der ForscherInnen, wenn es sich um Personen handelt, deren innerpsychische Realität vom durchschnittlichen Empfinden und Erleben entfernt ist. Die traditionelle Sozialforschung mit Skalen und Fragebogen ist hier – um ein Bild aus dem *Genre* zu verwenden – eine Zwangsjacke.

Wir erinnern noch einmal an die frühen Versuche, projektive Verfahren zur Evaluation der PatientInnenzufriedenheit anzuwenden. Die Annahme, dass nicht alle Erlebnisinhalte so bewusstseinsnahe sind, dass man darüber in sachlicher Form berichten kann, ist sicher zutreffend – für seelisch Behinderte wie auch Nicht-Behinderte. Es bedurfte allerdings der Erfahrungen, die in den letzten zwei bis drei Jahrzehnten gesammelt wurden, um soviel Zutrauen in die Selbst-Reflexionsfähigkeit von PatientInnen zu gewinnen, dass man es für einen gangbaren Weg halten konnte, in halbstrukturierten Interviews oder mit Hilfe unspezifischer Erzählimpulse, ohne strenge Vorgabe von Fragekatalogen, über das Erleben und Leiden, über Erwartungen, Erfahrungen und Wünsche zu sprechen. Damit ist die *5. und vorerst letzte Station* der Forschungshistorie skizziert.

In Deutschland arbeitete man z.B. an der Freien Universität Berlin (Abteilung für Sozialpsychiatrie) und an der Universität Münster mit halbstrukturierten Interviews zur Erforschung der Befindlichkeit und der Sichtweise der PatientInnen. Diese Arbeiten sind v.a. mit den Namen *Stefan Priebe* und *Thomas Gruyters* (Berlin) und *Klaus Windgassen* (Münster) verbunden.

Windgassen orientiert sich an der Unterscheidung zwischen dem Befinden (über das die Selbstbeurteilung Auskunft gibt) und dem Befund (der mit objektiven Methoden feststellbar ist).

Ein – wie uns scheint – besonders wichtiges Ergebnis, das sich sowohl in den Berliner Studien wie in der Untersuchung von *Windgassen* gezeigt hat, ist die Hochschätzung der menschlichen Zuwendung, die die erzählenden PatientInnen in ihren Darstellungen zum Ausdruck brachten. Für sie ist sowohl die Zuwendung des Arztes oder der Ärztin, des Pflegepersonals wie auch der MitpatientInnen hilfreich.

Eine Sekundäranalyse des Datenmaterials von *Windgassen* ergibt folgendes Bild:

Die Frage, der *Windgassen* in seiner Untersuchung nachging, lautete: „Was ist aus Sicht der PatientInnen für die Genesung am wichtigsten?“ Es zeigt sich hierbei, dass die PatientInnen in ihren Gesprächen mit dem Interviewer vor allem – wie erwähnt – verschiedene Modi der Kommunikation und der menschlichen Zuwendung als hilfreich erachteten.

Etwas vereinfachend und pauschalisierend lässt sich zusammenfassen:

Werden den PatientInnen Fragen und Skalen von Seiten der UntersucherInnen vorgelegt, so erhält man Ergebnisse, die über die Kompetenzen des Personals, die einzelnen Komponenten der Behandlung oder organisatorische Regelungen Auskunft geben (also das, wonach man gefragt hat); – werden offene Verfahren angewendet, die qualitativen Auswertungsverfahren unterzogen werden, so entdeckt man neue und andere Aspekte: den Wunsch der PatientInnen nach menschlicher Zuwendung in verschiedenartigen Facetten.

1.2 Erträge der quantitativen Forschung

Um dem Eindruck entgegenzutreten, dass sämtliche Ergebnisse, die nach der traditionellen (und soeben kritisierten) Methode der *client-satisfaction*-Forschung ermittelt wurden, unbrauchbar seien, sollen drei Beispiele dargestellt werden, aus denen die wissenschaftliche und praktische Bedeutung dieser Forschungen hervorgeht:

- Die *client-satisfaction*-Forschung in der Psychiatrie fragte u.a. nach den Wirkungen einer Zwangseinlieferung in die Klinik. Welche Auswirkungen auf die Einstellung und auf die *compliance* hat die Tatsache eines unfreiwilligen Aufenthaltes in der Klinik? Die Ergebnisse entsprechen nicht den gängigen Erwartungen. Die Differenz in der Zufriedenheit zwischen freiwillig Anwesenden und Unfreiwilligen entspricht nach einer Untersuchung mit Fragebogen von *Gove* und *Fain* (1973) dem Verhältnis 81% zu 75%. Die Freiwilligen beschwerten sich sogar häufiger, dass man ihnen Unrecht getan hätte: nämlich 9,5% der Freiwilligen und 5,5% der Zwangseingewiesenen.
- Weniger überraschend fallen die Antworten auf Fragen zur Isolierung und zur medikamentösen Zwangssedierung aus (ebenfalls mit Fragebogen erhoben). Dieses Thema ist in der Psychiatrie ein heikler Punkt. Derartige Eingriffe sollen möglichst selten vorgenommen werden. Eine Studie aus Zürich (*Schmied* und *Ernst,* 1983) kommt zu dem Ergebnis, dass jede/r sechste PatientIn während des Aufenthaltes in der Klinik isoliert oder zwangssediert wurde. Aus PatientInnenperspektive wird die Zwangsinjektion stärker abgelehnt als die Isolierung.
  Bemerkenswert ist der Unterschied zwischen Männern und Frauen auf die Frage, wodurch es zur Isolierung kam. Frauen konzedieren im Nachhinein wesentlich öfter als Männer, dass die Maßnahme durch ihr eigenes Verhalten ausgelöst wurde. (Die Differenz ist hochsignifikant: p=0,001).
  Das Thema Isolation und andere Zwangsmaßnahmen fordern dazu heraus, durch qualitative Verfahren, mehr über die Bedingungen von Angemessenheit – aber auch scheinbarer Angemessenheit – der Maßnahme in Erfahrung zu bringen. Insbesondere die Bereitschaft der Frauen, sich die Schuld im Nachhinein selbst zuzuschreiben, wäre in einer sorgfältigen Aufarbeitung der Situation z.B. durch eine narrative Vorgehensweise zu klären.
- Wenn wir den engeren Kreis der Psychiatrie verlassen und uns der Psychotherapieforschung zuwenden, so ist ein Befund von *Ambühl* (1993) besonders interessant, der ein erhellendes Licht auf die aktive Rolle von KlientInnen bzw. PatientInnen in therapeutischen Situationen wirft. *Ambühl* befragte PatientInnen, die sich in verschiedenen Modi der Psychotherapie befanden, mit dem „Patienten-Stundenbogen" (schriftlich) auf einer 7-stufigen Skala nach der Qualität der Therapiebeziehung und nach

dem sog. *Postsession-outcome* (d.h. die Beurteilung, was die Therapiestunde „gebracht“ hat).
Die Ergebnisse wurden mit Schätzwerten außenstehender RaterInnen in Bezug auf den Therapiefortschritt korreliert.
Ohne auf die einzelnen Zwischenschritte einzugehen, soll das Ergebnis in den Worten des Autors wiedergeben werden: „Nachdem sich die These erhärten lässt, dass therapeutische Interventionen nur dann positive Effekte haben, wenn sich Patienten darauf einlassen können, bleibt zu hoffen, dass Therapievergleichsstudien, die sich auf einen Methodenvergleich beschränken, und die Seite des Patienten außer Acht lassen, endgültig der Vergangenheit angehören“ (*Ambühl*, 1993, S. 299).

Wir haben diese Arbeiten und ihre Ergebnisse besonders erwähnt, weil dabei jeweils deutlich wird, dass Konstrukte wie „Therapieerfolg“, *„compliance“* oder *„treatment outcome“* ohne die Betrachtung der subjektiven Seite der PatientInnen – seien sie mit quantitativen oder qualitativen Forschungsmethoden ermittelt – inadaequat und überholt sind.

2 Wie erleben Kinder mit kognitiven Behinderungen ihre Situation in der Sonderschule bzw. in Integrationsklassen?

Der zweite Arbeitsbereich, für den wir exemplarisch die Relevanz der NutzerInnenperspektive verdeutlichen wollen, ist die Beschulung von Kindern mit kognitiven Behinderungen.

Wir möchten einige vorläufige Ergebnisse einer 1999 an der Universität Osnabrück durchgeführten empirischen Studie vorstellen, die einen Vergleich der Schulformen für Kinder mit kognitiven Retardierungen aus Sicht der SchülerInnen beinhalten.

Hauptfragestellungen sind die Wahrnehmung eventueller Stigmatisierungseffekte, die Einschätzung der sozialen Integration innerhalb der Schule und das Fremdbild der SchülerInnen mit Beeinträchtigungen.

Zunächst soll jedoch auf die Methode, die im Rahmen dieser Forschungsarbeit entwickelt wurde, eingegangen werden. Wie kann die Sichtweise von SchülerInnen mit kognitiven Behinderungen erfasst werden? Ist es möglich, sie zu befragen, ohne sie zu überfordern, und kann das Resultat trotzdem dem Anspruch einer wissenschaftlichen Arbeit genügen?

Entgegen der allgemeinen Auffassung, dass Menschen mit kognitiver (und hier vor allem geistiger) Behinderung sich nur unzulänglich artikulieren können, sollen in diesem Vorhaben die durch Befragungen erhobenen Meinungen, Wünsche und Vorstellungen der SchülerInnen mit Behinderung in den Mittelpunkt gestellt werden. Ihre subjektive Einschätzung von Schule soll ermittelt werden – sie selbst werden so als ExpertInnen in Sachen Schule anerkannt.

2.1 Befragungsinstrument: Das konsekutive Interview

Durch diese Herangehensweise sind forschungsmethodische Vorentscheidungen getroffen: Da auf die Meinung der SchülerInnen das Hauptaugenmerk gerichtet werden soll, mussten sie die Möglichkeit erhalten, sich unbeeinflusst von vorgefassten Forschungslinien, Leitfragen oder Kategorien äußern zu können. Eine der offensten Herangehensweisen in der qualitativen Forschung – das narrative Interview – sollte zunächst angewandt werden. Ein anfänglicher Test zeigte relativ deutlich und schnell, dass diese Art der Befragung dem zu interviewenden Personenkreis – Menschen mit kognitiven Beeinträchtigungen – nicht gerecht werden konnte. Die das narrative Interview auszeichnende Stegreiferzählung fand nicht zuletzt aufgrund der eingeschränkten kognitiven Fähigkeiten der befragten Personen nicht statt. Es musste eine andere Art der Befragung entwickelt werden, die einerseits einer offenen Herangehensweise Rechnung trägt (somit schieden alle standardisierten Methoden aus) und andererseits die InterviewpartnerInnen nicht überfordert, sie mit ihren Behinderungen ernst nimmt.

Aus diesen Überlegungen heraus wurde als eine neue Art der qualitativen Befragung das konsekutive Interview entwickelt. In seinem Verlauf greift der/die InterviewerIn die thematischen Vorgaben der Befragten auf – man folgt quasi dem roten Faden seines Gegenübers. Durch eine offene Anfangsfrage wird das Interview eingeleitet, der/die Befragte zu einer Erzählung motiviert. Bei Beendung der einzelnen Gespächssequenzen geht der/die InterviewerIn mit seinen/ihren weiteren Fragen so nah wie möglich auf die vorher formulierten Sätze der Befragten ein. Er/sie arbeitet ohne vorab konstruierte Fragebögen oder andere standardisierte Erhebungsinstrumente und muss die Anordnung oder Formulierung der Fragen den GesprächspartnerInnen jeweils individuell anpassen. Gleichzeitig darf er/sie sein/ihr Forschungsinteresse nicht aus den Augen verlieren. Durch den häufigen Wechsel der Erzählsequenzen – der/die InterviewerIn geht durch einfache kurze Fragen oder durch Spiegelung direkt auf die Vorgaben der Befragten ein – ähnelt das konsekutive Interview dem Alltagsgespräch. Im Gegensatz zum narrativen Interview, das durch eine längere Stegreiferzählung geprägt ist, entwickelt sich ein eher symmetrisches Gespräch. Diese mehr vertraute Gesprächssituation kommt den Interviewten – und hier gerade denen mit geringer Konzentrationsdauer und Artikulationsfähigkeit – in den meisten Fällen entgegen.

2.2 Datenerhebung und Befragungsergebnisse

Für die Befragung wurden 134 SchülerInnen aus Integrations- oder Kooperationsklassen und Sondereinrichtungen in Stadt und Landkreis Osnabrück konsekutiv interviewt. 50 dieser SchülerInnen hatten keine kognitive Behinderung, 84 SchülerInnen waren kognitiv beeinträchtig, das heißt lern- oder geistig behindert. Auch wenn einige Lehrpersonen deutliche Vorbehalte gegenüber Interviews mit diesen SchülerInnen hatten, war es doch letztlich möglich, die Untersuchung uneingeschränkt durchzuführen. Als ein Resultat – nicht inhaltlicher, aber methodischer Art – kann festgehalten werden, dass SchülerInnen mit kognitiven Retardierungen mit für die Forschung durchaus nutzbaren Ergebnissen interviewt werden können. Man sollte es ihnen nur zutrauen.

Einige der anhand dieser Befragungen gewonnenen Ergebnisse sollen nachfolgend dargestellt werden. Wir beschränken uns hierbei auf drei Bereiche[1]: Die Einschätzung der behinderten SchülerInnen durch ihre MitschülerInnen, das Erleben der Pausen und das Auftreten von Stigmatisierungssituationen.

2.2.1 Wie schätzen nichtbehinderte SchülerInnen aus Integrationsklassen ihre behinderten MitschülerInnen ein? – (Das Fremdbild)

Nach Interpretation der Interviews mit den nichtbehinderten SchülerInnen aus den Integrationsklassen wird deutlich, dass die Behinderung der KlassenkameradInnen eine große Rolle im Bewusstsein der SchülerInnen ohne Beeinträchtigung spielt. Sie bezeichnen ihre MitschülerInnen als „behindert", wenn sie von ihnen sprechen und sie charakterisieren wollen. Dieser Begriff wird durch die Andersartigkeit der retardierten SchülerInnen, also durch die Unterschiede zur eigenen nichtbehinderten Person, definiert:

> Susann verhält sich nicht so wie wir und spielt nicht so wie wir. Also irgendwie anders. Wir ham andre Gedanken, ähm ähm den Rest schnallt sie nie irgendwie.

> Na ja, sie arbeitet nich so mit .. wie man's .. von normalen Kindern verlangt. Tanja is halt merkwürdig, würd ich sagen, die macht halt nich so mit.

Interessant erscheint, dass die Bezeichnung „behindert" nicht auf alle Kinder mit Behinderung angewandt wird. Die MitschülerInnen ohne Beeinträchtigungen differenzieren hier, indem sie nur die SchülerInnen mit *geistiger* Behinderung in diesem Sinne benennen, SchülerInnen mit *Lernbehinderung* oder mit einem *körperlichen* Handicap jedoch nicht mit diesem Begriff bezeichnen.

SchülerInnen mit Lernbehinderungen werden eher als faul oder doof betitelt:

> Gustav, der kann eigentlich was, aber der is überfaul.

> Norbert auch, der is ganz doof. Der hat sechzehn Fehler im Diktat.

---

1 Weitere Ergebnisse beziehen sich auf das Selbstwertgefühl der behinderten SchülerInnen, die Freizeitgestaltung am Nachmittag, das Helfen und helfen lassen, Freundschaften sowie auf Wünsche der behinderten SchülerInnen.

Dabei wird deutlich, dass ihre MitschülerInnen die kognitiven Schwächen nicht einer Behinderung zuschreiben, sondern die Leistungsbereitschaft der SchülerInnen mit Lernbehinderungen in Frage stellen: Wenn sie mehr üben würden, könnten sie besser lernen, besser sein. Die nichtbehinderten KlassenkameradInnen wenden auf ihre MitschülerInnen mit Lernbehinderung die gleichen Maßstäbe zur Beurteilung der Schulleistungen an wie bei sich selbst. Die Beeinträchtigung „Lernbehinderung" wird von den SchülerInnen ohne Handicap nicht als solche anerkannt bzw. wahrgenommen, so dass die *lernbehinderten* SchülerInnen als Konsequenz dieser Sichtweise selbst die Schuld für ihr geringeres Lernniveau tragen. Ihre Beeinträchtigung wird nicht – wie bei den SchülerInnen mit *geistiger Retardierung* – durch eine Behinderung entschuldigt.

Die unterschiedliche Beurteilung der Behinderungsarten wirkt sich auf die Einschätzung der MitschülerInnen mit Behinderungen aus. Es gibt ein Abhängigkeitsverhältnis zwischen Behinderungsform und Sympathiegrad, das mit folgender Grafik verdeutlicht werden kann:

Die Abhängigkeit von Behinderungsart und Beliebtheit in Integrationsklassen

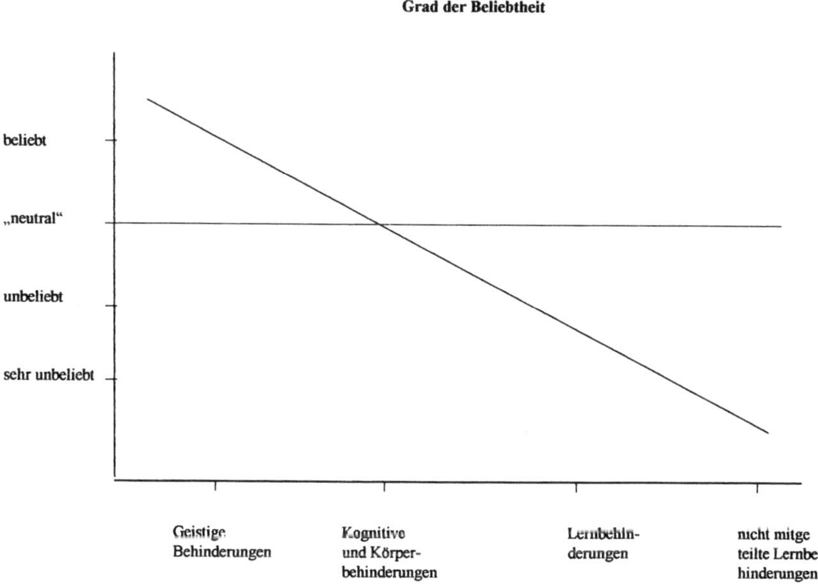

Auf dieser „Beliebtheitsgeraden“ verlaufen die Sympathiewerte für die SchülerInnen mit Behinderungen antiproportional zur Art ihrer Beeinträchtigung; das heißt, die Kinder mit den schwersten kognitiven Behinderungen sind weitaus beliebter als ihre Mitschüler mit geringeren Retardierungen im kognitiven Bereich.

Ergänzend zwei Zitate von nichtbehinderten SchülerInnen aus den Integrationsklassen:

(Nadine ist geistig behindert, Fritz ist körper- und lernbehindert, Ortrud ist lernbehindert.)
Mit Nadine in eine Klasse gehen, mit Fritz auch .. und mit Ortrud nich so gerne.

(Uwe und Bernd sind geistig behindert, Walter ist lernbehindert.)
Ich kann mich mit Uwe und Bernd gut verstehn. Das wär schön, wenn wir zusammen sitzen (...). Ja und und .. ähm wenn ich neben Walter sitze, dann würd ich mich richtig naja .. scheiße, nä. Scheiße sagt man nicht, aber das fänd ich total doof, wenn ich neben Walter sitze.

SchülerInnen, deren Lernbehinderung den MitschülerInnen nicht mitgeteilt wurde oder nach Meinung der Lehrpersonen noch diagnostiziert werden muss, sind in den Integrationsklassen am unbeliebtesten. Sie werden von ihren nichtbehinderten Klassenkameraden als unsympathisch eingestuft. Auch ihre behinderten MitschülerInnen teilen diese Abneigungen und erklären zum Beispiel, dass sie nicht mit ihnen befreundet sein oder spielen möchten:

(Matthias ist geistig behindert, Michael und Elke sind lernbehindert.)
Interviewerin: Wer sind denn Deine Freunde? (...)
Schüler Michael: Matthias noch, aber bloß nicht Elke.

Unterschiedliche Behinderungen werden durch die nichtbehinderten SchülerInnen unterschiedlich bewertet. Das Verhalten der beeinträchtigten Kinder im Unterricht sowie ihre Leistungen in der Schule werden je nach Behinderungsart differenziert beobachtet. In beiden Fällen haben die SchülerInnen mit Lernbehinderung mit den Maßstäben ihrer nichtbehinderten Klassenkameraden, die ihre eigenen Bewertungsrichtlinien unverändert auf die *lernbehinderten* SchülerInnen übertragen, zu kämpfen bzw. müssen diesen Vergleich aushalten. Bei den SchülerInnen mit *geistiger* Behinderung werden hingegen schwächere Leistungen und in einigen Fällen auch das störende Verhalten im Unterricht durch ihre Behinderung entschuldigt.

2.2.2 Wie bewerten behinderte SchülerInnen aus den verschiedenen Einrichtungen ihre Pause?

Fast alle SchülerInnen aus den Sondereinrichtungen äußern sich spontan zum Thema Pause bzw. Pausengestaltung. Sie berichten in erster Linie über ihre Aktivitäten wie Fußball spielen, Fahrrad oder Kettcar fahren, Musik hören, tanzen, spazieren gehen und sich unterhalten oder ausruhen. Falls die SchülerInnen eine Beurteilung abgeben, so finden sie die Pause (bis auf eine Ausnahme) „gut“ oder „ganz gut“.

In den Integrationsklassen ergibt sich folgendes Bild: Die Schüler ohne Behinderung erzählen, dass sie – wenn überhaupt – nur sehr eingeschränkt mit ihren behinderten Klassenkameraden zusammen spielen.

„Die spielen auch mit irgendwelchen anderen, ich weiß das nich so genau."

Aus der Sicht der nichtbehinderten MitschülerInnen lässt sich Desinteresse für die Lage und das Nicht-dazu-gehören der SchülerInnen mit Retardierungen erkennen. Im Gegensatz zu den nichtbehinderten SchülerInnen, von denen keiner erwähnt, dass er alleine spielen muss, geben einige der behinderten SchülerInnen – und hier vor allem die von einer Lernbehinderung betroffenen – an, dass sie alleine spielen oder sich einen ihnen eigentlich unsympathischen (oft ebenfalls lernbehinderten) Spielpartner suchen müssen, um nicht alleine zu sein:

Interviewerin: Was machste denn so in den Pausen?
Schülerin: Langweilen.
Interviewerin: Langweilen?
Schülerin: Weil ich kein hab, der mit mir spielt.
(...)
Interviewerin:Und was machst Du dann?
Schülerin: Ich stell mich draußen hin und .. und wünsch mir eine Freundin, die mit mir spielt.

Wieder erscheint eine Trennung der SchülerInnen nach Behinderungsarten angebracht, um das „Pausenbild" zu präzisieren. Gegenüber den oben angesprochenen Problemen der SchülerInnen mit *Lernbehinderungen* spielen die SchülerInnen mit *geistiger* Behinderung oft mit ebenfalls geistig behinderten SchülerInnen oder finden in Ausnahmefällen Anschluss bei ihren nichtbehinderten KlassenkameradInnen, die sich auch im Unterricht für sie zuständig fühlen.

Vergleichend lässt sich zum Komplex „Pause" festhalten, dass die behinderten SchülerInnen aus Integrationsklassen sich häufiger unzufrieden über ihre Pause äußerten. Ein entscheidender Grund dafür ist für die SchülerInnen mit *Lernbehinderungen* das Fehlen der von ihnen erwünschten (nichtbehinderten) Spielpartner. Die Kinder mit *geistiger* Behinderung verbringen die Pause mit ihresgleichen, sind so zwar in eine Gruppe eingebunden, von echter Integration – also dem Miteinander von SchülerInnen mit und ohne Behinderungen – kann allerdings u.E. in diesen Fällen ebenfalls keine Rede sein.

2.2.3 Lassen sich Stigmatisierungssituationen in Integrationsklassen aufzeigen?

Aus den Berichten der SchülerInnen mit Behinderungen sowie ihrer nichtbehinderten Klassenkameraden ist ersichtlich, dass Stigmatisierungssituationen im Schulalltag durchaus stattfinden.

Die Bezeichnung „behindert" spielt eine nicht unbeträchtliche Rolle in der Beziehung der nichtbehinderten zu den beeinträchtigten SchülerInnen.

Sie wird zwar auch neutral beschreibend verwandt, der Kontext lässt jedoch oft erkennen, dass eher negative Assoziationen mit ihr verbunden werden.

Interviewerin: Und stört Euch etwas im Unterricht?
Schüler Ferdinand: Ja, wenn die Behinderten so laut sind.
Schüler Jörg: Die quatschen immer und dann kann man sich gar nicht konzentrieren.

Auswirkung dieser negativen Zusammenhänge ist zum Beispiel, dass SchülerInnen mit Retardierungen nicht als „behindert" betitelt werden möchten:

(Schüler Markus ist lernbehindert.)
Schüler Patrick: (...) bei uns gibt es ja drei Behinderte und da ..
Schüler Markus: Bitte mich nich, bitte.
Schüler Patrick: .. ja. Und dann ähm denen merkt man das überhaupt nich an an körperliger Behinderung ähm die,... der Felix is zum Beispiel behindert, ..
Schüler Markus: Mich nich.

Bei den Äußerungen der SchülerInnen mit Behinderung muss wiederum zwischen denen mit *geistiger* und denen mit *Lernbehinderung* unterschieden werden. Während die *geistigbehinderten* SchülerInnen wenig über Stigmatisierungssituationen sprechen – begründet werden könnte dies durch die mangelnde Projektionsfähigkeit ihrer Situation auf die der nichtbehinderten KlassenkameradInnen – erleben die *Lernbehinderten* diese Momente des negativen Auffallens intensiver, berichten zumindest genauer.

In den Pausen wird (wie oben erwähnt) deutlich, dass sie nicht dazugehören, entweder alleine spielen oder mit ebenfalls behinderten eigentlich nicht erwünschten SpielpartnerInnen vorlieb nehmen müssen.

Des Weiteren zeigen die von den SchülerInnen gemachten Aussagen, dass auch im Unterricht stigmatisierende Situationen auftreten. Die Aufgaben der behinderten Kinder werden zum Beispiel von ihren nichtbehinderten KlassenkameradInnen als leichter eingeschätzt, als „Babykram" abgetan:

Die hams ja viel leichter mit den puppigen Sachen. Oh ja, wenn ich so puppige Sachen machen würde, ...

Die SchülerInnen mit Beeinträchtigungen müssen zudem im Schulalltag während der Betreuung durch die SonderpädagogInnen oft in einen Nebenraum ausweichen und nehmen in dieser Zeit nicht am Klassengeschehen teil. Ein Schüler mit Lernbehinderung drückt diese Situation folgendermaßen aus:

Niklas und ich und Frau Schmidt gehen dann immer hier in den Computerraum und und arbeiten hier, weil das da (im Klassenraum) immer zu schwer is.

Das In-den-Nebenraum-gehen wird mit leichteren Aufgaben verbunden, für die nichtbehinderten MitschülerInnen teilweise sogar mit „Spielen", hier wird den betroffenen SchülerInnen dann das Lernen, Üben oder Arbeiten abgesprochen:

Britta macht den Unterricht nicht mit. (...) Die spielt mit die Bärchen hier.

Die SchülerInnen mit Behinderungen nehmen aus der Sicht ihrer nichtbehinderten MitschülerInnen nicht am regulären Unterrichtsgeschehen teil – weder räumlich noch fachlich. Sie laufen mit! Auch in den Pausen! Es kommt zu einem Nebeneinander, nicht zum für eine erfolgreiche Integration erforderlichen Miteinander der SchülerInnen.

Deutlich wird aber auch, dass nur in seltenen Fällen Kritik von den SchülerInnen mit Behinderungen geäußert wird. Die meisten bewerten ihre Unterrichtsituation hinsichtlich dieser Stigmatisierungseffekte nicht. Aufgrund dieser Interpretationen könnte geschlussfolgert werden, dass das Befinden der SchülerInnen mit Behinderung aus Integrationsklassen durch Stigmatisierungseffekte nicht beeinträchtigt wird, oder gar dass diese Stigmatisierungseffekte gar nicht erst einträten. Wir möchten dieses Ergebnis nicht als Zufriedenheit der behinderten SchülerInnen deuten, sondern verstehen es eher so, dass keine Vergleichsmöglichkeiten gegeben sind und so keine positiven wie negativen Kritikpunkte artikuliert werden (können).

2.2.4 Vergleich mit früheren Untersuchungsergebnissen

Ein Vergleich der dargestellten Ergebnisse mit Forschungsarbeiten, die mit anderen meist standardisierten Methoden ihre Resultate ermittelt haben, soll nun die besondere Bedeutung der offenen Herangehensweise unterstreichen.

Durch die bei früheren Arbeiten praktizierten, weitgehend standardisierten Verfahren werden andere Resultate gewonnen als bei dem hier angewandten konsekutiven Interview, das den Befragten eine große Offenheit in der Wahl der für sie relevanten Themenbereiche lässt.

Die drei im folgenden aufgeführten Veröffentlichungen zeigen, dass methodische Vorgehensweisen Ergebnisse beeinflussen können. Während *Cloerkes* (1985) aufgrund des Vergleichs von 403 internationalen Untersuchungen, die mit Fragebögen, Einstellungsskalen, Polaritätenprofilen und Interviews durchgeführt wurden, zu dem Ergebnis kommt, dass die Ablehnung von stark sichtbar behinderten Personen am größten ist, kommen wir zu dem Resultat, dass gerade die Unsichtbarkeit von Behinderungen zur Ablehnung dieser SchülerInnen führt, da es für diese keine „Entschuldigungsgründe“ für Verhaltens- oder Leistungsdefizite zu geben scheint.

Dumke und *Schäfer* (1993) führten ihre Untersuchung mit Hilfe soziometrischer Tests in Integrationsklassen durch. Sie fragten nach gewünschten oder abgelehnten SitznachbarnInnen, Spiel- und ArbeitspartnerInnen (N = zwischen 190 und 390 je nach Teiluntersuchung). Mit dieser Methode stellten sie keine Isolierung und keine Sonderrollen oder Außenseiterpositionen von behinderten SchülerInnen fest. Dagegen zeigt sich bei unserer Studie, dass sich behinderte Kinder in Integrationsklassen durchaus isoliert fühlen. Auch von ihren nichtbehinderten KlassenkameradInnen wird bestätigt, dass sie zumindest in der Pause nicht immer und in ausreichendem Maße an den informellen Gruppen beteiligt sind.

Durch Fragebögen hat *Randoll* (1991) die Situation von SchülerInnen mit Lernbehinderung in Integrationsklassen (N = 28) und durch strukturierte Interviews die Einschätzung ihrer nichtbehinderten KlassenkameradInnen (N = 283) sowie der LehrerInnen (N = 20) erhoben und resümiert, dass Stigmatisierungseffekte nicht vorkommen. Ein Ergebnis, dem der Tendenz nach auf Grundlage unserer Ergebnisse widersprochen werden muss.

Es scheint sich zu bestätigen, dass mit Hilfe des konsekutiven Interviews die Meinungen und Erlebnisweisen behinderter Kinder recht genau erfasst werden können und dass die für sie wichtigen Situationen im Schulalltag zu Tage treten. Man begegnet ihnen mit diesem offenen Instrument der qualitativen Sozialforschung als ExpertInnen in Sachen Schule.

2.3 Die Bedeutung der NutzerInnenperspektive für die Sonderpädagogik

Die Studie macht deutlich, dass durch die Erforschung der NutzerInnenperspektive eine These, die bereits erhebliche politische Wirksamkeit entfaltet hat, in Frage gestellt wird.

Die Behauptung, Integrationsklassen förderten die soziale Integration der behinderten Kinder, wird nicht mehr ohne weiteres aufrecht erhalten werden können.

Allerdings wäre hier die Frage anzuschließen, wer im Sinne unserer anfänglichen Definition die „NutzerInnen" sind. Die Kinder oder die Eltern? Betrachtet man die Kinder als die NutzerInnen – eine Auffassung, der wir ausdrücklich zustimmen – so gelten die gefundenen Defizite bei der Zielerreichung als schwerwiegender Einwand gegen die Behauptung der Integration. Betrachtet man die Eltern als NutzerInnen, so wäre eine entsprechende Studie mit dieser Zielgruppe durchzuführen. Es ist nicht auszuschließen, dass die Eltern trotz des alltäglichen Stress', den die Kinder in dieser Schulform erleben und erleiden, mit dem Modell „Integrationsklassen" zufrieden sind.

3 Die Sicht der NutzerInnen: Eine komplementäre Perspektive zur Bewertung von Humandienstleistungen

3.1 Welche Forderungen sind an die Erforschung der NutzerInnenperspektive zu richten?

Es wurde in den beiden vorangegangenen Abschnitten thematisiert, dass es zum Tugendkatalog von EvaluationsforscherInnen gehören sollte, ein Forschungsdesign zu verwenden, das dem subjektiven Relevanzsystem der Nutzer die Chance gibt, sich darzustellen. Es kommt darauf an, ein Methodenarsenal zu verwenden, in dem nicht aufgrund der Vorannahmen der ForscherInnen (oder der TrägerInnen einer Maßnahme, oder der politischen Entscheidungsträger) das Auffinden überraschender und unerwarteter Ergebnisse von vornherein ausgeschlossen ist. Die Anwendung von geschlossenen Fragebögen und von Skalen gehört fast regelmäßig zur letzteren Gattung.

Was lässt sich auf diese Weise, (d. h. mit geschlossenen Fragen, Skalen o.ä.) *nicht* feststellen?

- z.B. unerwünschte Nebenwirkungen (von deren Existenz man nichts weiß, weshalb man nicht gezielt danach fragen kann);
- z.B. erwünschte oder willkommene Nebenwirkungen;
- z.B. Kausal-Wirkfaktoren, die neben bereits bekannten oder angenommen Faktoren bestehen, von deren Existenz man bislang aber noch nichts weiß;
- z.B. Wünsche und Erwartungen an die Maßnahme, die u.U. nicht identisch sind mit dem Ziel der TrägerInnen und der Programm-ManagerInnen u.s.w.

Die qualitative Sozialforschung hat überzeugende Verfahren entwickelt, derer man sich bedienen kann, um den Tunnelblick der traditionellen quantitativen Forschung zu überwinden.
Darauf muss hier nicht weiter eingegangen werden.

3.2 Welche innovativen Hinweise können durch die Erforschung der NutzerInnenperspektive gewonnen werden? (Einige Beispiele)

Die beiden folgenden Beispiele entstammen nochmals dem Forschungskontext des Faches Sozialpädagogik an der Universität Osnabrück:

3.2.1 Unerwartetes

Es geht um die Evaluation sexualpädagogischer Kurse in der 8. und 9. Jahrgangsklasse einer Gesamtschule.

Hierzu möchten wir einen Befund berichten, der in der o.a. Aufzählung als „erwünschte oder willkommene Nebenwirkung“ benannt wurde. Hätte man die Zielerreichung des Kurses in einer standardisierten Form abgetestet, so wären die Fragen vermutlich auf Kenntnisse, Einstellungen und Verhalten bzw. Verhaltensänderungen in Bezug auf Sexualität ausgerichtet worden. Durch offene fokussierte Interviews (*Mayer*, 1999) kam zusätzlich ein interessantes Ergebnis in einem Feld zutage, das man eher als Sozialverhalten oder Klassenklima bezeichnen würde, jedenfalls nicht als zum Thema Sexualität im engeren Sinne gehörig. Durch ein Projekt, das „Pro Familia“ in einigen Klassen durchgeführt hatte, änderte sich die Beziehung zwischen den Jungen und den Mädchen deutlich – und zwar zum Positiven hin. In einigen

Zitaten, in denen die SchülerInnen über das Projekt und seine Folgen sprechen, kommt das breite Spektrum der Veränderungen zum Ausdruck:

Bewertung eines sexualpädagogischen Kurses durch die SchülerInnen der 8. und 9. Jahrgangsklasse

Vor den Projekttagen	„... wir streiten uns ziemlich oft – und das mit den perversen Wörtern." „... das wollen wir aufklären, dass man dafür auch andere Wörter benutzen kann." „...man kriegt ja immer nur mit, wenn man sich gegenseitig ärgert." „Man soll sich mehr trauen. Ich wollt's die ganze Zeit, aber..."
Während der Projekttage	„... wir dachten immer, die Junges wären verklemmt... aber is gar nicht so... man konnte gut mit denen reden." „ Die Mädchen waren offener als wir; Jungen sind schüchterner." „Ich fand das nur komisch, dass die Jungen dieselben Gedanken hatten wie wir."
Nach den Projekttagen	„Unsere Klasse versteht sich jetzt viel besser. Mit den Wörtern wird nich mehr so rumgeschmissen." „... die Jungens sind netter geworden." „Wir kommen jetzt mit den Jungens besser klar... wir unterhalten uns jetzt ganz normal."

3.2.2 Unbewusstes oder Abgewehrtes

An einem anderen Beispiel kann demonstriert werden, inwiefern geschlossene Fragen in die Irre leiten können, weil deren Beantwortung eine Bilanzierung und Bewertung verlangt, die dem Bewusstheitsgrad und der Selbstreflexivität der Befragten nicht entspricht. Narrative Erzählungen, in die das implizite Wissen eingeht und in denen ein Erleben zu Ausdruck kommt, das nicht durch die eigene Dogmenstruktur[2] gefiltert ist, gewähren Einblicke in die Zufriedenheit mit oder Wirkweise von Maßnahmen, die der direkten Befragung sogar zuwider laufen können – wie das folgende Beispiel zeigt (*Müller-Kohlenberg*, 1997).

Es geht hierbei um die Beurteilung eines sog. Erfahrungskurses, in dem Jugendliche, die mit dem Gesetz in Konflikt geraten sind, an sozialpädagogischer Gruppenarbeit teilnahmen. In diesem Fall wurden geschlossene Fragen mit einem fokussierten Vorgehen kombiniert. Die Diskrepanz zwischen bei-

2 Mit Dogmenstruktur ist das Glaubenssystem gemeint, das man bezüglich der eigenen Persönlichkeit entwickelt hat und das man sich durch neue Erfahrungen nur ungern in Frage stellen lässt.

den Verfahren ist extrem, sie würden zu unterschiedlichen Ergebnissen führen, wollte man sie gegeneinander stellen:

Auf die Frage „Meinst Du, dass Du durch den Erfahrungskurs etwas gelernt hast?“ antwortet ein 16jähriger Jugendlicher zunächst sehr bestimmt mit „Nein“. Dann fährt er (im narrativen Teil) etwas nachdenklicher fort:

> „was heißt gelernt... okay... ich hab' vielleicht gelernt, dass – was weiß ich – dass es nicht alles nach mir geht. Weil, ich muss mich ja nach der Gruppe... nach der ganzen Gruppe... weil – was weiß ich – wenn ich mal Eislaufen wollte und die andern wollten nich', dann ging das ja nich'. Weil – ich mein' – ich konnte meinen Will'n ja nich' immer durchsetzen. Ich mein' – ich musste... wir mussten das machen, was allen gefällt...
>
> Oder, dass ich einen ausreden gelassen habe, was ich z.B. früher nie gemacht hab', immer dazwischen oder so. Aber sonst...
>
> Ja, vielleicht gelernt, dadurch, dass wer jetzt das durchgenommen ham, was alles passieren kann oder wird, wenn ich noch mal so was mache, oder so (gemeint ist die Straftat). Na, da hab' ich mir doch schon gedacht, machste lieber nichts oder so.
>
> Aber sonst... Was heißt gelernt?
>
> Ja, in einigen Richtungen kennt man sich besser aus.
>
> Aber sonst... Eigentlich ist es geblieben.“

Man braucht in diesem Falle keine besonderen interpretatorischen Fähigkeiten, um den Widerspruch zu erkennen zwischen der Verneinung der direkten Frage und der indirekten Bestätigung, die in der Darstellung zum Ausdruck kommt.

An diesen Beispielen sollte verdeutlich werden, dass zur Evaluation einer Maßnahme die Sicht der Nutzer nicht nur unentbehrlich ist, sondern dass es auch darauf ankommt, sie mit angemessenen Methoden zu erheben.

3.3 Welche „Fallen“ können sich bei der Erforschung und Interpretation der NutzerInnenperspektive sowie der praktischen Verwendung der Ergebnisse auftun?

3.3.1 Das KundInnenkonzept

Gegen die Verwendung des KundInnenkonzepts im Bereich Sozialer Dienstleistungen und im Gesundheitswesen ist bereits ausführlich Stellung bezogen worden. Wir möchten daher hier nur einige wichtige Argumente zusammentragen, um herauszustellen, dass dieses Konzept – so nutzerInnenorientiert es auf den ersten Blick erscheinen mag – eine Falle ist.

Das KundInnenmodell setzt logisch komplementär einen Markt voraus. Der aber ist in der tripartistisch aufgeteilten Struktur dieses Sektors nicht gegeben (vgl. *Bauer*, 1996). Es stehen sich nicht zwei Parteien gegenüber, sondern drei: die AnbieterInnen, die KostenträgerInnen und die PatientInnen bzw. KlientInnen oder AdressatInnen. Letztere sind nach unserer Definition zwar die NutzerInnen, sie sind aber deshalb *nicht die KundInnen*, weil sie im Allgemeinen nicht für die Dienstleistungen bezahlen. Das tun die KostenträgerInnen: Versicherungen, das Jugendamt, das Sozialamt u.a. Die AnbieterInnen hätten demnach mit den NutzerInnen über die Qualität zu verhandeln, mit den KostenträgerInnen über den Preis. – Stattdessen wird fast ausschließlich über den Preis verhandelt, die AnbieterInnen geben vor, zu wissen, was vertretbare Standards (d.h. Qualität) zu sein habe, und bieten diese zu Preisen an, mit denen sie gegenüber der Konkurrenz bestehen können. Dieser konkurrenzgeprägte Teil des Sozialen Sektors ist seit etlichen Jahren tatsächlich marktförmig geregelt. Es gibt zahlreiche Negativbeispiele, die sich aus der Einflussschwäche der sog. KundInnen (d.h. der AdressatInnen) und der Stärke der Kostenträger ergeben haben.

Alles, was im Vorangegangenen geschildert wurde, d.h. die Berücksichtigung der NutzerInnenperspektive bei der Qualitätsdefinition, droht unter den Bedingungen des sog. KundInnenkonzepts zur Farce zu werden: NutzerInnen haben nur unter sehr sensibel gestalteten Bedingungen, die Chance, ihre Wünsche und Urteile mitzuteilen. Die Stärke, sie durchzusetzen, haben sie im Allgemeinen nicht. Sie sind hierbei auf die parteiliche Arbeit der Professionellen angewiesen. Es ist zu hoffen, dass diese Personen auch unter den Bedingungen der „Neuen Steuerung" die Interessen der NutzerInnen vertreten.

Die beiden nun folgenden „Fallen" sind vergleichsweise harmlos, eher methodischer Art:

3.3.2 NutzerInnenperspektive und Entscheidungen für die Zukunft

Wenn Entscheidungen mit langfristigen Wirkung zu treffen sind, kann die Erhebung der NutzerInnenperspektive, die im Allgemeinen eine Momentaufnahme ist, Probleme aufwerfen. Entsprechende Überlegungen sind vor allem in Stadtplanung und Architektur angestellt worden, weil dort der Planungshorizont meist mehrere Jahrzehnte umfasst. Die Frage stellt sich also, ob die Bewertungen und Wünsche, wie sie von Befragten zu einem bestimmten Zeitpunkt zum Ausdruck gebracht werden, für spätere Kohorten – vielleicht sogar spätere Generationen – noch Gültigkeit haben. Präferenzen sind instabil, sie ändern sich im Zeitablauf. „Es ist nicht ausgeschlossen", heißt es dazu bei *Krelle* (1968, S. 17), „dass ein Handeln *gegen* die augenblicklichen Präferenzen der Mehrzahl gerade dem späteren Willen der Mehrzahl entspricht".

Wenn wir die Gefahr dieser „Falle" auf Probleme der Jugendarbeit übertragen, so könnte man sich etwa folgende Situation vorstellen:

Bei der Einrichtung eines Jugendzentrums werden die erwarteten NutzerInnen nach ihren Wünschen gefragt. Sie wünschen sich Rampen und Flächen für bestimmte Trendsportarten wie Skateboard, BMX oder Rollerskates. Die NutzerInnen nach 5 oder 6 Jahren wünschen sich dagegen u.U. Möglichkeiten für Streetball oder Beachball.

Durch die Berücksichtigung des Zeitablaufs ergibt sich zudem das noch allgemeinere Problem der Veränderung von Bedürfnissen und Wünschen, die gerade durch die Befriedigung der ursprünglichen Wünsche hervorgerufen wird. Jede Bedürfnisbefriedigung durch Planung oder Angebote schafft neue und unvorhersehbare Bedürfnislagen, da hierbei oftmals latente Strukturen tangiert werden, die als neue ungesättigte Bedürfnisse manifest werden. Oder – bei *Wilhelm Busch* etwas volkstümlicher ausgedrückt: „Ein jeder Wunsch, wenn er erfüllt, kriegt augenblicklich Junge".

Diese Schwierigkeit ist auch als „bösartiges Planungsproblem" (*Kreuz,* 1973, S. 13-24) oder als *„critical continuous problem"* (vgl. *Rittel,* 1972) bezeichnet worden.

3.3.3 Das Problem repräsentativer Stichproben

Eine weitere Fallgrube ergibt sich durch Probleme des *samplings.* Es ist in vielen Fällen äußert schwierig, repräsentative Stichproben für eine NutzerInnenbefragung er erhalten. In zahlreichen Arbeiten, die im ersten Teil referiert wurden (Nutzbefragung von PsychiatriepatientInnen), wird immer wieder darauf aufmerksam gemacht, dass bevorzugt zufriedene und genesene PatientInnen an den Befragungen teilnehmen. Die VerweigererInnen sind vor allem Personen mit geringem Therapieerfolg und Unzufriedene. Insofern ist auch die hohe *Baseline* von ca. 80% Zufriedenheit zu erklären und zu relativieren.

Das Problem der verzerrten Stichproben steigert sich weiter durch die Berücksichtigung von Datenschutzauflagen. Bekanntlich kann man keine Einrichtung um eine Adressendatei aller PatientInnen oder BesucherInnen oder NutzerInnen der Institution bitten. Werden die Evaluationsuntersuchungen von der Einrichtung selbst durchgeführt (im Sinne einer internen Evaluation), so scheint sich das Problem nicht so scharf zu stellen. Außenstehende EvaluatorInnen sind jedoch auf Prozeduren angewiesen, die häufig geradewegs die Nutzlosigkeit des ganzen Unternehmens programmieren. Indem die Einrichtung darum gebeten wird, mündlich oder in einem Rundschreiben anzufragen, wer bereit sei, an einer Untersuchung teilzunehmen, kommt zu der genannten verzerrten Positivauswahl – durch die Selbstauswahl der NutzerInnen – noch hinzu, dass die MitarbeiterInnen der Einrichtung ebenfalls ein Auge darauf haben, wer angesprochen oder angeschrieben werden soll. Mit dieser Manipulation kann das Ergebnis der Evaluation – das muss nicht weiter ausgeführt werden – entscheidend beeinflusst werden. In unserem Forschungsbereich ist es nicht nur einmal passiert, dass die Ergebnisse von Studien in den Papierkorb geworfen werden mussten, weil man uns in dieser Weise an der Nase herumgeführt hatte.

Je stärker der Druck einer ungesicherten Finanzierung auf den Einrichtungen ruht, die zudem noch unmittelbar abhängig von Leistungskontrollen sind, desto größer ist die Versuchung, sich um jeden Preis in ein günstiges Licht zu setzen. Auf diese Weise geht die notwendige Gelassenheit und das Interesse an tatsächlicher Qualitätsverbesserung verloren. Hierzu wäre es z.B. erforderlich, gerade aus Fehlern zu lernen. Aber Fehler werden im System der „Neuen

Steuerung" zu hart abgestraft, als dass man sich erlauben könnte, sie einzugestehen.

4 NutzerInnenbefragung und professionelle Standards

Mit einem letzten Punkt möchten wir etwas ungesichertes Terrain betreten. Es geht um die Frage, wie man mit Ergebnissen von NutzerInnenbefragungen umgeht, die professionellen Standards widersprechen. Die Wünsche von Nutzern können durchaus dem zuwiderlaufen, was unter pädagogischen, medizinischen oder sozialarbeiterischen Gesichtspunkten als sinnvoll und als Standard gilt. Man kennt die Beispiele, wenn man BesucherInnen eines Jugendzentrums nach ihren Wünschen fragt. In stereotyper Manier wird z.B. immer wieder „Disko" genannt. Es liegt auf der Hand, dass die SozialarbeiterInnen in Erfüllung dieses Wunsches nun nicht alle andern Angebote schließen; das wäre sicher der Opportunismus, den es zu vermeiden gilt.

Oder ein Beispiel aus der Psychiatrie – es wurde in der *client-satisfaction*-Forschung wiederholt gefunden: Das Angebot von psychotherapeutischen Gruppengesprächen wird von den PatientInnen häufig abgelehnt oder jedenfalls mit geringen Sympathiewerten belegt (*Corrigan,* 1990, S. 157; *Gruyters & Priebe*, 1994, S. 89; *McIntyre, Farrell & David*, 1989, S. 253). Welche Konsequenzen sind daraus zu ziehen? Eine verbreitete Auffassung im Umgang mit Evaluationsergebnissen würde hieran die Frage anschließen, ob die Gruppentherapie entsprechend den professionellen Standards angeboten wird. Danach ist akzeptabel und zu vertreten, was den Regeln der Profession entspricht. Sofern das bejaht werden kann, bleibt das Angebot oder gar die Aufforderung zur Teilnahme an Gruppengesprächen weiter bestehen. Wollte man sich eng auf diese Position zurückziehen, hätte die *client-satisfaction*-Forschung wenig Sinn.

Vielmehr kommt es aber im Rahmen der Erforschung der NutzerInnenperspektive darauf an, Genaueres über die Befindlichkeit der PatientInnen in der Gruppentherapie zu erfahren, um die Gründe für die Ablehnung kennen zu lernen, abzuwägen und u.U. zu berücksichtigen. Gegebenenfalls wären dadurch die professionellen Standards zu überdenken.

Das Thema Gruppentherapie kann insofern als Beispiel dienen für den Umgang mit Divergenzen zwischen der Bewertung der NutzerInnen und der der Professionellen.

Der Umgang mit diesen Widersprüchen lässt sich umso erfolgreicher gestalten, je genauer man über die Befindlichkeit und die Einstellung der NutzerInnen informiert ist – womit wir wieder bei der Ausgangsthese wären, dass die Sicht der NutzerInnen in vielen Fällen ein wichtiges Korrektiv für professionelles Handeln ist.

Uta Stockbauer

Was macht Evaluationen nützlich? Überblick zum Forschungsstand – Ergebnisse von Fallstudien

In diesem Beitrag werden Ergebnisse meiner Untersuchungen über „Wirkungen und Nutzen von Evaluationen" präsentiert[1].

Der Beitrag gliedert sich in zwei Teile. Teil 1 gibt einen Überblick über den Stand der Forschung und stellt ein eigens entwickeltes Arbeitsmodell der Ergebnisverwertung dar. Teil 2 legt die wesentlichen Ergebnisse von drei in Österreich durchgeführten Fallstudien dar. Ziel der Fallstudien ist es, erwartete und tatsächlich eingetretene Wirkungen von Evaluationen zu erfassen und Faktoren zu identifizieren, die die Verwertung der Evaluationsergebnisse fördern oder behindern.

1 *Überblick zum Forschungsstand*

Generell muss zwischen (1) der Nutz*ung* und (2) dem Nutz*en* von Evaluationsergebnissen unterschieden werden. Nutzung bezeichnet die Ergebnisverwertung der evaluierten Institution mit konkreten Konsequenzen als Folge der Evaluationsergebnisse, ist objektiv messbar und ein wertneutraler Begriff. Nutzen kann definiert werden als wertmäßige Beurteilung der Evaluationsergebnisse und deren „Nutzung". Nutzen erwächst aus Erkenntnissen in verschiedenen Bereichen und wird subjektiv verschieden interpretiert.

Theorien zur Utilization-Forschung lassen sich anhand folgender Merkmale beschreiben: (1) Arten der Ergebnisverwertung, (2) zeitlicher Rahmen, in dem die Ergebnisverwertung passieren soll, und (3) Rolle der EvaluatorInnen.

Abhängig vom Zweck der Verwendung kann man drei Arten der Ergebnisverwertung unterscheiden (*Leviton & Hughes*, 1981): Instrumentelle Ergebnisverwertung (instrumental use), konzeptuelle Ergebnisverwertung (conceptual

1 Die Untersuchungen werden im Rahmen eines Forschungsprojektes unter der Leitung von *Josef Thonhauser, Jean-Luc Patry* und *Ferdinand Eder* zum Thema „Evaluation im Bildungsbereich" am Institut für Erziehungswissenschaft an der Universität Salzburg durchgeführt. dieses Projekt wird vom FWF gefördert.

use) und symbolische Ergebnisverwertung (persuasive use/symbolic use). In jüngerer Zeit hat sich zu diesen drei ursprünglichen Kategorien eine vierte entwickelt, die als Prozessnutzen (process use) bezeichnet wird (*Johnson*, 1998, S. 94). Instrumentelle Ergebnisverwertung wird definiert als „cases where respondents cited and could document ... the specific way in which research was being used for desicion-making or problem-solving purposes" (*Rich, 1981*, in: *Leviton & Hughes, S.* 528), also als bewusste und nachweisbare Verwendung und Einsatz von Evaluationsergebnissen bei der Entscheidungsfindung oder bei der Lösung spezifischer Probleme. Konzeptuelle Ergebnisverwertung hingegen wird definiert als „influencing a policy maker's thinking about an issue without putting information to any specific, documentable use" (ibid.). Konzeptuelle Verwertung der Evaluationsergebnisse wird anderswo auch als „enlightenment" (*Weiss*, 1977) oder „demistification" (*Berk & Rossi*, 1977) bezeichnet und beschreibt jenen Gebrauch der Evaluationsergebnisse und -informationen, der dazu führt, dass EntscheidungsträgerInnen ihr Denken, ihre Ansichten und Einstellungen gegenüber einem bestimmten Aspekt des evaluierten Programms verändern. Überzeugende oder symbolische Ergebnisverwertung ist dagegen definiert als Verwendung von Evaluationsergebnissen und -informationen zum Zweck der Überzeugung bzw. Überredung von Anderen, z.B. um eine politische Position zu unterstützen oder um eine solche vor Angriffen zu schützen. Prozessnutzen passiert, wenn „behaviorial and cognitive changes occur in persons involved in evaluations as a result of their participation" (*Johnson*, 1998, S. 94). Angesprochen werden Veränderungen im Verhalten und auf der kognitiven Ebene, die aufgrund der Teilnahme am Evaluationsprozess selbst und nicht erst durch Evaluationsergebnisse ausgelöst werden.

Evaluationen und deren Ergebnisse werden nicht nur auf unterschiedliche Arten, sondern auch zu verschiedenen Zeitpunkten verwendet. Manche, vor allem instrumentell genutzte Ergebnisse werden hauptsächlich kurzfristig ein- und umgesetzt. Es handelt sich dann um sogenannten „short term use". Andere Ergebnisse, die eher konzeptuelle Verwendung finden (sollen), wirken möglicherweise erst nach Jahren, weil die Veränderung von Einstellungen und Denkweisen bekanntlich lange Zeit dauert und es zudem oft der Durchführung mehrerer Evaluationen bedarf. In solchen Fällen spricht man von „long term use". (*Shadish* et al., 1991, S. 53)

EvaluatorInnen begannen bald damit, sich konkret mit der Frage auseinander zu setzen, was von ihnen getan werden kann, um die Verwertbarkeit und Verwendung von Evaluationsergebnissen zu erhöhen. Die Meinungen dazu unterscheiden sich stark. Das Kontinuum reicht von der Ansicht, dass die Verwendung von Ergebnissen allein den KlientInnen überlassen werden sollte (z.B. der Ansatz der consumer-oriented evaluation von *Scriven*), bis dahin, dass EvaluatorInnen hauptverantwortlich für die Verwendung der von ihnen erarbeiteten Evaluationsergebnisse und -informationen sind und es dafür eigener Evaluationsformen bedarf (z.B. der Ansatz der Utilization-Focused Evaluation von *Patton*, 1997). Die Hoffnungen früher EvaluatorInnen, dass ihre Ergebnisse automatisch Gehör finden würden, haben sich nicht erfüllt, weshalb man dazu überging, konkrete Pläne zur Unterstützung der Ergebnisverwertung zu erstellen bzw. den EvaluatorInnen gewisse Handlungsanweisungen gab, wie sie die Verwertbarkeit und Verwendung ihrer Evaluationsergebnisse fördern könnten (*Shadish* et al., 1991, S. 54).

Die Frage, welche Methoden für Utilization-Forschung angebracht sind, hat aufgrund allgemeiner Entwicklungen an Brisanz und Konfliktgeladenheit verloren. So wie man in der Methodendiskussion weg geht von rein qualitativen oder quantitativen Ansätzen, hat sich auch in der Utilization-Forschung ein Trend hin zu gemischten Zugängen durchgesetzt. Die eingesetzten Methoden unterscheiden sich nicht von „normalen" Forschungsmethoden, lediglich ein leichter Überhang qualitativer Ansätze ist zu bemerken.

Cousins und *Leithwood* (1986, S. 333ff.), die 65 Utilization-Studien über einen Zeitraum von 15 Jahren hinweg auch hinsichtlich der zum Einsatz gekommenen Methodologie analysierten, stellten folgende Methodenkategorien auf: (1) retrospektive Studien, (2) longitudinale Studien und (3) Simulationsstudien. Diesen drei Gruppen umfassen so unterschiedliche Designs wie z.B. Experimente, Fallstudien, Feldstudien, Umfragen, Simulationsexperimente, Einzelfalluntersuchungen, Korrelationsstudien, Beobachtungsstudien. Zum Einsatz kamen dabei die folgenden Instrumente: Fragebögen mit Ratingskalen, Interviews, Dokumentenanalyse, themenzentrierte Interviews, Fragebögen, Telefonbefragungen, Teilnehmerbeobachtung, naturalistische Beobachtung, informelle Interviews, standardisierte Tests etc. Die Mehrheit der untersuchten Studien war retrospektiver Art, hauptsächlich Umfragen, aber auch vereinzelt Fallstudien und Einzelfallstudien. Longitudinale Feldstudien beinhalteten häufig quasi-experimentelle Designs. Simulationsstudien waren zum Großteil experimenteller Art. Beträchtliche Unterschiede gab es auch bei der Wahl der abhängigen Variablen. Es konnten drei Kategorien erfasst werden: (1) Entscheidungsfindung (use as decisionmaking), (2) Erziehung (use as education) und (3) Informationsverarbeitung (processing of evaluation information).

Da es keine allgemein gültige und richtige Methode der Evaluation gibt, wird die Wahl immer vom Untersuchungsgegenstand und von methodologischen Überzeugungen geleitet werden.

Nach einer Phase des euphorischen Einsatzes von Evaluationen wurden sich zahlreiche EvaluatorInnen bewusst, dass die Rechtfertigung ihrer Tätigkeit, nämlich die Verwertung und Umsetzung von Evaluationsergebnissen, äußerst mangelhaft war bzw. gar nicht passierte. In den 70er Jahren setzte durch diese Erkenntnis ausgelöst eine intensive Auseinandersetzung mit dem Thema Ergebnisverwertung ein. Die 80er Jahre können als Blütezeit der Utilization-Forschung bezeichnet werden, während die 90er Jahre im Zeichen der Synthese und Weiterentwicklung der z.T. sehr zerstreuten Forschungsergebnisse stehen. Im Zuge intensiver Forschung traf man auf zahlreiche Probleme und Schwierigkeiten. *Leviton* und *Hughes* (1981, S. 532f.) nennen vier Hauptprobleme methodologischer Natur bei der Utilization-Forschung: „... to document that use occurred, ... to prove that changes occurred because of evaluation results ... the question of comparison data ... the research subject“.

Das erste Problem, die Schwierigkeit festzuhalten und zu demonstrieren, dass Verwertung aufgetreten ist, stellt sich, da Evaluationsergebnisse häufig informell oder unbewusst gebraucht werden. Problematisch in diesem Zusammenhang erweist sich auch die Tatsache, dass zwischen der Evaluation und der Ergebnisverwertung oft sehr viel Zeit verstreichen kann. Kausale Zusammenhänge sind dann nur mehr sehr schwer nachzuweisen.

Das zweite Problem, das eng mit dem zuvor genannten verbunden ist, ist die Schwierigkeit, kausale Verbindungen zwischen Evaluationsergebnissen und Veränderungen herzustellen.

Das dritte Problem dreht sich um das Thema Vergleichswerte. Wie kann die durchschnittliche Verwertungsrate beziffert bzw. gemessen werden? Erfahrungen haben gezeigt, dass Ergebnisverwertung weit häufiger eintritt, als ursprünglich befürchtet worden war. Die Vermutung liegt nahe, dass Vergleichswerte schlicht zu hoch angesetzt worden waren. Die vierte Problematik konstituiert der Untersuchungsgegenstand selbst. Die Frage, welche Veränderungen und Auswirkungen als Evaluationsergebnisverwertung gelten, steht hier im Mittelpunkt. Forschungsergebnisse haben gezeigt, dass zu einseitige Ausrichtungen mögliche Verwertungsformen vollständig ausschließen und nicht erfassen.

Eine Vielzahl von Faktoren, die die Verwertung (bzw. Nichtverwertung) von Evaluationen beeinflussen, wurden auf Basis der Analyse von Literatur der letzten 30 Jahre identifiziert. Allgemein können die Faktoren in zwei Kategorien unterteilt werden: (1) Faktoren, die dem Setting der Evaluation, und (2) Faktoren, die der Implementierung der Evaluation zuzuordnen sind.

Zur ersten Gruppe gehören Faktoren wie der Makro- (politische) Kontext, die Mesoebene (Organisationsstruktur und -kultur) und die Mikroebene (personale Faktoren).

Zu den Implementierungsfaktoren zählen u.a.:

- Identifizieren und Berücksichtigung der Stakeholder-Bedürfnisse (ihre Evaluationsziele und Absichten),
- Kommunikation zwischen EvaluatorInnen und Stakeholdern,
- Beteiligung der Stakeholder,
- Evaluations-Design und Methodologie,
- Ausmaß und Qualität der Ergebnisse,
- Rechtzeitigkeit von Berichten und Ergebnissen,
- ihre Relevanz,
- Glaubwürdigkeit der EvaluatorInnen,
- Aktivitäten zur Förderung der Ergebnisverwertung und -akzeptanz,
- Erstellen, Praktikabilität und Präsentation der Folgerungen und Empfehlungen,
- Informationsverarbeitung,
- Art der Ergebnisverwertung.

Diese Faktoren wurden in einem Arbeitsmodell grafisch dargestellt, welches in empirischen Untersuchungen geprüft werden soll. Basierend auf einem typischen Evaluationsablauf (z.B. *Fitz-Gibbon* et al., 1987) wird gezeigt, welche Faktoren in welcher Evaluationsphase von Bedeutung sind.

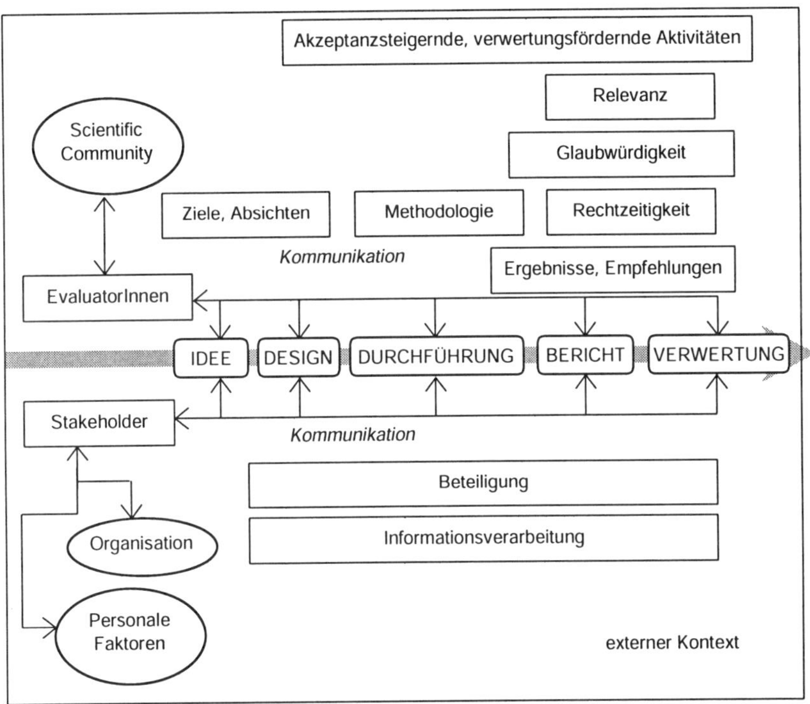

Gezeigt werden Faktoren des Settings (linke Seite) und der Implementierung (rechte Seite) einer Evaluation. In der oberen Hälfte wurden evaluatorInnenspezifische Faktoren aufgetragen, in der unteren Stakeholder Faktoren. Die beiden „MitspielerInnen" sollten in den einzelnen Evaluationsphasen durch Kommunikation verbunden sein. Sie stehen im Austausch mit verschiedenen Kontextvariablen. Auf der Seite der EvaluatorInnen kommt hier insbesondere die Scientific Community zum Tragen, d.h. die Gemeinschaft der Evaluato rInnen, geltende Qualitätsstandards, ethische Richtlinien einer Evaluationsgesellschaft, forschungsmethodische Gütekriterien etc. EvaluatorInnen sind der Scientific Community verpflichtet und müssen ihr Verhalten ihr gegenüber rechtfertigen. Andererseits liefert die Scientific Community Beiträge, die für die EvaluatorInnen nützlich sein können und es werden ihre Werte und Maßstäbe in der Praxis überprüft. Die Stakeholder stehen im Spannungsfeld des politischen Kontext. Sie sind in den Strukturen und in der Kultur ihrer Organisation verhaftet und bringen ganz bestimmte personale Faktoren mit.

2 Ergebnisse aus Fallstudien

Ziel der Fallstudien war es, Konzepte über erwartete und realisierte Wirkungen von Evaluationen sowie begünstigende und hinderliche Faktoren zu identifizieren. Drei Wiener non-profit Einrichtungen wurden untersucht. Mit qualitativen Interviews und Metaevaluationen wurde versucht, dem gerecht zu werden. An dieser Stelle wird ausschließlich auf die Ergebnisse retrospektiver Leitfadeninterviews mit zwölf Personen Bezug genommen. Die Interviews dauerten durchschnittlich zwei Stunden. Die interviewten Personen nahmen auf freiwilliger und anonymer Basis teil. Die Daten wurden anhand einer qualitativen Inhaltsanalyse (*Lamneck*, 1993) ausgewertet.

Untersucht wurde die formative Evaluation eines Jugendzentrumsvereins, die summativen Evaluationen eines Ausbildungsprogramm für arbeitslose Frauen und eines Programms zur arbeitsmarktpolitischen Integration von AusländerInnen.

Was haben die Evaluationen bewirkt? Welche Schlüsse kann man nun aus den Ergebnisse der Fallstudien ziehen? Welche Faktoren haben die Nützlichkeit[2] der Ergebnisse positiv, welche negativ beeinflusst?

Es konnten Beispiele für alle weiter oben beschriebenen Arten der Ergebnisverwertung gefunden werden. In allen untersuchten Fällen wurden die Evaluationsergebnisse instrumentell genutzt. In den Jugendzentren wurden die Evaluationsergebnisse beispielsweise zur Planung der Ressourcenverteilung herangezogen oder dienten als Grundlage für Interventionen und Programmplanungen, bei der Frauenbildungsmaßnahme wurden aufgrund der Ergebnisse z.B. die Verhandlungsstrategien der ProgrammdirektorInnen mit GeldgeberInnen verändert, im Integrationsprogramm konnte die Evaluation zur Verlängerung der Maßnahme genutzt werden und stand, wie auch bei der Frauenbildungsmaßnahme, am Anfang zahlreicher Veränderungen. Auch die konzeptuelle Verwendung der Evaluation und Evaluationsergebnisse konnte in allen untersuchten Fällen nachgewiesen werden. In allen Fällen wurden die Ergebnisse zur Legitimation der geleisteten Arbeit oder erhaltener Subventionen und Investitionen gegenüber GeldgeberInnen, politischen EntscheidungsträgerInnen, dem Vorstand etc. und zur Öffentlichkeitsarbeit genutzt. Durch die Evaluationsergebnisse änderten sich z.B. die Meinungen mancher politischer EntscheidungsträgerInnen gegenüber der Frauenbildungsmaßnahme, oder es konnten dadurch wie im Fall des Integrationsprogramms latent vorgebrachte Vorwürfe entkräftet werden.

Ausgehend von der Definition symbolischer Verwertung als Verwertung außerhalb des geplanten Rahmens z.B. zum Gewinnen politischer Parteien bei Abstimmungen im Nationalrat etc. kann in einigen der untersuchten Fälle von symbolischer Verwertung gesprochen werden. Am nächsten kommt die-

2 Nützlichkeit beschreibt die Brauchbarkeit der Ergebnisse für Nutzung *und* Nutzen.

ser Definition die Verwertung der Evaluation der Frauenbildungsmaßnahme im Rahmen einer Rechnungshofstudie oder der vom Integrationsprogramm geplante Einsatz der Ergebnisse für politische Diskussionen. Überraschend viel Prozessnutzen ist in den untersuchten Fällen aus der Beteiligung am Evaluationsprozess erwachsen. Das Spektrum reicht von verbesserter Zusammenarbeit im Team, dem Bewusstwerden neuer Ideen bis hin zur Diskussion grundsätzlicher Fragestellungen.

Kausale Zusammenhänge zwischen Nutzung und Nutzen konnten nicht einheitlich nachgewiesen werden. In manchen Fällen liefen sich Nutzung und Nutzen sogar zuwider. Wenn Evaluationsergebnisse genutzt wurden, war Nutzen nicht immer unmittelbar die Folge. In einem Fall wurden Ergebnisse zwar für die Öffentlichkeitsarbeit genutzt, die Skepsis mancher GeldgeberInnen dadurch aber noch vergrößert.

Zahlreiche Einflussfaktoren, die im Zuge des Literaturstudiums identifiziert werden konnten, wurden in den Fallstudien gefunden. Positive und negative Einflussfaktoren auf die Nützlichkeit der Evaluationen und Evaluationsergebnisse in den drei untersuchten Fällen werden nachfolgend beschrieben. Dabei dient die weiter oben verwendete Systematik als roter Faden.

Faktoren, die dem Setting der Evaluationen zugerechnet werden konnten, betreffen den politischen Kontext (Makroebene), organisatorische Rahmenbedingungen (Mesoebene) und personale Faktoren (Mikroebene). Welchen großen Einfluss politische Rahmenbedingungen auf die Möglichkeiten von Evaluationen haben, wurde besonders im Fall des Integrationsprogramms aufgezeigt, war aber auch bei der Frauenbildungsmaßnahme ein wesentlicher Punkt. Ob Evaluationen den beabsichtigten Nutzen bringen oder nicht, war u.a. abhängig vom Ausgang politischer Wahlen. Hindernisse sehr unterschiedlicher Art können unter dem Begriff organisatorischer Rahmenbedingungen subsumiert werden. So wurde z.B. die Umsetzung von Empfehlungen durch die Abhängigkeit von Dritten behindert oder war in einem anderen Fall aufgrund unterschiedlicher Interessen nicht möglich. Einfluss auf Ausmaß und Art der Ergebnisverwertung haben des Weiteren auch die „Kultur“ einer Einrichtung, wie man mit Evaluationen umgeht. Die Motivation und Bereitschaft (personale Faktoren) v.a. der Betroffenen stellte sich in allen untersuchten Evaluationen als nützlichkeitsfördernd heraus. Wenn die Motivation der Betroffenen sehr gering ist, kann dies eine Evaluation stark beeinträchtigen, wie es im Beispiel der Jugendzentren der Fall war. Als wichtig für den Umgang mit Evaluationen und Evaluationsergebnissen wurde das „Wollen“ zentraler Entscheidungsträger identifiziert. Dazu zählen z.B. die Bereitschaft neue Wege auszuprobieren oder generell Kritikfähigkeit.

Faktoren, die der Implementierung der Evaluationen zugeordnet werden können, sind Beteiligung, Methoden, Design, Relevanz, Information/Kommunikation, Empfehlungen, Evaluationsbericht und die EvaluatorInnen. Zu den wichtigsten Faktoren, die die Nützlichkeit der Evaluationen positiv beeinflussten, zählt die Partizipation der Beteiligten und Betroffenen an der Evaluation.

Durch Beteiligung konnten z.B. die Ziele und Absichten der Evaluation zu Beginn gemeinsam geklärt werden und ein wesentlicher Beitrag zur Steigerung der Akzeptanz und Motivation der Evaluierten geleistet werden. Prozessnutzen, der, wie gezeigt werden konnte, einen wesentlichen Bestandteil des Nutzen der Evaluationen darstellte, wurde primär durch die Beteiligung am Evaluationsgeschehen ermöglicht. Ausmaß und Art der Beteiligung waren stark abhängig von zeitlichen und personellen Einschränkungen. Es stellte sich als wichtig heraus, die Beteiligung den Möglichkeiten entsprechend zu gestalten und keine zusätzlichen Belastungen dadurch zu schaffen. In der Planungsphase ist es neben dem Klären der Ziele und Fragestellungen eine zentrale Aufgabe zu überlegen, welche Methoden im Verlauf der Evaluation eingesetzt werden sollen. Wie sich zeigte, hängen davon sehr stark die Akzeptanz und Relevanz der gewonnenen Ergebnisse ab. Wie sehr die Nützlichkeit einer Evaluation mit der gewählten Methode steht oder fällt, wurde am selben Fallbeispiel ersichtlich. Hinderlich erwies sich im Fall der Evaluation des Integrationsprogramms, dass die Untersuchungen nicht getrennt nach Arbeitsbereichen durchgeführt wurden. Durch die somit verminderte Aussagekraft verringerte sich die Nützlichkeit der Evaluationsergebnisse. Dem hätte im Design der Evaluation Rechnung getragen werden sollen. Positiv auf die Nützlichkeit der Evaluationsergebnisse wirkte sich aus, wenn diese von den AuftraggeberInnen und Betroffenen als relevant eingeschätzt wurden. Beeinträchtigt wurde die Relevanz durch den Zeitpunkt der Fertigstellung der Evaluation, Kritik am Design der Datenerhebung oder an der eingesetzten Methode. Im Zuge der Durchführung der Evaluationen erwies sich regelmäßige Information und Kommunikation vor allem mit den Auftraggebern, z.B. in Form von Zwischenberichten, als besonders wichtig. Dadurch konnten z.B. Missverständnisse und Unklarheiten rechtzeitig behoben werden. Informationen an die Betroffenen und Beteiligten wurden von diesen als wichtig hervorgehoben, aber nicht in allen Fällen zur vollen Zufriedenheit erlebt. Empfehlungen stellten für die Befragten einen wichtigen und wünschenswerten Bestandteil der Evaluationen dar. Positiv erlebt wurde die Möglichketi, die Empfehlungen vor Erstellung des Endberichtes kommentieren zu können. Manche Empfehlungen waren nur eingeschränkt verwertbar, weil es z.B. an Machbarkeit fehlte oder die Empfehlungen den eigenen Interesse und der Arbeitsphilosophie zuwiderliefen. Nicht zuletzt wurde die Nützlichkeit der Evaluationen durch Form und Sprache der Evaluationsberichte unterstützt. Übersichtliche Kurzzusammenfassungen, das Vermeiden von Fachausdrücken u.ä. stellten Komponenten eines guten Berichtes dar, von dem ein Großteil der weiteren Verwertung abhängt. Die Kompetenz und Glaubwürdigkeit der EvaluatorInnen wurde in keinem Fall angezweifelt. Angemerkt wurden bei der Frauenbildungsmaßnahme die Vorteile, die durch „erfahrene“ , d.h. mit Evaluationsgegenstand, -bereich und -kontext vertraute EvaluatorInnen, erwachsen sind. Wie wichtig es für den Einsatz von Evaluationsergebnissen bei Verhandlungen ist, dass die EvaluatorInnen von den Verhandlungspartnern akzeptiert werden, wurde im Fall des Integrationsprogrammes deutlich.

Qualität im Gesundheitswesen: PatientInnenerwartungen, fachliche Standards und der soziale Kontext

Alison Kitson

Evaluation und Qualitätsmanagement im Bereich der Gesundheitswissenschaften: Eine Reise in das Unbekannte[1]

1 Einführung

Die große Herausforderung, mit der sich ExpertInnen im Bereich der Gesundheitspflege und Sozialarbeit überall in Europa konfrontiert sehen, besteht in der Notwendigkeit, mit einer zunehmend komplexeren und ungewisseren Erbringung der Dienstleistung umgehen zu müssen. Die Komplexität stellt sich in Form einer großen Bandbreite an theoretischen und methodologischen Ansätzen dar, von denen ausgegangen wird, um Systeme zur Messung der Leistung im Bereich der Gesundheitspflege und Sozialarbeit zu konstruieren und zu evaluieren.

Hierbei ist zu berücksichtigen, dass es ein großes Spektrum an deskriptiven Faktoren gibt, die im Großen und Ganzen die gleiche Aktivität beschreiben, jedoch verschiedene theoretische Ursprünge haben, wie z.B. die Begriffe „Qualitätsmanagement", „Qualitätssicherung", „Qualitätsverbesserung", „Evaluation", „Evaluationsforschung", und – als neueste Entwicklung – „evidence based Verfahren" und „research implementation".

In gleicher Weise erhöht sich die Komplexität der erbrachten Dienstleistungen in dem Maße, wie die Zahl der professionellen Gruppen wächst. Die Mischung von disziplinären Perspektiven trägt verstärkt zu dem Wunsch bei, klarere und gesichertere Lösungen für immer komplexere Probleme zur Hand zu haben. Bestehende Unsicherheiten über die beste Art von Lösungen und die angemessenste Art von Handlungen tragen des Weiteren dazu bei, dass sich immer stärker ein Gefühl der Ohnmacht ausbreitet.

Es ist dieser Kontext, der dazu geführt hat, dass die politischen EntscheidungsträgerInnen, ExpertInnen und InteressentInnen im Bereich der Evaluation von Dienstleistungen ihre Daseinsberechtigung gefunden haben. Wir alle sehen uns aufgefordert, ein fundiertes Verständnis darüber zu entwickeln, auf welche Art die Qualität einer Dienstleistung beurteilt und – als ein noch wichtigerer Aspekt – in welcher Weise die Qualität dieser Dienstleistung verbessert werden kann.

Die Anerkennung der Bedeutung des Kontextes und der Perspektive der Beteiligten innerhalb des Systems haben in entscheidendem Maße dazu geführt, dass in den letzten Jahrzehnten ein Richtungswechsel von der ersten

---

1 Aus dem Englischen von Beate Kütz

Generation von Evaluationssystemen zu der vierten Generation stattgefunden hat (*Guba & Lincoln*, 1989). Ein derartiger Wechsel von einem eher „positivistischen" Ansatz, der gekennzeichnet ist durch eine nicht intervenierende, objektive und experimentelle Methodologie, hin zu der Annahme eines stärker auf Interpretation ausgerichteten Evaluationsansatzes, der Handlungsforschung, die Beteiligung der involvierten Personen und die Interpretation von Ereignissen, die für den Kontext bestimmend sind, einschließt, zeigt deutliche Parallelen mit dem Richtungswechsel, der im Bereich des Qualitätsmanagements stattgefunden hat (*Harvey & Kitson*, 1996, S. 24 und S. 185-195). In gleicher Weise kann man die Debatten, die gegenwärtig über erfolgreiche Strategien der Umsetzung von Forschung in die Praxis stattfinden, mit den früheren Diskussionen um die stärker objektiv-deduktiv ausgerichteten Ansätze vergleichen, die in den letzten Jahren zu der Berücksichtigung von kontext-relevanten multiplen Faktorperspektiven führten, die sich entweder begünstigend oder hindernd auf die Implementierung der Forschungsergebnisse auswirken (*Kitson, Harvey & McCormack*, 1998, S. 7 und S. 149-158).

Vor dem Hintergrund dieser breiteren Strömungen möchte ich mich nun der Frage zuwenden, wie viele methodologische und auch epistemologische Fragen, die von den evaluierenden Personen gestellt werden, den tatsächlichen Problemen entsprechen, mit denen Krankenschwestern, ÄrztInnen und SozialarbeiterInnen, die im Bereich der Qualitätsverbesserung eingesetzt sind, konfrontiert werden.

Dabei richtet sich der Fokus auf die folgenden Bereiche:

a) Welches sind die vorherrschenden Einstellungen innerhalb der Systeme der Gesundheitspflege bezüglich der Qualität oder der Qualitätsbeurteilung ihrer Dienstleistung?
b) Identifizierung der Schlüsselelemente innerhalb dieses Prozesses;
c) In welcher Weise lenken die aktuellen politischen Tendenzen innerhalb des Britischen und in zunehmendem Maße auch des Europäischen Gesundheitswesens die Debatten im Bereich des Qualitätsmanagements und der Qualitätsverbesserung immer mehr in Richtung auf Diskussionen über die Implementierung von Forschungsergebnissen (oder die der stärksten Evidenz) in die Praxis?
d) Das Aufzeigen der Tatsache, wie im Pflegebereich die Prinzipien der vierten oder interpretativen Evaluation häufig bereits implizit angewandt wurden, um herauszufinden, wie die Pflege der PatientInnen verbessert werden kann.

Um diese vier breiten Bereiche abzudecken, werde ich einen konzeptuellen Rahmen zur Verbesserung der Krankenhauspraxis vorstellen, bei dem die Implementierung von Forschungsergebnissen als entscheidendes Instrument zur Durchführung von politischen und organisatorischen Transformationsprozessen fungiert. Dieser Rahmen zeigt den Richtungswechsel auf, der von stärker positivistisch traditionellen Evaluationsmethoden hin zu einem umfassenderen, partizipatorischen Ansatz stattgefunden hat. Dieses Rahmenkonzept wird als Möglichkeit angesehen, die praktischen Probleme, die sich bei der Entwicklung von Qualität und Standards ergeben, mit den methodologischen Problemen zu verbinden, die im Umfeld dessen entstehen, was als Wissen, Evidenz oder Erfolg innerhalb eines Systems zu betrachten ist.

2 *Arten der Urteilsbildung über die Qualität von Dienstleistungen*

Der Begriff Evaluation bezieht sich auf die alltäglich stattfindenden Werturteile. Die Evaluationsforschung setzt den Einsatz von wissenschaftlichen Methoden und Techniken zum Zweck der Durchführung einer Evaluation voraus. Dabei reicht das Spektrum der wissenschaftlichen Methoden von einer „positivistischen" Perspektive hin zu einer Sichtweise, die allgemein als „konstruktivistische" bekannt ist (vgl. *Guba & Lincoln*, 1989).

Die Schlüsselmerkmale der positivistischen Perspektive decken sich mit dem Spektrum eines experimentellen Forschungsdesigns, der Kontrolle externer Variablen, der Suche nach Kausalität und dem Glauben, dass rationale Entscheidungen (im Wesentlichen) Veränderung produzieren.

Im Gegensatz dazu unterstreicht die konstruktivistische Perspektive am anderen Ende des ideologischen und methodologischen Kontinuums die Wichtigkeit des Einbeziehens der sozialen Welt (des Kontextes) und der Beteiligten (den individuellen Personen, die in das System involviert sind). Wissen wird eher induktiv erworben und die Bedeutung der Ereignisse entsteht durch die Interpretation multipler Perspektiven im Gang der möglichen Veränderungen.

Diese gegensätzlichen Positionen können danach unterschieden werden, wie die Modelle zur Qualitätsverbesserung bzw. jüngere Formen der evidence based Praxis entwickelt wurden: In der eher positivistischen Tradition folgt der deduktive Ansatz (Abb. 1) dem logischen Zyklus der Qualitätsverbesserung durch

a) Bereitstellung des „richtigen" Wissens in der „richtigen" Form, wie es im klinischen Bereich verwandt wird,
b) Entwicklung einer Serie von Interventionsmöglichkeiten, die verändernd auf Organisationen, Systeme und das individuelle Verhaltung einwirken,
c) Organisation von Feedback-Prozessen, die Aufschluss über die Zielerreichung geben.

Dieser klassische Ansatz diente als Grundlage für die Mehrzahl der in Großbritannien durchgeführten Initiativen im Bereich der Qualitätsverbesserung und Klinischen Effektivität (*Haines & Jones*, 1994, S. 308 und S. 1488-1492). *Haines* und *Jones* benutzten eine Variante dieses Modells, um ihren KollegInnen aus der Medizin zu erklären, wie man Evidenz in die Praxis implementieren kann (Abb. 2).

Abbildung 1: Der deduktive Ansatz zum Erwerb von Wissen und seiner Implementation in die Praxis

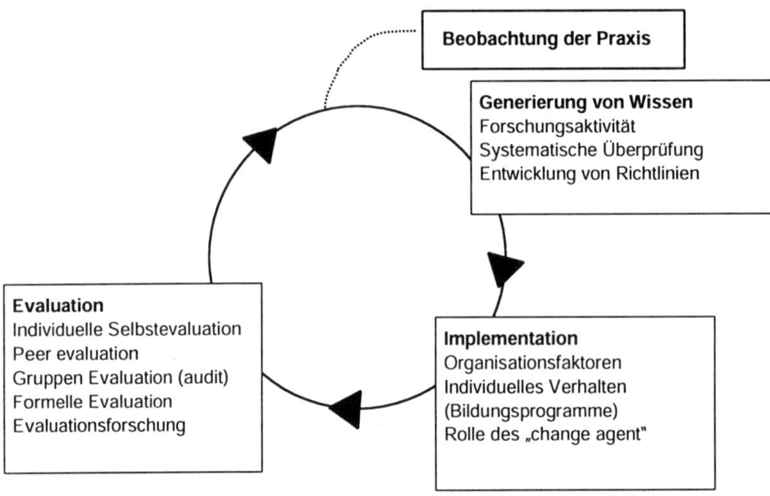

(*Kitson* et al. 1996)

Abbildung 2: Interaktion zwischen Fort- und Weiterbildung, Audit und Forschung

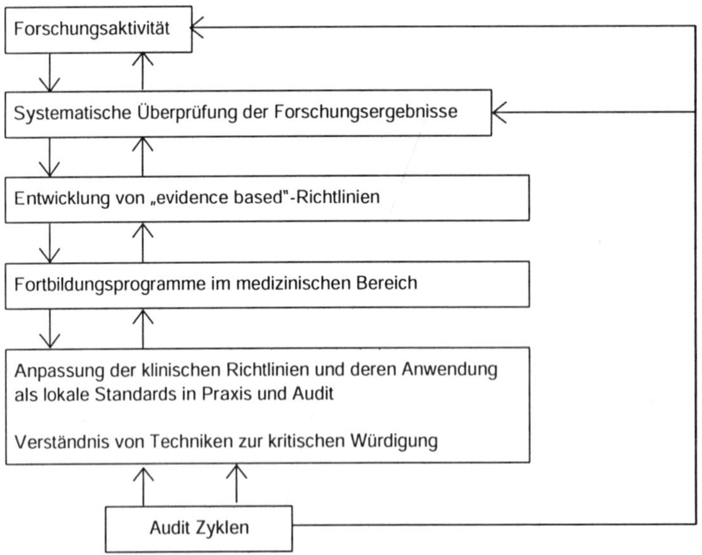

(*Haines* and *Jones* 1994)

Einige der internationalen KommentatorInnen wie beispielsweise *Jonathan Lomas* (*Millbank*, 1993, S. 71 und S. 445; zitiert nach *Lomas*, 1994) haben ein breiteres Bild entworfen. Obgleich es durchaus möglich ist, den Prozess der Wissensentwicklung und Verbreitung zu steuern, so erhöht sich die Komplexität doch erheblich, wenn das Wissen in das soziale System transferiert wird. Annahmen bezüglich des „Wie“, des „Wann“ und des „Wer“ der potentiellen NutzerInnen, des Zeitpunktes und der Art der Wissensverwendung sind in viel geringerem Maße der Rationalität zugänglich als viele andere Faktoren.

Die zunehmend deutlich gewordene Erkenntnis, dass Systeme schwierig zu steuern sind, hat dazu geführt, dass die Gemeinschaft der Wissenschaftler im Bereich der Qualitätsverbesserung und der evidence-based Praxis erkannt hat, dass ein Bedarf an neuen Erklärungsmodellen über das reale Leben besteht. Das Interesse an der notwendigen Einführung eines in stärkerem Maße induktiv oder konstruktivistisch ausgerichteten Ansatzes (vgl. Abb. 3) wächst. Unter dieser Perspektive werden die aus der Praxis gewonnenen Beobachtungen, Interaktionen und organisatorischen Zusammenhänge genutzt, um ein Verständnis davon zu entwickeln, welche grundlegenden Werte und Bedeutungen die einzelnen Personen ihrer Arbeit zusprechen. Nur dann, wenn solche Dimensionen berücksichtigt werden, können effektive Veränderungsstrategien eingesetzt werden. In gleicher Weise sollte berücksichtigt werden, dass die Leute, die innerhalb des Systems arbeiten, eine Schlüsselfunktion als Betroffene einnehmen, die letztendlich darüber entscheiden, ob die Veränderungen (oder Verbesserungen) wirklich eintreten.

Abbildung 3: Der induktive Ansatz zur Generierung und Überprüfung von Wissen

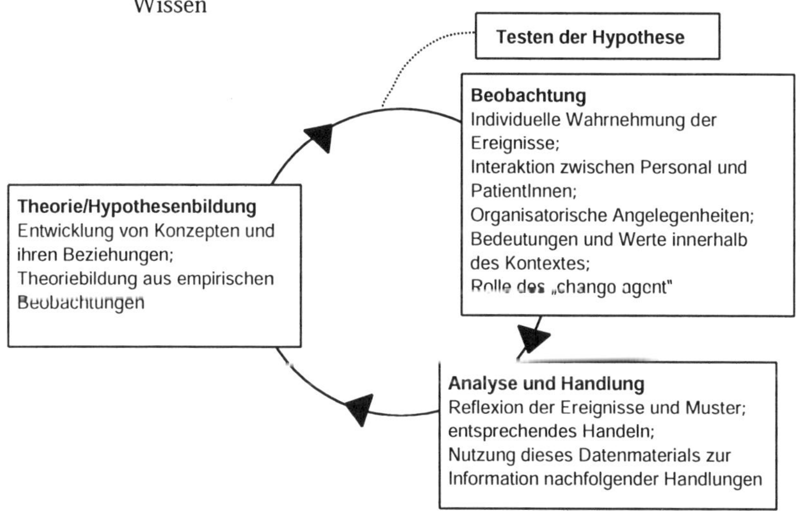

Kitson et al. 1996

Dabei sollte man beachten, dass sich der deduktive und induktive Ansatz nicht gegenseitig ausschließen. Tatsächlich wäre es ideal, wenn zwischen beiden ein synergetischer Effekt stattfände, so dass in Praxis beide Verfahrensweisen angewandt werden können. In Abb. 4 wird eine derartige Verbindung als Diagramm dargestellt, das als Grundlage für die Entwicklung eines stärker auf die klinische Praxis bezogenen Ansatzes für Evaluationen im Pflegebereich diente (*Kitson, Ahmed & Harvey* et al., 1996, S. 23 und S. 430-440).

Abbildung 4: Verknüpfung von deduktiven und induktiven Modellen

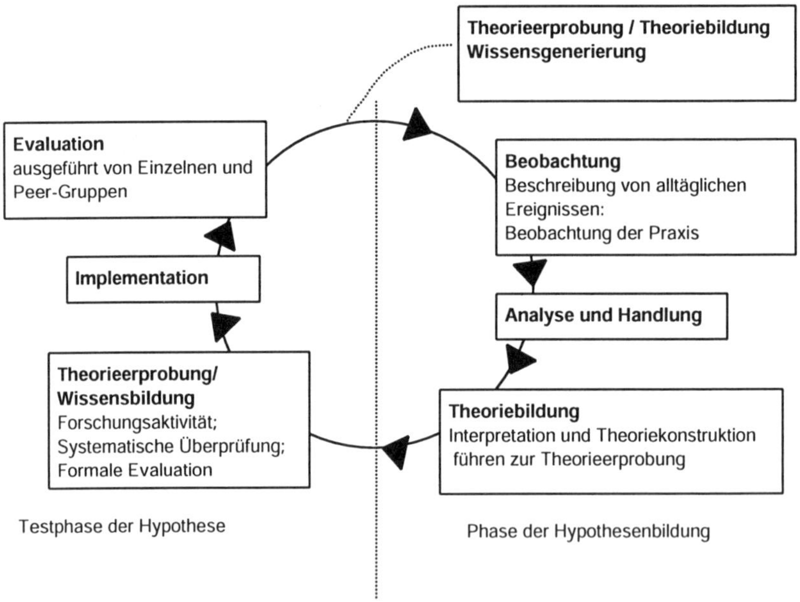

Theorieerprobung / Theoriebildung
Wissensgenerierung

Evaluation
ausgeführt von Einzelnen und Peer-Gruppen

Beobachtung
Beschreibung von alltäglichen Ereignissen:
Beobachtung der Praxis

Implementation

Analyse und Handlung

Theorieerprobung/ Wissensbildung
Forschungsaktivität;
Systematische Überprüfung;
Formale Evaluation

Theoriebildung
Interpretation und Theoriekonstruktion führen zur Theorieerprobung

Testphase der Hypothese

Phase der Hypothesenbildung

3 *Schlüsselelemente innerhalb des Prozesses der Evaluation im Pflegebereich*

Die Diskussion darüber, welche der deduktiven, induktiven und verbundenen Modelle die deutlichste Evidenz für die Implementierung in die klinische Praxis liefern, ist nur ein Teil der Rahmenbedingungen, die die Arbeit in diesem Bereich konstituieren. Die Elemente spiegeln in stärkerem Maße die Arbeit wider, die im Bereich der Evaluationsforschung geleistet wurde und beziehen sich weniger auf die theoretische Auseinandersetzung in der Literatur zur Qualitätsverbesserung.

Unabhängig von der Wahl der anzunehmenden Perspektive ergeben sich innerhalb des Prozesses die folgenden Schlüsselelemente:

1. Die Art des Wissens, der Evidenz oder der Elemente, die in dem einzuführenden Programm enthalten sind.
2. Die Art und Weise, in der das neue Wissen, die größere Evidenz oder das verbesserte Programm eingeführt werden sollen.
3. Die Methode(n), durch die das neue Wissen, die Evidenz oder das verbesserte Programm evaluiert werden soll(en).

Die Herausforderung liegt hierbei in dem gezielten Einsatz einer Kombination von deduktiven und induktiven Ansätzen in jeder einzelnen Phase unter Beachtung der methodologischen Genauigkeit. Als Antwort auf diese Herausforderung wurde der folgende konzeptionelle Rahmen entwickelt, damit die praktischen AnwenderInnen ein besseres Verständnis erlangen, wie die Pflege auf effektivere Weise verbessert werden kann.

4 Rahmenvorschläge für die praktische Umsetzung von Forschung

Eine detaillierte Beschreibung über die Entwicklung dieser Rahmenvorschläge ist an einer anderen Stelle dargestellt *(Kitson, Harvey & McCormack, 1998)*. Im folgenden beschränke ich mich auf zwei Bereiche:

a) Möglichkeiten der Anwendung des Models als Brücke zwischen dem deduktiven und induktiven (oder positivistischen/konstruktivistischen) Denkansatz und
b) Möglichkeiten der Anwendung des Models als Evaluationsinstrument und zum potentiellen Einsatz als Instrument der Selbstevaluation, damit die praktischen AnwenderInnen selbst ihre Handlungsweise verbessern können.

Der Rahmen basiert auf der folgenden Gleichung:

EI = f (E, K, F) der Forschungsergebnisse

wobei EI = erfolgreiche Implementierung
E = Evidenz
K = Kontext
F = Facilitation
f = Funktion von

bedeutet.

Hierbei wird davon ausgegangen, dass die erfolgreiche Verbesserungen der Qualität der Pflege – insbesondere in Bezug auf die Einführung neuer Kenntnisse (oder der besten Evidenz) – eine Funktion ist von

– der Art der Evidenz
– der Art des Kontextes, in den die Evidenz eingeführt werden soll

– *Facilitation* bzw. Managementmethode, die die Veränderung hervorrufen soll.

Anders ausgedrückt: Anstelle einer hierarchischen oder linearen Betrachtungsweise in Form von Ursache und Wirkung müssen alle Dimensionen gleichzeitig und mit der gleichen Gewichtung berücksichtigt werden. Daher muss bei der Vorbereitung von Implementierungen der Forschungsergebnisse für das Testen der Evidenz die gleiche Sorgfalt im Detail verwandt werden wie bei der anschließenden Evaluation, die die Wirksamkeit einer klinischen Intervention in einem gegebenen Umfeld bewertet. Diese Verfahren sind für die Vorbereitung des Kontextes und der Auswahl der adäquaten Methoden einer Intervention unbedingt erforderlich.

4.1 Die Art der Evidenz

Insbesondere eine Richtung hat innerhalb der medizinischen Profession in der letzten Zeit verstärkt Anklang gefunden, die als *evidence based medicine* (EBM) Bewegung bekannt wurde. Innerhalb der Disziplin wird sie als „gewissenhafter, expliziter und gerechtfertigter Einsatz von Maßnahmen, der zu einem aktuellen Zeitpunkt am überzeugendsten ist (beste Evidenz) in Bezug auf die Pflege eines bestimmten individuellen Patienten“ (*Sackett, Rosenberg & Gray* et al., 1996, S. 312 und S. 71-72) definiert. Einfacher ausgedrückt: Die VerfechterInnen dieses Ansatzes vertreten die Auffassung, dass der wichtigste Faktor für die Bereitstellung von hochwertiger (auf Evidenz basierender) Qualität im Pflegebereich die Verfügbarkeit von hochwertigen wissenschaftlich fundierten Erkenntnissen ist. Dieses Wissen wird in strengen Verfahren überprüft und den jeweilig klinisch Tätigen zugänglich gemacht, die dann eine klinische Entscheidung treffen, wobei sie die anderen beiden Elemente – die Erfahrung im Klinikbereich und die Präferenzen der PatientInnen – mit einbeziehen.

Innerhalb der *evidence based*-Bewegung scheint sich eine implizite Hierarchie durchzusetzen. Die wissenschaftliche Evidenz, die deduktiv abgeleitet wurde, gilt als die verlässlichste Informationsquelle, die sekundär durch das klinische Urteil und die Präferenz der PatientInnen beeinflusst wird. Der Einfluss weiterer Faktoren wie z.B. der Kontext, andere professionell Tätige und das weitere sozioökonomische Umfeld werden nicht besonders hervorgehoben.

Eine andere Vorgehensweise, um sich eine Vorstellung von der Evidenz zu bilden, ist die These, dass die „beste Evidenz“ eine Kombination aus wissenschaftlich fundierten Erkenntnissen, klinischen Beurteilungen und den Präferenzen der PatientInnen ist. Anstatt sich allein auf eine strenge Bewertung der wissenschaftlich fundierten Erkenntnisse zu konzentrieren, sollte mit der gleichen Exaktheit darauf geachtet werden, worauf die KlinikerInnen ihre Urteile im klinischen Umfeld stützen, die nur in begrenzter oder in nicht durchgängiger Weise wissenschaftliche Ergebnisse beinhalten, und wie die

PatientInnen/KlientInnen/NutzerInnen der Dienstleistungen bei der Definition ihrer Interessen beteiligt werden.

Das, was als „beste Evidenz" gilt, sollte also aus einer Reihe transparenter Prozesse abgeleitet werden, in denen die zugrunde liegenden bekannten wissenschaftlichen Fakten erhellt werden und in denen die klinische Weisheit bzw. Urteilsfähigkeit herausgestellt wird, wie dieses Wissen in den verschiedenartigen Situationen zur Anwendung kommt. Gleichzeitig sollte darin eine Darstellung der KlientInnenperspektiven enthalten sein, die aus streng empirisch angelegten Datenerhebungen hervorgeht. Durch Hervorheben der jeweiligen Rolle der multiplen Beteiligten (Gemeinschaft der WissenschaftlerInnen, KlinikerInnen, PatientInnen) wird gegenseitiges Verständnis und eventuelles Anerkennen der „besten Evidenz" erleichtert.

Der kontroverse Aspekt, der in der Natur der Evidenz selbst liegt, kommt allerdings jetzt klar zum Ausdruck. Urteile über die potenzielle Übernahme der Evidenz in die Praxis hängen in starkem Masse von verschiedenen Faktoren ab, die sich auf die Zugriffsmöglichkeiten, Akzeptanz und Relevanz der Forschungsergebnisse beziehen, auf die Art und Weise, in der die klinischen Urteile sich nach den wissenschaftlichen Informationen und ihrer Akzeptanz durch die PatientInnen richten, oder auch nicht. So haben wissenschaftliche Untersuchungen (*Chalmers, Enkin* & *Kierse,* 1989) in der Gynäkologie beispielsweise gezeigt, dass die Resultate für Mutter und Kind erheblich verbessert werden, wenn die Hebammen bei der Geburt soziale Unterstützung leisten (d.h. ständige Präsenz der Hebamme bei der Mutter, besonders im zweiten Stadium des Geburtsprozesses). Die zögerliche Übernahme einer derartigen Praxis war in starkem Masse davon beeinflusst, dass einige Hebammen und viele medizinische Kollegen die klinische Bedeutsamkeit dieser Maßnahme nicht einsahen (wahrscheinlich aufgrund des geringen technischen oder eingreifenden Charakters). Die Mütter dagegen sprachen sich einheitlich für mehr persönlichen Beistand aus und begrüßten derartige Veränderungen. Trotz der überzeugenden Forschungsergebnisse und positiven Einstellung der NutzerInnen scheint der Konflikt innerhalb des Klinik-Teams eine weitere Implementierung zu verhindern.

Dies heißt weiterhin, dass bei der Beurteilung über die Art und Stärke der Evidenz und ihrer potenziellen Implementierung eine Kombination der folgenden drei Dimensionen berücksichtig werden muss: Forschung, klinische Erfahrung und die Präferenzen der PatientInnen.

4.2 Art des Kontextes

Der Kontext ist das Umfeld oder das setting, in die die neue Information oder das Wissen eingeführt werden soll. Der Begriff entstammt der Literatur zu Organisation des Lernens, Qualitätsverbesserung und Veränderungsmanagement. Der Kontext umfasst die politischen, sozialen, ökonomischen, organisatorischen, physischen und sozialpsychologischen Dimensionen des Umfelds.

Als Schlüsselelemente für dieses Modell wurden die Kultur, die Art der zwischenmenschlichen Beziehung, wie sie sich in Führungsrollen zeigt, und der organisatorische Ansatz des regelmäßigen Überwachens von Systemen und Dienstleistung, d.h. Messung, definiert. Die Kultur repräsentiert die Werte und Zielsetzungen der Organisation, die Machtverhältnisse, die Art der Führung und Entscheidungsfindung, die Bedeutung des Individuums beim Erreichen allgemein gesetzter Zielvorstellungen und auch, ob die kontinuierliche Fortentwicklung von Personal und von Prozessen eine allgemein geteilte Überzeugung ist.

Der Führungsstil steht eng mit der vorherrschenden Kultur in Verbindung. Erfolgreiche Organisationen entwickeln klare Rollen und haben eine klar definierte Führungsspitze, zusammen mit klar definierten Gebieten der Verantwortlichkeit und Rechenschaftslegung. In gleicher Weise haben erfolgreiche Organisationen (oder Kontexte) effektive Formen entwickelt, um Feedback über die erbrachten Leistungen von Einzelpersonen, Gruppen oder Systemen auf nicht-bestrafende Art zu geben.

Derartige Systeme verwenden Feedback über Leistungen des Personals wie auch durch die Ermittlung von verlässlichem Datenmaterial über Systemleistungen, das von den Personen, die innerhalb des Systems arbeiten, leicht anzuwenden und zu benutzen ist. Solche Messtechniken arbeiten mit Konstruktionen, die die Einzel- und Gesamtziele explizit darstellen, über einfache und zuverlässige Informationssysteme verfügen und innerhalb einer aktionsgerichteten Kultur zum Einsatz kommen.

Diese drei Dimensionen – Kultur, Führung und Messung – bilden die Unterelemente des Kontextes. So kann es beispielsweise sein, dass sich das Personal, das neue Evidenzen akzeptieren soll, in einem Kontext befindet, der durch Überlastung gekennzeichnet ist oder in dem die Tätigen nur in sehr geringem Maße mit einbezogen werden; die Rollen sind evtl. unklar, die Führung ist unzureichend und etablierte Systeme zum Monitoring sind kaum oder gar nicht vorhanden. Die Chancen für eine erfolgreiche Implementierung sind unter diesen Bedingungen sehr viel geringer als in anderen Kontexten, in denen genau gegensätzliche Bedingungen vorherrschen.

4.3 Facilitation oder Veränderungs-Management

Facilitation ist ein Prozess, der die Techniken und Unterstützungsstrategien umschreibt, die erforderlich sind, damit Personen ihre Haltungen, Gewohnheiten, Denkarten und Arbeitsweisen im Hinblick auf Leistungsverbesserung verändern können. *Facilitation* kann sehr spezifisch aussehen und Personalselektion und -fortbildung umfassen. Die Maßnahmen werden als Förderfaktoren (*facilitators*) bezeichnet und dienen der Erfüllung einer bestimmten Aufgabe, beispielsweise der Durchführung von Programmen für chronisch Kranke im primären Gesundheitssektor (*Bryce, Neville & Crombie* et al., 1995, S. 310 und S. 838-842).

Ähnlich spezifische Interventionen umfassen qualifizierte AusbilderInnen in der Fortbildung, wissenschaftliche Sonderbeauftragte und AuditorInnen (*Loftus-Hills* & *Harvey*, 1999).

Andererseits kann *Facilitation* auch einen in stärkerem Maße integrierten Ansatz zur Veränderung des Managements beinhalten, wobei der den Veränderungsprozess durchführenden Person eine erzieherische Führungsrolle zukommt, die strategetische Aspekte und Aspekte der Personalentwicklung beinhaltet, beispielsweise in Form der kritischen Begleitung oder des Modells der reflektierenden Praxis (*Binnie* & *Titchen*, 1998).

Bei den Personen, die den Veränderungsprozess fördern, kann es sich sowohl um ExpertInnen im Bereich der Durchführung von Veränderungsprozessen handeln als auch um Fachleute in dem speziellen klinischen Bereich, in dem die Veränderung eingeführt werden soll. In diesen Fällen werden sie häufig als MeinungsführerInnen bezeichnet, obwohl die genauen Elemente von *Facilitation* und Meinungsführung nicht klar definiert sind.

Innerhalb der *Facilitation*-Rolle werden drei Dimensionen identifiziert. Diese umfassen die persönlichen Wesensmerkmale der Person, die den Veränderungsprozess einleitet; eine klare Definition ihrer Rolle und ihr Repertoire an Fähigkeiten, das das Spektrum ihrer möglichen *Facilitation*-Stile bestimmt. Zusätzlich sollte beachtet werden, ob die Person einer der lokalen oder internen Organisationen angehört oder ob sie eine *outsider*-(externe) Position bzw. Rolle einnimmt.

Aufgrund mangelnder oder unwirksamer *Facilitation* kann eine erfolgreiche Implementierung einer Maßnahme fehlschlagen, auch wenn der Kontext für Veränderungen empfänglich ist. Beispielsweise kann es vorkommen, dass die persönlichen Merkmale der Facilitation-Person ungeeignet sind, ihre Rolle missverstanden wird und sie in unsensibler Weise auf die Bedürfnisse der verschiedenen Gruppen und Untergruppen reagiert, die Unterstützung benötigen, um diese Veränderungen zu akzeptieren.

5 Das Verhältnis zwischen Evidenz, Kontext und Facilitation (bei hoher Evidenz)

Der Logik des Schemas folgend, setzt die erfolgreiche Implementierung von Forschungsergebnissen in die Praxis ein klares Verständnis folgender Faktoren voraus: die Art der angewandten Evidenz, das Maß, in dem der Kontext in der Lage ist, flexibel auf Veränderungen zu reagieren und die Art von Facilitation, die benötigt wird, um einen erfolgreichen Veränderungsprozess zu gewährleisten. Jede einzelne dieser Dimensionen wird in weitere drei Unterelemente gegliedert, die alle kontinuierlich wirken.

Abbildung 5: Mögliche Bedingungen von Evidenz, Kontext und *Facilitation*

A Evidenz		
Forschung	*Niedrig*	*Hoch*
	Anekdotische Evidenz Deskriptive Information	Kontrollierte Versuche Systematische Überprüfung Richtlinien, evidence based
Klinische Erfahrung	*Niedrig*	*Hoch*
	Unterschiedliche Meinungen der Experten: Teilung in verschiedene „Lager"	Hoher Grad an Konsens Beständigkeit der Perspektive
Präferenzen d. PatientInnen	*Niedrig*	*Hoch*
	PatientInnen werden nicht beteiligt	Partnerschaften
B Kontext		
Kultur	*Niedrig*	*Hoch*
	Überlastung dem Individuum wird nur wenig Aufmerksamkeit gewidmet Geringe Motivation geringe oder keine Fortbildung	Gezielte, kontrollierte Versuche Systematische Überprüfung Richtlinien, evidence based
Führung	*Niedrig*	*Hoch*
	Diffuse Rollen Mangel an Teamgeist Schlechte Organisation der Dienstleistungen Schlechte Führung	Klare Rollen Effektive Teamarbeit Effektive Organisations-Struktur Klare Führung
Maßnahmen	*Niedrig*	*Hoch*
	Fehlen von: Funktionsprüfung und Feedback (Audit) Peer review Externe Überprüfungen Leistungsüberprüfung bei BerufsanfängerInnen	Regelmäßige interne Messungen Regelmäßige Funktionsprüfung und Feedback (Audit) Peer reviews Externe Überprüfungen
C Facilitation		
Merkmale	*Niedrig*	*Hoch*
	Achtung Empathie Authentizität Glaubwürdigkeit	Achtung Empathie Authentizität Glaubwürdigkeit
Rolle	*Niedrig*	*Hoch*
	Mangel an Klarheit im Umfeld: Zugang Autorität Stellung innerhalb der Organisation Veränderungsplan	Zugang Autorität Veränderungsplan erfolgreich vereinbart
Stil	*Niedrig*	*Hoch*
	unflexibel sporadisch, selten unpassend	breites Spektrum und flexibler Stil durchgehende und adäquate Präsenz und Unterstützung

Zur besseren begrifflichen Verdeutlichung lässt sich die Gleichung EI = f (E, K, F) in Form einer drei-dimensionalen Matrix (Abb. 6) darstellen, bei der die Evidenz (E), der Kontext (K) und Facilitation (F) das Ergebnis (die erfolgreiche Implementierung: EI) entweder positiv (hoch: H) oder negativ (Niedrig: N) beeinflussen.

Abbildung 6: Schema des sich bedingenden Verhältnisses von Evidenz, Kontext und *Facilitation*

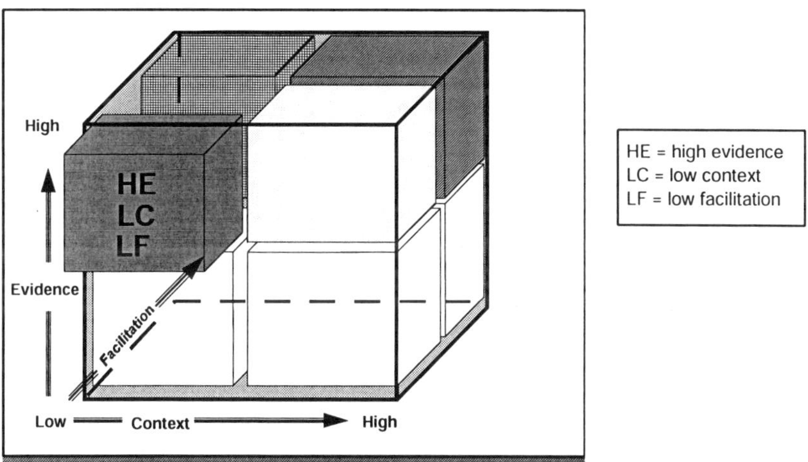

Durch Einbeziehung des Personals und der betroffenen Personen an der Umsetzung von Veränderungsmaßnahmen in Form von Diskussionen über ihre jeweiligen Positionen innerhalb dieser drei Dimensionen wird es möglich, maßgeschneiderte Aktionspläne zu entwerfen, die zu einer erfolgreicheren Implementierung der Maßnahme beitragen.

6 *Testen des Schemas*

Im folgenden Abschnitt werden zwei Fallstudien vorgestellt, die zeigen, wie dieses Schema innerhalb von Evaluationen angewendet werden kann:

Die erste Fallstudie untersucht eine Situation, bei der (hohe) Evidenz in einen Kontext eingeführt wird, der durch wenig institutionelle Kultur, schwache Führungskraft und Maßnahmen mit ungeeigneter Facilitation gekennzeichnet ist (*Loftus-Hills* & *Duff*, 1998).

In der zweiten Fallstudie wird eine gegenteilige Situation analysiert, bei der „beste Evidenz" in einen geeigneten Kontext mit passender Facilitation eingeführt wird (*Loftus-Hill* & *Duff*, 1998).

Fallstudie 1:	Die Implementierung von multi-disziplinären Richtlinien zur Rehabilitation von Herzkranken
Ziel:	Evaluierung der Effektivität von Facilitation als einer Methode zur Steigerung der Akzeptanz von nationalen multi-professionellen Richtlinien zur Rehabilitation von Herzkranken;
Design:	Vorher – Nachher – Tests; Quasi-experimentell; Zufallsstichproben der Stationen (2 Stationen: *Facilitation* und Richtlinien; 2 Stationen: nur Richtlinien; 2 Kontrollgruppen).
Evidenz	
Forschung:	Richtlinien, die auf der Grundlage bestehender Forschungsevidenz und auf wissenschaftlich-fundiertem Wissen entwickelt wurden, sind vorhanden.
Experten-Wissen:	Bei den Gebieten, für die keine oder keine schlüssigen Forschungsergebnisse vorhanden waren, wurde ein Konsens über einen formeller Ansatz abgestimmt.
Präferenzen der PatientInnen:	Die PatientInnen wurden an der Formulierung der Richtlinien beteiligt. Einsatz von wissenschaftlich fundierten Befragungen bei PatientInnen, die einen Herzinfarkt erlitten hatten.
Kontext:	(in den Interventions-Stationen: *Facilitation* und Richtlinien):
Kultur:	Unterschiedliche Auffassungen bezüglich der Notwendigkeit von Rehabilitationsmaßnahmen. Einvernehmen, aber Gefühl der Ohnmacht, diese zu realisieren. Auf Einzelhandlungen bezogen.
Führung:	Geringe Evidenz eines multi-disziplinären Arbeitsansatzes; unterschiedlich vorhandenes Engagement und verschiedene Ansätze für die Praxis;
Maßnahme:	Geringe Beteiligung beim klinischen Audit; Geringe Beachtung der Messung der Risiken; Inkonsistente Benutzung der Qualitätsindikatoren.
Facilitation	
Merkmale:	Unerfahrene *Facilitation*-Beauftragte: Klinische ExpertInnen im Bereich der Rehabilitation von HerzinfarktpatientInnen.
Rolle:	Informell und kollaborativ; Bei einer Gesamtzahl von 5 Visiten dauerte eine Visite jeweils 1 Stunde über einen Zeitraum von 12 Wochen.
Stil:	Einzel- und Gruppentreffen, um die Richtlinien zu besprechen.
Effektivität:	Gering. Keine signifikanten Veränderungen zwischen Intervention und Kontrollgruppen.

Fallstudie 2:	Die Anwendung von nationalen Standards zur Verbesserung der Ernährungssituation für Ältere (in UK)
Ziel:	Die Identifizierung von Schlüsselfaktoren, die die Implementierung von Standards fördern bzw. erschweren; Identifizierung des Ausmaßes, in dem sich der Pflegeprozess durch die Implementierung veränderte.
Design:	Vorher – Nachher – Tests in drei Pflegeheimen in England. Intervention: nationale Standards, plus zwei Workshops, die von externen *Facilitation*-ExpertInnen mit den Heimleitern durchgeführt wurden; Kriterien für die Audits aus den nationalen Standards sowie regelmäßige Interviews mit dem Personal und der Heimleitung, die sich aus den vorhehr-nachhehr Messungen ableiteten.
Evidenz	
Forschung:	Der Fokus der Standards richtete sich auf die Frage, *wie* die Nahrung den PatientInnen gegeben werden sollte und nicht darauf, *welche* Nahrung angeboten werden sollte. Untersuchung bezogen auf das Vorhandensein bestehender Richtlinien/Standards, die auf Evidenz basieren.
Klinische Erfahrung:	Benutzung eines Ansatzes, der auf formalem Konsens beruht. Multi-disziplinäre Gruppe.
Präferenzen der PatientInnen:	Die PatientInnen wurden in der Konsens-Gruppe mit einbezogen.
Kontext:	
Kultur:	Eines der drei Heime war Veränderungen gegenüber sehr aufgeschlossen.
Führung:	Einige Heime hatten eine dynamische Heimleitung, die sich auf die PatientInnen und das Personal konzentrierte; patientInnenzentrierte Philosophie.
Maßnahme:	Bei keinem der drei Heime waren Maßnahmen entwickelt.
Facilitation	
Merkmale:	Erfahrene externe *Facilitation*-Beautragte, die mit den Heimleitern zweitägige Workshops über Qualitätsverbesserung und die Implementierung von Standards durchführten.
Rolle:	Regelmäßiges Unterstützungsangebot für die Heimleitung.
Stil:	Der Leiter des ersten Heimes reagierte am positivsten auf die Förderung und wurde selbst zum *Facilitator* zur Einführung der Veränderung. Die anderen zwei Heimleiter stützten sich weiterhin auf die externen *Facilitaters*, wobei die Veränderungen nicht so deutlich sichtbar wurden.
Effektivität:	Hohe Effektivität in dem einen der drei Heime, erfahrene *Facilitation*, gute Führung, positiver Kontext und akzeptable Evidenz.

7 Die Bedeutung des Schemas in Bezug auf die Entwicklung von Evaluations- und Qualitätsverbesserungsmethoden

Wie in den beiden Fallstudien gezeigt wurde, bietet das konzeptuelle Schema einen Evaluationsrahmen, der die Bedingungen aufzeigt, unter denen wissenschaftliche Evidenz erfolgreich in die Praxis umgesetzt werden kann. Dieses Rahmenschema versucht das Zusammenspiel der multiplen Faktoren in derartig komplexen Prozessen darzustellen und bietet den Evaluierenden und PraktikerInnen Möglichkeiten für die Beurteilung der Effektivität bestimmter Ansätze.

In den unterschiedlichen Ansätzen zur Qualitätsverbesserung sind implizit eine Vielzahl verschiedener Faktoren enthalten. Dabei handelt es sich um ähnliche Fertigkeiten, die einerseits benötigt werden, um das relevante Wissen identifizieren zu können (Evidenz-Prozess oder System), wie auch um das Verstehen des Kontextes, in den das Wissen implementiert werden soll, und um das Erkennen der Prozesse, die allesamt erforderlich sind, um die einzelnen Personen, Teams oder Gruppen zu einer gemeinsamen Akzeptanz der notwendigen Maßnahme zu führen. Als weiterer Faktor ist es notwendig, unter Einsatz von verlässlichen Daten und Feedback-Systemen adäquate Formen zu entwickeln, um die Effektivität des neuen Wissens (Intervention/Aktion) beurteilen zu können.

Als Schlüsselfrage bleibt jedoch zu klären, ob alle im Gesundheits- und Sozialbereich professionell Tätigen über solche Fertigkeiten für die Einbindung eines evaluativen Ansatzes in die Praxis verfügen sollten. Und wenn wir dies bejahen, stellt sich die Frage, wie man die professionellen Fachleute dazu hinführen kann, sich kritisch mit ihrer täglichen Praxis auseinander zusetzen und sie zu beurteilen. Könnten die o.a. Schemata dazu beitragen, praktische Denkformen durch die Darstellung von Schlüsselelementen zu entwikkeln oder führen sie eher noch zu einer größeren Verunsicherung der einzelnen Personen, die sich vielleicht gar nicht selbst als eigenverantwortliche, unabhängige Praktiker sehen möchten?

In der Debatte innerhalb der kritischen Sozialwissenschaften und der Evaluationsforschung der vierten Generation besteht implizit die Anforderung, dass die einzelnen Personen innerhalb sozialer Systeme in stärkerem Maßse bereit sein müssen, persönliche Verantwortung für die Festlegung der Strukturen und der daraus resultierenden Qualität des Systems, in dem sie arbeiten, zu übernehmen. Dieses ist auch die Botschaft, die implizit in dem Bestreben nach kontinuierlicher Qualitätsverbesserung enthalten ist. Wir müssen uns bewusst sein, welcher potenzieller Einfluss von derartigen Ansätzen auf traditionelle professionelle Beziehungen ausgeht und in welchem Maße hiervon tatsächlich die Beziehungen zwischen den professionell Tätigen und den KlientInnen abhängen.

Innerhalb des Bereichs der Evaluationsforschung und der Qualitätsverbesserung (einschließlich der Implementierung von Forschungsergebnissen) wird der Bewertung des Kontextes und der beteiligten Personen eine immer stärker werdende Bedeutung zugemessen. Sie wird durch zuverlässige Systeme der Leistungsmessung gestützt. Die Herausforderung unserer Zeit liegt nun darin, Mechanismen der Evaluation zu entwickeln, die einen integralen Bestandteil der alltäglichen klinischen Praxis bilden.

Martin Moers, Doris Schiemann

Das Projekt „Pflegediagnostik" im Universitätsspital Zürich

Ergebnisse einer externen Evaluation zur Projekteinführung, -durchführung und -steuerung

1 Einführung

Der folgende Beitrag beschäftigt sich mit dem Qualitätsmanagement im Gesundheitswesen, und zwar im Bereich Pflege. Die AutorInnen hatten die Gelegenheit zu einer externen Evaluation eines Qualitätsprojektes im Universitätsspital Zürich (USZ). Qualitätsentwicklung ist in der deutschen Gesundheitspolitik inzwischen in zahlreichen Entschließungen der zuständigen politischen Gremien eingefordert, beispielsweise von der Gesundheitsministerkonferenz, ihre Umsetzung steht jedoch noch in den Anfängen. Daher bietet der vorliegende Evaluationsbericht Gelegenheit, Erfahrungen des deutschsprachigen Auslandes für die hiesige Diskussion fruchtbar zu machen. Ziel des Beitrages ist, Erkenntnisse zur Projekteinführung, -durchführung und -steuerung zu gewinnen, die für vergleichbare Projekte von Nutzen sein können. Die Vergleichbarkeit bezieht sich weniger auf die Thematik des Projektes, sondern vor allem auf den Prozess der Implementation eines Qualitätsprojektes in den Pflegedienst eines großen Akutkrankenhauses. Für diejenigen LeserInnen, die mit der pflegewissenschaftlichen Fachdiskussion weniger vertraut sind, werden einige erklärende Anmerkungen und eine kurze Vorstellung des Projektes vorangestellt. Die Darstellung der Evaluationsergebnisse endet mit einer kurzen Diskussion des wissenschaftlichen Ertrages des Projektes.

2 Ausgangslage der Pflegewissenschaft im deutschsprachigen Raum

Pflegewissenschaft verfügt in westlichen Industrienationen inzwischen über eine zwar noch in den Anfängen steckende, aber im Aufbau befindliche Forschungs- und Entwicklungstradition. Vorreiter ist seit den 50er Jahren der anglo-amerikanische Raum, in dem auch die theoretischen Vorarbeiten zum vorliegenden Projekt entstanden sind. Dynamische Entwicklungen sind seit den 70er Jahren in Skandinavien und Benelux zu verzeichnen, während der deutschsprachige Raum, darin vergleichbar etwa dem französischen und italienischen, eine Nachzüglerrolle spielt. In Deutschland ist seit den 90er Jahren ein gewaltiger Entwicklungsschub zu verzeichnen, der sich insbesondere in der Etablierung zahlreicher Studiengänge niederschlägt, Forschung und Entwicklung hängt demgegenüber noch zurück (*Moers; Schaeffer & Steppe*, 1997, S. 281-295). Die Schweiz spielt in der deutschsprachigen Entwicklung eine herausragende Rolle. Sehr früh wurden hier internationale Diskussionen aufgegriffen und für den hiesigen Sprachraum verfügbar gemacht, so stammen die ersten Veröffentlichungen zum Pflegeprozess – gemeint ist damit die Methode systematischen Handelns, die Zyklen von Informationssammlung, Planung, Durchführung, Evaluation der Maßnahmen sowie gegebenenfalls erneuter Planung beinhaltet – aus der Schweiz (*Fiechter & Meier*, 1981). Systematisches Handeln ist die Grundlage jeder weiteren Qualitätsentwicklung in der Pflege und damit auch des vorliegenden Projekts. Durch Gastdozenturen zahlreicher nordamerikanischer PflegewissenschaftlerInnen sowie durch Qualifikation einer Reihe von schweizerischen PflegewissenschaftlerInnen ebendort sowie die Umsetzung dieser Wissensbestände in curriculare Ansätze – z.B. die der Höheren Fachschul(HöFa)-Ausbildungen – konnte das Qualifikationsniveau der Pflegepraxis erhöht werden. Die bislang mangelnde Verankerung auf universitärer Ebene ist in jüngster Zeit Gegenstand von Errichtungsvorhaben.

Auch ohne Hochschulbasis wurden sehr früh Forschungsarbeiten in Gang gesetzt, die sich vielfach – und das ist positiv zu betonen – mit PatientInnenbedarf und PatientInnenerleben auseinandergesetzt und damit die PatientInnenorientierung der Pflege theoretisch vorangebracht haben. Nunmehr lässt sich eine Bewegung zur Umsetzung des kumulierten Wissensbestandes feststellen, die möglichst die gesamte Berufsgruppe erfassen soll. Dem dient das vorliegende Projekt, das Teil einer geplanten kantonalen Gesamtkonzeption zur Qualitätsentwicklung und damit zur weiteren Systematisierung der Pflegepraxis ist (*Anderegg-Tschudin; Käppeli & Knoepfel-Christoffel*, 1998). Gezielte Interventionen und die damit verbundene Forschung sind als wesentlicher Schritt auf dem Wege der Professionalisierung der Pflege und der Entwicklung einer Praxisdisziplin zu sehen.

3 Einordnung des Projekts

Gegenstand des Projektes „Pflegediagnostik" ist zum einen die Einführung von Pflegeanamnesen in Form eines leitfadengestützten offenen und ausführlichen Gespräches mit den PatientInnen im Rahmen der Aufnahme in die stationäre Behandlung. Zum anderen sollen auf Grundlage dieses Gespräches die hauptsächlichen Probleme der PatientInnen in Form von Pflegediagnosen als Grundlage eines individuellen Pflegeplanes unter Einbeziehung der PatientInnen ermittelt werden. Bislang üblich ist lediglich ein kürzeres Aufnahmegespräch, das sich an einer Liste orientiert, in der hauptsächlich körperliche Defizite und Probleme der Bewältigung von Alltagsfunktionen abgefragt sowie körperliche Parameter erhoben werden.

Die Entwicklung von Pflegediagnosen ist jüngeren Datums. Es gibt unterschiedliche Taxonomien, die seit den 70er Jahren erarbeitet werden, wobei die USA die Vorreiterrolle einnehmen. Hierzulande ist insbesondere die Arbeit der nordamerikanischen Pflegediagnostik-Gesellschaft NANDA bekannt geworden (*Doenges & Moorhouse*, 1994). Ein jüngerer Ansatz stammt vom International Council of Nurses (ICN), dem Pflegeberufsverband, und verfolgt die Entwicklung einer internationalen Klassifikation der pflegerischen Praxis (ICNP). Ziel ist, eine der medizinischen Klassifikation der WHO vergleichbare standardisierte Fachsprache zu entwickeln – ein Unterfangen, das auch von Kritik begleitet ist (*Höhmann*, 1995). In Zürich ist man einen anderen Weg gegangen. Das mit der Projektdurchführung beauftragte Zentrum für Entwicklung und Forschung in der Pflege (ZEFP) des USZ führte eine literaturgestützte und auf eigenen Erhebungen beruhende Untersuchung durch, in der die häufigsten Probleme der PatientInnen identifiziert und zu einer überschaubaren, alphabetisch angelegten Liste von Pflegediagnosen (von Aktivität bis Wohlbefinden) zusammengefasst wurden (*Käppeli*, 1995, S. 113-120).

Das Projekt betritt damit auf zwei Gebieten Neuland. Zum einen wird erstmalig im deutschsprachigen Raum versucht, die seit den 90er Jahren bei uns geführte Debatte zur Pflegediagnostik in *taugliche Praxiskonzepte* umzusetzen. Zum Zweiten wird erstmals versucht, ein Qualitätsprojekt zur Systematisierung der Pflegepraxis *flächendeckend* in einer großen Einrichtung der Maximalversorgung umzusetzen. Daher ist es in ganz herausragender Weise ein Projekt der Organisationsentwicklung der gesamten Institution mit Einfluss auf nahezu alle Handlungsbereiche. Gefragt ist das Management, insbesondere das Pflegemanagement, einen wesentlichen Part bei der Projektgestaltung, -einführung, -durchführung und -steuerung zu übernehmen. Erforderlich werden Maßnahmen zur Personalqualifikation und zur Anpassung der Aufbau- und Ablauforganisation von Arbeitsprozessen. Ebenso sind Ergebnisse bei den PatientInnen und ihren Angehörigen angestrebt, die geplant und evaluiert werden müssen. Damit stellt das Projekt höchste Ansprüche an Leitung, MitarbeiterInnen und Projektteam. Jede Evaluation des Gesamtprojektes wird diese Ausgangslage zu berücksichtigen haben.

4 Evaluationsauftrag

Der Evaluationsauftrag wird im Folgenden kurz skizziert. Das Projekt hat 1995 begonnen und wird voraussichtlich 2000 abgeschlossen. Vorliegender Bericht beruht auf Erhebungen im Jahre 1998, die im Zeitraum von Juli 1998 bis November 1998 in unterschiedlichen Erhebungsformen durchgeführt wurden (siehe Punkt 5: Datenbasis). Dennoch stellt das Vorgehen keine Begleitforschung über den gesamten Projektverlauf, sondern Evaluationsforschung zu bestimmten Teilen des Gesamtprojektes dar. Insofern handelt es sich dem Charakter nach um eine summative, nicht um eine formative Evaluation. Präzisierend ist hinzuzufügen, dass keine abschließende *Gesamtevaluation*, sondern *Evaluationsforschung zu Teilbereichen* des Gesamtprojektes vorgenommen wurde. Diese Teilbereiche umfassen insbesondere Aufgaben des Projektmanagements, so dass Fragen der Projekteinführung, -durchführung und -steuerung zentral stehen.

Das Erkenntnisinteresse der Evaluation ist zum einen auf die *Programmentwicklung* gerichtet. Das beinhaltet auch Abschätzungen von Programmwirkungen und -ergebnissen. Zum anderen dient die Evaluation *pflegewissenschaftlicher Erkenntnisproduktion* zur weiteren Entwicklung und Systematisierung der Praxis, insbesondere der Überprüfung der eingesetzten Instrumente zur Implementation der Pflegediagnostik als auch zur Pflegediagnostik selbst. Der vorliegende Bericht soll damit einen – bescheidenen – Beitrag an Grundlagen zur Konzipierung weiterer Interventionen liefern.

5 Datenbasis und methodisches Vorgehen

Die Datenerhebung beruht auf zwei Aufenthalten der beiden ExpertInnen (1x1 Tag, 1x3 Tage) sowie auf einem von ihnen supervidierten Forschungsaufenthalt zweier Diplomandinnen vor Ort (je 2 Wochen). Die Datenbasis besteht aus:

- der Projektdokumentation (Projektkonzept, Projektauftrag, Protokolle der Stationsarbeitsgruppen)
- ausgewählten Pflegedokumentationen aus Projektstationen (21)
- einer Stichtagserhebung
- einem Experteninterview mit der Leitung des ZEFP
- einer Gruppendiskussion mit den Pflegeberaterinnen des ZEFP
- einem Experteninterview mit dem Leiter des Pflegedienstes
- einem Gruppeninterview mit den Sektorleitungen
- drei Gruppendiskussionen mit Klinikteams, ausgewählt nach dem best-case-Verfahren
- einer Diplomarbeit auf der Basis von 14 leitfadengestützten, themenzentrierten, offenen Interviews mit Pflegekräften
- einer Diplomarbeit auf der Basis von 30 teilstandardisierten Interviews mit PatientInnen

Die ExpertInneninterviews und Gruppendiskussionen wurden transkribiert und nach inhaltsanalytischen Verfahren ausgewertet. Sämtliche Aussagen sind anonymisiert. Weder PatientInnen noch MitarbeiterInnen sind zu identifizieren, lediglich organisatorische Einheiten werden benannt. Sollte dennoch vermeintlich eine Person zu identifizieren sein, handelt es sich um einen Verzerrungseffekt der Anonymisierung.

6 Ergebnisdarstellung

Die folgende Darstellung nimmt keine Einzelbewertungen vor, sondern legt Tendenzen für das Gesamtprojekt dar. Auf Verweise zur Literatur- und Datengrundlage wird im Text weitgehend verzichtet, um die Lesbarkeit zu erhalten. Zur Gliederung der Darstellung werden die in der Qualitätslehre erprobten und bewährten Merkmale Struktur, Prozess und Ergebnis verwendet, die als Leitfaden für Fragen zum Projektmanagement fungieren.

6.1 Struktur

Die Struktur des Spitals ist im Pflegedienst von zwei großen, historisch bedingten Trends bestimmt. Erstens führen die Kliniken von jeher ein weitgehendes Eigenleben, verstärkt durch die herausragende Position des ärztlichen Klinikdirektors, dem eine pflegerische Leitung (Oberpflege) quasi zugeordnet ist. Die Kliniken wurden ehemals von mehreren Mutterhäusern mit Personal beschickt und daher auch dezentral geleitet. Eine zentrale Leitung wurde nachträglich und zusätzlich installiert, so dass es letztendlich keine klar abgestimmte vertikale Leitungsstruktur gibt. In einem flächendeckend durchgeführten Qualitätsmanagement-Projekt sind daher Strukturprobleme entlang der Linien „Aufgabenverteilung/Verantwortlichkeiten" und „Sonderentwicklungen/Isolationismen" zu erwarten.

Aufgabe der zentralen pflegerischen Leitung – im Folgenden auch zentrales Pflegemanagement genannt: der Leiter Pflegedienst und die Sektorleitungen – war zunächst einmal die *Entscheidung für die Durchführung des Projekts.* Diese Entscheidung ist gründlich gefallen, die Leitung steht positiv hinter dem Projekt. Es wurde eine angemessene projektbezogene Aufbau- und Ablaufstruktur gefunden. Hingegen sind Defizite in der Gesamt-Aufbaustruktur zu verzeichnen. Die Entscheidung zur flächendeckenden Einführung und zur grundsätzlichen, nicht nur punktuellen Pflegeentwicklung hat Implikationen, die im „Projektauftrag für das Gesamtprojekt Pflegeanamnese/Pflegediagnose (Pflegediagnostik)" zwar benannt, jedoch nicht zu Ende strukturiert sind. Notwendig wäre über den Pflegedienst hinaus eine betriebsweite Qualitätsmanagement-Aufbaustruktur unter Einbeziehung des ärztlichen Dienstes und der Betriebsleitung. Dem ist zu wenig Aufmerksamkeit geschenkt worden. Bei einem derart großen Projekt werden erhebliche Ressourcen gebunden. Das muss die Betriebsleitung mittragen und in ein Gesamtkonzept einbinden. Dieses ist bislang nicht entwickelt. Es gibt *kein verankertes Qualitätsmanagement.* Das Projekt ist nicht eingebettet in eine Gesamtkonzeption der Pflegeentwicklung und der Qualitätsentwicklung, schon gar nicht berufsgruppenübergreifend. Es gibt im USZ nur lose Einzelprojekte. So besteht beispielsweise ein Marketingprojekt des medizinischen Dienstes, dessen Ziel PatientInnenzufriedenheit ist, indem pro 10 PatientInnen ein „Bezugsarzt" oder „named doctor" installiert wird. Dieses ist nicht mit der Pflege koordiniert. Verschiedene andere Qualitätsentwicklungs- und Forschungsprojekte in britischen und deutschen Krankenhäusern lassen hingegen auf einen engen Zusammenhang zwischen Projekterfolg und der Einbettung von Einzelprojekten in ein umfassendes Qualitätsmanagementsystem schließen (RCN/*National Institute for Nursing*, 1994; *Dahlgaard & Schiemann*, 1996).

Dem mangelnden zentralen Qualitätsmanagement und entsprechend dem Mangel an einer konsistenten Qualitätspolitik entspricht die Einstellung der zentralen pflegerischen Leitung, dass das Projekt zwar gewollt, jedoch als *begrenzte Aktivität* gesehen wird. Nach Einführung des Projektes wird ein Abschluss erwartet, so dass sich die Leitung danach anderen Projekten zuwenden kann. Um die Pflegequalität dauerhaft mit Hilfe der Pflegediagnostik heben zu können, sind jedoch über den Projektzeitraum hinaus Maßnahmen zur kontinuierlichen Weiterentwicklung der bisherigen Ergebnisse erforderlich.

Entwicklungsmöglichkeiten bestehen beim „internen Marketing". Beispielsweise sind *Absprachen mit dem ärztlichen Dienst* in zu geringem Umfang institutionalisiert, obwohl die inhaltliche Ausrichtung des Projektes die Aushandlung von Nahtstellen im Rahmen der Diagnostik nahe legt. Partiell auftretendes Unverständnis beziehungsweise Bedenken einzelner Ärzte wurde immer wieder als hemmende Bedingung des Projektes genannt, ohne dass dieser Faktor gezielt angegangen worden wäre. Angesichts der hierarchisch hohen Ansiedlung des ärztlichen Dienstes wäre dies verstärkt als Aufgabe des zentralen Pflegemangements zu sehen, da Lösungen auf der Ebene des Handlungsvollzuges zu sehr dem zufälligen Ge- oder eben Misslingen ausgesetzt sind.

Zu den Strukturen gehört die *Bereitstellung der Ressourcen*. Durch Einräumung von Fortbildungszeiten und Personalumverteilungen sowie die Wahl eines günstigen Zeitpunktes für die Einführung in den einzelnen Kliniken beziehungsweise Stationen konnte dieses Problem von der zentralen pflegerischen Leitung pragmatisch gelöst werden. Bei den MitarbeiterInnen herrschte allerdings die Erwartung, dass weitere personelle Ressourcen dauerhaft zur Verfügung gestellt würden. Dies führte über einen längeren Zeitraum zu einer Verunsicherung, die von der zentralen pflegerischen Leitung nicht klar ausgeräumt wurde. Keine sichtbaren Anstrengungen wurden unternommen, um geeignete strukturelle Voraussetzungen zu schaffen, wie etwa die in Teilen der Kliniken immer wieder beklagte Raumsituation.

Die *Einrichtung der Projektgruppen* auf den Stationen erwies sich als funktional. Ihre Aufbau- und Ablaufstruktur konnte im Wesentlichen den Aufgaben gerecht werden.

Die *Konzeption der Fortbildung* baut auf die theoretischen Vorarbeiten des ZEFP auf. Hervorzuheben ist die Kongruenz von theoretischem Rahmen und Instrumenten (integriertes Modell, Pflegeleitbild, Anamneseraster, diagnostische Kategorien und Dokumentation), die es den PflegeexpertInnen und den Pflegekräften erlaubt, den gesamten Verlauf der Pflege im Rahmen einer einheitlichen Konzeption zu begreifen.

Die *Dauer der Fortbildung* ist auf zwei Tage Theorie und einen Tag Praxis beziehungsweise eine begleitete Pflegeanamnese pro Pflegekraft angesetzt. Im Ergebnis erscheinen die Theorieanteile als ausreichend, die Praxisanteile werden einhellig als sehr knapp beurteilt. Dies trifft umso mehr zu, als die Projektkonzeption auf reine Personalentwicklung setzt und allfällige Entwicklungen der Organisationsstruktur zurückstellt. Sie werden im Projekt zunächst nicht bearbeitet.

An dieser Stelle sei auf ein Grundproblem der Projektstruktur hingewiesen. Die zentrale pflegerische Leitung fühlt sich zwar verantwortlich, entwickelt jedoch keine projektspezifischen Führungsinstrumente, um diese Verantwortung in Führungshandeln umzusetzen. Hemmnisse werden nicht durch aktives Führungshandeln ausgeräumt (z.B. Kooperation mit dem ärztlichen Dienst, Räume). Auf die Klärung übergreifender Fragen beziehungsweise struktureller Fragen wird häufig zugunsten einer Delegation an die Oberpflege verzichtet. Diese ist als Teil des mittleren Managements mit der Klärung zentraler Fragen schnell überfordert. Die konkrete Projektdurchführung obliegt wiederum den Stationsleitungen, die als unteres Management – ohne flankierende strukturelle Maßnahmen – jedoch erheblichen Mehrfachanforderungen ausgesetzt sind: Sie arbeiten in der Praxis mit und haben Stationsleitungsaufgaben. Zusätzlich müssen sie Implementationsfunktion für das Projekt wahrnehmen und sich zugleich inhaltlich in die Materie einarbeiten. Damit ergibt sich im Management eine Lastenverteilung zu Ungunsten der Stationsleitungen, für die wir Entlastungsbedarf sehen.

Zusammenfassend kann gesagt werden, dass das Projekt von der zentralen pflegerischen Leitung mit großem Einsatz als *Projekt des gesamten Pflegedienstes* implementiert wurde. Zudem wurde eine angemessene *Projektaufbau- und Projektablaufstruktur* geschaffen. Auf diesen beiden Säulen ruht der beachtliche Erfolg des Projektes. Fehlender berufsgruppenübergreifender Qualitätspolitik und ebenso fehlendem Qualitätsmanagement sind Defizite in der Einbettung in die betriebliche Gesamtstruktur geschuldet. Die Aktivitäten der zentralen pflegerischen Leitung sind auf dieser Ebene als gering einzustufen.

6.2 Prozess

In der *Vorphase* ist der Information und Einbeziehung anderer Berufsgruppen, insbesondere des ärztlichen Dienstes, zwar Beachtung geschenkt worden, doch versandeten diese Aktivitäten, ohne in eine institutionalisierte Form der Zusammenarbeit zu münden. Gerade die vermutete und immer wieder anzutreffende Innovationsresistenz der Ärzteschaft und ihre mangelnde Ausrichtung an den Interessen des Gesamtbetriebes, wie es für einen „ExpertInnenbetrieb" (*Grossmann* 1993, S. 301-321) typisch ist, hätte hier erhöhte Aktivitäten des zentralen Pflegemanagements erfordert. Die Nichteinbeziehung des ärztlichen Bereichs erweist sich als dauerhaftes Problem, für das die Taktik des „Umgehens, Umgarnens, Liegenlassens und Weichkochens" nicht zureicht. Nicht nur sind Kooperationsprobleme vorprogrammiert, vielmehr werden auch Ressourcen des Gesamtbetriebes verschwendet. Darüber hinaus ist beispielsweise die Trennung von ärztlicher und pflegerischer Dokumentation nicht nur ineffizient, sondern steht auch einer gemeinsamen PatientInnenorientierung aller Berufsgruppen im Wege, die eine integrierte Dokumentation – selbstverständlich unter Einbeziehung der anderen therapeutischen Berufe sowie des Sozialdienstes – verlangt. Das Gegenargument der Autonomisierung der Pflege sticht hier nicht: Der Pflegedienst findet keine gesonderten PatientInnen vor. Für die PatientInnen zählt nur die kooperative Leistung aller Berufsgruppen.

In der *Einführungsphase* spielt die Bildung der Projektteams der Stationen eine zentrale Rolle. Wiewohl auf den einzelnen Stationen situationsspezifische Unterschiede deutlich werden, ist das Pflegediagnostik-Projekt zum Zeitpunkt der Datenerhebung (November 1998) auf ca. 2/3 der Stationen eingeführt. Die übrigen Stationen und Bereiche sollen im Laufe des Jahres 1999 folgen. Es wurden Projektteams aus Oberpflege, Stationsleitung, Pflegeexpertin und MitarbeiterInnen gebildet, die sich als Begleitpersonen für die übrigen MitarbeiterInnen qualifizierten. Im Kontext der Projektteams wurde – unter inhaltlicher Federführung der Pflegeexpertin – eine Ist-Analyse erstellt, die Schulungen organisiert, die Durchführung protokolliert und eine Schlussevaluation vorgenommen. Es hat sich als günstige Einstiegsvoraussetzung gezeigt, wenn vor Einführung der Pflegediagnostik Wertediskussionen, z.B. durch die Erarbeitung von Stationszielen, stattgefunden haben. Abgesehen von situationsbedingten Problemen wurde dem Projekt insgesamt ein gutes Gelingen bescheinigt. Als Probleme werden in den Schlussevaluationen hauptsächlich Fragen der Verstetigung des erreichten Standes benannt. Positiv zu vermerken ist die flexible Einführungsstrategie, die der Oberpflege und den Stationsleitungen vom zentralen Pflegemanagement eingeräumt wurde. Das Ziel der flächendeckenden Einführung konnte mit dem Erreichen von stabilen Konstellationen auf den Stationen vor jeweiligem Projektstart vereinbart werden.

Die *Schulungsphase* ist mit besonderer Aufmerksamkeit zu betrachten, da das Projekt konzeptionell zentral auf dieses Instrument ausgerichtet ist. Im Wesentlichen ist diese Phase als gelungen zu bezeichnen. Jedoch ist hervorzuheben, dass dieses Gelingen in erheblichem Maße auf die qualifikatorischen Ressourcen der Projektbegleiterinnen, also der Pflegeexpertinnen, zurückzuführen ist und weniger auf das Ausmaß der Schulung selbst. Der theoretische Teil der Schulung konnte sich auf die Vorarbeiten des ZEFP zur Erstellung eines kongruenten Pflegekonzeptes stützen. Nach der theoretischen Schulung erfordert ein derart anspruchsvolles Projekt jedoch eine kontinuierliche Supervision über einen längeren Zeitraum und daran anschließend Reflexionsphasen in größerem Abstand. Die angebotene singuläre Begleitung pro Pflegekraft reicht strukturell nicht aus. Es ist dem individuellen Einsatz und Geschick sowie der hohen beruflichen, erwachsenen-bildnerischen und wissenschaftlichen Qualifikation der Pflegeexpertinnen zu verdanken, dass das Fehlen einer kontinuierlichen Begleitung und Supervision zum großen Teil durch stationseigene Ressourcen (Stationsleitung, Stellvertretung, Modell der Begleitpersonen) aufgefangen werden konnte. Allerdings konnte zu wenig auf Sonderbedingungen der einzelnen Bereiche eingegangen werden. Teilweise wurden Schulungen für mehrere Stationen gemeinsam durchgeführt, so dass sich nicht alle MitarbeiterInnen explizit angesprochen fühlten.

In der *Durchführungsphase* ist bei den Pflegekräften insgesamt ein sehr hohes Maß an Motivation und auch Reflexion zu verzeichnen. Insbesondere den Stationsleitungen und ihren Stellvertretungen als Motoren gelingt es, die Stationen auf dieses Projekt auszurichten und Lernprozesse in Gang zu setzen. Unterstützt werden sie von den Begleitpersonen, die teilweise ihr Wissen aus den HöFa-Ausbildungen einsetzen können. Die Ansprechbarkeit der Pflegeexpertinnen verhalf immer wieder dazu, Probleme auszuräumen und den Fortgang des Lernprozesses sicherzustellen.

Der zentralen pflegerischen Leitung, aber auch der Oberpflege gelang es nicht, in der Durchführungsphase ein eigenes Aufgabenprofil zu entwickeln. Das Delegationsprinzip nach unten herrschte vor. Es fehlte an Führungsinstrumenten zur kontinuierlichen Einschätzung des Einführungstandes, Analyse der hemmenden Rahmenbedingungen und Entwicklung von Maßnahmen zur Beseitigung der Hemmnisse. Teilweise wurde versucht, das mangelnde Leitungskonzept durch aktives Eingreifen in das Projektgeschehen zu ersetzen, was jedoch auf verständlichen Widerstand der MitarbeiterInnen stieß (Kontroll- vs. Lernsituation).

Der *Evaluationsphase* wird bislang noch zu wenig Beachtung geschenkt. Die einmalige Projektabschlussevaluation kann eine kontinuierliche Evaluation nicht ersetzen. Diese stellt einen Reflexionsprozess dar, in den die Pflegeexpertinnen auf Dauer einzubeziehen sind. Nicht zu unterschätzen – und bislang nicht so gesehen – ist die Evaluation als Instrument der Qualitätsentwicklung und des Qualitätsmanagements. Sie dient der Motivation der MitarbeiterInnen, der Auffrischung der Zielbestimmung und dem internen „benchmarking“, bei dem vom Vorgehen der besten Gruppen gelernt werden kann. Bei der noch ausstehenden Entwicklung eines Evaluationskonzeptes ist diesen Punkten Beachtung zu schenken, um den kampagnenhaften Arbeitsstil, eine der Hauptschwächen des Projektes, zu überwinden.

Zusammenfassend gesehen ist der Prozess als gelungen zu bezeichnen. In den einzelnen Phasen treten bisweilen Schwächen auf. In der Einführungsphase sind sie meist situationsbedingt. In der Schulungsphase sind insbesondere die Ressourcen zur Praxisbegleitung und Supervision zu gering. In der Durchführungsphase können durch Engagement und Motivation der MitarbeiterInnen sowie der Pflegeexpertinnen viele dieser einschränkenden Faktoren ausgeglichen werden. Die einmalige Schlussevaluation ist durch einen – bislang nur grob geplanten – kontinuierlichen Evaluationsprozess unter Einbeziehung der PatientInnen zu ergänzen.

6.3 Ergebnis

Angesichts der komplexen Problemlage sind die Ergebnisse des Projektes als hervorragend einzuschätzen, auch wenn nicht alle Ziele erreicht wurden. Ein großer Teil der Pflegekräfte hat wesentliche fachliche Entwicklungen hin zu *erhöhtem Fallverständnis* machen können. Im Unterschied zu routinehaftem Arbeiten ändern sich vielfach Einstellung und Verständnis der Pflegekräfte den PatientInnen gegenüber. Bedingt durch das ausführliche *Anamnesegespräch* kommt das Leben der PatientInnen in den Blick. So werden Compliance-Probleme nun häufig anders beurteilt. Ebenso ist ein erhebliches *Ansteigen des Fachdiskurses* zu verzeichnen. Gerade schwierige Fragen der Diagnostik werden häufiger als früher gemeinsam diskutiert. Besonders hervorzuheben ist die Leistung der Stationsleitungen und ihrer Teams, die versuchen, diesen Diskurs in die Arbeitsabläufe zu integrieren, indem beispielsweise der Charakter der pflegerischen Rapporte verändert wird.

Im Umgang mit dem *Instrument der Pflegediagnostik* haben sich den MitarbeiterInnen immer wieder offene Fragen gestellt, die nicht auf unzureichenden Qualifikationsstand zurückzuführen sind. Im Gegenteil: Die zahlreichen Diskussionen über Stellung und Gehalt der Pflegediagnose zeigen den hohen Stand der Auseinandersetzung, denn im pflegewissenschaftlichen Diskurs sind die entsprechenden Fragen weder geklärt noch unumstritten. Daher sei exkursartig ein Blick auf diese komplexe Materie geworfen.

Exkurs: Pflegediagnostik

Die klassische Diagnose ist die medizinische. Mit der Diagnose werden Krankheiten benannt und Zusammenhänge zwischen Symptomen und Ursachen deutlich gemacht. Die medizinische Diagnose ist zumindest durch zwei Charakteristika gekennzeichnet: In der Regel ist mit dem Stellen der Diagnose ein verlässlicher therapeutischer Kanon zugänglich – oder eben das Wissen einer nicht änderbaren oder gar infausten Prognose – und ebenso sind medizinische Diagnosen meist über einen längeren Zeitraum stabil. Beides trifft für Pflegediagnosen so nicht zu. Sie beschreiben – unabhängig von unterschiedlichen Klassifikationssystemen – häufig keine langandauernden Zustände und Situationen von PatientInnen, sondern sind mit wechselnden Problemlagen verbunden, auch wenn diese häufig wiederkehrende Phänomene betreffen. Pflegekräfte müssen daher auf die häufig wechselnden Anforderungen mit unterschiedlichen Pflegestrategien reagieren. Die beständige Anpassung der Diagnosen oder Problem- und Situationsbeschreibungen erfordert zudem einen hohen zeitlichen Aufwand.

Der zweite Unterschied ist nicht weniger folgenreich. Mit Pflegediagnosen hängen selten lehrbuchmäßig zuzuordnende regelhafte pflegetherapeutische Behandlungsmaßnahmen zusammen, da Pflegediagnosen auf die individuelle Situation von PatientInnen in ihrer Lebenswelt gerichtet sind und auf ihre sozial wie subjektiv zu konzipierende Alltagskompetenz zielen. Abgesehen davon, dass auch die medizinische Diagnose ÄrztInnen nicht von der Einschätzung des konkreten Falles und der Frage nach der Angemessenheit der Regeln der Kunst für diesen Fall enthebt, ist von Pflegekräften ein komplexer Aushandlungsprozess mit den PatientInnen und ihren Angehörigen gefordert, bevor Maßnahmen sinnvoll festgelegt und durchgeführt werden können. Umso mehr ist den Aufgaben der Einbeziehung der PatientInnen und ihrer Angehörigen sowie der Evaluation der Maßnahmen zusammen mit diesen Aufmerksamkeit zu schenken. Nur so kann professionelles pflegerisches Handeln erreicht werden, das sich durch Orientierung am individuellen Fall jedes/r PatientIn – kurz: durch Fallbezug – auszeichnet. Auch diese Aufgaben sind aufwendig und in der bisherigen Pflegepraxis kaum implementiert.

Das Stellen einer Pflegediagnose ist – so sollte der Exkurs zeigen – ein methodisch hochanspruchsvoller Weg, den Fallbezug der Pflegekräfte zu erhöhen. Ein angesichts dieser Ausgangslage nicht verwunderlicher Schwachpunkt der Pflegediagnostik ist bislang die häufige *Folgenlosigkeit der Diagnosen.* Teilweise fühlen sich die Pflegekräfte im Projekt überfordert, Pflegediagnosen wie z.B. „Arbeitslosigkeit" oder „Hoffnungslosigkeit" zu stellen, ohne dass sie über angemessene Handlungsstrategien zu deren Lösung verfügen. Teilweise wird auch an routinehaften Arbeitsabläufen nicht gerüttelt, so dass die Diagnostik unverbunden als Zusatzleistung erbracht wird. Dies hängt zusammen mit einem weiteren Schwachpunkt, der mangelhaften Verbreitung von systematischem Handeln in der Pflege, das sich auf ein Verständnis des je individuellen Falls stützt. Die Anwendung der Pflegeprozessmethode als Instrument zur Systematisierung der Pflegepraxis bricht nach den ersten beiden Schritten, der Anamnese und der Diagnosestellung, immer wieder ab. PatientInneneinbeziehung und Evaluation fehlen meist völlig, die bisherigen Handlungsroutinen setzen sich offenbar immer wieder durch, beziehungsweise sie werden vom Projekt nicht aufgebrochen. Der geäußerte Wunsch, mit der Pflegediagnostik die teilweise eingeschlafene Einführung der Pflegeprozessmethode wieder „aufleben" zu lassen bzw. ihr Sinn und Inhalt zu verleihen, lässt unter Gesichtspunkten der Organisationsentwicklung ein zu geringes Maß an kontinuierlichem Qualitätsmanagement erkennen. Wenn die Strukturen nicht geändert werden, setzen sich – insbesondere bei erhöhtem Arbeitsdruck oder verminderten personellen Ressourcen – die vertrauten routinierten Handlungsabläufe immer wieder durch.

Betrachten wir die Projektkonzeption, so wird deutlich, dass in dieser schwerpunktmäßig auf den *Diagnostikprozess selbst* gesetzt und davon ausgegangen wurde, dass ein verbesserter Fallbezug automatisch zu veränderten Maßnahmen führen würde. Diese Annahme ist durch den Projektverlauf nicht bestätigt worden. Mehr Informationen, höherer Wissensstand und eine veränderte Haltung bedeuten nicht zwangsläufig veränderte Handlungen, d.h. spezifischere Pflegeinterventionen. Betrachten wir daher die Projektergebnisse noch einmal genauer, um die Zusammenhänge zu den Projektmaßnahmen exakter beschreiben zu können.

Die *Beziehung zu den PatientInnen* ändert sich. Diese neue Dimension stößt die MitarbeiterInnen allerdings auf zahlreiche Folgeprobleme, deren Lösung ansteht. Die bisherige Arbeitsorganisation steht einem Aufbau einer kontinuierlichen persönlichen Beziehung häufig entgegen. Schritte in diese Richtung sind jedoch erforderlich, um die begonnene Beziehung zu den

PatientInnen nicht nach dem Anamnesegespräch abbrechen zu lassen, wie es derzeit noch immer wieder vorkommt. Die Einführung eines Bezugspflegesystems wird von einem Teil des Stationspersonals als unabdingbare Voraussetzung für eine Verstetigung der Pflegediagnostik betrachtet. Kritische Einwände der Pflegekräfte beziehen sich mehrheitlich auf die mit einem Bezugspflegesystem zusammenhängenden arbeitsorganisatorischen Probleme. Dem ist das eindeutige Votum der PatientInnen für verlässliche Bezugspersonen entgegenzuhalten, das im Rahmen einer Qualitätspolitik Vorrang hat. Verbunden mit dieser Frage ist auch die bislang unzureichende Einbeziehung der PatientInnen. Sie wissen kaum von ihren Diagnosen, erfahren nichts über den Zusammenhang von Diagnose und Maßnahmen und werden nicht in die – nur gelegentlich stattfindende – Evaluation der Diagnosen und Maßnahmen einbezogen. Demgegenüber ist das wachsende Bewusstsein der MitarbeiterInnen und Leitungen positiv festzuhalten, dass an den organisatorischen Voraussetzungen der Beziehung zu den PatientInnen gearbeitet werden muss. An dieser Stelle sei ein Patientenzitat erlaubt, das die Situation durchaus humorvoll auf den Punkt bringt:

> „Ich weiß auch nicht mal, wer heute für mich zuständig ist. Es hat so viele Schwestern hier. Müsste ich die Stationsschwester fragen. Aber wer ist die Stationsschwester? Weiß ich nicht mal. Vielleicht erfahre ich es noch?" (*Budde*, 1999, S. 83)

Das Zitat zeigt die Übergangssituation, in der sich die Pflege befindet. Einerseits ist dem Patienten die Bezugspflegekraft nicht namentlich bekannt, andererseits weiß er immerhin, dass jemand vom Pflegedienst speziell für ihn verantwortlich sein soll.

Den *Weg zurück zu den PatientInnen* hat das Diagnostikprojekt – so zeigt sich – insgesamt noch nicht gefunden. Die *Sicht der PatientInnen* dazu ist aufschlussreich, wie ein Blick auf die PatientInnenstudie von *Budde* (a.a.O.) zeigt:

PatientInnen erfahren durch das Aufnahmegespräch mit den Pflegenden Unterstützung in der Situation der Krankenhausaufnahme. Sie können eine Verbindung der Gesprächsinhalte zur anschließend durchgeführten Pflege feststellen und fühlen ihre Probleme und Bedürfnisse berücksichtigt. Sie erfahren, dass die von ihnen gegebenen Informationen Grundlage für die Planung und Durchführung bestimmter Pflegemaßnahmen sind (z.B. Mobilisierungswünsche oder Vermittlung von Diäten, ÄrztInnengesprächen, Sozialdienst usw.), auch wenn darüber mit ihnen nicht mehr zielgerichtet gesprochen wird. Allerdings besteht für sie eine *mangelnde Transparenz der Pflegediagnostik*. Diagnosen werden ihnen weder mitgeteilt noch mit ihnen evaluiert, es gibt keine weiteren Gespräche, auch kein Abschlussgespräch zur Vorbereitung der Entlassung. In einigen Fällen bricht der geknüpfte Kontakt nach dem Aufnahmegespräch wieder ab. PatientInnen äußern hingegen klar, dass sie sich mehr *Kontinuität in ihrer Betreuung* wünschen. Sie verlangen allerdings nicht nach mehr Partizipation. Dies ist auch erst erwartbar und evaluierbar, wenn sie mehr Erfahrungen mit einem partizipativen Pflegestil haben.

Die *Pflegekräfte selbst* äußern sich ebenfalls insgesamt positiv und bestätigen mit ihren kritischen Anmerkungen die Schwachstellen dieses anspruchsvollen Projektes. Die Studie von *Brune* (1999) zeigt dies im Einzelnen:

Die befragten Pflegekräfte befürworten mehrheitlich Pflegediagnostik und sehen ihre fachlichen Kompetenzen durch das Projekt erweitert. Einzelne MitarbeiterInnen berichten jedoch insbesondere in der Einführungsphase von subjektiver Überforderung und dem Wunsch, von den Leitungen insgesamt stärker unterstützt zu werden. Das Delegationsprinzip des zentralen Pflegemanagements, aber auch einzelner Klinikpflegeleitungen, hinterlässt bei den MitarbeiterInnen das Gefühl eines Vakuums. Sie wissen nicht recht, wie die Leitung zum Projekt steht. Insgesamt fühlen sie sich subjektiv oft zu spät informiert und zu wenig in Entscheidungen einbezogen. Bestehen Entscheidungsspielräume, werden sie von den MitarbeiterInnen genutzt und das wirkt sich positiv auf die Motivation im Diagnostikprojekt aus. Die empfindlichsten Einschränkungen der Entscheidungsspielräume erleben die Mitarbeiter von Seiten der Medizin, die immer wieder ihre prioritäre Stellung vehement einfordert. Die Schulung empfinden sie im praktischen Teil durchgängig als zu kurz und sie wünschen sich mehr Begleitung. Die faktisch durchgeführte Begleitung durch die PflegeexpertInnen und die Begleitpersonen auf den Stationen erleben sie als positiv. In der Durchführung der Diagnostik konstatieren die Pflegenden eine veränderte Haltung gegenüber den PatientInnen, die Arbeitsabläufe sehen sie hingegen als weitgehend unverändert an. Sie sehen den Wert der veränderten Beziehung für die PatientInnen und empfinden ebenso die organisatorischen und kommunikativen Mängel einer konsequenten Umsetzung der Pflegediagnostik, die sie in der Regel als eine – gleichwohl häufig positiv besetzte – Zusatzarbeit erleben. Die befragten Pflegenden äußern große Ängste, dass die Pflegediagnostik wieder versandet, da sie steigenden Arbeitsdruck und sinkende personelle Ressourcen konstatieren müssen. Sie sehen keine gezielten Aktivitäten der Oberpflege und des zentralen Pflegemanagements zur Verstetigung des Projektes.

Die *Dokumentenanalyse* bestätigt das positive Gesamtbild, aber auch die offenen Fragen:

In einer *Stichtagserhebung* am 20.10.1998 fanden sich in 520 Dokumentationen 419 Anamnesen, das sind über 80%. Diese Zahl ist als sehr hoch einzuschätzen, da Ausfälle durch Arbeitsdruck, geführte, aber noch nicht dokumentierte Anamnesen sowie durch unvorhergesehene Umstände (PatientInnen im Röntgen etc.) einkalkuliert werden müssen. Ein differenzierteres Bild bietet die Analyse von *20 ausgewählten Dokumentationen*. Auffällig ist, dass der vom ZEFP entwickelte Anamnese-Leitfaden in der Praxis keine Anwendung findet und die Aufzeichnungen über das Anamnesegespräch unzureichend strukturiert sind. Entsprechend sind inhaltliche Schwerpunkte in den Aufzeichnungen nur schwer auszumachen. Einmal gestellte Diagnosen bleiben meist unverändert. Im Pflegebericht wird auf die Diagnosen in der Regel nicht Bezug genommen. Pflegerische Maßnahmen stehen in keiner sichtbaren Verbindung zu den Pflegediagnosen. Einbeziehung der Patienten in Diagnostik und Pflegeplanung ist in der Regel nicht ersichtlich. Vereinzelt werden Diagnosen evaluiert, dabei fehlt jedoch die Einbeziehung der PatientInnen. Es tragen viele unterschiedliche Pflegekräfte Beobachtungen ein. Ein auffälliger Einzelbefund ist die Tatsache, dass die Dokumentationen, in denen Pflegeanamnese und Pflegediagnosen weitgehend mit Maßnahmen und einer Evaluation der Diagnosen verknüpft sind, von Auszubildenden stammen (2 Dokumentationen). Die größeren zeitlichen Ressourcen sowie angeleitete Übungsmöglichkeiten der Ausbildung wirken hier vermutlich förderlich.

Zusammenfassend ist ein enormer Entwicklungssprung der Pflegekräfte in ihrem Fallverständnis zu konstatieren, der zunächst mehr die Haltungs- als die Handlungsebene betrifft. Erhöhung des Fallbezugs, vermehrter fachlicher Diskurs im Team und erhöhtes Bewusstsein über die Notwendigkeit einer patientInnenorientierten Pflegeorganisation, deren Umsetzung weitgehend aussteht, sind hier die Stichworte. Festzuhalten ist eine nur partielle Anwendung der Pflegeprozessmethode, die regelmäßig bei der Feststellung von Problemen „hängen bleibt“ und nicht zu kongruenten Maßnahmen sowie ihrer kontinuierlichen Evaluation und Anpassung unter Einbeziehung der PatientInnen fortschreitet. Pflegediagnostik erscheint so als „on top“-Maßnahme, die auf den bisherigen Arbeitsablauf aufgesetzt wird – und damit auch wegfallgefährdet ist. Ebenso erscheint die Einbeziehung der MitarbeiterInnen in Überlegungen zur Überführung des Projektes in den normalen Pflegealltag bedeutsam und auch ausbaufähig. Dazu fehlen bislang systematische Planungen. Vorliegende Untersuchungen zeigen hingegen die große Bedeutung angemessener „Spielräume und Ressourcen“ der Pflegekräfte für das Gelingen der Pflegeentwicklung (*Büssing, Barkhausen & Glaser*, 1998, S. 183-191).

7 Wissenschaftlicher Ertrag

An dieser Stelle sollen aus pflegewissenschaftlicher Sicht kurz die wichtigsten Ergebnisse dieses Qualitätsprojekts genannt werden, die für eine Verstetigung des Projektes und einen Transfer in andere Organisationen und Bereiche von Interesse sind.

7.1 Strukturen

Für den Erfolg eines Projektes stellt die Entwicklung einer gesamtbetrieblichen Qualitätspolitik und einer entsprechenden Aufbau- und Ablaufstruktur des Qualitätsmanagements einen wesentlichen Faktor dar. Dazu gehört, jeder Leitungsebene klar definierte Qualitätsaufgaben zuzuordnen und Instrumente zu ihrer Bearbeitung einzuführen. Dabei sind Doppelungen zu vermeiden und insbesondere die untere Leitungsebene, die Stationsleitungen, zu entlasten.

Ebenso sind die anderen Berufsgruppen, insbesondere die ÄrztInnen, systematisch einzubeziehen.

7.2 Projektgruppenarbeit vor Ort

Die Einrichtung von Projektarbeitsgruppen unter Einbeziehung von Leitungen, PflegeexpertInnen und weiterqualifizierten KollegInnen, die im Sinne eines Mentorenmodells als AnsprechpartnerInnen und BegleiterInnen des Gesamtteams wirken, hat sich bewährt. Ziel ist, dass Stationsleitungen eine Motorfunktion für das Projekt übernehmen. Auf die frühzeitige Information und Einbeziehung aller MitarbeiterInnen einer Projekteinheit ist vermehrt zu achten.

7.3 Schulungskonzept

Neben der theoretischen Schulung, die situationsspezifisch angepasst werden sollte, ist kontinuierliche Begleitung und Supervision durch Pflegeexpertinnen in der Durchführung sowie in größeren Abständen Reflexion der Projektinhalte erforderlich. Förderlich sind Wertediskussionen vor Projektbeginn, die in konkreten Ergebnissen, wie beispielsweise Stationszielen, münden.

7.4 Projektbegleitung/Pflegeentwicklung durch Pflegeexpertinnen

Auf der Ebene des Handlungsvollzuges sind hochqualifizierte PflegeexpertInnen unerlässlich. Der Schulungsbedarf, die ad-hoc-Lösung von Problemen, die Motivierung der einzelnen MitarbeiterInnen und des Gesamtteams sowie die situative Anpassung und Weiterentwicklung sowohl des Einführungsprozesses als auch des inhaltlichen Konzeptes der Pflegediagnostik stellen höchste Anforderungen an die Person des „change agent". Ein pflegebezogenes Studium stellt die Regelqualifikation für diese Aufgabe dar. Idealtypisch sollten die PflegeexpertInnen auf den Abteilungen verbleiben, um eine kontinuierliche Pflegeentwicklung bewirken zu können.

7.5 MentorInnenmodell

Begleitung des Gesamtteams durch die qualifiziertesten Teammitglieder ist eine wesentliche Ressource der Pflegeentwicklung. Insbesondere den vorhandenen AbsolventInnen von Fort- und Weiterbildungsqualifikationen (z.B. HöFa) sind derartige spezifische Aufgaben zuzuweisen, um die erworbenen Ressourcen der einzelnen MitarbeiterInnen optimal für das Gesamtteam (und damit den Gesamtbetrieb) einzusetzen.

7.6 Handlungsspielräume der MitarbeiterInnen

Erhöhter Fallbezug bedeutet intensivere Kommunikation mit den PatientInnen, eine patientInnenbezogene Arbeitsorganisation (Bezugspflege) und damit eigenständigere Gestaltung der Pflege. Um die Schlüsselqualifikation des eigenständigen Urteilens und Handelns aufbauen zu können, benötigen die MitarbeiterInnen entsprechende Handlungsspielräume und Ressourcen. Das beinhaltet zeitliche Ressourcen, aber beispielsweise auch sinnvolle Arbeitsteilungen mit dem medizinischen Dienst, die zu entsprechenden Kompetenzzuweisungen an die verantwortlichen Pflegekräfte führen.

7.7 Pflegediagnostik

Die Pflegeanamnese hat sich zweifelsfrei als wichtiges Instrument der Pflegeentwicklung erwiesen. Für den angemessenen Umgang mit Pflegediagnosen sind noch theoretische Fragen zu klären, für die sich eine spezifische pflegewissenschaftliche Studie anböte. Denkbar wäre eine Untersuchung der Erfahrungen der PflegeexpertInnen und der MitarbeiterInnen zu ungeklärten Fragen, ihren praktischen Lösungsansätzen sowie deren Evaluation.

7.8 Pflegeprozessmethode

Die Pflegeprozessmethode wird auch international häufig als zu starres, lineares Instrument kritisiert, mit dem das Ziel einer Fallorientierung der Pflege nur teilweise erreicht werden kann. Die Methode muss in jedem Fall weiter angepasst und modifiziert werden. Zugleich bleibt ihre komplette Einführung und Anwendung die Grundlage jeder weiteren Pflegeentwicklung, da ohne die Systematisierung des Pflegehandelns eine Professionalisierung der Pflege nicht zu erreichen ist. Die entsprechenden Instrumente (Falldiskussionen und -besprechungen, integrierte Dokumentationen, Bezugspflegesystem, Einbeziehung der PatientInnen usw.) müssen eingeführt und evaluiert werden.

7.9 Evaluation

Die Evaluation muss als kontinuierlich eingesetztes Instrument der Qualitätsentwicklung und -sicherung konzipiert werden, um eine Verstetigung von Projektwirkungen zu erreichen. In diesen Prozess sind die MitarbeiterInnen, PatientInnen und Angehörige angemessen einzubeziehen. Erst als dauerhafte und nachhaltige Pflegeentwicklung können Projektinhalte in die regulären Arbeitsabläufe integriert werden.

Klaus Eichler, Marc-Anton Hochreutener

Die PatientInnenperspektive im Gesundheitswesen

Messung der Ergebnisqualität im Kanton Zürich

Ein wichtiger Eckpfeiler zur Verwirklichung eines wirkungsorientierten Mitteleinsatzes im Gesundheitswesen ist die Erhebung der Ergebnisqualität (Outcome) der Spitalbehandlung/-betreuung. In den Projekten „Outcome 1" und „Outcome 98" kamen dafür Indikatoren zur Anwendung, die von den relevanten Partnern (Spitäler als Leistungserbringer, Gesundheitsdirektion als Instanz mit politischem Auftrag) gemeinsam entwickelt wurden.

1 *Stellenwert der Outcome-Messung bei leistungsorientierter Finanzierung*

Bei der Einführung leistungsorientierter Steuerungsinstrumente (prospektive, verbindliche Globalbudgets und Leistungsaufträge, Fallpauschalen) besteht, nebst dem gewünschten Effekt der effizienteren Ressourcenallokation, wegen der veränderten Anreizsituation die Gefahr unkontrollierter Qualitätsveränderungen. Diese Gefahr wird verstärkt durch den allgemein steigenden Kostendruck im Gesundheitswesen. Es wird deshalb vermehrt diskutiert, welche Qualität wir uns leisten wollen und was sie kosten darf. Eine Mittelzuteilung für qualitativ ungenügende, unwirksame oder falsch indizierte medizinische Leistungen ist ethisch fragwürdig, da diese Mittel an anderer Stelle im Gesundheitssystem fehlen.

In der langfristigen Steuerungsstrategie ist der Messung der Ergebnisqualität (Outcome) deshalb ein zentraler Stellenwert einzuräumen. Die ErbringerInnen, FinanziererInnen, EinkäuferInnen und NutzerInnen von Spitalleistungen sollen künftig in geeigneter Weise dabei auf Outcome-Daten zurückgreifen können, um bessere Entscheidungsgrundlagen zur Verfügung zu haben und um ausweisen zu können, was mit den eingesetzten Ressourcen erreicht wird. Diese Grundlagen haben bis heute gefehlt.

Outcome-Messung ist nichts Neues. Dies geschah jedoch meist aus der Perspektive einer Berufsgruppe (z.B. ÄrztInnen, Pflege) oder bezogen auf mehr oder weniger enge Fragestellungen z.B. im Rahmen von klinischen Studien beim Nachweis der Wirksamkeit neuer Behandlungsmethoden.

Das Thema Outcome-Messung – verstanden als Messung des Gesamtergebnisses der Spitalleistung unter Berücksichtigung mehrerer Perspektiven und mit der Absicht, Steuerungsentscheide in Zusammenhang mit Qualitätsdaten zu treffen – ist dagegen jung und nimmt einen anderen Blickwinkel ein: Es geht nicht um den wissenschaftlichen Nachweis medizinischen Fortschritts in Studiensituationen, sondern um die Erhebung der letztlich bedeutsamen Behandlungs- und Betreuungsergebnisse der „Gesamtorganisation Spital" im medizinischen Alltag. Es wird deshalb bewusst keine berufsgruppenspezifische Sichtweise, mit speziellen ÄrztInnen- oder Pflege-Indikatoren, eingenommen. Das methodische Vorgehen erfasst den Dienstleistungsprozess als Ganzes und berücksichtigt somit die Perspektive der externen KundInnen (Finanzier, ZuweiserInnen), vor allem aber wird sie der PatientInnenperspektive gerecht. Für PatientInnen ist es von hoher Bedeutung, den Behandlungs-/Betreuungsprozess als kohärentes Geschehen zu erleben, jenseits der tradierten, sektoralen Zuständigkeiten verschiedener Berufsgruppen.

Es gibt dafür kaum etablierte Messgrößen und Instrumente, welche problemlos in regionalen Verhältnissen breit akzeptiert und direkt anwendbar wären und diese umfassende Sichtweise beinhalten würden. Bei der Entwicklung von Messgrößen (Indikatoren) hat sich auch in anderen Projekten gezeigt, dass die Einbindung der relevanten PartnerInnen (Leistungserbringer und LeistungseinkäuferInnen/-finanziererInnen) in den Entwicklungsprozess von entscheidender Bedeutung ist und dass es sich um eine mehrjährige Lernerfahrung handelt. Nur so können akzeptierte und ausgewogene Indikatoren entstehen, welche das Ergebnis umfassend und aus der Perspektive aller PartnerInnen, einschliesslich der PatientInnen, abzubilden vermögen.

2 Leistungsorientierte Ressourcenallokation im Spitalbereich (Kanton Zürich)

Im Rahmen des Reformprojekts LORAS (Einführung einer **L**eistungs**o**rientierten **R**essourcen**a**llokation im **S**pitalbereich im Kanton Zürich von Dezember 1995 bis April 1999) wurden die beiden Projekte Outcome 1 (Sommer 1996 bis Frühjahr 1998) und Outcome 98 (Frühjahr 1998 bis Frühjahr 1999) realisiert.

2.1 Das LORAS-Teilprojekt Outcome 1

Outcome 1 wurde bereits 1996 gestartet und sollte breit im System verankert sein: Die LeistungserbringerInnen sollten über Einbezug des speziellen Wissens ihrer MitarbeiterInnen und die Auseinandersetzung mit dem Thema

„Ergebnisqualität" und „PatientInnensicht" eine Teilhaberschaft am Projekt und seinen Inhalten entwickeln.

Das Projekt wurde getragen von der Gesundheitsdirektion/dem Projektteam LORAS sowie von drei freiwilligen Spitälern (Bülach, Uster und Winterthur) und erstreckte sich inklusive Evaluation und Auswertung der Resultate über eine Periode von rund 2 Jahren (1996 bis 1998).

Ziel des Projekts Outcome 1 war es, ein erstes, aussagekräftiges, gemeinsam definiertes Instrumentarium aus Indikatoren zur Messung des Spital-Outcomes zu entwickeln und zu erproben.

Das Projekt setzte sich inhaltliche Rahmenbedingungen und Vorgaben (Prämissen):

- Orientierung an der PatientInnenperspektive
- Orientierung an einem ganzheitlichen Konzept von Krankheit und Genesung
- berufsgruppenübergreifende Interdisziplinarität
- Kooperation und Partizipation zwischen allen Beteiligten bei der Entscheidungsfindung
- von Vertrauen und Transparenz geprägtes Arbeitsklima
- Innovationsbereitschaft
- Pragmatismus
- Konsenssuche

Inhaltlich entscheidend war die Ausrichtung auf die Wahrnehmung und das subjektive Erleben der PatientInnen. Die Berücksichtigung ihrer Grundbedürfnisse, z.B. ihrer subjektiv beurteilten Funktionalität und Lebensqualität, stellte eine gewichtige Schwerpunktsetzung dar. Die PatientInnenorientierung ist also nicht nur als ergänzendes Element zu den traditionellen bereichs- und berufsgruppen-bezogenen Qualitätssicherungsmaßnahmen zu sehen, sondern als zentrale Beobachtungsdimension.

Die folgenden methodischen Konzepte bzw. Ansätze lagen dem Vorgehen zugrunde:

- Theorie der Organisationsentwicklung, systemisches Verständnis von Organisationen
- Prozessbewusstsein im Projektablauf, plan-do-check-act-Zyklus
- Transparente Rollen-, Kompetenz- und Funktionsdefinitionen

In interdisziplinären Arbeitsgruppen mit VertreterInnen der drei Spitäler, der Gesundheitsdirektion und beigezogenen ExpertInnen entwickelten sich schrittweise konsensfähige Festlegungen darauf, was unter Qualität im jeweiligen Kontext zu verstehen ist. Unter Berücksichtigung der obengenannten Prämissen wurde somit ein gemeinsames Qualitätsverständnis zwischen LeistungserbringerInnen und -finanziererInnen erarbeitet: Daraus hervorgehend wurden möglichst aussagefähige, praktikable Qualitäts-Kriterien und -Indikatoren entwickelt (strukturiertes, prozessorientiertes Vorgehen). Bei der anschließenden ersten Testung der Indikatoren in Outcome 1 ging es noch nicht um die Ausweisung des Qualitätsniveaus als solchem. Dazu waren die Instrumente zu unreif und die Fallzahlen zu gering.

Das Instrumentarium (Qualitätskriterien und messbare Indikatoren) fand im Rahmen der Projektevaluation, unter Vorbehalt von Weiterentwicklungshinweisen, bei den EntwicklerInnen weitgehend Akzeptanz[1]. Outcome1 bildete die Ausgangsbasis für das Folgeprojekt Outcome 98.

2.2 Projekt „Outcome 98“ im Überblick

Aufbauend auf den Erkenntnissen aus dem Projekt Outcome 1 und gemäss der Absicht, die Outcome-Messung nach dem Test auf breiterer Basis zu erproben und weiterzuentwickeln, wurde das Folgeprojekt „Outcome 98“ gestartet.

An diesem Projekt beteiligten sich jetzt neun Spitäler, d.h. der Kreis wurde um sechs, bisher an der Outcome-Messung noch nicht beteiligte Spitäler erweitert.

Outcome 98 hatte folgende Projektziele:

1. Alle neun LORAS-Spitäler sind auf Basis eigener Anwendungserfahrungen mit der Philosophie und dem Instrumentarium der Outcome-Messung vertraut.
2. Alle ausgewählten und feinadaptierten Indikatoren sind auf breiter Basis (Parallelerfassung in zumindest drei Spitälern) getestet und hinsichtlich Vergleichbarkeit, Aussagefähigkeit und genereller Anwendbarkeit evaluiert.
3. Alle neun LORAS-Spitäler haben interne Strukturen vorbereitet, die ihnen die verbindliche Vereinbarung und Umsetzung von Indikatoren im Rahmen des neuen Steuerungssystems ermöglichen.
4. Das Projekt erarbeitet Vorschläge für die nächste Phase der Implementierung.

Die Projektstrategie baute im Grundsatz auf den bewährten Prämissen und den Erfahrungen des Projektes Outcome 1 auf. Hervorzuheben für Outcome 98 sind zudem:

- Inhaltliche Schwerpunktsetzung: Testung der verbesserten Indikatoren auf breiterer Basis hinsichtlich Vergleichbarkeit, Aussagefähigkeit und Anwendbarkeit.

---

1 Outcome 1 wurde im Herbst 1999 mit dem „Projektpreis“ des Speyerer Qualitätswettbewerbs (Deutsche Hochschule für Verwaltungswissenschaften Speyer) ausgezeichnet. Die Auszeichnung wird zweijährlich für innovative Projekte im Bereich Verwaltungsreformen verliehen. Als Begründung führte die Jury an, das Projekt sei zukunftsweisend und innovativ und setze einen neuen Schwerpunkt, indem es gezielt die PatientInnen und deren Perspektive in den Mittelpunkt stellt (also nicht nur die sog. objektiv-biologische Qualität, sondern auch Kriterien, die den subjektiven Nutzen für die PatientInnen widerspiegeln: Zufriedenheit, Lebensqualität, Empfinden, Wissen).

- Schaffung von Motivation und Akzeptanz in den beteiligten Spitälern: Kooperatives Projektkonzept, das die Spitäler in die Gestaltung der Inhalte einbezieht.
- Breite Unterstützung und Absicherung aller neun Spitäler: durch Information, Schulung, Prozessbegleitung und Erfahrungsaustausch.
- Nutzung des Know-hows der drei bereits am Projekt Outcome 1 beteiligten Spitäler: im Rahmen der Weiterentwicklung und breiten Anwendung der Indikatoren.

2.3 Evolution der Outcome-Messung

Diese vorgenannten Prämissen, Methoden und Grundsätze bedingen sich gegenseitig. Um ihnen gerecht zu werden, sind komplexe strukturierte Verfahren notwendig (z.B. bei der Entwicklung, Testung, Evaluation und Weiterentwicklung von Indikatoren). Zudem wurde bald erkannt, dass das Ziel, Qualität zu messen und zu ‚steuern', nur über mehrere Lernschlaufen zu erreichen ist, welche das gesamte Versorgungssystem (Leistungserbringer, -einkäufer, -finanzierer) in einem Prozess der Annäherung und Vertiefung zu durchlaufen hat. Dieses Prinzip zieht sich durch alle Entwicklungsebenen (von der Entwicklung eines „einfachen" Indikators bis zur Definition einer umfassenden Steuerungsstrategie). Es wiederholt sich auch bei jedem „Zuzug" neuer Projektpartner.

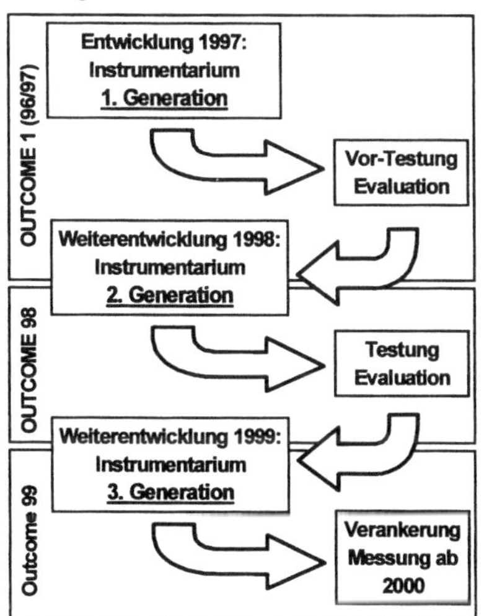

Die Evolution der Zürcher Outcome-Messung: Im Projekt Outcome 1 wurde in enger Kooperation mit drei LORAS-Spitälern ein erstes Set von Outcome-Indikatoren entwickelt, getestet (Pre-Test) und evaluiert. Die Fragestellung war: Ist es machbar, kooperativ Outcome-Indikatoren zu entwickeln und zu testen? Inwiefern müssen sie weiterentwickelt werden?

Darauf aufbauend wurden die Indikatoren und die Messinstrumente verbessert und in Outcome 98 mit allen neun LORAS-Spitälern breit getestet und evaluiert. Hier stand die vertiefte Betrachtung der Relevanz, Tauglichkeit, Anwendbarkeit in einem breiten Rahmen und der Steuerung (strategische Fragen) im Vordergrund.

Auf Basis dieser Zweittestung wird nun, als bislang letzte Entwicklungsstufe, das Problem der Datenqualitätssicherung (Schaffung von Vergleichbarkeit) angegangen (Outcome Weiterentwicklung 99).

Danach wird die flächendeckende Messung im Kanton Zürich eingeführt (Verankerung). An der Verankerung sind die Gesundheitsdirektion, die Versicherer sowie die Spitäler paritätisch beteiligt.

In den Projekten Outcome 1 und Outcome 98 wurden bisher zwei solche Lern-Zyklen durchlaufen. Der dritte Zyklus steht bevor (Projekt Outcome Weiterentwicklung).

3 Die bisherigen Resultate und Erkenntnisse

Das Mess-Instrumentarium der 2. Generation umfasst die folgenden 24 Qualitätskriterien, welche über insgesamt 125 Indikatoren gemessen werden. Dabei wird eine Vielzahl der Erhebungen über selbstentwickelte oder etablierte, breit getestete PatientInnen-Fragebögen erhoben (Wissen und Sicherheit, Funktionalität im Alltag, subjektive Gesundheitseinschätzung):

5 Output-Kriterien (zur Messung relevanter Teilergebnisse):

- Wartezeiten elektiver Eintritte
- Wartezeiten der NotfallpatientInnen
- Lieferzeiten Arztberichte für entlassene PatientInnen
- Verschiebung elektiver operativer Eingriffe
- Umgang mit Reklamationen

7 Diagnoseunabhängige Kriterien

- Ungeplante Rehospitalisationen
- Nicht geplante Reinterventionen
- Verletzungen während des stationären Aufenthaltes
- Anästhesiologische Komplikationen und perioperative Beschwerden
- Decubitus
- fremdkörperassoziierte Nosokomiale Infektionen
- Umgang mit verwirrten PatientInnen und deren Bezugspersonen

Patientenzufriedenheit (verstanden als Erfüllung von patientInnendefinierten Grundbedürfnissen)

- Picker-Fragebogen (misst Grundbedürfnisse in 7 Dimensionen)

11 Diagnoseabhängige Kriterien (Vertiefte Messung des Outcomes bei relevanten Tracerdiagnosen

- Appendizitis und Verdacht auf Appendizitis
- Inguinalhernie
- Proximale Femurfraktur
- Akuter Myokardinfarkt
- Cerebrovaskulärer Insult
- Diabetes mellitus (als Begleitdiagnose)
- Einlingsgeburt durch Sectio
- Mamma-Karzinom

- Benigne Prostatahyperplasie (behandelt mittels TURP=transurethrale Prostataresektion)
- Totalendoprothese bei primärer Coxarthrose
- Katarakt

Dieses Instrumentarium wurde im Detail evaluiert. Es wird im Folgeprojekt Outcome Weiterentwicklung hinsichtlich der Sicherung der Datenqualität und der Datenvergleichbarkeit weiterentwickelt.

Die inhaltliche normativ-politische Stoßrichtung ist im Kanton Zürich unumstritten und findet Beachtung auf gesamtschweizerischer Ebene. Sie lässt sich folgendermaßen zusammenfassen:

Eine patientInnenorientierte, ganzheitlich angelegte Outcome-Messung ist der wesentliche Pfeiler einer zukunftsträchtigen Qualitätssicherungsstrategie für das Gesundheits-Versorgungssystem.

Die Realisierung einer Qualitätsmessung und -steuerung unterliegt einem Lernprozess.
Es liegen erprobte Methoden und breite Erfahrungen zur Entwicklung und Einführung einer Outcome-Messung vor (klare strategische Zielsetzung, Prämissensetzung als verbindliches Normengerüst, Aufbau von Teilhaberschaft über prozessorientiertes Vorgehen, transparente Kommunikation als Voraussetzung für glaubwürdige Einbindung der Partner In den Projekten Outcome 1 und Outcome 98 wurden bisher zwei solche Lern-Zyklen durchlaufen. Der dritte Zyklus steht bevor (Projekt Outcome Weiterentwicklung).
, klare, konsistente politische Botschaften zur Vermittlung von Planungssicherheit und stabilen Rahmenbedingungen, professionelle Moderation bei Konflikten).

Zusammen mit den Spitälern wurden breit abgestützte strategische und konzeptionelle Erkenntnisse formuliert. Diese befassen sich unter anderem mit folgenden Themen: Fremd- und Selbststeuerung der Qualität, schrittweiser Aufbau einer Steuerungsstrategie, Umgang mit Daten, Daten-Transparenz und Benchmarking, Tauglichkeit, Nutzen, Möglichkeiten und Grenzen der Outcome-Messung, Schwerpunkte der Weiterentwicklung der Qualitätsmessung und der Strategie, Kosten und Finanzierung, etc.[2] Die Erkenntnisse fanden Eingang in den Verankerungsprozess (siehe unten), der in einem eigenen Projekt umgesetzt wurde.

---

2 Detaillierte Informationen im Schlussbericht Outcome 98, Teil IV

4 Verankerungsprozess der Outcome-Messung im Kanton Zürich

Parallel zu Outcome 98 wurde zusammen mit Versicherern, Spitälern und der Gesundheitsdirektion die institutionelle Etablierung der Outcome-Messung im Kanton Zürich in Gang gesetzt (Projekt Verankerung der Ergebnisqualitätsmessung im Kanton Zürich). Der Verankerungsvertrag wurde von den Partnern im August 1999 unterzeichnet.

Die Verankerung ist die Grundlage für die flächendeckende Messung ab dem Jahr 2000 im Kanton Zürich. Die Finanzierung wurde als Teil der Leistungserbringung explizit geregelt, die Outcome-Messung hat damit erstmals einen (auch finanziellen) „Wert" erhalten.

Als strategisches Entscheidungs- und Steuerungsgremium wurde eine paritätisch besetzte Qualitätskommission gegründet, welche eine Geschäftsstelle mit der operativen Umsetzung der Outcome-Messung und deren Weiterentwicklung beauftragt.

Die Qualitätskommission funktioniert unabhängig von der Finanzierung paritätisch. Die Vertragspartner Gesundheitsdirektion, Leistungserbringer und Versicherer besitzen darin je eine Stimme. PatientInnenorganisationen und Primärversorger besitzen je eine beratende Stimme. Die Qualitätskommission entscheidet über alle Belange der von den Partnern gemeinsam getragenen Outcome-Aktivitäten im Kanton Zürich. Die Entscheidungen werden im Konsens getroffen. Die inhaltlichen und methodischen Prinzipien sollen in der verankerten Lösung fortbestehen.

Die Teilnahme an den Messungen ist im Kanton Zürich in Zukunft verpflichtend, die Daten müssen korrekt erhoben werden. Benchmarking-Sitzungen sind integraler Bestandteil des Systems. Die Ergebnisse sollen in erster Linie den Betrieben als Grundlage ihres Qualitätsmanagements dienen und die Eigenmotivation zum Benchmarking fördern. Gute Qualität wird als solche ausgewiesen, Verbesserungspotential wird klar erkennbar. Das Ziel der Outcome-Messung ist erklärtermaßen die Förderung der Versorgungsqualität im Gesamtsystem. Sanktionsmaßnahmen können lediglich eine ultima ratio darstellen, die hoffentlich nie zum Einsatz kommen. Die Konzeption der Verankerung der Ergebnisqualitätsmessung im stationären Bereich im Kanton Zürich, inkl. der dort formulierten Steuerungsstrategie, trägt diesen Überlegungen Rechnung[3]. Spitäler, Versicherer und die Gesundheitsdirektion haben dort gemeinsam die Outcome-Messung, mit klarer Gewichtung der PatientInnenperspektive, im System verankert.

---

3 Alle Detailinformationen zur Outcome-Messung und zur Verankerung sind erhältlich bei der Gesundheitsdirektion des Kantons Zürich, Bereich Qualität, Obstgartenstrasse 19, 8090 Zürich (Schlussbericht Outcome 98, Verankerungskonzept, Zusammenarbeits-Verträge, etc.). Unsere Internet-Seite: www.zh.ch/gd/

Ursula Reck-Hog

KundInnenorientierung in der ambulanten Pflege

Im Folgenden wird das Bewertungsverfahren der TÜV Rheinland Gruppe für kundInnenorientierte Qualität kurz vorgestellt und in diesem Zusammenhang ausführlicher auf die Erwartungen eingegangen, die KundInnen heute an ambulante Pflegedienste stellen.

1 Qualitätsanforderungen

Das Bewertungsverfahren der *TÜV Rheinland Gruppe* für ambulante Pflegedienste, das im Laufe des Jahres 1996 entwickelt wurde und bundesweit angeboten wird, zielt schwerpunktmäßig darauf ab, die KundInnenorientierung von Pflegediensten zu bewerten. Dabei orientiert sich das Verfahren am Leitwert der Achtung von Würde und Selbstbestimmung der Kranken, Hilfebedürftigen und Pflegebedürftigen.

Abbildung 1: Bewertungsdimensionen und Qualitätssicherungselemente im Bereich ambulanter Dienste

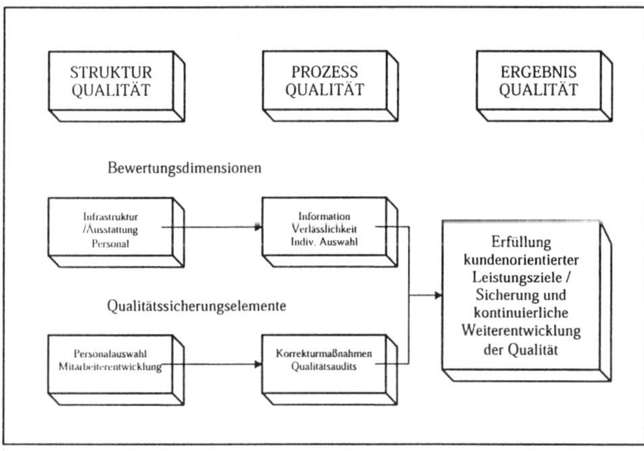

In Anlehnung an den Sozialwissenschaftler *A. Donabedian* wird zwischen Struktur-, Prozess- und Ergebnisqualität unterschieden.

Im Folgenden werden die Qualitätsanforderungen, gegliedert nach den oben vorgestellten Bewertungsdimensionen, im Überblick dargelegt. Die Qualitätssicherungselemente sind den entsprechenden Bewertungsdimensionen zugeordnet (vgl. *Klink/Reck-Hog,* 1998)[1].

Bei den Qualitätsanforderungen (Prüfelementen), denen jeweils Unterkategorien als Prüfkriterien zugeordnet sind, wird zwischen Mindestanforderungen (M) und Zusatzkriterien (Z) unterschieden (vgl. Abb. 2).

Abbildung 2: Darstellung der Prüfelemente, aufgeschlüsselt nach Mindestanforderungen (M) und Zusatzkriterien (Z)

Bewertungsdimensionen/ Prüfbausteine	Prüfelemente	Mindestanforderung (M) Zusatzkriterium (Z)
Infrastruktur/Ausstattung	Geschäftsräume	M
	Technische Hilfsmittel	Z
	Sächliche Hilfsmittel	M/Z
Personal	Fachliche Qualifikation	M
	Motivation kundenor. Qualität	Z
	Auswahl MitarbeiterInnen	Z
	Einarbeitung MitarbeiterInnen	Z
	Fort-/Weiterbildung	M
Information	Darstellung des Dienstes	M
	Information: Leistungen/Kosten	Z
	Information: Vertragsänderung	Z
	Kommunikationsstil	Z
	Korrekturmaßnahmen	M/Z
Verlässlichkeit	Ganzheitliche Betreuung	M
	Erreichbarkeit	M
	Konstante Versorgung	M
	Pflegevertrag	M
	Transparenz der Rechnungen	Z
	Regelungen über Geschenke	Z
	Vertraulichkeit	M
	Kompetente Leistungserbringung	M
	Pünktlichkeit	Z
	Sicherung/Weiterentwicklung der Qualität	M
Individuelle Auswahl	Einbeziehung Pflegeplanung	M
	Terminabsprache (Tage, Uhrzeit)	Z
	Betreuung durch wenige Kräfte	M
	Wahl der Pflegekräfte	Z

Die Mindestanforderungen sind primär aus bestehenden Gesetzen, Verordnungen und Vereinbarungen abgeleitet. Bei den Zusatzkriterien handelt es sich um Qualitätsmerkmale, die sich auf darüber hinausgehende KundIn-

1 http://www.reck-hog.de

nenerwartungen sowie den Stand der fachlichen Diskussion im Pflegebereich und im Bereich des Qualitätsmanagements beziehen.

2 Prüfinstrumente

Zur Überprüfung der Einhaltung der Qualitätsanforderungen wird folgendes Spektrum von Erhebungsverfahren eingesetzt:

Abbildung 3: Erhebungsverfahren

- *Dokumentenanalyse*
  (z.B. Präsentation, Leitbild, Stellenbeschreibungen, Pflegedokumentationssystem, Pflegevertrag, Rechnungen, Arbeitsverträge)
- *Begehung vor Ort*
- *Befragung Leitungsteam*
- *Befragung von MitarbeiterInnen*
- *Begleitung von Pflegekräften zu einzelnen Pflegebedürftigen*
- *Interviews mit Pflegebedürftigen und pflegenden Angehörigen*

Die Kombination der unterschiedlichen Erhebungsverfahren ermöglicht es, zu den wesentlichen Bewertungsdimensionen die Perspektive der einzelnen Beteiligten (Leitungsteam, MitarbeiterInnen, KundInnen) zu ermitteln und in einem ausführlichen Porträt der Einrichtung darzustellen.

Im vorliegenden Zusammenhang sei herausgestellt, dass wir davon ausgehen, dass es in jeder Einrichtung Probleme gibt. Entscheidend ist jedoch, dass KundInnenkritik und Beschwerden von MitarbeiterInnen und KooperationspartnerInnen als Chance für eine Qualitätsverbesserung wahrgenommen werden und ein Pflegedienst auf Beschwerden hin umgehend und individuell reagiert.

Im Folgenden wird ausführlicher auf die im Rahmen des TÜV Bewertungsverfahrens durchgeführten KundInnenbefragungen eingegangen: Die mündlichen Befragungen werden auf der Grundlage eines Interviewleitfadens (Adaption und Erweiterung des bekannten amerikanischen Fragebogens zur PatientInnenzufriedenheit *Client Satisfaction Questionaire* von *Attkisson* et al., 1983) durchgeführt. Sie zielen darauf ab, die Zufriedenheit mit den Leistungen des ambulanten Dienstes zu erheben und mögliche Problembereiche aufzudecken.

Die Auswahl der zu befragenden Kranken, Hilfe- und Pflegebedürftigen erfolgt nach dem Zufallsprinzip. Die erforderliche Stichprobengröße wird nach einem speziellen Stichprobenverfahren ermittelt.

3 KundInnenerwartungen an ambulante Pflegedienste

Im Folgenden werden Bereiche, welche für die Zufriedenheit von KundInnen ambulanter Pflegedienste wichtig sind, zusammenfassend vorgestellt.

Zur Illustration der einzelnen Dimensionen sind Aussagen von KundInnen ambulanter Pflegedienste und ihrer Angehörigen zusammengestellt.

Grundlage der Darstellung ist eine Sekundäranalyse von KundInnenbefragungen, die im Rahmen des Bewertungsverfahrens *TÜV Rheinland Gruppe* bei privaten ambulanten Pflegediensten und Sozialstationen (*AWO, Caritas, Diakonie*) in acht Bundesländern (Stichprobe: 32 Einrichtungen) durchgeführt worden sind.

Bei den im Folgenden vorgestellten Hauptdimensionen der Zufriedenheit von KundInnen sollte berücksichtigt werden, dass nicht jede Dimension für jede/n KundIn gleich wichtig ist, sondern je nach Person unterschiedliche Schwerpunktsetzungen zum Tragen kommen.

Darüber hinaus verstehen sich einzelne, vor allem hochbetagte PatientInnen nicht als KundInnen, denen es zusteht, Ansprüche zu formulieren (z.B.: „Wir können doch hier kein Wunschkonzert machen“; „Kommen Sie, um zu sehen, ob die Schwester mit mir zufrieden ist?“).

Abbildung 4: Hauptgründe für die Zufriedenheit von KundInnen

- Freundlichkeit
- Achtung der Person
- Hilfsbereitschaft
- Kontinuität (Geringer Wechsel der Pflegekräfte)
- Information/Beratung
- Verlässlichkeit
- Einhalten der vereinbarten Betreuungszeiten
- Fachliches Können/Gewissenhaftigkeit
- Vertraulichkeit
- Ernstnehmen der individuellen Wünsche und Bedürfnisse

3.1 Freundlichkeit

PatientInnen und ihren Angehörigen ist wichtig, dass Pflegekräfte nicht missmutig, unhöflich oder ungeduldig sind, sondern freundlich und gut gelaunt auftreten:

„Sie sind sehr lieb. Man braucht immer jemand Freundlichen, wenn man alt ist“; „Wenn sie reinkommen und freundlich schon aufmuntern, finde ich das schön“; „Sie geben einem die Hand, wenn sie kommen“; „Sie haben ein freundliches Lächeln“; „Auch wenn man mal anruft (Büro), die sind alle nett“; „Es sind sehr freundliche Damen. Sie waren noch nie missmutig oder ungeduldig"; „Das ist ein prima Pflegedienst. Sie sind natürlich freundlich. Die angelernte Freundlichkeit schätzen wir nicht"; „Ich bewundere die, dass sie immer gut gelaunt sind"; „Sie sind nicht brutlig. Sie sagen: So Meister, jetzt geht's wieder ran oder singen alte Seemannslieder mit."

3.2 Achtung der Person

Die Anforderung, KundInnen als Menschen zu achten und mit Respekt zu begegnen, ist in der Regel zentraler Bestandteil des Leitbildes von ambulanten Pflegediensten. Hierzu beispielhaft zwei Aussagen von pflegenden Angehörigen:

„Was mich beeindruckt: Es ist keine Hetze. Mit einer Ruhe und Gelassenheit machen sie das. Es ist kein Gezerre. Die reden auch immer. Auch während der Arbeit, obwohl sie nicht antworten kann. Es ist nicht übertrieben. Oma strahlt. Sie reden immer mit ihr"; „Mein Vater wird immer erst angesprochen und es wird auch nicht so streng auf die Zeit geachtet. Es ist ein würdevoller Umgang."

Zum Bereich „Achtung der Person" gehört auch, dass sich beispielsweise bei einer Kundin, die sich aus religiösen Gründen kein Insulin injizieren ließ, das Substanzen vom Schwein beinhaltet, der Pflegedienst erfolgreich darum bemühte, entsprechenden Ersatz zu finden.

Wie sensibel Kranke und Pflegebedürftige auf ein wenig einfühlsames Verhalten von Pflegekräften reagieren, zeigt die Schilderung einer älteren pflegebedürftigen Frau: „Eine Mitarbeiterin war ruppig. Wie ein Stück Holz hat die mich behandelt. Die zog mich an der Hand so hoch. In einen Pferdestall hätte sie gepasst. (...) Die habe ich abgelehnt."

Weiterhin ist im vorliegenden Zusammenhang auch die Achtung der Lebensgeschichte zu nennen (z.B.: „Sie respektieren schon, was er mal war"), sowie der Lebensgewohnheiten und der Lebensart von KundInnen: So berichtete eine 88jährige Kundin, die einen eher unaufgeräumten Haushalt hatte, über ihren früheren Pflegedienst: „So ein junges Ding wollte mir Vorschriften machen wegen der Haushaltsführung."

Schließlich akzeptieren KundInnen auch nicht, wenn verletzende Bemerkungen im Pflegebericht festgehalten werden (z.B. „Patient war sehr durcheinander und verwirrt").

3.3 Hilfsbereitschaft

KundInnen und ihre Angehörigen erwarten, dass Pflegekräfte zuvorkommend und hilfsbereit sind:

Hierzu gehört aus der Perspektive von KundInnen beispielsweise, dass „Rezepte in der Apotheke eingelöst werden", „Knoblauchpillen besorgt werden", „auch mal eine Dose oder ein Marmeladenglas" aufgemacht wird, man „Sonderkost" ausgeliehen bekommt, wenn sie gerade nicht vorrätig ist, die

Schwestern sich um defekte Hilfsmittel (z.B.: Badewannenlifter) kümmern, „die Zeitung mit hochbringen“, „auf Fragen eingehen“, im Notfall auch einmal den Ehemann einer Kundin „mitverarzten“ und bei behördlichen Angelegenheiten unterstützend tätig werden (z.B.: „XY hat beim Einspruch [Einstufung durch den MDK] geholfen“).

3.4 Kontinuität

Pflegebedürftige und ihre Angehörigen erwarten, dass ein Pflegedienst möglichst wenig verschiedene Kräfte einsetzt (z.B.: „Alle Augenblicke ein neues Gesicht, das gefällt mir nicht“).

Leider gibt es immer noch Einrichtungen, die beispielsweise in drei Monaten mehr als 15 verschiedene MitarbeiterInnen zu einem Kunden schicken.

Gerade für größere Einrichtungen stellt unserer Erfahrung nach die Gewährleistung des Prinzips der Kontinuität der Pflege eine ständige Herausforderung dar.

3.5 Information/Beratung

Was Information und Beratung anbelangt, ist zunächst die Erläuterung der Art der angebotenen Leistungen, der Kosten der Leistungen und des Abrechnungsverfahrens im Rahmen des Erstgespräches zu nennen: „Ich fühlte mich in der Luft. Frau XY hat es mir sehr gut erklärt und mich nicht mit einem Vertrag überfallen“; „Alles wurde ausgerechnet und genau erklärt“; „Sie tappen nicht im Dunkeln. Der Katalog wurde gezeigt.“

Im vorliegenden Zusammenhang sei auch darauf verwiesen, dass nach Auskunft von Leitungskräften ambulanter Pflegedienste in jüngster Zeit verstärkt eine Kopie der Abrechnung mit der Pflegekasse nachgefragt wird. Außerdem scheint vor allem für pflegende Angehörige das Preis-/Leistungsverhältnis an Bedeutung zu gewinnen. Damit verbunden stellt sich aus der Perspektive von Pflegediensten das Problem einer möglichen Unterversorgung einzelner PatientInnen.

Was die Beratungsleistungen ambulanter Pflegedienste anbelangt, ist weiterhin die Auswahl und Beschaffung von allen auf dem Markt befindlichen Hilfsmitteln (z.B.: Gehhilfen, Badewannenlifter), die Wohnraumanpassung sowie die Organisation qualitativ hochstehender, ergänzender Dienste (z.B.: Essen auf Rädern, Hausnotruf, ZahnärztInnen, die Hausbesuche machen) zu nennen. Hierzu gehört auch, dass auf Wunsch der Hausbesuch eines Geistlichen bzw. Repräsentanten der jeweiligen Glaubensgemeinschaft vermittelt wird.

Nicht zuletzt sind die MitarbeiterInnen von Pflegediensten für KundInnen AnsprechpartnerInnen in Problemsituationen (z.B.: „Schwester XY hat ihr Lebensmut gemacht. Mir kamen die Tränen“; „Sorgen und Nöte, was sie bewegt, können sie mitteilen"; man kann „über alles reden", „Schwester XY hat immer die richtigen Worte für mich").

Abschließend sei herausgestellt, dass die MitarbeiterInnen vor Ort auch Ansprechpartner für pflegende Angehörige bei pflegerischen Fragen (z.B.: „Sie erklären, wie gelagert werden soll") und GesprächspartnerInnen in Überlastungssituationen sind (z.B.: „Die muntern mich auf", Information über Entlastungsangebote wie Kurzzeitpflege oder Tagespflege, Unterstützung bei der Sterbebegleitung).

Im vorliegenden Zusammenhang sei auch erwähnt, dass manche Einrichtungen Gesprächskreise für pflegende Angehörige und Kurse in häuslicher Krankenpflege anbieten, die von den Teilnehmenden in der Regel positiv aufgenommen werden (vgl. *Reck-Hog & Leisz-Eckert,* 1998).

3.6 Verlässlichkeit

Für PatientInnen und ihre Angehörigen ist als Mindeststandard wichtig, dass der Pflegedienst zuverlässig kommt und keine PatientInnen „vergisst".

Darüber hinaus ist KundInnen wichtig, dass sie bei akuten gesundheitlichen Problemen mit Hilfe rechnen können („Dass sie nie weggehen würden, wenn es mir schlecht geht. Sie würden etwas unternehmen") und die Einrichtung in Notsituationen erreichbar ist (z.B.: „Wenn ich Hilfe brauche, sind sie da"; „Man kann Frau YX Tag und nacht anrufen, auch mal abends um 11 Uhr. Sie war am Telefon. Das gibt einem Sicherheit").

Im Zusammenhang mit Verlässlichkeit sei auch herausgestellt, dass ein Pflegedienst Regelungen für Geschenke von KundInnen haben sollte, die gewährleisten, dass ältere Menschen nicht glauben, Pflegekräfte in der Hoffnung auf eine bessere Betreuung beschenken zu müssen.

3.7 Einhalten der vereinbarten Betreuungszeiten

Für KundInnen oder ihre Angehörigen ist in zunehmendem Maße die Einhaltung der vereinbarten Betreuungszeiten wichtig.

Andere wiederum legen auf Pünktlichkeit weniger Wert (z.B.: „Ich bleibe ja doch liegen, bis sie kommen") oder äußern Verständnis für kleinere zeitliche Unregelmäßigkeiten (z.B.: „Es kommt ja auch drauf an, wie die Straßenverhältnisse sind"; „Es ist kein Drama, wenn es etwas eher ist").

3.8 Fachliches Können/Gewissenhaftigkeit

KundInnen und ihre Angehörigen setzen in der Regel voraus, dass die MitarbeiterInnen eines ambulanten Pflegedienstes aufgrund ihrer Ausbildung fachlich qualifiziert sind (z.B.: „Die haben das doch gelernt").

Dementsprechend gehen sie davon aus, dass sie „richtig versorgt" und die „Arbeit gut gemacht" wird.

Hierzu gehört nach Auffassung der Befragten unter anderem Gewissenhaftigkeit (z.B.: „Die Pflege ist gewissenhaft"; Bei der Grundpflege wird „nicht geschluddert"; „Die haben sich die größte Mühe gegeben und es [Wundheilung] hingekriegt"), Natürlichkeit („Es wird alles [Waschen] in ganz natürlicher Weise durchgeführt"), Ordentlichkeit („Sie räumen alles wieder weg"), Umsicht („Sie passen schön auf, dass ich nicht hinfalle"), Berücksichtigung der individuellen Situation („Ich bin nicht ständig in Sorge, machen sie es richtig. Sie sorgen so für ihn, wie er es braucht"), das Beobachten von Auffälligkeiten (z.B.: „Die Schwestern beobachten Auffälligkeiten. Da kann ich mich 100% darauf verlassen") und gegebenenfalls das Hinzuziehen eines Arztes/einer Ärztin („Sie informieren den Arzt").

3.9 Vertraulichkeit

Die Gewährleistung von Vertraulichkeit ist einzelnen PatientInnen sehr wichtig.

So ist die Nichteinhaltung der Schweigepflicht (z.B.: Pflegekraft erzählt im Dorf, der Patient sei Alkoholiker) durchaus ein Grund, die Einrichtung zu wechseln.

Darüber hinaus ist die Überzeugung, dass sich eine Einrichtung im Unterschied zu anderen an das Gebot der Vertraulichkeit hält, für InteressentInnen ein Grund, diese zu wählen (z.B.: „Das war der Grund, dass wir XY beauftragt haben").

Im vorliegenden Zusammenhang sei auch erwähnt, dass die Hausschlüssel der PatientInnen mit Nummern und nicht mit Namen zu versehen sind und in einem entsprechend gesicherten Schrank aufbewahrt werden sollten, um das Vertrauen von KundInnen zu rechtfertigen (z.B.: „Es besteht ein prima Vertrauen. Ich habe ihnen auch den Hausschlüssel gegeben"). Nicht zuletzt sind auch die auf EDV gespeicherten personenbezogenen Daten entsprechend zu schützen.

3.10 Ernstnehmen der individuellen Wünsche und Bedürfnisse

Speziell ältere Damen wünschen im Bereich der Intimpflege häufiger, nicht von einem Mann versorgt zu werden. Umgekehrt gibt es im Einzelfall auch Männer, die eine männliche Pflegekraft bevorzugen.

Ferner wird bei starker Antipathie einer Pflegekraft gegenüber erwartet, dass diese bei dem/der entsprechenden KundIn nicht mehr eingesetzt wird.

Weiterhin erwarten KundInnen und ihre Angehörigen die Berücksichtigung ihrer Vorstellungen bei den Einsatzzeiten sowie Flexibilität bei der Veränderung des vereinbarten Termins (z.B.: Arzttermin, Friseur, Kirchgang, Familienfest). Zudem sollte auf Wunsch kurzfristig (z.B.: Verhinderung des pflegenden Angehörigen, letzte Lebensphase) eine intensivere Betreuung gewährleistet sein.

Schließlich wird das Eingehen auf Wünsche im Bereich der hauswirtschaftlichen Versorgung (z.B.: „Wenn ich mal ein Rührei haben will, machen sie das") und Pflege (z.B.: Wassertemperatur, Wahl der Kleidung) erwartet. Vereinzelt besteht auch der Wunsch nach einem gleichmäßigen Ablauf der Pflege (z.B.: „Alte Menschen brauchen einen Ablauf, dass alles gleichmäßig hintereinander folgt").

4 Bewertungsverfahren

Das Bewertungsverfahren der *TÜV Rheinland Gruppe* wird wie folgt gestaltet:

Abbildung 5: Gestaltung des Prüfverfahrens

Vorbereitung
- Auswertung der vorgelegten Dokumente der Einrichtung (Basis: Fragebogen)
- Organisatorisches Vorgespräch

Überprüfung der Einrichtung vor Ort
- Besichtigung der Einrichtung anhand von Checklisten
- Interview mit dem Leitungsteam
- Befragung von MitarbeiterInnen
- Befragung von KundInnen und pflegenden Angehörigen
- Analyse von Dokumenten
- Rückmeldung der Befunde an das Team

Auswertung
- Erstellung eines ausführlichen Prüfberichtes mit Empfehlungen für die zukünftige Arbeit
- Formulierung einer Kurzfassung der Ergebnisse für die KundInnen des Pflegedienstes
- Bei grundlegenden Defiziten wird eine Nachprüfung erforderlich

Ausstellung des Zertifikates
- Übergabe des Zertifikates

Wiederkehrende Prüfungen zur Aufrechterhaltung des Zertifikates
- Nach spätestens 18 Monaten erfolgt eine Überwachungsprüfung (Bericht an AuftraggeberIn, Zertifikatsbestätigung)
- Wiederholungsprüfung nach dem 3. Jahr (Bericht an AuftraggeberIn, Zertifikatsverlängerung)

Zusammenfassend sei herausgestellt, dass das vorliegende Bewertungsverfahren nicht als starres, feststehendes Produkt interpretiert, sondern als veränderbar begriffen wird. Um eine Anpassung an gesellschaftliche Entwicklungen zu gewährleisten, wurde von der TÜV Rheinland Gruppe für diese Aufgabe ein wissenschaftlicher Beirat eingerichtet.

Die Gründe von ambulanten Pflegediensten, sich einer unabhängigen, externen Bewertung zu stellen, beziehen sich nach unseren Erfahrungen vor allem auf folgende drei Bereiche:

Zum einen sind Pflegedienste daran interessiert, von einer neutralen Stelle eine Rückmeldung über den Stand der Qualität ihrer Arbeit sowie Anregungen für ihre zukünftige Arbeit zu erhalten.

Weiterhin erwarten die Leitungsteams und die TrägerInnen der Einrichtungen durch die Vorbereitung auf das Bewertungsverfahren und die Verleihung des Zertifikates einen Motivationsschub bei den MitarbeiterInnen.

Nicht zuletzt wollen die geprüften Pflegedienste auch nach außen hin zeigen, dass sie eine seriöse, kundenorientierte Einrichtung sind und ein verlässlicher Partner von Kranken, Hilfe- und Pflegebedürftigen.

Gabriele Müller-Mundt, Ulrike Höhmann, Brigitte Schulz, Hubert Anton

Anforderungen an das Qualitätsmanagement in der Gesundheitsversorgung aus der Sicht der PatientInnen

Ergebnisse aus dem Hessischen Modellprojekt zur kooperativen Qualitätssicherung

Die Förderung oder zumindest Stabilisierung der Lebensqualität von Menschen, die aufgrund von chronischer Krankheit und eingeschränkten Selbstpflegeressourcen langfristig auf Gesundheitsdienstleistungen angewiesen sind, setzt eine integrierte Versorgungspraxis voraus. Sollen Therapiemotivation hergestellt und tragfähige Versorgungskonzepte entwickelt werden, sind berufs- und einrichtungsübergreifende Kooperation und Abstimmung ebenso unerlässlich wie die aktive Einbeziehung der Betroffenen. Im Rahmen des Hessischen Modellprojektes zur kooperativen Qualitätssicherung[1] wurde daher versucht, die PatientInnenperspektive von Beginn an zu berücksichtigten. Ausgehend von Befunden der Ist-Analyse werden im vorliegenden Beitrag Maßnahmen zur Verbesserung des Informationstransfers in Überleitungssituationen, zur Sicherung der Nachhaltigkeit der eingeleiteten Vernetzungsinitiativen und Probleme der Evaluation umrissen.

1 *Anliegen und Konzeption des Modellprojektes zur kooperativen Qualitätssicherung*

„Gesundheitsdienste in der Vernetzung: Gemeinsam planen – zielgerichtet Handeln“ war das Motto des als regionenbezogenes Qualitätsentwicklungsprojekt angelegten Modellprojektes zur „Kooperativen Qualitätssicherung“. Anliegen der Projektinitiative war es – ausgehend von den Kliniken in zwei Versorgungsregionen eines hessischen Landkreises – tragfähige berufs- und einrichtungsübergreifende Konzepte zur Verbesserung der Versorgung pra-

1 Das Modellprojekt wurde 1995 bis 1997 im Auftrag des Hessischen Gesundheitsministeriums von den Autorinnen unter Mitarbeit von *Hubert Anton* als externer Organisationsberater und Moderator der Qualitätsarbeitsgruppen am Agnes Karll Institut für Pflegeforschung (AKI)/DBfK durchgeführt, eine ausführliche Projektdarstellung findet sich in *Höhmann* et al. ([2]1999).

xisnah zu entwickeln. Diese sollten modellhaft für pflegebedürftige PatientInnen erarbeitet werden. Es ging somit um eine PatientInnengruppe, deren komplexe Problemlagen und Unterstützungserfordernisse unter Qualitätsgesichtspunkten im besonderen Maße einer integrativen Versorgungspraxis bedürfen. Hieraus ergaben sich die folgenden handlungsleitenden Fragen:

- Wie kann die aktive Einbeziehung der Betroffenen, die Berücksichtigung ihrer Sichtweise und Erfahrungen in die Handlungsorientierung der Professionellen gefördert werden?[2]
- Wie kann vermieden werden, dass im arbeitsteiligen System der Gesundheitsversorgung die Gesamtsituation der PatientInnen und darin begründete Versorgungserfordernisse aus dem Blickfeld geraten?
- Wie können Versorgungsbrüche bei einem Wechsel der betreuenden Professionellen und/oder Gesundheitseinrichtungen vermieden werden?

Diese Fragen galt es gemeinsam mit Betroffenen und den an der Betreuung pflegebedürftiger Menschen direkt beteiligten Professionellen zu bearbeiten, das heißt mit denjenigen, die die Problemlagen und Handlungserfordernisse am besten kennen. Mit Blick auf gängige Qualitätsentwicklungskonzepte (z.B. *Görres* et al., 1997) wurde ein sog. „bottom-up“ -Ansatz verfolgt. Er bedarf stets einer strukturellen Verankerung und Absicherung auf der Leitungsebene, wenn übergreifende kooperationshemmende Bedingungen auf dieser Ebene nicht überwunden werden können. Eine strukturelle Absicherung war insofern gegeben als im Projektfeld erste kooperations- und abstimmungsfördernde Unterstützungsstrukturen auf gesundheits- und sozialpolitischer Ebene bestanden und ausgebaut wurden, darunter Runde Tische der Pflegeeinrichtungen auf kommunaler Ebene und eine Pflegekonferenz unter dem Dach des Sozialdezernates des Landkreises.

Grundlegend war, dass es nicht um die Etablierung neuer Funktionsstellen des Case- oder Care-Managments ging. Durch die gemeinsame Problemanalyse und -bearbeitung sollte vielmehr ein Prozess „kooperativer Selbstqualifikation“ unter den Beteiligten eingeleitet und ein „Systemdenken“ im Sinne von *Senge* (1990) gefördert werden. Grundlegend hierfür war der Austausch über die jeweiligen Handlungsgrundlagen und Perspektiven und die gezielte Einbeziehung der Betroffenensichtweise in die berufs- und einrichtungsübergreifenden Qualitätsarbeitsgruppen.

2 Die Stärkung der Selbstpflegeressourcen wird in verschiedenen Pflegekonzepten als Kernstück professioneller Pflege herausgearbeitet. Vgl. hierzu die Beiträge von *King, Orem, Parse, Peplau, Rogers* und *Wiedenbach* in dem von *Schaeffer* et al. (1997) herausgegebenen Reader. Mit Blick auf eine zeitgemäße Medizin plädieren auch *von Üxküll* und *Wesiak* (^{2}1991) für eine Re-Definition der Arzt- bzw. Ärztinnenrolle als kenntnisreiche(r) PartnerIn der PatientInnen.

2 Zur Ausgangssituation: Probleme der Versorgungssituation pflegebedürftiger Menschen

Die im Rahmen der Ist-Analyse durchgeführten PatientInnenfallstudien und ExpertInnenbefragungen[3] ließen erkennen, dass die folgenden grundlegende Probleme der Versorgungssituation pflegebedürftiger Menschen auch in den ausgewählten Modellregionen bestanden:

- Besonders spezialisierte Gesundheitseinrichtungen fühlen sich primär für den jeweiligen Behandlungszeitraum und ihren spezifischen Handlungsauftrag verantwortlich.
- PatientInnen und deren Angehörige werden nicht hinreichend als PartnerInnen in die Therapie- und Pflegeplanung einbezogen.
- Bei betagten Menschen gewinnt unter dem dominanten akutmedizinischen Paradigma oftmals eine resignative Haltung die Oberhand gegenüber einer auch nach gerontologischen Erkenntnissen angezeigten Austaxierung der vielfältigen Möglichkeiten für ein präventives, die Gesundheits- und Selbstpflegepotentiale sicherndes Handeln (*Baltes & Zank*, 1990; *Krohwinkel*, 1993) und gegenüber der Ausschöpfung der Möglichkeiten zur Symptomkontrolle, die Palliativmedizin und -pflege für die Erzielung von Lebensqualität bei chronisch-degenerativen Erkrankungen bieten (*Aulbert & Zech*, 1997).

2.1 Ein Fallbeispiel

Die mögliche Tragweite entsprechender Mängel wird am Beispiel einer unserer PatientInnenfallstudien (P01), einer achtzigjährigen Patientin mit einer rheumatischen Erkrankung, besonders deutlich. Frau A. hatte, trotz der fortschreitenden Erkrankung, mit Unterstützung ihres Ehemannes bis ins hohe Alter von fast 80 Jahren den Alltag ohne fremde Hilfe bewältigt. Seit dem

---

3 Durchgeführt wurden 12 PatientInnenfallstudien, in denen fallbezogen die Problemsicht der Betroffenen, ihrer (pflegenden) Angehörigen und der betreuenden Professionellen anhand von leitfadengestützten Interviews und der Inhaltsanalyse vorliegender Dokumente der Krankenakten nachgezeichnet wurde.
Ferner wurden 43 ExpertInneninterviews mit Schlüsselpersonen der Gesundheitsversorgung und eine kreisweite schriftlichen Befragung unter den für die Betreuung pflegebedürftiger Menschen zentralen Gesundheitsdiensten zur Versorgungsstruktur und Kooperationsqualität durchgeführt. An der Befragung beteiligten sich 105 der angeschriebenen Institutionen und AkteurInnen (38 Prozent), darunter ambulante und stationären Pflegeeinrichtungen, HausärztInnen, KlinikärztInnen und Pflegeteams der Allgemeinpflegestationen der Modellkliniken. Die Rücklaufquote war bezeichnenderweise mit 78 Prozent unter den klinischen Pflegeteams am höchsten und unter den KlinikärztInnen mit nur knapp 23 Prozent am niedrigsten.

Tod des Ehemanns lebte Frau A. bei ihrer Tochter. Die Hinzuziehung eines ambulanten Pflegedienstes ermöglichte es der Tochter, weiterhin halbtags erwerbstätig zu sein. Dank der beständigen gemeinsamen Bemühungen aller Beteiligten gelang es Frau A. trotz zunehmender Beschwerden, ihre Mobilität aufrechtzuerhalten und eine latente Harninkontinenz zu bewältigen. Zentral waren hierfür regelmäßige Krankengymnastik und ein ausgeklügeltes Zeitmanagement, das sicherstellte, dass Frau A. tagsüber alle 2½ Stunden zur Toilette geführt wurde. Die kontinuierliche Verordnung von Bewegungstherapie erscheint hier vorbildlich, eine adäquate Symptomkontrolle war allerdings von hausärztlicher Seite, etwa durch Hinzuziehung eines Rheumatologen oder eines Schmerztherapeuten, nie in Erwägung gezogen worden.

Die Krankheitsverlaufskurve von Frau A. entwickelte sich jedoch im Verlauf eines Jahres dramatisch. Das wenn auch labile Gleichgewicht geriet erstmals ins Wanken infolge einer weitgehenden Passivierung während eines Klinikaufenthalts zur Abklärung vaginaler Blutungen in der Menopause. Dass die häusliche Pflegesituation instabil geworden war, reflektiert sich in zwei Aufenthalten in der Kurzzeitpflege innerhalb des folgenden halben Jahres. Nach einem zweiten Klinikaufenthalt sah sich die Tochter nicht mehr in der Lage, ihre Mutter zu Hause zu pflegen. Frau A. wurde in ein Pflegeheim verlegt und verstarb nur wenige Monate nach dem Heimeintritt.

In der Rekonstruktion der Krankheitsverlaufskurve und Institutionenkarriere von Frau A. wurden Folgeprobleme einer akutmedizinischen Problemfokussierung der Professionellen während des ersten Klinikaufenthaltes augenfällig (vgl. a. *Ulmer & Saller,* 1994): Für den behandelnden Gynäkologen stand nach dem Ausschluss einer malignen Erkrankung als Ursache für die vaginalen Blutungen die Austaxierung einer Hormonbehandlung im Vordergrund. Bewegungstherapie ist nach kleineren gynäkologischen Eingriffen nicht üblich, Behandlung und Symptomkontrolle rheumatischer Erkrankungen ist die Domäne anderer Fachdisziplinen. Nicht nur in der Klinik, auch während der Aufenthalte in der Kurzzeitpflegeeinrichtung erfolgte keine dem individuellen Rhythmus der Patientin angepasste Unterstützung bei der Bewältigung der Aktivitäten des alltäglichen Lebens. Die Sorgen der Patientin und ihrer Tochter traten hinter akute Probleme und institutionelle Routinen zurück. Da die Tochter an einer Wirbelsäulenerkrankung litt, konnte sie ihre Mutter nur so lange zu Hause betreuen, wie ein Mindestmaß an Mobilität gewahrt blieb. Mit Unterstützung ihres Ehemanns, des ambulanten Pflegedienstes und des Krankengymnasten versuchte sie die Selbstpflegeressourcen der Mutter soweit zu stabilisieren, dass eine gemeinsame Alltagsbewältigung möglich war. Hierzu gehörte das Ritual von Toilettengängen im 2½ Stundenrhythmus. Ein Pflegebericht war vom ambulanten Pflegedienst weder an die Klinik noch an die Kurzzeitpflegeeinrichtung weitergeleitet worden und die mündlichen Hinweise der Tochter auf die häuslichen „Routinen" wurden in den stationären Einrichtungen nicht hinreichend aufgegriffen. In der Kurzzeitpflege wurden BewohnerInnen mit Mobilitätseinschränkungen immerhin im Rhythmus von drei bis vier Stunden zur Toilette geführt. Diese Zeitspanne war für Frau A. jedoch zu lang, um den Urin zu halten. Dies hatte zur Folge, dass sie nicht mehr zur Toilette geführt wurde. Die Folge war eine zunehmende Immobilität und das Manifestwerden der zuvor latenten funktionalen Harninkontinenz.

Für Frau A. stand neben den rheumatischen Beschwerden die Kontrolle des Harndrangs im Vordergrund. In das Bett zu nässen war für sie, die stets Wert auf eine gepflegte Erscheinung gelegt hatte, schlicht entwürdigend. Auch war sie sich dessen bewusst, dass bei einem weitergehenden Hilfebedarf die Tochter überfordert sein würde. In ein Pflegeheim wollte sie nicht. Eintragungen in der klinischen Pflegedokumentation wie „trinkt kaum" lassen darauf schließen, dass Frau A. seit dem ersten Klinikaufenthalt versuchte, den Harndrang durch die ihr offenbar einzig möglich erscheinende autonome Handlungsstrategie zu kontrollieren, sie trank ganz einfach wenig. Ihre Bedürfnisse geltend zu machen, lag ihr ferne, denn wenn sie den Harndrang bemerkte, schaffte sie den für sie beschwerlichen Weg zur Toilette ohnehin nicht mehr. Durch die mangelnde Bewegung versteiften und schmerzten die Gelenke immer mehr, Aufstehen und Gehen fielen ihr immer schwerer. Die geringe Flüssigkeitsaufnahme reduzierte das Befinden von Frau A. schließlich drastisch. Anfangs leichte, sich dann aber verstärkende Verwirrtheitszustände und wiederholte Krampfanfälle machten eine erneute Klinikbehandlung unumgänglich. Die hier eingeleitete Infusionstherapie konnte den völlig entgleisten Flüssigkeits- und Elektrolythaushalt regulieren, nicht aber den erlebten Kontrollverlust und beeinträchtigten Lebensmut kompensieren. Frau A. erhielt während des Aufenthaltes in der internistischen Abteilung zwar eine körperbezogene Bewegungstherapie, eine Reaktivierung hätte aber einer längerfristigen Behandlung und einer adäquaten Symptomkontrolle bedurft. Im Pflegeheim war die Weiterführung des Behandlungsansatzes mangels entsprechender personeller Ressourcen nicht möglich.

Es geht hier nicht um Schuldzuschreibungen. Das Fallbeispiel unterstreicht jedoch die Notwendigkeit einer Erweiterung der professionellen Sichtweise und Handlungsorientierung, um eine an den individuellen Bedürfnislagen und Ressourcen orientierte Versorgungspraxis bei chronischer Krankheit und eingeschränkten Selbstpflegeressourcen gewährleisten zu können. Für die Professionellen bedeutet dies im Arbeitsalltag, den schwierigen Balanceakt zu bewerkstelligen zwischen spezialisierter Fachkompetenz und übergreifender Handlungsorientierung. Auf vernetztes Denken, Offenheit und Bereitschaft zur berufs- und bereichsübergreifenden Kooperation bereiten Ausbildung und Studium die Gesundheitsberufe nur bedingt vor (*Hoefert*, 1997). Zudem begünstigen geltende Finanzierungsregelungen eine Konzentration auf das vorrangige Zuständigkeitsgebiet. So ist in den Fallpauschalen für eine diagnostische Abrasio eine gezielte Bewegungstherapie zur Aufrechterhaltung und Förderung der Mobilität bei rheumatischen Erkrankungen schlicht nicht vorgesehen, wie sie in dem Fallbeispiel angezeigt gewesen wäre.

Auch von den Professionellen wurden institutionelle Übergänge als kritische, durch Informationsverluste geprägte Situationen beschrieben, vor allem dann, wenn die Betroffenen ihre Belange nicht vertreten können und Angehörige als Informationsinstanz nicht zur Verfügung stehen. Erfolgt eine Klinikeinweisung aufgrund einer plötzlichen Verschlechterung des Gesundheitszustandes, so beinhalten die Einweisungsscheine oftmals nur rudimentäre Informationen darüber, wie sich die Situation für den herbeigerufenen, meist „fremden" Notarzt darstellt. Fehleinschätzungen sind so vorprogrammiert, mit entsprechenden Implikationen für die Versorgungsqualität innerhalb der Klinik, denn nur eine eingehende Information über Selbstpflegeressourcen und -defizite der PatientInnen ermöglicht eine bedarfsgerechte aktivierende Pflege von Beginn an. Dies gilt für eine gezielte Bewegungstherapie gleichermaßen. Für den Sozialdienst bedeutet das Fehlen von Informationen über die bisherige Versorgungssituation zeitaufwendige Recherchen, soll ein tragfähiges Versorgungsarrangement für die Zeit nach dem Klinikaufenthalt getroffen werden.

Obwohl im Prinzip planbar, wurden auch bei Klinikentlassungen Informations- und Abstimmungsdefizite bemängelt. Zum Zeitpunkt der Ist-Analyse beschränkte sich die direkte schriftliche Information zumeist auf den KurzärztInnenbrief. Pflegeüberleitungsberichte hatten Seltenheitswert. Als ein weiteres Manko erwies sich, dass sich der Informationstransfer jeweils weitgehend auf die eigene Profession beschränkt. Der ÄrztInnenbrief geht an den Hausarzt/die Hausärztin, der Pflegebericht – sofern überhaupt vorhanden – an die weiter betreuende Pflegeeinrichtung.

3 Perspektivenabgleich und Anforderungen an die Versorgungsqualität

Um einen Perspektivenabgleich zu fördern und Maßnahmen zur Verbesserung der Abstimmungspraxis zu entwickeln, wurden in beiden Modellregionen unter Beteiligung von PatientInnenvertreterInnen interdisziplinäre Arbeitsgruppen auf zwei Ebenen gebildet. In den beiden Kliniken wurden unter Beteiligung von je zwei Modellstationen Qualitätszirkel gebildet, um klinikintern die Voraussetzungen für eine abgestimmte Versorgungspraxis zu erarbeiten. Im Umkreis der Kliniken wurden regionale Qualitätskonferenzen etabliert, um einrichtungs- und berufsgruppenübergreifend in dem jeweiligen Versorgungsgebiet Informations- und Kooperationserfordernisse abzustimmen und zu realisieren. Zur Verzahnung der Gremien waren jeweils VertreterInnen der klinischen Berufsgruppen aus den Qualitätszirkeln in das regionale Gremium eingebunden. Der direkte Austausch zwischen den VertreterInnen der Kliniken, ambulanter und stationärer Pflegeeinrichtungen, der niedergelassenen ÄrztInnen und PhysiotherapeutInnen wurde als Ansatzpunkt gewählt, um die unterschiedlichen Rahmenbedingungen, Versorgungskonzepte und -erfordernisse in das Blickfeld der Professionellen zu rücken.

Die in den Arbeitsgruppen formulierten Informationserfordernisse unterstreichen, dass die Sicherstellung einer situationsangemessenen nahtlosen Versorgung pflegebedürftiger Menschen eine zeitnahe und möglichst umfassende Information über den bisherigen und den prognostizierten „Verlauf" der Erkrankung und Beeinträchtigung von Selbstpflegepotentialen voraussetzt. Die von den PatientInnenvertreterInnen formulierten Anforderungen zeigen, dass von ihnen das Informationsverhalten der Professionellen gegenüber den Betroffenen ebenso wie der Professionellen untereinander als wichtiger Baustein der Betreuungsqualität betrachtet wird. Als zentral wurden von den PatientInnenvertreterInnen die folgenden Punkte herausgestellt:

- die Verfügbarkeit und Zugänglichkeit kompetenter AnsprechpartnerInnen, das Wissen, an wen man sich wenden kann und wen man vor sich hat,
- die Berücksichtigung von Erfahrungen der Betroffenen und zwar sowohl die konkrete Krankheitserfahrung als auch Erfahrungen in und mit Gesundheitsinstitutionen,
- die Sicherstellung von Versorgungskontinuität durch rechtzeitige Weiterleitung von Information über therapeutische und pflegerische Maßnahmen an nachgeschaltete Einrichtungen.

Bezogen auf die Gesundheitsberufe kristallisierten sich unterschiedliche Akzentuierungen in den Erwartungen heraus. Sie korrespondieren mit der jeweiligen Rollenzuschreibung im Versorgungsprozess. Als zentraler Kritikpunkt gegenüber der Medizin wurde die Tendenz zur Entmündigung der PatientInnen besonders im Krankenhaus angesprochen. Gewünscht wurden klare, verständliche und ehrliche Information durch die behandelnden ÄrztInnen im Rahmen einfühlsamer Gespräche, im geschützten Raum, nicht in der „Kliniköffentlichkeit" .

An die Pflege wurde die Erwartung gerichtet, vor allem die tendenzielle „Sprachlosigkeit" bei der Arbeit mit den PatientInnen abzubauen. Zentrale Anforderungen an die Pflege waren:

- Zuwendung, Zuspruch und Eingehen auf die individuelle Situation,
- Begründung von Handlungen und Darlegung der Ziele von Pflegeaktivitäten,
- „aufmunternde" Anleitung und Unterstützung bei Aktivierung,
- Berücksichtigung von Gewohnheiten der PatientInnen,
- kompetente Durchführung, vorausschauende Einleitung und Koordination von Maßnahmen.

Die gleichfalls angesprochenen latenten Missverständnisse zwischen Angehörigen und Pflegenden im Hinblick auf ihre Einbeziehung in die Pflege und mögliche Irritationen über eine die Selbstpflegefähigkeiten fördernde Pflegepraxis unterstreichen die Bedeutung, pflegerische Konzepte und Herangehensweisen zu begründen und zu erläutern.

Gegenüber dem Sozialdienst wurde von PatientInnenseite generell eine bessere Aufklärung über dessen Funktion gewünscht, zumal er insbesondere von ausländischen MitbürgerInnen als staatliche Kontrollinstanz eingestuft werde und der Kontakt daher oftmals entsprechend angstbesetzt sei. Mit Blick auf die Versorgungssituation nach einem Klinikaufenthalt werden eingehende Informationen über Versorgungsmöglichkeiten erwartet. In diesem Zusammenhang wurde der Wunsch hervorgehoben, über Gespräche mit den Angehörigen informiert zu werden, gemeinsam Zukunftsperspektiven zu diskutieren und zu entscheiden. Die unmittelbare Einbeziehung der Betroffenen solle stets die erste Präferenz des Sozialdienstes sein.

Augenfällig ist die weitgehende Übereinstimmung mit den Anforderungen, die in einer breit angelegten Studie zur PatientInnenperspektive von *Gerteis* et al. (1993) ermittelt wurden. In ihr kristallisierten sich als zentrale Qualitätsanforderungen an die Gesundheitsversorgung die folgenden Dimensionen heraus, denen sich die Formulierungen der PatientInnenvertreterInnen in den Qualitätsarbeitsgruppen zuordnen lassen:

- Respektieren der PatientInnen, ihrer Gewohnheiten und Bedürfnisse,
- Gewährleistung von Koordination und Kooperation durch die an der Versorgung beteiligten Gesundheitsdienste und Berufsgruppen,
- Sicherstellung von Information, Kommunikation und Anleitung für die Betroffenen,
- Sorge um körperliches Wohlbefinden (insbesondere Symptomkontrolle),
- emotionale Unterstützung, das Eingehen auf Ängste und Sorgen der Betroffenen,
- Einbeziehung nahestehender Personen,
- Sicherstellung von Versorgungskontinuität bei personellen und institutionellen Übergängen.

4 *Maßnahmen zur Verbesserung der Versorgungsqualität*

Ausgehend von der gemeinsamen Problemanalyse in den Qualitätsarbeitsgruppen wurden die folgenden Ansatzpunkte zur Sicherstellung von Versorgungsqualität herausgearbeitet:

- Sicherstellung des Abgleichs von Perspektiven und therapeutischen Konzepten
- Sicherstellung von Information, Koordination und Förderung der direkten Zusammenarbeit
- Verstehenssicherung und Kooperation zwischen Professionellen und Laien

Der Schwerpunkt der in den Kliniken eingeleiteten Maßnahmen lag auf der Verbesserung der internen Informations- und Koordinationsprozesse durch die Etablierung direkter interdisziplinärer Abstimmungsformen (Blitzlicht und Fallbesprechungen). Sie wurden bereits während der Projektlaufzeit auf andere Klinikbereiche übertragen und in den Regelbetrieb übernommen.

Auf der einrichtungsübergreifenden Ebene ging es darum, Informationswege, Kommunikations- und Kooperationsformen zu finden, die eine koordinierte Überleitung pflegebedürftiger Menschen bei institutionellen Übergängen sicherstellen. Hier wurden Restriktionen der Handlungsmöglichkeiten besonders deutlich. Von den Beteiligten wurde ein direkter Austausch nahezu einhellig als optimale Lösung eingestuft. Sozialvisiten, die direkte Überleitung am Krankenbett, bieten zudem den Vorteil, dass die Betroffenen nach der Klinikentlassung nicht mit ihnen völlig fremden Personen konfrontiert werden (vgl. *Gill & Mantej*, 1997). Angesichts der bestehenden Modalitäten der Kostenerstattung wurde ihre Einführung als Routineinstrument der Überleitung besonders von den ambulanten Diensten als unrealistisch eingestuft, ihre Durchführung aber als Überleitungsform der Wahl bei komplexen Versorgungserfordernissen empfohlen und auf der Grundlage der gemeinsam definierten Informationsanforderungen Durchführungshilfen erarbeitet.

Um Informations- und Koordinationsdefizite zu beheben, erschien daher zunächst die Gewährleistung schriftlicher Information praktikabel. Kernstück der hierfür entwickelten Maßnahmen ist ein gestuftes Berichtswesen, bestehend aus Überleitungsbericht und PatientInnenbegleitbuch. Der Überleitungsbericht wurde konzipiert für aktuelle Informationen über das Befinden und Versorgungsbedarfe der Betroffenen. Er ist für alle PatientInnen mit einem weitergehenden, auch kurzfristigen Versorgungsbedarf gedacht, aufgrund dessen ergänzende Informationen der Pflege, der therapeutischen Berufsgruppen und/oder des Sozialdienstes zum Arztbericht angezeigt sind. Zielgruppe des Begleitbuchs bei Pflegebedürftigkeit sind PatientInnen mit einem komplexen, längerfristigen Hilfebedarf. Es ist interdisziplinär angelegt und dient der Bereitstellung grundlegender Informationen auch für nicht planbare Übergänge. Mit Blick auf die intendierte Realisierung von PatientInnenorientierung ist hervorzuheben, dass das Begleitbuch Eigentum der Betroffenen ist, gemeinsam mit ihnen und ggf. pflegenden Angehörigen angelegt und aktualisiert wird. Entsprechend sind Rubriken vorgehalten, in denen Betroffene und/oder deren Angehörige Prioritäten, Bedürfnisse und Wünsche festhalten können.

In der Evaluation des Probelaufes der Berichtsformulare wurde von den Beteiligten einhellig eine positive Wirkung auf die Versorgungsqualität konstatiert. Hervorgehoben wurde, durch die Verfügbarkeit von Informationen, die auch Auskunft über Prioritäten der Betroffenen und der bisher betreuenden Gesundheitsinstitutionen geben, zielgenauer und in Kenntnis der spezifischen Bedingungen, Bedürfnisse und Probleme patientInnenorientiert arbeiten zu können.

5 Zur Evaluation und Nachhaltigkeit der Projektinitiative

Ein generelles Problem von Modellprojekten ist die Sicherung ihrer Nachhaltigkeit über den Förderungszeitraum hinaus. Zentral war es daher, für die Überführung der eingeleiteten Maßnahmen in die Alltagsroutinen und den Transfer über den Kreis der Modelleinrichtungen hinaus Sorge zu tragen. Dem dienten vor allem die folgenden Aktivitäten:

- eine kontinuierliche breite Informationsarbeit während der gesamten Projektlaufzeit, um auch die nicht direkt eingebundenen Akteure auf dem Laufenden zu halten, einschließlich von Informations- und Abstimmungsgesprächen mit den Entscheidungsgremien und TrägerInnen einzelner Einrichtungen zur Absicherung und Unterstützung der Maßnahmen,
- die Durchführung eines Workshops zur Veränderungsplanung und Innovation in Institutionen des Gesundheitswesen zur Vermittlung von Querschnitts- und Steuerungsqualifikationen nach Abschluss der Gremienarbeit,
- die Gründung einer Planungsgruppe für die Etablierung einer kreisweiten interdisziplinären Fachtagungsreihe unter Beteiligung der Selbsthilfegruppen in der Region und die Bündelung von Fortbildungsressourcen durch Öffnung klinischer Fortbildungsangebote und Abstimmung des Programms zwischen den Kliniken,
- die Erweiterung bestehender Gremien auf kommunaler und Kreisebene um bisher nicht vertretene Berufsgruppen und Einrichtungen und die Etablierung einer Qualitätskonferenz auf Kreisebene als inhaltlich arbeitendes Gremium in Ergänzung zur politisch-planerisch arbeitenden Kreispflegekonferenz.

Die Evaluation der eingeleiteten Maßnahmen erfolgte vorrangig qualitativ, zunächst fortlaufend auf der Grundlage der kontinuierlichen Bewertung durch die beteiligten Akteure in den Qualitätsgremien nach dem Muster des sog. Deming-Zyklus des „Plan – Do – Check – Act“ (vgl. *Kamiske & Brauer,* 1993). Sie wurde ergänzt durch eine systematische Bewertung der Handhabbarkeit und des Informationsgehaltes der eingesetzten Dokumentationshilfen mittels eines Fragenkataloges und der Inhaltsanalyse ausgefüllter Dokumentationshilfen. Eine Bestandsaufnahme des Fortgangs der Vernetzung in den Modellregionen wurde auf der Grundlage von Berichten der an dem Modellprojekt direkt beteiligten VertreterInnen der unterschiedlichen Berufsgruppen und Modelleinrichtungen auf Fachtagungen im Januar und im Juni 1998 durchgeführt.

Im Rahmen der Ist-Analyse waren eine standardisierte Befragung zur Versorgungsstruktur und Kooperation unter den Gesundheitsdiensten der Region und Sekundäranalysen von Klinikdaten zur Ermittlung sog. Drehtüreffekte pflegebedürftiger PatientInnen durchgeführt worden, um perspektivisch anhand ausgewählter Indikatoren die Wirksamkeit von Maßnahmen zu einem zweiten Messzeitpunkt quantitativ ermitteln zu können. Innerhalb der zweijährigen Projektlaufzeit konnte ein Transfer der Maßnahmen über den Kreis der Modelleinrichtungen hinaus jedoch nur im Ansatz geleistet werden. Auch zeigte sich, dass die erzielbaren Fallzahlen für die sinnhafte Anwendung von Verfahren der schließenden Statistik zu gering waren. Der Nachteil standardisierter Erhebungen, jeweils nur einen kleinen Ausschnitt der Realität erfassen zu können, hätte somit nicht aufgewogen werden können.

Die seit dem Abschluss der Projektphase nunmehr eigeninitiativ getragene Entwicklung zeigt, dass es den Akteuren in den Modellregionen gelungen ist, den Grundstein für eine bereichs- und berufsgruppenübergreifende Kultur des Austausches und der Zusammenarbeit zu legen. Die vereinbarte regelhafte Einführung der Dokumentationshilfen (Überleitungsbogen und PatientInnenbegleitbuch) sind erste Schritte hin zu einer verbindlichen Kooperation. Auf Kreisebene wurden mit der Etablierung einer problembezogen arbeitenden Qualitätskonferenz als Ergänzung der politisch-planerisch arbeitenden Pflegekonferenz strukturelle Grundlagen für die Realisierung einer kontinuierlichen regionenbezogenen Qualitätsentwicklung geschaffen. Die vom Altenhilfebeirat des Kreises auch politisch zur Erarbeitung inhaltlicher Vorgaben autorisierte Qualitätskonferenz hat sich die Aufgabe gestellt, den Fortgang der eingeleiteten Maßnahmen zu stützen, zu bewerten und in turnusmäßig stattfindenden kreisweiten Tagungen zur Diskussion zu stellen. Im Sinne des organisationalen Lernens ist es im Rahmen des Projektes gelungen, Lernprozesse zu initiieren und Kreativitätspotentiale zu aktivieren, die als Erfahrungswissen in der Region verfügbar und wirksam sind. Die intensivierte Kooperation der Professionellen mit regionalen Selbsthilfegruppen bietet die Chance, dass die Sicht der Betroffenen auch langfristig Eingang in Versorgungsplanung und -praxis findet.

Christian Thomeczek

Stand der Diskussion um Leitlinien im Gesundheitswesen

1 *Leitlinien: Definition, Merkmale, Ziele*

Nach der Definition, die die verfasste Ärzteschaft für „Leitlinien" – in Zusammenarbeit mit der Arbeitsgemeinschaft der medizinisch-wissenschaftlichen Fachgesellschaften (AMWF) – entwickelte, sind diese in erster Linie Entscheidungshilfen.

- Es ist ExpertInnenkonsens in definierten, transparent gemachten Vorgehensweisen,
- es sind wissenschaftlich begründete und praxisorientierte Handlungsempfehlungen,
- es sind Handlungskorridore.

Es sind keine starren Regelungen, und sie sind dynamisch, d.h. sie müssen fortlaufend dahingehend überprüft werden, ob die in Leitlinien vorgegebenen Inhalte, Empfehlungen, Diagnostik und Therapie immer noch dem medizinischen Standard entsprechen, so wie die medizinische Wissenschaft sich weiterentwickelt hat oder ob dort veraltete, überarbeitungsbedürftige oder gar obsolete Methoden gefordert werden, die letztendlich nicht nur eine Qualitätsverschlechterung, sondern u.U. auch eine Gefährdung der PatientInnen darstellen könnten.

Die Bundesärztekammer hat in ihrem „Curriculum Qualitätssicherung" folgende Merkmale von Leitlinien festgehalten und damit den obigen Katalog erweitert:

- Systematisch entwickelte Entscheidungshilfen;
- Expertenkonsens in definierten, transparent gemachten Vorgehensweisen;
- wissenschaftlich begründete und praxisorientierte Handlungsempfehlungen;
- Orientierungshilfen im Sinne von „Handlungskorridoren";
- Sie werden regelmäßig auf ihre Gültigkeit hin überprüft und müssen gegebenenfalls fortgeschrieben werden.

In einer Konferenz des Bundesgesundheitsministeriums in Zusammenarbeit mit der World Health Organisation (WHO) wurden die folgenden Ziele von Leitlinien formuliert:

- Sie helfen in der Reduzierung unnötiger und schädlicher Kosten,
- sie können eine optimale Gesundheitsversorgung zu akzeptablen Kosten, aber auch eine
- akzeptable Gesundheitsversorgung zu optimalen Kosten bewirken,

Mit diesen Aspekten ist auch eine wichtige Frage der Intention von Leitlinien angesprochen, nämlich ob man sie kostenoptimierend formulieren möchte, oder ob man sie therapie- bzw. diagnostikoptimierend formuliert. Beides ist legitim, die Intention muss nur genannt werden.

Einerseits werden Leitlinien zur Grundlage rationellen ärztlichen Handelns erklärt, anderseits wird ihnen allerdings auch eine Schutzfunktion für die PatientInnen bescheinigt.

Es wird zusammenfassend folgende Liste von Zielen beschrieben:

- Qualitätsmanagement in der Gesundheitsversorgung;
- Reduzierung unnötiger und schädlicher Kosten;
- optimale Gesundheitsversorgung zu akzeptablen Kosten;
- akzeptable Gesundheitsversorgung zu optimalen Kosten;
- Grundlage rationalen ärztlichen Handelns;
- die PatientInnen haben die Gewissheit, vor veralteten oder gar schädlichen Methoden geschützt zu werden.

2 Leitlinien, Richtlinien, Standards

Immer wieder kommt es zu Problemen bezüglich der Abgrenzung von Richtlinien und Leitlinien.

In der ÄrztInnenschaft ist konsentiert, dass Leitlinien Handlungskorridore sind, von denen in begründeten Fällen auch abgewichen werden darf bzw. muss. Richtlinien hingegen sind sehr starre Vorgaben im Rechtsbereich einer Organisation, die Normencharakter haben – z.B. für Ärztekammern, Kassenärztliche Vereinigungen, Rentenversicherungsträger und dergleichen mehr.

Standards hingegen stellen eine Abbildung des medizinischen Wissens zu einem bestimmten Zeitpunkt dar. Dieser Begriff ist nicht einheitlich definiert. Ein Standard kann sowohl zu einer Leitlinie wie aber auch zu einer Richtlinie „mutieren“, je nachdem in welchen Rechtsraum der Standard hineingebracht wird. Er erhält entsprechenden Normcharakter, wenn er z.B. im Rahmen einer KV erscheint, etwa nach § 135 SGB V.

Die folgende Übersicht stellt die unterschiedlichen Verwendungen der Begriffe zusammen.

Curriculum Qualitätssicherung der Bundesärztekammer

Leitlinien:
Systematisch entwickelte Entscheidungshilfen über angemessene Vorgehensweise bei speziellen gesundheitlichen Problemen.
Orientierungshilfen („Handlungskorridore"), von denen in begründeten Fällen abgewichen werden kann oder muss.

Richtlinien:
Von einer rechtlich legitimierten Institution konsentierte, schriftlich fixierte, veröffentlichte Regelungen des Handelns oder Unterlassens.
Für den Rechtsraum dieser Institution verbindlich; Nichtbeachtung zieht definierte Sanktionen nach sich.

Standards: (uneinheitlich definierte Bezeichnung)
Normative Vorgabe qualitativer/quantitativer Art bezüglich Erfüllung von Qualitätsanforderungen (Verbindlichkeit: wie Richtlinie)
konsentierte Regelungen von Berufsgruppen oder Institutionen

3 *Leitlinienentwicklung im internationalen Vergleich*

International gab es in den letzten Jahren in verschiedenen Gesundheitssystemen Versuche einer zentralen Entwicklung von Leitlinien zur Steuerung von therapeutischen und diagnostischen Vorgaben.

3.1 Vereinigte Staaten

An erster Stelle ist dabei die USA zu nennen. Dort ist das Problem der Leitlinien ganz anders gelagert, da in dem sehr unterschiedlich gearteten Gesundheitssystem der USA Leitlinien – zumeist auf Basis von privatrechtlichen Versicherungsverträgen – eine ganz andere Steuerungsfunktion wahrnehmen können und auch sollen.

Es gibt dort eine Vielzahl von Leitlinien, die den RechtspartnerInnen, den Versicherten, den KonsumentInnen – dem KundInnen – und den Serviceprovidern im Prinzip einen Weg vorgegeben, der finanziert wird – ohne Rücksicht auf medizinische Notwendigkeit – allein auf Basis eines Vertrages.

Es ist dort nicht so, wie wir es z.B. nach dem SGB V kennen, dass jede(r) Versicherte das Recht auf bestimmte Maßnahmen hat. In den USA hat jede(r) PatientIn – jeder *consumer* – in freier Entscheidung seinen Gesundheitsprovider, seine HMO etc, sich auserkoren, und dort bestimmte Leistungen ein gekauft, und die Definition dieser Leistungen wird in Leitlinien abgebildet. Diese müssen nicht immer den medizinischen Notwendigkeiten, dem medizinischen Standard entsprechen, sondern den ökonomischen Kalkulationen der HMO, bzw. des jeweiligen Gesundheitsdienstproviders.

Das hat in den USA zu dem Problem geführt, dass viele Hunderte von Leitlinien – oft zu gleichen diagnostischen oder therapeutischen Problemen –

nebeneinander existierten. Deshalb hatte sich die Bundesregierung zum Ziel gesetzt, einen allgemeinen, in den USA geltenden Standard für die Behandlung in bestimmten Gesundheitsbereichen vorzugeben und hat dort durch die Agency for Health Care Policy and Research (AHCPR) in den Jahren 1989 bis 1996 19 nationale Leitlinien entwickeln lassen.

Der Kostenaufwand belief sich auf 500 000 bis 1 Mio. Dollar pro Leitlinie, mit deren Hilfe dann im Prinzip der Versorgungsstandard der amerikanischen Bevölkerung definiert werden sollte.

Diese Ausrichtung des Programms wurde verlassen und die AHCPR beschränkt sich jetzt darauf, existierende Leitlinien nach methodischer Qualität und nach Kriterien der Evidenz zu bewerten und diese den KonsumentInnen, den PatientInnen, zur Verfügung zu stellen.

3.2 Schottland, Neuseeland, Holland

In Schottland wurde ein anderer Weg beschritten. In der relativ kleinen Enklave mit ca. 2 Mio. zu versorgender PatientInnen haben die Provider von Gesundheitsdienstleistungen zusammen mit den WissenschaftlerInnen und den NutzerInnen es geschafft, hochwertige Leitlinien zu entwickeln, die auch in der Anwendung der zugrunde liegenden Instrumente Vorbilder waren für die Entwicklung des Deutschen Leitlinien-Clearingverfahrens.

Andere Systeme, in denen auf nationaler Ebene Leitlinien herausgegeben wurden, waren Neuseeland im nationalen Health-Service; in Holland erfolgte eine Erarbeitung durch die holländische Hausarztgesellschaft.

Leitlinienentwicklung international

Land	*Institution*
USA	Agency for Health Care Policy and Research 19 nationale Leitlinien. (1989-1996)
Neuseeland	National Health Service 25 nationale Leitlinien. (seit 1992)
Niederlande	NL College of GP 70 nationale Leitlinien. (1989-1999)
Schottland	SIGN 39 nationale Leitlinien. (1993-1999)

3.3 Deutschland

In Deutschland sieht die Szene etwas anders aus. Es existiert eine Vielzahl von HerausgeberInnen von Leitlinien. Das hat zu den bekannten Problemen für die Selbstverwaltung geführt. Neben den wissenschaftlichen Fachgesellschaften, die sicherlich mit hohem Anspruch an die Entwicklung von Leitlinien herangehen, sind die KostenträgerInnen zu finden, die andere Intentionen haben können; aber auch Qualitätszirkel, die auf einer ganz anderen Ebene mit Leitlinien umgehen. Es besteht also eine Vielzahl von AnbieterInnen, die sich auch teilweise gleicher Leitlinienthemen angenommen haben. Dadurch entstand ein Problem für die AnwenderInnen von Leitlinien, indem nämlich zu gleichen Gesundheitszielen unterschiedliche Leitlinien mit unterschiedlichen Inhalten existieren.

HerausgeberInnen von Leitlinien in Deutschland 1999

- Medizinisch-Wiss. Fachgesellschaften
- Ärztliche Berufsverbände
- Bundesärztekammer
- Wiss. Beirat, AKdÄ
- Bundesausschuss Ärzte und Krankenkassen
- KostenträgerInnen
- Berufsgenossenschaften, Rentenversicherer
- Krankenhäuser /Krankenhausverbünde
- Landesärztekammern
- Qualitätszirkel / Praxisnetze
- Regierungsagenturen
- Fachberufe im Gesundheitswesen
- Verschiedene (Wiss. Institute/EinzelexpertInnen/Industrie etc.)

Daraus lassen sich die folgenden Grundprobleme herleiten:

1. Zu viele Leitlinien ohne erkennbare Prioritätensetzung. Es gibt Fachgebiete, in denen fast jede therapeutische Handlung inzwischen durch Leitlinien geregelt ist, sei sie noch so einfach und selbstverständlich.
2. Die Qualität von Leitlinien, insbesondere des Entwicklungsprozesses, ist häufig nicht beurteilbar, da dies aus der begleitenden Literatur oft nicht transparent wird.
3. Die Belege für die Empfehlungen in Leitlinien sind häufig nur unzureichend dokumentiert.
4. Angaben zu Nutzen und Kosten, die für bestimmte AnwenderInnenkreise von Bedeutung sind, fehlen meist, sind oft auch explizit ausgenommen.
5. Verschiedene Leitlinien zu identischen Versorgungsbereichen existieren unabgestimmt nebeneinander, nicht nur hinsichtlich FachärztInnen- und AllgemeinärztInnenversorgung, sondern auch z.B. Leitlinien der Fachgesellschaft, des Berufsverbandes, von Qualitätszirkeln und dergleichen mehr.

Daraus folgen vier Anforderungen, die die ärztliche Selbstverwaltung, die Bundesärztekammer, die Ärztekammern und die Kassenärztlichen Vereinigungen an die Entwicklung von Leitlinien stellen:

1. Es sind Prioritäten bei Leitlinienentwicklung zu beachten,
2. Es sind Qualitätskriterien zu berücksichtigen,
3. Die Evidenz der Empfehlungen muss transparent gemacht werden,

4. Leitlinien müssen auch den AnwenderInnen in der Praxis verfügbar gemacht werden.

Es nützt wenig, wenn Leitlinien in einem entsprechenden Fachmagazin veröffentlicht werden, den AnwenderInnen jedoch keine Hilfsmittel in die Hand gegeben werden, um diese Leitlinien für ihre praktische Arbeit auch umzusetzen.

Nach dem Positionspapier von Bundesärztekammer, Kassenärztlicher Bundesvereinigung, Deutscher Krankenhausgesellschaft und Spitzenverbänden der Gesetzlichen Krankenversicherung von 1998 werden Prioritäten gesetzt auf:

- Gesundheitsprobleme mit wirksamen Präventions- und Therapiemöglichkeiten,
- Gesundheitsprobleme mit relevanten, vermeidbaren Unterschieden der Betreuungsqualität sowie mit
- relevanten ethischen, medizinischen oder auch ökonomischen Implikationen,
- Gesundheitsbereiche, in denen eine hohe Varianz der Betreuungspraxis existiert, aber bei denen auch ein Fachkonsens notwendig und realisierbar erscheint und in dem die Entwicklung von Evidenz basierten Leitlinien möglich erscheint.

4 *Qualitätskriterien von Leitlinien*

Die Qualitätskriterien, die beachtet werden sollten, sind schon 1997 in einem gemeinsamen Papier von Bundesärztekammer und Kassenärztlicher Bundesvereinigung in der „Leitlinie für Leitlinien“ veröffentlicht worden. Basis waren hier die Instrumente, die u.a. in Schottland erarbeitet wurden. Die Grundlagen der methodischen Qualität von Leitlinien sind in der folgenden Tabelle dargestellt.

Qualitätskriterien von Leitlinien (1997)[1]

- Validität/Gültigkeit
- Reliabilität/Zuverlässigkeit
- Reproduzierbarkeit
- Multidisziplinäre Entwicklung
- Anwendbarkeit
- Flexibilität
- Klarheit, Eindeutigkeit
- Dokumentation der Leitlinienentwicklung
- Planmäßige Überprüfung
- Überprüfung der Anwendung
- Kosten-Nutzen-Verhältnis
- Verfügbarkeit der Leitlinie

1 Vorstand BÄK und KBV, DÄB 94 (33) A2154-55 1997

Eine Leitlinie ist kein statisches Instrument, sondern im Prinzip ein dynamischer Prozess der Abbildung von aktuellem, relevantem medizinischem Wissen.

Die Evidenzen der Leitlinien müssen transparent gemacht werden; d.h. die Evidenzen der Inhalte, der Ergebnisse, des Nutzens, von Nebenwirkungen und auch von Kosten, die sich aus den Empfehlungen der Leitlinie ergeben können, müssen angesprochen werden. Ferner müssen die Gültigkeitsdauer und Verantwortung der Fortschreibung der Leitlinie sowie die AutorInnenschaft genannt werden.

Evidenzen transparent machen[2]

Die NutzerInnen einer Leitlinie sind zu informieren über:

- Ziele der Leitlinie
- Vorgehensweisen und Ergebnisse
- Evidenzen der vorgeschlagenen Vorgehensweisen
- Nutzen, Nebenwirkungen, Kosten
- Belege für Wirksamkeit der Leitlinie
- Gültigkeitsdauer/Verantwortung für Fortschreibung
- AutorInnen, Koop.-PartnerInnen, Konsensverfahren, SponsorInnen

Leitlinien können ein sehr gutes Mittel sein, den PatientInnen darzustellen, was wirklich Stand der medizinischen Wissenschaft ist, nicht das was die Boulevardpresse o.ä. über einzelne Schicksale schreibt, sondern was die allgemeine medizinische Versorgung leistet. Warum unternimmt der Arzt gerade jene therapeutischen und diagnostischen Schritte zu einem bestimmten Punkt? Warum bekommt nicht jeder Rückenschmerzkranke am ersten Tag ein Computertomogramm? Alle diese Inhalte können durch ein entsprechendes, begleitendes Material an die PatientInnen sehr gut vermittelt werden und dienen somit auch der Rolle des offenen ÄrztInnen-PatientInnen-Verhältnisses.

Schließlich können Leitlinien auch als Instrumente bei Fortbildungsveranstaltungen, als Abbildung des medizinischen Wissens und des medizinischen Standards bzw. als Dokumentationshilfen dienen.

5 Leitlinien Clearingverfahren

Leitlinien sollen durch Instrumente ergänzt werden, mit deren Hilfe die Empfehlungen in der ärztlichen Berufspraxis verfügbar und nutzbar gemacht werden können, wie z.B. Praxishilfen, PatientInneninformationsmaterial, Fortbildungsmaßnahmen oder Dokumentationshilfen.

2 Vorstand BÄK und KBV, DÄB 94 (33) A2154-55 1997

Deswegen hat die Bundesärztekammer zusammen mit der Kassenärztlichen Bundesvereinigung und der Deutschen Krankenhausgesellschaft sowie den Spitzenverbänden der Gesetzlichen Krankenversicherung sich schon früh, nämlich 1997, Gedanken gemacht über Leitlinien und ein Leitlinien-Clearingverfahren.

Die Selbstverwaltung will nicht primär eigene Leitlinien entwickeln, sondern ein Verfahren aufbauen, um Leitlinien methodisch zu beurteilen, um darzustellen, welche Leitlinien von einer methodisch hochwertigen Qualität sind, so dass diese verwandt werden können, um entsprechende Empfehlungen zu erarbeiten.

Zu den Zielen des Clearingverfahrens gehört auch, dass bestimmte Versorgungsbereiche – prioritäre Versorgungsbereiche – benannt werden, d.h. dass nicht Leitlinien für alle therapeutischen und diagnostischen Bereiche evaluiert werden. Vielmehr soll eine Art Gesundheitsberichtserstattung erfolgen und prioritäre Versorgungsbereiche sind zu definieren, in denen Leitlinien auch entsprechend helfen können, unterschiedliche Versorgungsqualitäten zu beheben.

Gefordert werden folgende Maßnahmen:

Leitlinien (LL)-Clearingverfahren[3]

- Spitzenorganisationen konsentieren Versorgungsbereiche (Gesundheitsziele) und LL-Themen
- LL werden in standardisierter Weise bewertet und ausgewählt
- LL-Bewertungen werden öffentlich zugänglich gemacht
- Regionale Implementierung ausgewählter LL wird konsequent unterstützt

Diese Leitlinien werden in einer standardisierten Weise mit dafür entwickelten Instrumenten ausgewählt und bewertet.

Die Instrumente sind einerseits die 1997 veröffentlichten Qualitätskriterien für Leitlinien, die „Leitlinie für Leitlinien“ sowie die korrespondierenden Instrumente, z.B. die Checkliste zur Bewertung der Qualität von Leitlinien sowie die Leitlinienberichte.

Diese Bewertungen werden öffentlich durch sog. Leitlinienberichte zugänglich gemacht, einerseits in Printmedien, andererseits im Internet.[4]

Der erste Bericht ist 1998 erschienen zum Asthma bronchiale. Dort wurde eine Vielzahl von nationalen und internationalen Leitlinien zum Asthma bronchiale recherchiert und auf Basis der Checkliste für Leitlinien standardisiert bewertet.

Als Instrumente für ein Clearingverfahren bezüglich der Leitlinien (LL) kommen in Betracht:

3 LL-Clearingverfahren von BÄK/KBV mit DKG/GKV
4 (http://www.leitlinien.de).

Leitlinien (LL)-Clearingverfahren/Instrumente

- Qualitätskriterien für LL („Beurteilungskriterien von Bundesärztekammer und Kassenärztlicher Bundesvereinigung")
- Bewertung der LL-Qualität („Checkliste" + „Leitlinien-Berichte")
- Priorisierung von LL durch Selbstverwaltung („Zertifizierung")
- Information der Öffentlichkeit („LL-In-Fo")
- Implementierung („Regionale Modifikation, Praxishilfen, Evaluation")

Die Information der Öffentlichkeit, der Fachöffentlichkeit, aber auch der Allgemeinöffentlichkeit ist durch das „Leitlinien-In-Fo", das ist das Internet-gestützte Angebot, gegeben. Zusätzlich soll eine entsprechende Hilfestellung bei der Implementierung und Modifikation sowie bei regionalen Praxishilfen und – ganz wichtig – bei Evaluation von Leitlinien gegeben werden.

Wir sollten auch, wenn wir Leitlinien als Instrumente nutzen, prüfen, ob diese den Zweck, den sie verfolgen, erfüllen können oder ob wir nach einem bestimmten Zeitraum erkennen müssen, dass ein freilaufendes System vielleicht eine genauso hochwertige Gesundheitsversorgung in definierten Bereichen erbringen kann. Dafür müssen wir Qualitätsindikatoren definieren und die Leitlinienimplementierung evaluieren.

Wir müssen uns Gedanken machen um eine Prioritätenliste. Wir sind immer noch mit der Frage beschäftigt, ob eine Zertifizierung einzelner Leitlinien sinnvoll ist und umgesetzt werden sollte.

Die Auswahl der Leitlinienthemen nach der Prioritätenliste erfolgt aufgrund mehrerer Kriterien. Dabei spielen die Bedeutung eines Gesundheitsproblems für den Einzelnen und die Bevölkerung, die Existenz unangemessener Qualitätsunterschiede in der Gesundheitsversorgung, Gesundheitsprobleme mit wirksamen Präventionen und Therapiemöglichkeiten eine maßgebliche Rolle.

Als Kriterien für die Auswahl von Leitlinien-Themen fungieren folgende Aspekte:

Leitlinien (LL)-Clearingverfahren/Prioritätenliste

- Bedeutung eines Gesundheitsproblems *(ethisch/psychosozial/medizinisch/ökonomisch)* für den Einzelnen und die Bevölkerung
- Existenz unangemessener Qualitätsunterschiede in der Gesundheitsversorgung
- Gesundheitsproblem mit wirksamer Präventions-/Therapiemöglichkeit
- Chance zur Entwicklung EBM (evidence based medicine)-gestützter Konsensus-Leitlinien

Die Gesundheitsreform 2000 hat sich dieses Themas – der Leitlinien – auch angenommen. Dabei wurde das Verfahren, das bereits 1997 von der Selbstverwaltung angedacht wurde, aufgegriffen. Man kann allerdings der Verbindlichkeit, die den Leitlinien dabei zugedacht wurde, nicht zustimmen – sie verlieren dadurch ihren eigentlichen Charakter.

Sie werden in einem Gesetz zu einer Regelung, zu einer Richtlinie. Da die Selbstverwaltung in einem sehr intensiven Dialog mit den Fachgesellschaften, mit sich selbst und mit den Krankenkassen steht, zeigte sich, dass in Deutschland ein lebhafter Austausch stattfindet. Der Gesetzgeber sollte nur subsidiär dort eingreifen, wo Qualitätsmängel nicht durch das von ihm eingesetzte System der Selbstverwaltung behoben werden können.

Innovation, Evaluation und Qualitätsmanagement in Sozialer Arbeit und Supervision

Maja Heiner

Interne Evaluation zwischen institutioneller Steuerung und pädagogischer Reflexion

Sieben Thesen

Warum interne Evaluation?

Evaluation umfasst ein breites und heterogenes Spektrum von Forschungsansätzen. Das zeigt insbesondere die lange Diskussion um die unterschiedlichsten Evaluationsmodelle in den USA (*Shadish* u.a., 1991), aber auch die Ausdifferenzierung der Evaluationstheorie und Evaluationspraxis im Bereich der Humandienstleistungen in der Bundesrepublik (*Grohmann,* 1997; *Heiner,* 2000): Da findet man nationale, sektorale und regionale Studien, externe und interne Evaluationen, Selbst- und Fremdevaluation, Fragestellungen mit dem Fokus auf Effektivität oder Effizienz; auf pädagogische oder organisatorische Prozesse, auf Struktur-, Prozess- oder Ergebnisqualität, mit oder ohne NutzerInnenbefragung, mehr oder weniger nutzungsorientiert, mit oder ohne Beteiligung der Beforschten und dabei mit sehr unterschiedlicher Nähe zum quantitativen oder qualitativen Forschungsparadigma. Mein Beitrag beschränkt sich auf einen Ausschnitt aus diesem Spektrum, auf interne Evaluationen. Sie werden von der untersuchten Organisation(-seinheit) eigenverantwortlich geplant und durchgeführt. Dabei kann sich diese Organisation der Unterstützung durch externe Fachleute versichern – oder auch nicht. Die Vor- und Nachteile interner Evaluationen gegenüber externen Evaluationen hinsichtlich Innovationspotential, Objektivität und Zuverlässigkeit und Akzeptanz sollen dabei ebenso wenig thematisiert werden wie Fragen der Reichweite und Verallgemeinerbarkeit der Erkenntnisse. Unter sozialpolitischen Gesichtspunkten sind umfassende externe Evaluationen nicht zuletzt deswegen unverzichtbar, weil nur so übergreifende fachliche Qualitätsstandards formuliert und in den regionalen Qualitätsdiskursen verankert werden können (*Merchel,* 1989; *Landert,* 1996). Ich möchte mir dennoch erlauben, quasi mit der Lupe zu arbeiten und Evaluation dabei möglichst nah an die alltäglichen Berufsvollzüge der Praxis zu rücken, um zu zeigen, wie sich Evaluationen zugleich für die Qualifizierung des methodischen Handelns, also für die Weiterentwicklung der professionellen Kompetenz, nutzen lassen (*Heiner,* 1998). Dies ist weder die einzige noch die beste oder wichtigste Art, Evaluation im Bereich der Humandienstleistungen zu betreiben. Angesichts der teilweise formalistischen und inhaltsabstinenten Ausrichtung einer Reihe von Konzepten der Qualitätsentwicklung und -sicherung stellt dies aber m.E. eine wichtige Ergänzung dar. Hierzu möchte ich im Folgenden sieben Thesen aufstellen und erläutern.

1. These: Interne Evaluation ist ein zentrales Medium der Qualitätsentwicklung und institutionellen Steuerung lernender Organisationen über Wissensmanagement.

In der BRD hat die Qualitätsdebatte das Bewusstsein dafür geschärft, dass gute Absichten, selbst gute Taten alleine nicht ausreichen, dass man auch bei Humandienstleistungen Erfolge belegen und Wirkungen nachweisen muss. Die gesetzlichen Vorgaben im Rahmen des Sozialgesetzbuches haben dazu geführt, dass man inzwischen verpflichtet ist, Leistungsvereinbarungen abzuschließen und dabei die Ziele klarer, konkreter und überprüfbar als bisher zu benennen, um Effektivität und Effizienz im Wettbewerb der AnbieterInnen nachzuweisen. Das Konzept der Dienstleistungseinrichtungen als lernende Organisationen hat außerdem bewusst werden lassen, wie sehr institutionelle Steuerung von der Erarbeitung, Aufbereitung, Auswahl und gezielten Weitergabe leicht zugänglicher Informationen und Know-how, also von einem gelungenen Wissensmanagement der zentral und dezentral vorhandenen Kenntnisse abhängt. Interne Evaluation ist eine zentrale Voraussetzung für das Wissensmanagement in Organisationen. Durch sie wird Erfahrung systematisiert, geprüft und bewertet und für den Organisationszweck nutzbar gemacht.
Dabei ist bei der Betrachtung der deutschen Situation im Vergleich zu anderen Ländern (z.B. den USA oder Großbritannien) ein Unterschied zu beachten: in Deutschland ist das Interesse an Evaluation in der Sozialen Arbeit jenseits der Begleitforschung, die sich meist auf Modellprojekte beschränkt, erst durch eine sehr lebendige Diskussion über die Notwendigkeiten neuer Steuerungsmodelle im Rahmen des Qualitätsmanagements in den Humandienstleistungen angeregt worden. Und dies hat dann auch die Erwartungen an Evaluationen geprägt. Daher stellt sich in Deutschland und insbesondere für die Soziale Arbeit die Frage: sind Qualitätsmanagement und Evaluation „strange bedfellows“ oder könnten sie ein glückliches Paar abgeben? Wie bei allen Aussagen zu „Beziehungskisten“ ist meine Prophezeiung hinsichtlich ihrer Dauerhaftigkeit eine vorsichtige: unter bestimmten Umständen könnten sie ein sehr glückliches Paar werden. Ich werde in den folgenden Thesen genauer auf die Rahmenbedingungen eingehen, die dafür gegeben sein müssen.
Meine erste Frage angesichts der Notwendigkeit, Qualität nachzuweisen, lautet: Ist eine Verbindung von Evaluation und Qualitätsmanagement wünschenswert? Meine Antwort ist eindeutig positiv, allerdings gespickt mit einigen „Wenns“ und „Abers“ . Es kommt wie immer auf die Bedingungen an, d.h. auf die Ausrichtung und Gestaltung sowohl des Qualitätsmanagements als auch der Evaluation. Hierzu im Folgenden einige Ideen, die hoffentlich

aufzeigen, was zur Kultur der lernenden Organisation im Gesundheits- und Sozialbereich und zugleich zur Akzeptanz von Evaluation beitragen kann.

2. These: Interne Evaluation setzt Qualitätsmanagement voraus, unterstützt es und führt zugleich entscheidend darüber hinaus.

Interne Evaluation setzt Qualitätsmanagement zumindest teilweise voraus. In einer Institution, die ihr Leitbild nicht geklärt, ihre Ziele nicht oder nur vage definiert und ihre Angebotsstruktur nicht mit den Zielsetzungen abgeglichen hat, ist eine sofortige Formulierung von Evaluationskriterien nicht möglich. Ob man solche Vorarbeiten der Konzeptions- und Zielklärung „Qualitätsentwicklung" oder „Evaluation" nennt, da gehen die Meinungen auseinander. Der Evaluationsbegriff wird teilweise so weit gebraucht, dass auch Bedarfsanalysen und Konzeptionsentwicklungen ohne vergleichende Bewertungen darunter gefasst werden (*Shadish* u.a., 1991). Evaluation als datenbasierte Bewertung setzt in jedem Falle eine Zielklärung voraus – und zwar nicht nur der Leit- oder Rahmenziele, sondern auch konkreter Handlungsziele. Diese Vorarbeiten, die ein halbes Jahr oder länger dauern können, müssen als Teil der Evaluation explizit vereinbart werden. Hat eine detaillierte Zielformulierung bereits während der Installation eines Qualitätsmanagementsystems stattgefunden, so kann die Evaluation darauf aufbauen und diese Zielklärung im Rahmen der Operationalisierung von Untersuchungsfragestellungen fortführen.

Qualitätsmanagement ist ein kontinuierlicher Prozess. Evaluationen dagegen werden in der Regel als zeitlich befristete Vorhaben geplant. Bei der internen Evaluation, wie sie hier vorgestellt wird, lässt sich eine solche klare Trennung allerdings nicht aufrecht erhalten. Das was man im Englischen als „monitoring" bezeichnet, d.h. die kontinuierliche, datenbasierte Beobachtung von Entwicklungen, stellt genau jene gemeinsame Schnittmenge zwischen interner Evaluation und Qualitätsmanagement dar, durch die sich die Grenzen verwischen. Monitoring macht keinen Sinn ohne gelegentliche Bilanzierung und Bewertung. Diese Auswertung aber stellt dann keinen so herausgehobenen besonderen Akt mehr dar wie der Abschlussbericht als einmalige Bilanzierung bei einer punktuellen Evaluation, zumal wenn sie wenig prozessorientiert ausgelegt ist und wenig mit der pädagogischen Reflexion von Evaluationskonzepten verknüpft ist.

Interne Evaluation kann das Qualitätsmanagement einer Institution gerade dadurch unterstützen, dass sie nicht nur einmal Daten sammelt und auswertet, sondern sich auf Überlegungen einlässt, was denn kontinuierlich an Informationen benötigt wird, um zu erkennen, ob und inwieweit man bestimmte Ergebnisse auf eine als angemessen betrachtete Weise erzielt oder nicht. Sie kann damit zugleich zum Aufbau des Wissensmanagements der Institution beitragen.

Evaluation erfolgt immer ziel- oder kriterienbezogen. Eine Verkürzung des Qualitätsmanagements auf die Dokumentation von Aktivitäten (also den output an Leistungen) nicht aber auf das Ergebnis (also den outcome) – wie sie leider z.B. in den Beispielen der KGSt zur Jugendhilfe zu finden ist – kann so vermieden werden (KGSt, 1994). Die Zielorientierung der Evaluation führt zu einem Qualitätsmanagement, das nicht nur prozess- oder strukturbezogen ausgerichtet ist, sondern auch ergebnisbezogene Aussagen ermöglicht. Ein solches ergebnisbezogenes, kriteriengeleitetes Qualitätsmanagement ist noch immer eher selten (positive Ausnahmen z.B. das EFQM Modell).

Aber auch in der Evaluationsforschung im Bereich der Sozialen Arbeit sind überzeugende out-come Untersuchungen rar. In dieser Situation könnte ein kriteriengeleitetes und partizipatives Qualitätsmanagement die interne Evaluation nicht nur durch eine detaillierte Zielklärung unterstützen, sondern auch durch die Förderung einer Organisationskultur, die durch die Bereitschaft zur Offenlegung und selbstkritischen Reflexion des eigenen Tuns gekennzeichnet ist. Umgekehrt könnte die Evaluation das Qualitätsmanagement durch verlässliche, datenbasierte Beurteilungen des Leistungsstandes der Organisation unterstützen.

Meine These lautet auch: Evaluation führt über Qualitätsmanagement hinaus und darin besteht m.E. eine besondere Chance für die Professionalisierung der Sozialen Arbeit! Durch entsprechend konzipierte Evaluationen wird eine prinzipielle Begrenztheit der meisten Qualitätsmanagementsysteme aufgehoben: die Fixierung auf KundInnenurteile als alleinigem oder entscheidendem Qualitätsmaßstab. Diese Ausrichtung auf KundInnenzufriedenheit und KundInnenbindung, die den Bedingungen marktförmiger und marktbezogener Produktion entspricht, ist leider nicht nur in betriebswirtschaftlich ausgerichteten Publikationen zu finden. Das KundInnenurteil als entscheidender Maßstab erscheint mir aber selbst dann als unzureichend, wenn man davon ausgeht, dass im Gesundheits-, Bildungs- und Sozialbereich die Institutionen nicht nur *einen* KundInnenkreis haben, sondern mehrere KundInnenkreise zufrieden stellen müssen. Diese KundInnen oder besser diese NutzerInnen haben bekanntlich sehr unterschiedliche Interessen, denkt man z.B. an den Staat als Zahlmeister, die TrägerInnen als AnbieterInnen und schließlich die KlientInnen als NutzerInnen der Angebote mit ihren eigenen Erwartungen (*Olk*, 1994). Und auch innerhalb dieser NutzerInnenkreise gibt es Differenzen. So werden die Eltern teilweise recht andere Vorstellungen von Dienstleistungen wie Kindergarten, Schule oder Erziehungsberatungsstelle haben als ihre Kinder. Selbst wenn man diese Vielfältigkeit der KundInnenkreise und AbnehmerInnen berücksichtigt – und die KlientInnen außerdem richtiger als NutzerInnen oder Betroffene bezeichnet – so greift die Orientierung an solchen Außenerwartungen als Grundlage für die Formulierung von Beurteilungskriterien zu kurz. Eine fachlich begründete und ausgewiesene Beurteilung sowohl der Problemlagen wie auch der Problemlösungen jenseits der Zufriedenheit der AbnehmerInnen und KooperationspartnerInnen stellt eine unverzichtbare Ergänzung der sogenannten KundInnenorientierung dar – auch und gerade, wenn man davon ausgeht, dass Qualität keine objektive Größe ist, sondern ein „Konstrukt, das außerhalb gesellschaftlicher und persönlicher Normen, Werte, Ziele und Erwartungen nicht denkbar ist" (*Merchel*, 1998, S. 27).

Die Ausrichtung der Evaluation auch an fachlichen Kriterien ermöglicht es zugleich, sich auf ein theoretisches Modell zu beziehen, das nicht der Marktlogik verpflichtet ist: auf das Modell des Sozialbürgers (*Schaarschuch*, 1996). Hier werden die NutzerInnen von Dienstleistungen nicht als KundInnen oder KonsumentInnen gesehen, sondern als BürgerInnen. BürgerInnen haben gesetzlich verbriefte Rechte sowohl auf Mitsprache und Mitbestimmung als auch auf wohlfahrtsstaatliche Leistungen einer bestimmten (Mindest)Qualität. Diese politische und demokratietheoretische Konzeption des Dienstleistungsverhältnisses stellt auch eine gute Grundlage für eine stärkere Berücksichtigung der Interessen der NutzerInnen und für Überlegung zur partizipativen Gestaltung von Evaluationsprozessen dar.

3. These: Ohne Verknüpfung mit der pädagogischen Reflexion bleibt die institutionelle Steuerung global, die Evaluation oberflächlich.

Michael Quinn Patton hat eine treffende Formel für das Verhältnis von institutioneller Steuerung und Evaluation gefunden: „What gets evaluated, gets done." „Was evaluiert wird, wird auch getan." (*Patton*, 1998, S. 63) Überall dort, wo man damit rechnen muss, dass dokumentiert wird, was man tut bzw. nicht tut, wird man selbst dafür sorgen, dass man es tut und zwar möglichst gut – oder zumindest so, dass es möglichst gut aussieht. Und selbst das erfordert meist mehr Nachdenken über die Ziele, eine genauere Dokumentation der Prozesse und damit zumindest ein klareres Bewusstsein davon, was man eigentlich tun müsste. Mit der Evaluation wird also die Aufmerksamkeit, werden die Energien der Beteiligten auf bestimmte, zur Messung und Berichterstattung vorgesehene Bereiche gerichtet.

Die institutionelle Steuerung, die durch die Evaluation möglich ist, so behaupte ich mit meiner dritten These, bleibt jedoch allzu leicht ungenau und unspezifisch, wenn sie nicht mit der pädagogischen Reflexion verknüpft wird. Und diese Verknüpfung muss organisiert werden, muss institutionalisiert werden, um dauerhaft und berechenbar zum Qualitätsmanagement beizutragen. Am Beispiel der Elternarbeit im Erziehungsheim soll im Folgenden aufgezeigt werden, welchen Gewinn Qualitätsmanagement aus einer solchen Verknüpfung ziehen kann.

Bei einer oberflächlichen Überprüfung der Elternarbeit im Rahmen der institutionellen Steuerung würde man rein formal festlegen, dass z.B. halbjährliche Bilanzierungsgespräche mit den Eltern zu führen sind, dass jeweils vor Wochenendbesuchen des Kindes zu Hause ein telefonischer Kontakt stattfinden soll und dass die Eltern außerdem bei Krisen (z.B. Entlaufen, schwereren Krankheiten) zu informieren sind. In der Statistik lässt sich das dann leicht abhaken. Die Einführung dieser Messgrößen sagt allerdings noch nichts über die Zielsetzung und Qualität dieser Elternarbeit aus oder gar über ihren Erfolg. Was würde eine zusätzliche „KundInnenbefragung" bei Eltern erbringen? Die Eltern sind vielleicht anfangs einfach nur froh, die Verantwortung für die Kinder, mit denen sie nicht mehr fertig werden, an die Institution abgeben zu können. Ansonsten haben sie recht ambivalente Gefühle, sowohl gegenüber ihren Kindern als auch gegenüber dem Heim. Im ersten Jahr der Heimunterbringung, in dem ohne Anregung und Unterstützung von Seiten der HeimerzieherInnen Besuche wahrscheinlich eher selten erfolgen, verlieren die Eltern immer mehr den Kontakt zu den Kindern. Angesichts der raschen Entwicklung in diesem Alter sind ihnen ihre Kinder dann schon nach einem Jahr fremd geworden. So finden sie sich schließlich mit der Situation ab, sie auf immer verloren zu haben. Eine Befragung nach dem ersten halben Jahr oder Jahr, ergänzt durch eine standardisierte schriftliche Befragung oder selbst ein kurzes Gespräch mit drei oder vier Leitfragen, würde in dieser Situation vielleicht Ärger über das Jugendamt, wahrscheinlich aber Zufriedenheit mit der Elternarbeit des Heimes erbringen: Man wurde ja immer informiert und beteiligt! Ohne andere Erfahrung kann man sich gar nicht vorstellen, was noch möglich wäre. Ergebnis der Evaluation: eine positive Bewertung der Elternarbeit durch die sogenannten „KundInnen".

Eine mit der pädagogischen Reflexion verknüpfte Evaluation der Elternarbeit würde dagegen zunächst die Beantwortung einer ganzen Reihe von grundsätzlichen Fragen voraussetzen: Verstehen wir uns als familienersetzende oder familienergänzende Hilfe? Streben wir eine Rückführung des Kindes in die Familie an? Generell oder nur in Einzelfällen? Wie können wir die Beziehung zwischen Eltern und Kind erhalten und verbessern? Welche Verantwortung soll den Eltern auch während des Heimaufenthaltes bleiben? Können sie z.B. über Schullaufbahn und die Ausbildung ihres Kindes (mit)-entscheiden? Überlässt man ihnen die Regelung und Auszahlung des Taschengeldes? Kaufen sie mit den Kindern die Kleider oder andere Dinge ein? Wie können die HeimmitarbeiterInnen den Eltern bewusst machen, dass ihre Erziehungsverantwortung weiterhin besteht und sie dabei unterstützen? Erst wenn sie so umfassend beteiligt würden, könnten die Eltern in einem Bilanzierungsgespräch auch weiterhin ihre eigenen Erziehungserfahrungen mit den Kindern einbringen und wären so zumindest partiell PartnerInnen der Heimerzieher. Bei einer solchen Ausgangslage macht dann auch eine KundInnenbefragung, besser noch ein Gespräch mit den Eltern über ihre Erwartungen und Erfahrungen als Evaluationsansatz Sinn – aber eben erst dann!

Zu evaluieren wären bei einem solchen Konzept von Elternarbeit ganz andere, weniger formale Punkte als die Einhaltung einer festgelegten Anzahl von Gesprächen zu einem bestimmten Zeitpunkt und Anlass. Man könnte z.B. erheben, wie oft es gelungen ist, Familienaktivitäten und Heimaktivitäten zu verzahnen. Durfte die neue Freundin des Sohnes, ein Mädchen aus einer anderen Heimgruppe, am Wochenende mit zur Familie des Jungen fahren? Ist der Vater ermutigt worden, den Jungen einmal in der Woche vom Heim zu seinem Sportverein zu Hause zu fahren, damit er in seiner Judogruppe bleiben kann? Werden die Eltern zu Gesprächen mit der Lehrerin oder dem Ausbilder hinzugezogen? Wer übernimmt in diesem Gespräch welche Rolle? Wird die Rollenaufteilung und die Zielsetzung des Gesprächs mit den Eltern vorbesprochen? All dies sind Ankerbeispiele für die Qualität der Elternarbeit, die auf der Grundlage eines vorher festgelegten Kataloges von Evaluationskriterien erhoben werden können und anhand einer Schätzskala eine Beurteilung der Bemühungen des Heimes ermöglicht. Dieses Vorgehen ermöglicht zugleich die Berücksichtigung der Eigenarten des Einzelfalles. Diese Besonderheiten des Einzelfalles schlagen sich in den jeweiligen Ankerbeispielen der Schätzskalen nieder (vgl. zur Methode des Rating *Langer & Schulz v. Thun,* 1974). Die Evaluationskriterien sind damit einzelfallübergreifend vergleichbar und erlauben dennoch eine Individualisierung des Vorgehens – und diese Individualisierung ist ja ein zentrales Qualitätskriterium jeglichen pädagogischen Handelns.

Durch die pädagogische Reflexion der Einzelfälle und die Operationalisierung der verbindlichen Rahmenziele in konkrete Handlungsziele sowie die Entwicklung von Schätzskalen mit Ankerbeispielen gewinnt die Evaluation eine unmittelbar handlungsorientierende Bedeutung für die Fachkräfte. Die Reflexion methodischen Handelns im Einzelfall und die institutionelle Steuerung durch die Vorgabe von Zielen, Kriterien und Mindeststandards können sich auf diese Weise produktiv ergänzen und sowohl der Qualitätsentwicklung wie der Evaluation und der pädagogischen Reflexion die notwendige Tiefendimension geben.

4. These: Zwischen institutioneller Steuerung und pädagogischer Reflexion besteht ein Spannungsverhältnis, keine grundsätzliche Unvereinbarkeit.

Qualitätsmanagement umfasst zwei sehr unterschiedliche Aufgaben: die Qualitätsentwicklung und die Qualitätssicherung. „Sicherung“ bedeutet immer auch Kontrolle. „Entwicklung“ andererseits erfordert immer auch Offenheit, legt Partizipation nahe. Je nachdem welchen Aspekt des Qualitätsmanagements man also betont, gelangt man zu mehr oder weniger partizipativen und innovativen Konzepten.

Ist „institutionelle Steuerung“ nun vor allem ein Instrument der Kontrolle? Wie vertragen sich institutionelle Steuerung und pädagogische Reflexion? „Steuerung“ ist ein Begriff, der umfassender ist als der des Managements. Er umfasst Aktivitäten von Leitungskräften auf allen Ebenen, nicht nur an der Spitze der Organisation, und auch die einzelnen MitarbeiterInnen steuern (z.B. im Case Management) komplexe Prozesse. Der Begriff „Steuerung" soll außerdem deutlich machen, dass es nicht nur darum geht, etwas „zu managen", also zu organisieren und in Gang zu halten, sondern vor allem den richtigen Kurs zu halten, um im wuseligen Alltag die Ziele nicht aus den Augen zu verlieren.

Einer der namhaften Theoretiker der Theorie der lernenden Organisation, *Senge* (1993), hat einmal darauf hingewiesen, dass sich Manager und Leitungskräfte gerne als Kapitäne des Schiffes Organisation sehen – was nach seiner Auffassung jedoch nicht ganz zutreffend ist. Der Kapitän hat zwar das Sagen, er bestimmt den Kurs. Den Kurs halten aber muss der Steuermann. Ein vom Kapitän richtig angeordneter, vom Steuermann aber falsch angepeilter Kurs ist ebenso fatal wie eine falsche Kursvorgabe, die genau und richtig angepeilt wird. „Steuerung" erinnert also sowohl an die notwendige Zielorientierung als auch an die ständige Kontrolle, ob der richtige Kurs auch noch gehalten wird.

Und nicht zuletzt erinnert diese Metapher daran, dass man vom „Steuern" vor allem bei größeren Gefährten redet, in denen meist noch eine Reihe anderer Personen sitzt oder steht. Man steuert Autos, Flugzeuge, Omnibusse und Boote. Fahrrad fährt man selbst. Die, die mit im Boot sitzen, das gesteuert wird, müssen bereit sein zu rudern, die Segel zu setzen oder die Kessel zu heizen, damit man auch am Ziel ankommt. Man steuert zwar auch Maschinen. Aber in der noch nicht so hochtechnisierten Welt, aus der der Begriff stammt, erinnert Steuerung immer auch an die Notwendigkeit der Kooperation und der Herstellung eines Konsenses oder zumindest einer Bereitschaft zur Gefolgschaft. Der Begriff verweist also auch auf partizipative Aspekte, die uns bei der Gestaltung von internen Evaluationen noch beschäftigen werden.

Indem die interne Evaluation im Titel diese Vortrages *zwischen* institutioneller Steuerung und pädagogischer Reflexion angesiedelt wird, ist zumindest ein Spannungsverhältnis angedeutet, wird vielleicht sogar ein grundlegender Gegensatz vermutet. Richtig ist, dass institutionelle Steuerung immer auch einen Eingriff in die Autonomie der einzelnen Fachkraft mit sich bringt, indem Standards festgelegt und ihre Einhaltung kontrolliert wird. Insofern weckt Qualitätsmanagement (und dann noch verbunden mit interner Evaluation!) verständlicherweise Befürchtungen. Aber es kommt entscheidend darauf an, wie umfassend dieser Eingriff in die Autonomie ist, d.h. wie detailliert die Vorschriften sind, die einzuhalten sind und ob den Einzelnen noch Handlungsspielräume verbleiben. Und – last not least – ob die verbindlichen Standards diskursiv, unter breiter Beteiligung aller Betroffenen erarbeitet wurden und weitgehend konsensfähig sind.

Um das Spannungsverhältnis zwischen institutioneller Steuerung und pädagogischer Reflexion auszutarieren und keine grundsätzlichen Gegensätze entstehen zu lassen, müssen also partizipative Strukturen geschaffen werden und die verbindlichen Vorgaben auf das Notwendige reduziert werden, d.h. auf die unverzichtbaren Mindeststandards beschränkt bleiben. Vor allem aber müssen für die interne Evaluation Untersuchungsdesigns entworfen werden, die eine produktive Verknüpfung von institutioneller Steuerung und pädagogischer Reflexion erlauben. Dazu einige Vorschläge.

5. These: Das Spannungsverhältnis von institutioneller Steuerung und pädagogischer Reflexion beruht auch auf einem prinzipiellen Unterschied des Erkenntnisinteresses von Leitung und MitarbeiterInnen. Es kann am ehesten durch kasuistische, qualitative Evaluationen überbrückt werden.

Nach den optimistischen, von produktiver, wechselseitiger Ergänzung ausgehenden Ausführungen zur Verknüpfung von institutioneller Steuerung und pädagogischer Reflexion einige Hinweise auf Differenzen und Schwierigkeiten. Ich gehe dabei nicht primär von Hierarchie- und Kompetenzproblemen aus. Vielfach wird angenommen, dass die Spannungen zwischen Leitung und MitarbeiterInnen darauf beruhen, dass die Leitung die Evaluation anordnet (oder sie zumindest aufdrängt) und die MitarbeiterInnen sie dann nur widerwillig ausführen. Das kommt sicher nicht selten vor. Aber was genau geschieht am Anfang eines solchen Prozesses? Warum kommt es nicht zu einer produktiven Zusammenarbeit? Zur Beantwortung dieser Frage möchte ich Ihnen gleich drei Szenarios zur Auswahl stellen.

Ich weiß nicht, wie die Soziale Arbeit in Ihren Ländern heute zu Fragen der Hierarchie und der Befugnisse von Leitungskräften steht. In Deutschland gibt es eine Tradition, die bis in die späten 60er Jahre zurückreicht, nach der die Institution der Feind der Sozialen Arbeit ist, als bürokratische Zwangsjacke, als Legitimation fachlich unqualifizierter Einmischungen „von oben“, kurz, als Störfaktor und nicht als Unterstützungspotential. Dies hat sich in den letzten Jahren geändert und man erkennt auch in der Sozialen Arbeit allmählich den Wert institutioneller Strukturen für die Sicherung der Qualität von Dienstleistungen und für die Qualifizierung und Unterstützung der einzelnen Fachkraft durch Supervision, Fortbildung und fachliche Beratung, auch durch Vorgesetzte. Dennoch bin ich mir nicht sicher, welche der folgenden Szenen einer Sozialarbeiterin oder einem Sozialarbeiter zuerst einfallen würde, wenn sie sich vorstellen würden, dass ihr Chef oder ihre Chefin vorschlägt, eine interne Evaluation durchzuführen:

Erste Szene: der Vorgesetzte einer größeren Einrichtung teilt allen MitarbeiterInnen per Rundschreiben mit, dass sein persönlicher Referent (ein Soziologe oder Psychologe) eine interne Evaluation durchführen wird und dass es eine verpflichtende und vorrangige Dienstaufgabe sei, ihn dabei zu unterstützen. Der Psychologe verschickt die fertigen Fragebögen, versehen mit einem kurzfristigen Rücksendetermin. So die bürokratisch-autoritäre Version, die nicht zufällig in einer großen Einrichtung angesiedelt ist.

Zweite Szene: Die unmittelbare oder nächsthöhere Vorgesetzte ruft die MitarbeiterInnen zusammen, um mit Leidensmiene und gefurchter Stirn zu erklären, dass man „von ganz oben" verdonnert worden sei, Evaluation zu betreiben. Letzte Sätze der Ansprache: „Machen wir das Beste daraus: einfach tot stellen geht nicht, aber ein Bein ausreißen müssen wir uns ja auch nicht! Warten wir erst mal ab, ob da noch genauere Anweisungen kommen." Das ist die nicht selten anzufindende, reaktiv-passive Vorgesetzte, die nicht leitet, sondern leidet.

Dritte Szene: Eine begeisterte Vorgesetzte erzählt mehrfach im kleineren Kreis, in der Kaffeepause, am Rande der Teamsitzung über Möglichkeiten der Evaluation und stellt schließlich in einer Sitzung vor, was sie gelesen oder gehört hat und was ihr daran gefällt. Letzte Sätze der Ansprache: „Ich glaube das kann uns auch wirklich etwas für unsere Arbeit bringen, uns auch klarer zeigen, was eigentlich gut läuft und wo wir noch nachlegen müssen, nicht nur in der Außendarstellung! Wir sollten mal überlegen, ob wir das trotz all unserer Belastungen nicht doch noch irgendwie unterbringen. Aber zunächst einmal müssten wir schauen, wann und wie wir das ein bisschen konkreter fassen können, ob da was für uns drin stecken könnte!"

Nach meiner Einschätzung dürften sich im Bildungs- und Sozialbereich Szene zwei und drei häufiger abspielen als die Szene einer autoritären Anordnung ohne jede Partizipation. Abgesehen davon, dass die eine der Vorgesetzten der letzten beiden Szenen eher resignativ gestimmt ist, die andere dagegen auf positive Veränderungen hofft, besteht der entscheidende Unterschied in der fehlenden, bzw. vorhandenen Überzeugung, dass Evaluation auch qualifizierend wirken und für die einzelnen MitarbeiterInnen einen Zugewinn an Fachkompetenz und Erhöhung der Arbeitszufriedenheit bedeuten könnte.

In einem Beruf, der notorisch unter widersprüchlichen Erwartungen, unklaren Zielvorgaben und fehlenden positiven Rückmeldungen leidet – und zwar fehlenden positiven Rückmeldungen sowohl von den KlientInnen als auch den Vorgesetzten – stellt Evaluation eine Chance dar, pädagogische Verantwortung zu fördern, Leistungen der MitarbeiterInnen wahrzunehmen, anzuerkennen und zu würdigen. MitarbeiterInnen leiden häufiger unter mangelnder Orientierung und dem fehlendem Interesse der Vorgesetzten als an deren Einmischung in ihre Arbeit (vgl. *Klüsche,* 1990).

Es gibt allerdings zwischen MitarbeiterInnen und Leitungskräften Differenzen bezogen auf das Erkenntnisinteresse, die nicht übersehen werden dürfen. Sie beruhen auf den unterschiedlichen Aufgaben, die sich mit der Entfernung von der ausführenden Ebene und der entsprechenden Hierarchiestufe verstärken.

MitarbeiterInnen und Leitungskräfte evaluieren vor dem Hintergrund unterschiedlicher Relevanzstrukturen. Für die MitarbeiterInnen ist (1) der Einzelfall mit all seinen Besonderheiten von Bedeutung und (2) der Prozess der Intervention und mit allen Schritten einer allmählichen Entwicklung der KlientInnen entscheidend. Für die institutionelle Bilanzierung und den Vergleich zwischen Organisationseinheiten oder Organisation dagegen sind Durchschnittswerte und Endergebnisse maßgebend. Eine Beratungsstelle, die feststellt, dass sie im Vergleich zu anderen Beratungsstellen besonders viele Beratungsabbrüche zu verzeichnen hat, muss an Durchschnittszahlen zu Alter, Geschlecht, Nationalität und Problemlage etc. interessiert sein, um z.B. feststellen zu können, ob bei Suchtproblemen oder bei AusländerInnen ein überproportionaler Anteil an Abbrüchen zu verzeichnen ist. Das sind aber oftmals keine ausreichenden und vor allem nicht die entscheidenden Daten, um der einzelnen Fachkraft Aufschluß über die Faktoren zu geben, die in ihrer Beratungspraxis zentral sind und (vielleicht) zum Abbruch geführt haben. Die MitarbeiterInnen brauchen detailliertere und vor allem auf den Interaktionsprozess und Interventionsprozess bezogene Daten. Diese unterschiedlichen Erkenntnisinteressen und Relevanzstrukturen können am ehesten durch qualitative Evaluationen und durch ein kasuistisches Vorgehen, also durch ausführliche Fallstudien überbrückt werden.

Die qualitative empirische Sozialforschung hat in den letzten Jahren vielfältigste Methoden entwickelt, die dem kasuistischen Interesse der Fachkräfte entgegenkommen. Sie reichen von Auswahlkriterien für Einzelfälle nach dem Modus des theoretischen sampling (*Strauss*, 1994) und dem Prinzip der maximalen strukturellen Variation bei der Erhebung und Auswertung (einschließlich diverser Techniken der Typenbildung und Fallkontrastierung, vgl. *Gerhardt*, 1986) bis zur induktiven Erkenntnisgewinnung der heuristischen Sozialforschung (*Flick*, 1995; *Lamnek*, 1995; *Kleining*, 1995). Damit soll allerdings nicht der Unterschied zwischen Forschung und Praxisreflexion eingeebnet werden (vgl. dazu ausführlich *Lüders*, 1999). Bei diesen qualitativen Fallstudien werden wenige Fälle durch den maximalen Kontrast der untersuchten Merkmale, durch gezielt gesuchte Gegenbeispiele und nicht zuletzt durch die Perspektivenvielfalt bei der Interpretation und durch die Berücksichtigung komplexer Merkmalskonstellationen möglichst ganzheitlich erfasst und verstanden. Die wenigen Fälle verdeutlichen so eine große Bandbreite von Phänomenen. Zugleich bietet die kleine Menge der Beispiele die Möglichkeit, jeden Einzelfall detailliert zu betrachten. Exemplarische Verallgemeinerungen sind dabei durchaus möglich. Die so gewonnenen Aussagen sind für die pädagogische Reflexion oftmals aufschlussreicher als die Durchschnittswerte von 80, 120 oder 200 KlientInnen, bei denen das komplexe Zusammenspiel der Bedingungsfaktoren in spezifischen Fallkonstellationen nicht erfasst wird. Solche Fallstudien können in Kombination mit breiteren, weniger detailliert auf den Interaktionsprozess eingehenden Evaluationsvorhaben, die im Rahmen des institutionellen Qualitätsmanagements durchgeführt werden, wesentliche zusätzliche Erkenntnisse erbringen. Wenn mit einer solchen Verbindung von Kasuistik und breiter angelegten Qualitätsüberprüfungen auch ein Weg zur Verknüpfung von institutioneller Steuerung und pädagogischer Reflexion angedeutet ist, so bleibt angesichts knapper Ressourcen doch immer die Frage, wessen Erkenntnisinteresse und wessen Relevanzstruktur sich wie durchsetzen wird. Die Außenlegitimation, auf die die Institutionen angewiesen sind, ist nicht so leicht durch qualitative Forschung und Fallstudien zu gewinnen. Es besteht also immer die Gefahr, dass die kasuistische Reflexion und damit die systematische empirische Fundierung der pädagogischen Reflexion zu kurz kommt, so wie aus Kostengründen die einseitig auf Befragung setzenden Evaluationsvorhaben dominieren und Beobachtungen allzu selten durchgeführt und ausgewertet werden.

6. These: Die Verknüpfung von institutioneller Steuerung und pädagogischer Reflexion verlangt eine gezielte Kombination stark vorstrukturierter, zentraler Evaluationen mit autonomen, dezentralen Vorhaben von unterschiedlichem Detaillierungsgrad.

Interne Evaluation ist in der Regel zugleich Konzeptions- und Organisationsentwicklung. Fragen nach Ziel, Zweck und Ergebnis des eigenen Handelns führen fast immer zu Verbesserungs- und Veränderungsideen – aber auch zu Ängsten, Unsicherheiten und Blockaden. Will man das innovative Potential von Evaluation nutzen, so müssen die unterschiedlichen Interessen sorgfältig ausbalanciert werden. Die folgenden Graphiken sollen systematisch einige der Möglichkeiten darstellen, wie gesteuerte mit autonomen und zentrale mit dezentralen Ansätzen der Evaluation auf den verschiedenen Ebenen der Organisation so kombiniert werden können, dass sie sich produktiv ergänzen.

Abbildung 1

Beteiligte Einheiten / **Untersuchte Gegenstände**	*Alle* Organisations-einheiten	*Ausgewählte* Einheiten einer Organisation		
		Einzelne Institutionen	Einzelne Abteilungen/ Bereiche	Einzelne Teams
Evaluation des gesamten Dienstleistungsangebotes *(Programmevaluation)*				
Evaluation von Programmelementen (*Bereichsevaluation*)				
Evaluation exemplarischer Fälle/ Prozesse/Situationen (*Kasuistische Evaluation*)				

Zunächst ist der Umfang und die Reichweite der geplanten Evaluation zu unterscheiden. Die Evaluation kann das gesamte „Programm“, also das gesamte Dienstleistungsangebot betreffen oder nur Programmelemente, also einzelne Aufgabenfelder oder Angebotsbereiche. Sie kann schließlich auf kleinste Einheiten, z.B. auf einige exemplarische Fälle, auf ausgewählte Prozesse oder auf einige Schlüsselsituationen bezogen sein (Abb. 1). Eine solche Schlüsselsituation wäre z.B. in der Heimerziehung die Ankunft eines neuen Kindes, sein erster Tag im Heim und die Gestaltung dieses ersten Tages durch die ErzieherInnen und die anderen Kinder. Für die ambulante Soziale Arbeit stellt der telefonische Erstkontakt und das Aufnahmegespräch in einer Beratungsstelle ein Beispiel für eine Schlüsselsituation dar.

Ferner lässt sich die Reichweite und Anlage der Evaluation nach den beteiligten Einheiten unterscheiden. Die Beteiligung kann von einzelnen Teams über ausgewählte Abteilungen bis zur kompletten Institution reichen. Je umfangreicher der untersuchte Bereich ist und je größer bzw. zahlreicher die beteiligten Einheiten sind, desto weniger genau wird die Evaluation in der Regel sein können und je weniger kann sie auf die spezifischen pädagogischen Überlegungen eingehen, die sich nur auf den Einzelfall beziehen. Für eine produktive Verknüpfung von pädagogischer Reflexion und institutioneller Steuerung ist jedoch ein zumindest teilweise kasuistisches Vorgehen erforderlich. Wird es ermöglicht, so kann es zugleich der Erhaltung von Handlungsspielräumen der einzelnen Fachkräfte dienen, indem Teams z.B. ermuntert werden, auch eigene Evaluationsinteressen zu verfolgen. So kann im Rahmen einer geplanten zentralen Evaluation den dezentralen Einheiten die Möglichkeit gegeben werden, eigene Untersuchungen durchzuführen oder zumindest eigene Schwerpunkte zu setzen (z.B. durch zusätzliche Fragestellungen) oder eigene Methoden (z.B. durch vertiefende Einzelfallanalysen) zu erproben. Es ist auch denkbar, bewusst Teilbereiche, in denen die Ziele, Bewertungskriterien oder Interventionsmethoden sehr kontrovers sind, zunächst von einer zentral gesteuerten Programmevaluation auszunehmen und statt dessen die einzelnen Organisationseinheiten zu beauftragen, bis zu einem bestimmten Zeitpunkt ihre Ergebnisse vorzulegen. So erhalten einzelne Teams oder auch Projektgruppen die Möglichkeit, innerhalb der Rahmenvorgaben eigene Qualitätsstandards zu definieren, die ihrem speziellen Profil und ihren speziellen Fachkenntnissen und ihrem Arbeitsstil entsprechen, und darzulegen, wie sie dennoch die Mindeststandards der Organisation erfüllen. Die folgende Abbildung verdeutlicht einige Kombinationsmöglichkeiten von zentral gesteuerten und stark vorstrukturierten Evaluationen mit dezentralen, kasuistisch orientierten Detailstudien. (s. Abb. 2)

In diesem Fall handelt es sich im Wesentlichen um eine zentral gesteuerte Evaluation, bei der die Leitung des Einrichtungsverbundes mit den jeweiligen LeiterInnen der Arbeitsbereiche „Street Work“, „niedrigschwellige Beratung“ (mit Café) und zwei „Jugendwohngruppen“ das Evaluationskonzept ausgearbeitet hat. Nach einer Vorstellung und Diskussion des Konzeptes in den Teams dieser vier Organisationseinheiten wurde das Untersuchungsdesign noch mal überarbeitet und verbindlich festgelegt. Die unterschiedlich dicken Pfeile verdeutlichen, dass z.B. die Beratungsstelle intensiver als andere Einheiten an der Erarbeitung des endgültigen Evaluationskonzeptes mitgewirkt hat, weil der ursprüngliche Entwurf gar nicht ihrem Interesse entsprach. Die Straßensozialarbeit befindet sich im Umbruch, von der Leitung wird die Sinnhaftigkeit dieses Angebots ganz in Frage gestellt und für eine Umschichtung der Kapazitäten zugunsten einer Notschlafstelle für Straßenkinder plädiert. Das Street Work Team ist in sich gespalten und konnte sich nicht darauf einigen, eigene Ideen in die Evaluation einzubringen. Die beiden Jugendwohngruppen halten die Vorgaben der zentral gesteuerten Evaluation (Zeitplan, Erhebungsinstrument, Auswertungskriterien mit Mindeststandards und Entwurf einer Erfolgsspanne für die weitere Entwicklung) für sehr sinnvoll. Zugleich hat eine Jugendwohngruppe ein Interesse an einer eigenständigen Evaluation angemeldet und dafür auch Fortbildungskapazitäten angefordert, die der Anleitung und Unterstützung bei der Selbstevaluation dienen sollen. Sie interessiert das Thema Hausaufgabenhilfe ebenso wie die Leitung, die eine organisationsübergreifende, Wohngruppe A+B gleichermaßen tangierende Analyse des Angebotes plant. Das Team der Wohngruppe möchte die Hausaufgabenhilfe nicht als separates Angebot, isoliert von allen anderen notwendigen Bemühungen um die Bearbeitung von Schulproblemen betrachten – was der Leitung durchaus genügt. Das Team bezieht daher z.B. die Ergebnisse ihrer Lehrergespräche (z.B. über die Stellung des Kindes im Klassenverband) ebenso mit ein wie Erkundungen, was für Zukunftsvorstellungen die Jugendlichen überhaupt haben, wie ihre Clique und ihre Eltern zur Schule stehen. Sie versuchen also auch, den Stellenwert von Schule für die Jugendlichen zu verstehen. Daneben sind detaillierte Prozessanalysen der Hausaufgabenhilfe selbst nötig, z.B. hinsichtlich der Rolle verschiedener Beteiligter (In welchen Fächern und bei welchen Kindern mit welchem Ergebnis werden schwerpunktmäßig die beiden pensionierten Lehrer aktiv, die ehrenamtlich mitarbeiten? Ist diese Aufgabenteilung sinnvoll?). Zugleich ist aber auch hier das Verhältnis zum Umfeld zu untersuchen (z.B. Wann treten wir mit der Hausaufgabenhilfe zeitlich in Konkurrenz zu Aktivitäten der Cliquen außerhalb des Heims?). Die Teamevaluation ist also thematisch wesentlich breiter angelegt als die primär auf das Ergebnis bezogene, zentrale Evaluation zur Hausaufgabenhilfe. Das Team möchte herausfinden: Was sind die Ursachen des Problems Schulmüdigkeit und Schulversagen? Wie gehen wir damit um? Wie tragen wir direkt oder indirekt vielleicht dazu bei? Bei welchen Aufgaben helfen wir welchen Schülern zuviel oder zu wenig? Die zentrale Evaluation konzentriert sich dagegen auf die Fragen: Welche Kinder nehmen kontinuierlich teil, welche nicht ? Wie entwickeln sich die Konzentrationsfähigkeit, die Schulnoten? In welchen Fächern wünschen die Kinder mehr Unterstützung?

Abbildung 2

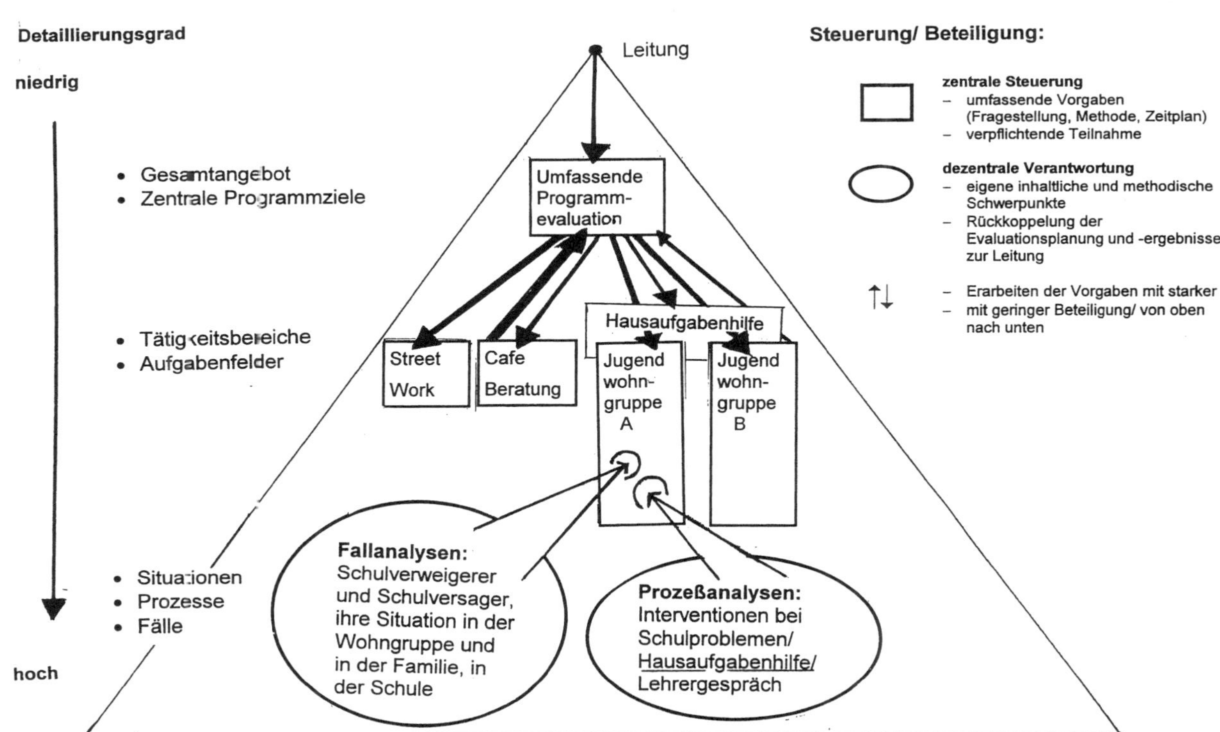
KOMBINATION VON ZENTRAL GESTEUERTEN UND AUTONOMEN EVALUATIONSVORHABEN
Detaillierungsgrad
niedrig
hoch
• Gesamtangebot
• Zentrale Programmziele
• Tätigkeitsbereiche
• Aufgabenfelder
• Situationen
• Prozesse
• Fälle
Leitung
Umfassende Programm-evaluation
Street Work
Cafe Beratung
Hausaufgabenhilfe
Jugend wohn-gruppe A
Jugend wohn-gruppe B
Fallanalysen: Schulverweigerer und Schulversager, ihre Situation in der Wohngruppe und in der Familie, in der Schule
Prozeßanalysen: Interventionen bei Schulproblemen/ Hausaufgabenhilfe/ Lehrergespräch
Steuerung/ Beteiligung:
zentrale Steuerung
– umfassende Vorgaben (Fragestellung, Methode, Zeitplan)
– verpflichtende Teilnahme
dezentrale Verantwortung
– eigene inhaltliche und methodische Schwerpunkte
– Rückkoppelung der Evaluationsplanung und -ergebnisse zur Leitung
– Erarbeiten der Vorgaben mit starker
– mit geringer Beteiligung/ von oben nach unten

Die umfassendere Prozessanalyse der Interventionen im Problemfeld Schulmüdigkeit und Schulversagen durch das Team ist zugleich Teil einer detaillierten Fallanalyse. Dabei wurden die Jugendlichen nicht nur bezogen auf ihr Verhältnis zur Schule und zu den MitschülerInnen befragt, sondern auch zur Clique oder zur Herkunftsfamilie, die vielleicht die negative Einstellung der Jugendlichen zur Schule begünstigt oder zu ihrem geringen Selbstbewusstsein beiträgt („Mein Vater hat auch keinen Schulabschluss, das liegt bei uns nicht in der Familie mit dem Lernen. Trotzdem hat er es zu was gebracht!" Oder: „Ausländer kriegen eh keine Jobs."). Belastungen der Schulsituation können so durch ein differenziertes Eingehen auf die Bedingung im Einzelfall überhaupt erst erkennbar werden. Die Annahme eines Jugendlichen: „Der Lehrer hat mich auf dem Kieker" wird dann nicht mehr nur als bequeme Entschuldigung verstanden, sondern als ein subjektiv glaubwürdiger, sehr wirksamer und zugleich angenehm entlastender Hinderungsgrund begriffen, der durch geduldige Hilfestellung bei schweren Mathematikaufgaben im Rahmen der Hausaufgabenhilfe alleine nicht bewältigt werden kann. Detaillierte Fall- und Prozessanalyse können also fallspezifische und fallübergreifende Qualitätslücken aufzeigen. Sie lassen sich dabei gut mit der zentralen Evaluation verknüpfen. Ihre Ergebnisse sind zugleich unmittelbar praxisrelevant – nicht nur noch irgend eine öde „Statistik", die man widerwillig erledigt.

Durch solche Verknüpfungen von vertiefenden und ganzheitlicheren Einzelfallstudien mit übergreifenden Fragestellungen, die gezielt von der Leitung zu fördern sind, lassen sich zentrale und dezentrale Evaluationsprozesse miteinander kombinieren und die Angst der MitarbeiterInnen vor einer umfassenden Gleichschaltung der individuellen Arbeitsstile abbauen. Solche Kombinationen erbringen also nicht nur wertvolle zusätzliche Informationen, sie können zugleich die Akzeptanz der zentralen Programmevaluation bzw. des zentral gesteuerten Qualitätsmanagements erhöhen.

7. These: Die Verknüpfung von institutioneller Steuerung und pädagogischer Reflexion legt experimentierende Evaluationsansätze nahe.

Experimentierende Evaluationsansätze sind durch eine ständige und sehr dynamische Weiterentwicklung des Untersuchungsdesigns gekennzeichnet. Wenn Organisationseinheiten oder Teams im Evaluationsprozess neue Einsichten gewinnen, so wollen sie mit der Umsetzung nicht ein halbes oder ganzes Jahr warten, bis endlich der Abschlussbericht der Evaluation vorliegt. Sie wollen Mängel, die sie erkannt haben, sofort beheben, Verbesserungsideen sofort realisieren.

In der Forschung sind jedoch lineare Strukturen mit den folgenden Schritten üblich:

Planen ———	**Erheben** ———	**Auswerten** ———	**Umsetzen**
der Untersuchung	der Daten	der Daten	der Erkenntnisse

An die Stelle dieser linearen Abfolge tritt bei experimentierenden Evaluationsvorhaben ein dynamisches Vorgehen auf der Grundlage von feedbacks, bei dem die Erkenntnisse aus der laufenden Untersuchung sofort umgesetzt werden. Die Ergebnisse dieser Umsetzungsversuche werden wiederum in die Evaluation eingespeist. Das Untersuchungsdesign verändert sich also ständig mit der untersuchten Praxis, die sich ihrerseits ebenfalls durch jeden Untersuchungsschritt verändern kann. Diese dynamische Entwicklung des Untersuchungsgegenstandes verlangt eine ständige Anpassung des Vorgehens während der Untersuchung an die veränderte Realität. Das ist das Prinzip der experimentierenden Evaluation. Die Abfolge der Schritte lässt sich so darstellen:

Planen ———	**Umsetzen** ———	**Planen** ———	**Umsetzen** ———	**Planen**
der Untersuchung	neuer Praxisideen	**Erheben** der Daten **Grobauswertung**	neuer Praxisideen **Erheben II** **Auswerten** **Grobauswertung II**	**Umsetzen** **Erheben** **Auswerten**

Es entsteht am Ende also eine hochdynamische Parallelstruktur, bei der aus der noch laufenden Untersuchung bereits gewonnene, aber noch nicht dokumentierte Erkenntnisse umgesetzt werden, zugleich aber die Untersuchungsplanung und die Untersuchung weiterlaufen, also weitere Daten erhoben und ausgewertet werden. Dabei werden nicht nur die Erhebungsverfahren ergänzt, auch der Untersuchungsgegenstand kann sich verändern und neue Untersuchungsfragestellungen auftauchen. Dies verlangt ein besonderes Geschick und eine besondere Überzeugungskraft der EvaluatorInnen, um zu entscheiden, wann welche Teile der Untersuchung zunächst einmal zu Ende geführt werden sollen, auch wenn die Institution und die einzelnen Fachkräfte das gar nicht mehr für so wichtig halten, weil sie doch inzwischen schon viel weiter sind und meinen, genug zu wissen, um die Praxis zu verbessern. Sie würden viel lieber nur noch die Umsetzung ihrer Verbesserungsideen untersuchen, nicht den ursprünglichen Zustand, über den eine Reihe unausgewerteter oder nur grob ausgewerteter Daten vorliegen. Die Dynamik experimentierender Evaluation erfordert ganz andere Kompetenzen von den EvaluationsberaterInnen als die üblichen Forschungskompetenzen. Bei einem solchen Vorgehen ist Evaluation immer auch Praxis- und Organisationsentwicklung und verlangt eine Mischung der Kompetenzen von Organisationsberatung, Supervision und Forschungsberatung.

Das Konzept der experimentierenden Evaluation entspricht der Idee eines Kaskadenmodells von Evaluation, wie es auch in den Evaluationsstandards des Joint Committee (*Sanders* u.a., 1999) kurz skizziert wird. Ich möchte auf der Grundlage meiner Erfahrungen die einzelnen Wasserfallstufen der Kaskade genauer daraufhin betrachten, wie sie sich überlappen und was dabei geschieht. (s. Abb. 3)

In der Regel wird davon ausgegangen, dass die Erhebung und die abgeschlossene Auswertung der erhobenen Daten zu neuen Einsichten führt. Bei einer stark formativ und partizipativ angelegten Evaluation beginnt der Veränderungsprozess jedoch bereits während der Planung der Untersuchung. Selbst wenn noch nicht systematisch Informationen gesammelt oder erhoben werden, also nur darüber nachgedacht wird, was denn Ziel der Untersuchung sein könnte, wie man die eigene Praxis überhaupt erfassen und bewerten soll, beginnt die Praxis sich bereits zu verändern. Meist wird in diesem Stadium nur auf vorhandene Daten und vor allem auf Einschätzungen aus der Erinnerung zurückgegriffen. Aber bereits durch diesen Austausch der MitarbeiterInnen über ihre meist sehr vielfältigen Praxisansätze und vor allem die damit verbundenen Deutungsmuster und Bewertungskriterien entstehen bereits Veränderungsideen. Und dieser Vorgang wiederholt sich mit jeder Welle der Kaskade, führt auch zu Abbrüchen und vor allem zur ständigen Korrektur geplanter Erhebungen und Auswertungen.

Die Erfahrung, dass bereits die Planung von Untersuchungen in jeder Phase so viele Einsichten und oftmals grundlegende Umorientierungsideen erzeugt, verweist auf einen hohen Bedarf der Praxis an konzeptioneller Klärung. Die Zeit für eine grundlegende Reflexion der eigenen Arbeit ist im Alltag oftmals nicht gegeben oder wird auch meist nicht so ergebnisorientiert genutzt wie bei der Vorbereitung einer Evaluation. So führt bereits die Planung der Evaluation zu neuen Einsichten und teilweise zur sofortigen Veränderung der Praxis. Der Untersuchungsgegenstand lässt sich nicht einfrieren bis zum Beweis der Richtigkeit von Erkenntnissen, die den Beteiligten so evident erscheinen, dass sie sofort ihre bisherige Praxis verändern wollen. Entsprechend flexibel muss der Evaluationsprozess gestaltet werden, zugleich aber bei zentralen Fragestellungen auch darauf insistiert werden, dass „face validity“ eben nur „face validity“ darstellt.

Um das Dargelegte auf eine Formel zu bringen: Schon die Planung von Evaluationen bewirkt Innovationen. Oder um die Formel von *Patton* „What get's evaluated, get's done“ aufzugreifen, könnte man sagen: „To plan evaluations is to start off innovations“. Und darauf muss man sich als EvaluationsberaterIn (nicht zuletzt zeitlich) einstellen, um die Experimentierfreude der Fachkräfte nutzen zu können und die Beteiligten nicht zu enttäuschen. Die Praxis möchte möglichst viel herausfinden, um ihre Praxisprobleme besser zu bewältigen, nicht unbedingt aber dies auch so zuverlässig belegen und beweisen wie es WissenschaftlerInnen als EvaluationsforscherInnen anstreben. Behält man diese Differenz im Kopf, konzipiert, organisiert und begleitet man interne Evaluationen entsprechend, so lassen sich institutionelle Steuerung und pädagogische Reflexion durchaus produktiv verknüpfen und in ein Konzept von Qualitätsmanagement einbringen, das zugleich zur Qualifizierung der Fachkräfte beiträgt. Fragt man nach dem längerfristigen Nutzen und der Umsetzung der Ergebnisse, so sind kasuistische „Evaluationen mit der Lupe“, wie sie in diesem Beitrag beispielhaft an der Evaluation der Elternarbeit und der Hausaufgabenhilfe dargestellt wurden, in ihrer Wirkung sogar weniger begrenzt, als es auf den ersten Blick scheinen mag, weil sie besonders tiefgreifend und nachhaltig praxisverändernd wirken. Wenn man an einer Qualitätsverbesserung interessiert ist, die über die Sicherung von Eckwerten und Mindeststandards hinausgeht, dann lohnt es sich also, über mögliche Kombinationen von institutioneller Steuerung und pädagogischer Reflexion im Rahmen der internen Evaluation und des Qualitätsmanagements nachzudenken.

Abbildung 3: Kaskaden der experimentierenden Evaluation

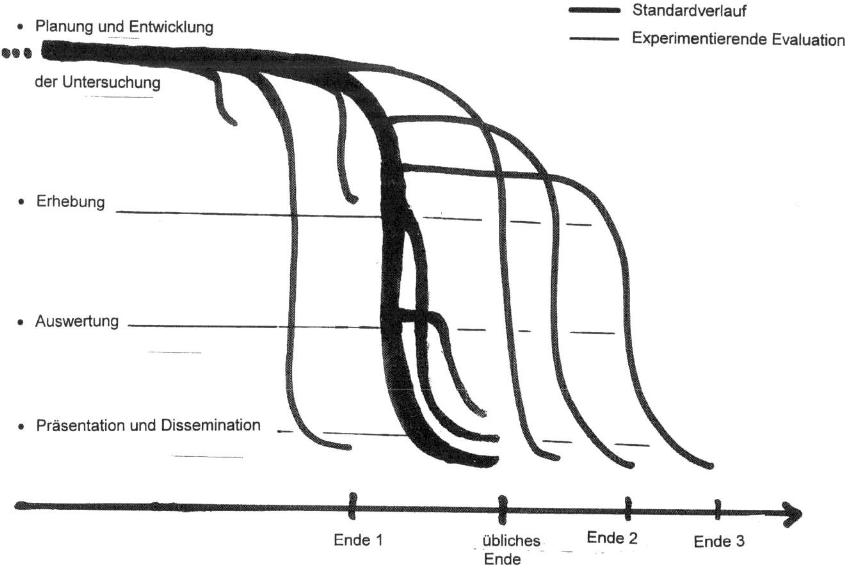

Zusammenfassung

Lassen Sie mich zusammenfassend noch einmal die Thesen im Zusammenhang vorstellen:

Interne Evaluation ist ein zentrales Medium der Qualitätsentwicklung, das sowohl der Qualifizierung der MitarbeiterInnen als auch der institutionellen Steuerung lernender Organisationen dienen kann, denn:

1. Zwischen institutioneller Steuerung und pädagogischer Reflexion besteht ein Spannungsverhältnis, aber keine grundsätzliche Unvereinbarkeit.
2. Das Spannungsverhältnis beruht auch auf einem prinzipiellen Unterschied des Erkenntnisinteresses von Leitung und pädagogischen Mitar-

beiterInnen. Es kann durch kasuistische, qualitative Evaluation überbrückt werden.

3. Die Verknüpfung von institutioneller Steuerung und pädagogischer Reflexion verlangt eine gezielte Kombination stark vorstrukturierter zentraler Evaluationen mit autonomen, dezentralen Vorhaben von unterschiedlichem Detaillierungsgrad.
4. Experimentierende Evaluationsansätze erleichtern die Verknüpfung von institutioneller Steuerung und pädagogischer Reflexion.

So verstanden und praktiziert kann die interne Evaluation ein zentrales Medium der Qualitätsentwicklung sein. Sie setzt Qualitätsmanagement voraus, unterstützt es und führt zugleich entscheidend darüber hinaus, indem sie es mit der pädagogischen Reflexion des Einzelfalles verknüpft. Ohne diese Verknüpfung bliebe die institutionelle Steuerung global und auch die Evaluation oberflächlich.

Burkhard Müller

Evaluationskompetenz und Innovationskompetenz

Oder: Interne Evaluation als Ziel, externe Evaluation als Mittel

Interne Evaluation und Selbstevaluation des Personals sozialer Einrichtungen wird oft als bloße Vorstufe der externen Evaluation betrachtet. Deren standardisierte Verfahren der Zertifizierung und Leistungsbewertung erwecken den Anschein größerer Objektivität. Geht es aber nicht nur um das Messen von Qualität, sondern um Qualitätsentwicklung und -sicherung, dann hat Selbstevaluation die Schlüsselrolle. Dies gilt jedenfalls dann, wenn es um ein Handlungsfeld geht, in dem professionelle Kompetenz und damit autonome Spielräume für ein sachgerechtes Handeln qualitätsentscheidend sind. Diese Qualitätsdimension aber kann nur begrenzt durch Außenkontrollen optimiert werden. Spannend ist vielmehr die Verzahnung von externer und interner Evaluation.

1 *Qualität der Kontrollverfahren und Selbstevaluation*

Organisatorische Qualität hängt von der Qualität der Kontrollverfahren ab. Allerdings ist der augenblickliche Boom der Evaluationsverfahren, Leistungskontrollen und gesetzlichen Verpflichtungen zur Qualitätssicherung im Sozial- und Gesundheitswesen in seiner Wirkung ambivalent. Er kann, wie sich das an vielen Beispielen zeigen ließe, sowohl die Qualität professioneller Arbeit und Selbstkontrolle verbessern, als auch bürokratische Sanktionsorientierung und Formalismus fördern. Ob das eine oder das andere geschieht, hängt entscheidend davon ab, in welchem Verhältnis die professionelle Selbstkontrolle und die Kontrolle von außen oder oben stehen. Beides kann sich gegenseitig stützen oder auch gegeneinander arbeiten.

Ich gehe dabei zunächst von einem sehr weiten Begriff von Selbstevaluation aus. Ich verstehe darunter die Summe aller Möglichkeiten professionellen Handelns, sich selbst zu kontrollieren und mit Kontrolldruck von außen selbstbewusst und kreativ statt entweder folgsam oder resignativ oder blockierend umzugehen. Die genannte Ambivalenz der Evaluations*verfahren* (nicht in ihrer Intention, wohl aber in ihrer praktischen Wirkung) hängt entscheidend daran, wie jene professionelle Selbstevaluation im weitesten Sinne sich zu den formellen Ebenen der Evaluation und der Qualitätssicherungsverfahren verhält, die heute überall verlangt werden.

Dies gilt vor allem in Bereichen wie dem Sozial- und dem Gesundheitswesen und hier vor allem in Bereichen, wo es um mehr als technische Standards (etwa der Sicherheit oder Hygiene) geht, sondern wo die Qualität der personenbezogenen Leistungserbringung selbst infrage steht. Wenn darauf zielende Verfahren der Selbstevaluation in Organisationen offiziell eingeführt werden, aber vom Personal (offen oder insgeheim, zu Recht oder zu Unrecht) nicht als akzeptierter Bestandteil professionellen Handelns und professioneller Innovation verstanden werden, sondern als bloße Vorarbeit und Hilfsmittel der Leistungsbewertung und Kontrolle von außen und oben, stehen die Chancen schlecht, dass mehr Qualität dabei herauskommt. Denn aus vielen Gründen (*Müller,* 1998) sind im Bereich sozial-professioneller Dienstleistungen die Möglichkeiten, des Personals Qualitätskontrollen zu unterlaufen sehr viel größer, als die Möglichkeiten, ihre Wirkung zu erzwingen. Eben deshalb kann im Sozial- und Gesundheitswesen Evaluation auch kontraproduktiv wirken, nämlich nicht zur Qualitätssicherung, sondern zur Bürokratisierung beizutragen. Sowohl im Bereich der Pflegeversicherung als auch im Bereich der Jugendhilfe oder der kommunalen sozialen Dienste ließen sich dafür viele Beispiele finden. Man sollte deshalb die Frage, wie diese Verkehrung verhindert werden kann, in der Weise operationalisieren, dass man das Verhältnis zwischen den Formen professioneller Selbstevaluation und den Vorgaben, Verfahren und Ressourcen externer Evaluation genauer unter die Lupe nimmt.

2 Selbstevaluation und Fremdevaluation

Es kann sich nämlich keineswegs darum handeln, die Prozesse autonomer Selbstevaluation fachlicher Arbeit zu verabsolutieren und externe Evaluation als bürokratische Sanktion zu denunzieren. Denn praktisch ist beides nicht voneinander zu trennen. Das gilt sowohl für kleine selbstorganisierte Projekte mit ein oder zwei MitarbeiterInnen bis zu Qualitätsmanagementsystemen großer sozialer Träger mit einem Finanzvolumen von über 1 Mrd. DM, wie zahlreiche Beispiele zeigen. Es trifft sowohl zu für Evaluationsprojekte im Auftrag von Landesregierungen bis zu Selbstevaluationen aus reiner Eigeninitiative, z.B. aus den Feldern Jugendarbeit und Jugendberufshilfe, Schulen, Kindertageseinrichtungen, Beratungsstellen, Museumsprojekten und Arbeitslosenhilfen. Gemeinsamer Nenner und Voraussetzung für Veränderungsprozessen in der Organisation ist, dass FremdevaluatorInnen im Zusammenspiel mit den Selbstevaluationskräften agieren und beteiligt sind. Die Externen sollten als Ressourcen für Selbstevaluationsprozesse eher denn als BewerterInnen und KlassifiziererInnen von solchen Prozessen verstanden werden.

Ich vermute, dass erfolgreiche Selbstevaluation in der Regel darauf angewiesen ist, solche Ressourcen zur Verfügung zu haben[1], welche über die des Normalbetriebes hinausgehen, sei es in Gestalt von Begleitforschung, als Initialzündung für die Einführung eines Qualitätsmanagementverfahrens oder auf andere Weise. Entscheidend aber bleibt, auf welche Weise und in welchem Selbstverständnis solche Ressourcen genutzt werden. Wenn man in dieser Weise die Verbesserung von Prozessen der Selbstevaluation als Ziel und die Fremdevaluation als Mittel dafür begreift, so unterstellt man implizit, dass die wichtigsten Effekte von Evaluation auf der Ebene liegen, die *Patton* (1998) als Ebene des „Prozessnutzens" beschrieben hat. Diese Orientierung geht von dem Grundsatz aus: das, was im Lauf eines Evaluationsprozesses gelernt wird – beabsichtigt oder auch unbeabsichtigt – ist wirksamer als das, was am Ende als Ergebnis herauskommt. Entscheidend ist also nicht so sehr, ob eine Bewertbarkeit einer Einrichtung nach vorgegebenen Standards der Qualitätssicherung (ISO 9004, oder die neueren Modelle des sogen. Totalen Qualitätsmanagements wie sie vom Europäischen Forum für Qualitätsmanagement [EFQM] entwickelt worden sind) erreicht wird. Prozessnutzen kann man dann als die Summe aller formellen oder auch informellen Selbstevaluationsprozesse bzw. alle erweiterten Möglichkeiten der Selbstbeobachtung verstehen, die durch irgendein Evaluations*verfahren* induziert worden sind.

3 Selbststeuerung als professionelle Qualität und die Wirkung von Evaluationsinstrumenten

Wo es um professionelle Qualität geht, kann Steuerung von außen nur funktionieren, wenn sie mehr und nicht weniger Selbststeuerung ermöglicht. Ob aber ein Verfahren der Evaluation von den Mitgliedern einer Organisation als Fremdkontrolle von außen oder als eine Form autonomer Selbstkontrolle wahrgenommen wird, ist immer auch eine Interpretationsfrage. Und die jeweils vorherrschende Interpretation entscheidet darüber, wie Evaluation faktisch wirkt und ob solcher Prozessnutzen entsteht.

Evaluationsinstrumente können von außen vorgegeben sein (als Zertifizierungsverfahren, Berichtswesen, abverlangte „Produktbeschreibungen" etc.); sie können als Instrumente sozialwissenschaftlicher Praxisforschung vorgeschlagen werden (z.B. als Selbstevaluationsverfahren von Teams, KundInnenbefragungen etc.); oder sie können aus der professionellen Kultur ei-

1 Jedenfalls dann, wenn die Selbstevaluation *gleichzeitig* der Verbesserung einer Dienstleistungsqualität und deren Legitimation nach außen dienen soll und nicht das eine Anliegen dem andern geopfert wird.

ner Organisation selbst herausgewachsen sein (Verfahren der Praxisberatung, selbsthergestellte Evaluationshandbücher etc.). In all diesen Fällen ist die Absicht, mit der solche Instrumente eingeführt werden, nicht identisch mit den Wirkungen, die sie haben. Wie immer die Evaluationsverfahren aussehen und wer immer dafür verantwortlich ist: die Wirkung in der Organisation unterliegt selbst noch einmal Prozessen der Selbstevaluation, die ihrerseits Wirkungen haben.

Eben deshalb ist für die Frage, was Evaluationsverfahren „bringen“, die Orientierung am „Prozessnutzen“ so hilfreich und wichtig. Denn sie stärkt den Mut zur professionellen Autonomie und reduziert die Furcht vor fremdbestimmter fachfremder Kontrolle. Sie ermutigt dazu, Evaluationen auch dann voranzutreiben, wenn befürchtet werden muss, dass deren Ergebnisse in Schubladen verschwinden oder versickern. Sie ermutigt dazu, Schwächen nicht zu verstecken, sondern die Bedingungen zu benennen, unter denen sie entstehen und abgebaut werden können.

4 Evaluation als integraler Teil professioneller Arbeit

Mit dieser Sichtweise werden Evaluationsverfahren als integraler Teil professioneller Arbeit und nicht als sachfremde Kontrolle dieser Arbeit verstanden, selbst in Fällen, wo solche Fremdkontrolle beabsichtigt ist. Wenn z.B. der Verdacht berechtigt ist, dass der heutige Boom der Evaluationsverfahren weit mehr der Legitimation des wachsenden Spardrucks als dem Anliegen wirklicher Qualitätssicherung geschuldet ist, so ist das wohl ein Grund zur Vorsicht, aber kein Beweis dafür, dass jene Verfahren als Instrumente der Sicherung professioneller Qualität und Selbstbehauptung ungeeignet sein müssen. Wertvolle Ergebnisse von Evaluation sind allerdings aus dieser Perspektive nicht so sehr Daten, anhand derer gemessen und verglichen werden kann, sondern eher Daten, die genauere Beschreibungen zulassen, die unterschiedliche Perspektiven sichtbar machen, die komplementäre Sichtweisen (insbesondere zwischen professionellen Dienstleistungen und ihren AdressatInnen) in einen „Wirksamkeitsdialog“ miteinander bringen (*Schumann*, 1998).

Ein Problem dieser Betrachtungsweise ist sicherlich, dass der Evaluationsbegriff dadurch unscharf werden kann. Fähigkeiten zu erfolgreicher Evaluation könnten dann implizit gleichgesetzt werden mit Fähigkeiten zu professioneller Selbstbeobachtung und diese gleichbedeutend mit Fähigkeiten zur erfolgreichen Innovation organisatorischer Strukturen. In der Tat ist im Feld professionellen Handelns all dies untrennbar miteinander verwoben, und erfolgreiche Organisationsentwicklung kann nur als ineinander verschlungener Prozess der Entwicklung dieser Ebenen gedacht werden. Wenn man allerdings das Zusammenspiel von internen und externen Elementen der Evaluation beachtet, das bei erfolgreichen Projekten eigentlich immer gegeben ist, dann lassen sich die besonderen Beiträge, welche Evaluation zum Gesamtkonzept eines gelingenden Qualitätsmanagements und verbesserter professioneller Arbeit liefert, etwas genauer beschreiben.

5 EvaluationsberaterInnen und InnovationsagentInnen

Zur Herstellung eines vereinfachenden Modells nenne ich im Folgenden diejenigen, die an eine Organisation von außen Verfahren und Ressourcen der Evaluation herantragen, *EvaluationsberaterInnen.* Diejenigen, die als Mitglieder einer Organisation solche Verfahren und Ressourcen anfordern, sich darauf einlassen, jedenfalls sie in irgendeinem Sinne nutzen und in das Handlungsrepertoire der Organisation zu integrieren suchen, *InnovationsagentInnen.*

Beschreibt man diese beiden Gruppen als Partner zur Herstellung positiver Veränderungen in Organisationen, so könnte man sagen: die InnovationsagentInnen brauchen Kompetenzen zur erfolgreichen Innovation und *als Teil* dieser Kompetenzen können sie sich Evaluationsverfahren aneignen und dafür die EvaluationsberaterInnen als Ressourcen nutzen. EvaluationsberaterInnen ihrerseits haben dasselbe Ziel, nämlich Innovationen anzustoßen. Sie können zu diesem Ziel aber nur auf indirekte Weise beitragen, nämlich indem sie die Innovationsbereitschaft der Organisationsmitglieder sozusagen mit Instrumenten der Selbstbeobachtung ausstatten; und indem sie, wie *Kurt Lewin* das nannte, die Organisation mit „Augen und Ohren" ausstatten, nämlich Evaluationsverfahren als *von der Organisation* zu handhabende Instrumente installieren[2]. Für beides genügt es nicht, dass sie ihre Instrumentenkoffer der Evaluation selbst beherrschen. Sie müssen auch zu kluger Applikation und Anpassung der jeweiligen Gegebenheiten fähig sein bzw. dazu Unterstützung geben können.

Im Zusammenspiel dieser beiden idealtypischen Gruppen entwickeln sich fruchtbare, d.h. innovativ wirkende Evaluationen. Entscheidend ist dabei natürlich, dass die EvaluationsberaterInnen den InnovationsagentInnen helfen, sich einem Blick von außen zu öffnen, insbesondere dazu, die Perspektive ihrer KlientInnen differenzierter wahrzunehmen, z.B. durch Anleitung zu geeigneten Formen der „KundInnenbefragung". Insofern könnte man die eingangs formulierte These natürlich auch umdrehen und sagen, externe Evaluation – durch jene Kunden – sei das Ziel und interne Evaluation sei das Mittel, die Augen und das Gehör einer Organisation für KundInnenwünsche zu schärfen. Damit wird Evaluation als Prozess des Austauschs zwischen der Organisation selbst und ihrer Umwelt verstanden. Im Blick auf die Instrumente und Verfahren, die Evaluations*berater*Innen dafür einbringen können,

2 Ähnlich ist die Perspektive der neueren Ansätze systemischer Intervention in Organisationen (*Willke* 1994).

bleibt es aber dabei: Externe Evaluation ist das Mittel, Selbstevaluation der Organisation ist das Ziel.

Wie wir von der neueren Systemtheorie lernen können, ändert keine noch so wahrhaftige Rückmeldung von außen irgend etwas in einem (sozialen) System. Bestenfalls entstehen dadurch produktive Irritationen, die Selbstevaluationen zur Folge haben können, die zu Änderungen führen. Solche produktiven Irritationen zu schaffen könnte man als das allgemeinste Ziel aller Fremdevaluation bezeichnen. Wenn die internen InnovatorInnen stark und entschlossen genug sind, die Irritationen aufzunehmen und in eine verbesserte Selbstbeobachtung ihrer Organisation zu transformieren, kann dies zu Änderungen im Sinne einer „lernenden Organisation" führen. Ohne solche Transformation aber sind Evaluationsverfahren und KundInnenbefragungen sinnlos.

Eckhard Hansen

Rahmenbedingungen nationaler Qualitätsdiskurse im Bereich personenbezogener Sozialer Dienstleistungen am Beispiel der Länder England und Deutschland

1 *Die Frage der Qualität personenbezogener Sozialer Dienstleistungen*

Professionellen AnbieterInnn personenbezogener Sozialer Dienstleistungen wird mittlerweile europaweit abverlangt, die Qualität ihrer Leistungen zu spezifizieren. Soziale Dienstleistungen gelten nicht mehr per se als etwas Gutes, sondern über deren Qualität sind Vereinbarungen mit den jeweiligen KostenträgerInnen abzuschließen.

Wie allerdings die Qualität der Leistungen zu definieren ist, welche Leitorientierungen und Mindeststandards anzuwenden sind, und vor allem welche Interessensgruppen dabei eine zentrale gestalterische Rolle spielen, hängt in hohem Maße von wohlfahrtsstaatlichen Traditionen, Selbstverständnissen und nationalen Reformansätzen ab. Der Vergleich zwischen Deutschland und England macht deutlich, dass trotz aller Vorannahmen über konvergente Europäisierungs- und Globalisierungsentwicklungen wohlfahrtsstaatliche Sektoren wie der der personenbezogenen Sozialen Dienstleistungen in ihrer grundlegenden Gestaltung qualitativ auseinanderdriften können. Ein Blick auf die Rahmenbedingungen, die den englischen Qualitätsdiskurs prägen, macht solche Unterschiede deutlich.

Am Beispiel der Community Care Reforms von 1990 (National Health Service and Community Care Act) – eine Gesetzgebung, die sich mit der Gestaltung Sozialer Dienstleistungen für erwachsene Menschen befasst (*Hansen,* 1997, S. 9ff.) – lässt sich zeigen, auf welche Weise unter englischen Verhältnissen die Frage der Qualität personenbezogener Sozialer Dienstleistungen aufgegriffen wurde. Gegenstand der Neugestaltung sind zunächst einmal die Lokalen Sozialbehörden, die nicht länger als Agenturen eines wohlfahrtspaternalistisch ausgerichteten Staates gesehen werden, sondern als moderne Dienstleistungseinrichtungen. In den qualitätsrelevanten Vorgaben der Reform wird die Absicht des Gesetzgebers erkennbar, die Stellung der NutzerInnen im Dienstleistungsprozess zu stärken.

Zu den Pflichtaufgaben der Behörden gehört es, regelmäßige Assessments durchzuführen. Dabei muss die Beurteilung einer Notlage gemeinsam und partnerschaftlich zusammen mit dem hilfebedürftigen Menschen erfolgen.

Ziel eines Assessments ist, Klarheit über die notwendigen Dienstleistungen zu erlangen. Im Kontext der Reformziele bedeutet dies, dass Leistungen bevorzugt werden, die es den NutzerInnen erlauben, ihren Lebensmittelpunkt in der örtlichen Gemeinschaft beizubehalten und am Gemeinschaftsleben teilzunehmen. Die Assessments orientieren sich weniger an „Normalisierungs"-grundsätzen, Bezugsrahmen ist vielmehr die soziale Lebensqualität der NutzerInnen (*Department of Health,* 1992; *Smale & Tuson,* 1993; *Seed & Kaye,* 1996, S. 24ff.; *Milner & O'Byrne,* 1998, S. 13).

Die Behörden haben ferner ein Care Management einzuführen. Die nicht zuletzt auch in Deutschland verwendete US-amerikanische Terminologie des „Case Managements" wurde bewusst vermieden, weil diese zum für die Soziale Arbeit problematischen Missverständnis führen kann, dass „Fälle" oder „Personen" zu managen sind, nicht aber Unterstützungsleistungen (*Department of Health,* 1992, S. 8). Der Care Manager hat die Aufgabe, auf der Basis der Ergebnisse des Assessments ein individuell maßgeschneidertes Hilfepaket zu schnüren und dafür Sorge zu tragen, dass die erforderlichen Dienstleistungen angekauft werden. Handlungsleitende Idee des Unterstützungsmanagements ist, die Dienstleistungsangebote besser auf die vorhandenen Bedarfslagen abzustimmen. Vermieden werden soll, dass NutzerInnen sich an bestehende Dienstleistungsangebote anzupassen haben. Mit der angestrebten „mixed economy of care" soll ein Anbieter"markt" entstehen, der in der Lage ist, schnell und flexibel auf vorhandene Bedarfslagen zu reagieren.

Ein besonderes Gewicht legt die Reform auf die Etablierung von Beschwerdeverfahren, deren Einführung den Sozialbehörden gesetzlich vorgeschrieben ist. Es handelt sich dabei um formalisierte, abgestufte Verfahren, die als ein wesentlicher Bestandteil der Qualitätsgewährleistung angesehen werden (*Hansen,* 1999b). Gestärkt und demokratisiert wurde zudem die kommunale Aufsicht über Soziale Dienstleistungseinrichtungen: Prüfergebnisse der Aufsichtsinstanzen sind öffentlich zu machen, und der Heimaufsicht wurde ein nichtprofessioneller Beistand zur Seite gestellt.

Ferner wurde durch die Reform eine englische Version des Subsidiaritätsprinzips eingeführt. Die Sozialbehörden sollen künftig nicht mehr selbst Dienstleistungen anbieten, sondern diese auf dem privatgewerblichen wie freigemeinnützigen „Markt" ankaufen und deren Qualität kontrollieren. Dies führt faktisch dazu, dass die Behörden keine Dienstleistungen ankaufen, die unterhalb der gesetzlich von ihnen selbst verlangten Standards liegen. Auf diese Weise wird auch den nichtstaatlichen TrägerInnen ein qualitätsrelevanter Rahmen vorgegeben, den sie auszufüllen haben.

Eine grundlegende Ausrichtung der Reform besteht darin, die AdressatInnen stärker in die Planung, Bereitstellung Durchführung und Evaluation von Dienstleistungen einzubeziehen. In einem Weißbuch der Regierung wird erläutert, dass die Reform darauf ziele, „Menschen eine größere individuelle Entscheidungsfreiheit über ihre Lebensgestaltung und über die dafür erforderlichen Dienstleistungen" zu geben (*Caring for People,* 1989, S. 4).

2 Rahmenbedingungen der Reformdurchsetzung

Der englische Gesetzgeber hat deutlich gemacht, dass er die Verantwortung für die Neugestaltung der Sozialen Dienstleistungspraxis nicht allein den Kosten- und Dienstleistungsträgern überlassen will. Das im Vergleich zum föderalen Aufbau Deutschlands stärker zentralistisch ausgerichtete englische Staatswesen ermöglicht eine relativ direkte Kontrolle und Gestaltung der lokalen Sozialpolitik. Eine Reihe von Aufsichts- und Beratungsinstitutionen übernimmt hier faktisch die externe Qualitätssicherung bei der Umsetzung der Reform.

Genannt wurde bereits die kommunale Aufsicht, also die sogenannten „inspection units“, die seit 1984 für die Registrierung und Kontrolle Sozialer Dienstleistungseinrichtungen zuständig sind. Sie arbeiten eher nach wertebezogenen als nach ordnungspolitischen Gesichtspunkten. Ansatzpunkte für die Arbeit der Aufsicht sind Grundprinzipien, die auf die Einhaltung und Sicherstellung der Würde, Wahlrechte, Unabhängigkeit, Privatheit und der Selbstverwirklichung von DienstleistungsnutzerInnen zielen (*Klie*, 1999). Inspektionen erfolgen regelmäßig und auch unangemeldet.

Die Aufsicht wird gegenwärtig erneut reformiert. Die Neuregelung sieht vor, in England ein zentralisiertes Aufsichtssystem zu schaffen (Schottland und Wales treffen eigenständige Aufsichtsregelungen), das sich in insgesamt acht regional operierende Kommissionen für Leistungsstandards („Regional Commissions for Care Standards“) aufgliedert. Diese Kommissionen werden sowohl für den sozialarbeiterischen wie für den pflegerischen Bereich zuständig sein. Die als problematisch empfundene Trennung der Aufsicht zwischen Kommunal- und Gesundheitsbehörden wird aufgehoben (*Modernising Social Services*, 1998, S. 64ff.).

Als zentralstaatliche Aufsichtsinstanz existiert seit 1985 das „Social Services Inspectorate“ (SSI). Es handelt sich um eine Einrichtung des für den Leistungsbereich der personenbezogenen Sozialen Dienstleistungen zuständigen Gesundheitsministeriums. Die Aufgabe des SSI liegt in der Kontrolle und Beratung kommunaler Sozialbehörden. Seit den 90er Jahren werden von der Organisation Richtlinien, Leitorientierungen und Empfehlungen zur Qualitätsgewährleistung in Sozialen Einrichtungen und Behörden herausgegeben. Das SSI erstellt regelmäßig Berichte über die Entwicklung der kommunalen Sozialbehörden, in denen Defizite wie z.B. die Missachtung von NutzerInneninteressen und -ansichten deutlich benannt werden (*Thomas & Pierson*, 1995, S. 354f.; *Burke*, 1999). Extremes Missmanagement kann sogar dazu führen, dass das Gesundheitsministerium eigene ExpertInnen („hit squads“) in Sozialbehörden abordnet (*Day*, 1999; *Huber*, 1999).

Als weitere Aufsichtsinstanz überprüft schließlich als Einrichtung der Zentralregierung die „Audit Commission“ die Effizienz und Effektivität von Kommunalbehörden. Die Kommission kritisierte in den 80er Jahren den Zustand der personenbezogenen Sozialen Dienstleistungen und veranlasste eine unabhängige Untersuchung (*Griffiths Report*, 1988), deren Ergebnisse dann zu den Community Care Reformen führten.

3 Ideologisch-politische Rahmenbedingungen

Zu hinterfragen ist, welche Ideologie sich hinter einer Reform verbirgt, die das traditionell eher einseitige Verhältnis zwischen NutzerInnen und professionellen AnbieterInnen von Sozialen Dienstleistungen radikal in Frage stellt. Diese Ideologie ist bekannt unter dem Begriff des „Consumerism". Sie wurde in Großbritannien von den sogenannten „Neuen Rechten" vertreten und in ihren Grundzügen von „New Labour" übernommen.

Unter deutschen Verhältnissen mag der Begriff des Consumerism zunächst einmal mit negativen Vorzeichen versehen werden. Zumindest in der Sozialen Fachlichkeit dürfte die Neigung bestehen, in der Übersetzung abfällig von einer Art „KonsumentInnentümelei" auszugehen. Begriffe wie „Konsum", „Konsumrausch", oder „Konsumbesessenheit" wecken Assoziationen, die eher auf eine erforderliche sozialarbeiterische Intervention hindeuten, nicht aber vermuten lassen, dass sich dahinter Leitorientierungen verbergen, die für die Soziale Arbeit interessant sein könnten.

Bei solchen Übersetzungen ist allerdings Vorsicht geboten. Der Konsumbegriff wird in den USA und in Großbritannien in anderen Kontexten genutzt. Der „National Consumer Council" z.B. ist eine Einrichtung, die unter deutschen Verhältnissen als VerbraucherInnenschutzorganisation gesehen würde. Amerikanische Autoren wie *Alan Gartner* und *Frank Riessman* (1978) haben in den 70er Jahren nicht zuletzt in Bezug auf den sozialarbeiterischen Kontext vom „aktiven Konsumenten in der Dienstleistungsgesellschaft" gesprochen.

Anzumerken ist ferner, dass es seit den 80er Jahren eine „sociology of consumption" gibt, die insbesondere in Großbritannien politische Selbstverständnisse beeinflusst hat. Im Kern dieser soziologischen Denkrichtung geht es um die Infragestellung bzw. Ergänzung des tradierten Klassenbegriffs des 19. Jahrhunderts. Dabei wird davon ausgegangen, dass soziale Beziehungen und Bedeutungen sich nicht nur über den Produktionsbereich vermitteln, sondern ebenso über den Konsumtionsbereich (*Marshall*, 1996, S. 85ff.).

Soziale Spaltungen ergeben sich nach diesem Modell nicht zuletzt darüber, dass eine Mehrheit in der Lage ist, die eigenen Bedürfnisse über den Markt zu befriedigen, während eine stigmatisierte Minderheit von staatlichen Leistungen abhängig ist, die sich zunehmend verschlechtern (consumption cleavages). Diese Denkmuster erklären konservative Positionen wie die des ehemaligen Premierministers *John Major*, der das Regierungsziel der Verwirklichung einer „klassenlose Gesellschaft" proklamierte (vgl. *Jessop*,

1992, S. 715). Gemeint war damit die Aufhebung ungleicher Lebenslagen über den Markt oder marktähnliche Bedingungen, in denen nicht Klassen, sondern nur noch KundInnen agieren.

Die Sozialarbeit mag die Nase rümpfen angesichts solcher Marktideologien. Dennoch ist nicht zu verkennen, dass diese durchaus emanzipatorische Inhalte transportieren bzw. eine Beschleunigung der Realisierung solcher Inhalte bewirken können. Dass der „Consumerism" auch in der Sozialarbeit nicht eindeutig unter negativen Vorzeichen zu betrachten ist, machen die fünf allgemeinen Grundsätze dieser englischen Form der KonsumentInnenorientierung deutlich. Danach sollen KundInnen einer öffentlich oder im öffentlichen Auftrag erbrachten Dienstleistung folgendes erwarten können (*Hansen*, 1999a, S. 24):

- Ausreichende Information über die Leistungen.
- Optimale Zugänglichkeit zu den Leistungen.
- Auswahlmöglichkeiten zwischen den Leistungen.
- Entschädigung bei nicht korrekt erbrachten Leistungen.
- Einbeziehung in Entscheidungen über die Leistungserbringung.

Übertragen auf den Bereich personenbezogener Sozialer Dienstleistungen können diese Grundsätze bedeuten: Informationen in den unterschiedlichen Sprachen ethnischer Minoritäten, audiovisuelle sowie über Blindenschrift erfolgende Informationsvermittlungen; nutzerInnenorientierte Öffnungszeiten, Fahrdienste zu Ämtern und Einrichtungen, mobile Ämter; Wahlmöglichkeiten zwischen unterschiedlichen AnbieterInnen wie auch innerhalb von Einrichtungen; Beschwerde- und Feedbackverfahren, Wiedergutmachungen materieller wie nichtmaterieller Art (z.B. öffentliche Entschuldigungen bei Fehlleistungen); Einbeziehungen in die Planung, Durchführung wie Bewertung von Dienstleistungen.

Die Kritik am Consumerism zielt weniger auf den Inhalt als vielmehr darauf, dass hier einseitig prozeduale, weiche Rechte formuliert werden, jedoch keine harten, einklagbaren Sozialrechte (*Robson, Locke & Dawson*, 1997). Gerade aber in Bezug auf den Bereich der personenbezogenen Sozialen Dienstleistungen hat die Soziale Fachlichkeit sich bislang völlig unzureichend mit Fragen prozedualer Rechte befasst, über die nicht zuletzt der Inhalt sowie die Verfügbarkeit, Berechenbarkeit und Interaktionsfähigkeit der Sozialen Arbeit definiert werden müssen.

4 Weitere den Diskurs bestimmende Rahmenbedingungen

Der Consumerism und die bereits angesprochenen Reformen des Sozialen Dienstleistungssektors haben unter englischen Verhältnissen ein Reformklima geschaffen, in dem sich neue Entwicklungsdynamiken entfalten konnten.

So hat die Soziale Fachlichkeit trotz aller Einzelkritik an problematischen Entwicklungen der Ökonomisierung der Sozialen Arbeit die Reformen auch als Chance begriffen, eine neue Professionsidentität zu entwickeln. Unter Anknüpfung an die Radical Social Work Bewegung der 70er Jahre wurde die Eigendynamik einer fortgesetzten Professionalisierung in Frage gestellt, bei der die Kluft zwischen DienstleisterInnen und NutzerInnen immer tiefer zu werden schien. Seit den 90er Jahren spielt das Thema „Empowerment von DienstleistungsnutzerInnen" eine bedeutsame Rolle in der Sozialen Arbeit. Betont wird, dass es dabei nicht nur um eine neue Perspektive oder um eine neue Methode geht, sondern um nicht weniger als um einen Paradigmenwechsel in der Sozialen Arbeit (*Adams*, 1996, S. 2f.; *Langan*, 1993, S. 58ff.; *Langan & Clarke*, 1994, S. 89f.).

Im Zusammenhang der Reformen wurde auch die sozialarbeiterische Ausbildung neu gestaltet. In ihrem Mittelpunkt stehen seit Beginn der 90er Jahre Kernqualifikationen, die die Qualität der Ausbildung garantieren sollen. Die neuen curricularen Anforderungen zielen auf die Vermittlung von sechs Kernkompetenzen, die sich inhaltlich u.a. beschäftigen mit Fragen der Wertorientierungen in der Sozialen Arbeit, der Kommunikation, des Empowerments, des Assessments, der sozialarbeiterischen Planung und Intervention, der Evaluation, interaktiver Fähigkeiten in Sozialen Organisationen sowie der Weiterentwicklung professioneller Kompetenzen (CCETSW, 1996; *O'Hagan*, 1999; *Vass*, 1997).

Der Paradigmenwechsel in der Soziale Arbeit ist umso leichter durchzuführen, als unter englischen Verhältnissen die Soziale Fachlichkeit organisatorisch weniger zersplittert ist als unter deutschen. Als Berufsorganisation vereinigt die „British Association of Social Workers" die Profession unter einem einzigen Dach. Das „National Institute for Social Work", eine vergleichsweise innovative, auf Betreiben der Regierung 1961 eingerichtete, unabhängige Einrichtung, ist in der Forschung aktiv und befasst sich mit Fragen der Aus- und Fortbildung in der Sozialarbeit. Das „Central Council for Education and Training in Social Work" legt Qualitätsstandards für die sozialarbeiterische Ausbildung fest. Eine gegenwärtige Qualifizierungsoffensive der Regierung sieht vor, diese Aufgaben künftig einer neu zu bildenden „Training Organisation for the Personal Social Services" (TOPSS) zu übertragen.

Ferner haben auch Soziale Bewegungen gestaltend auf die Neuorientierungen eingewirkt. NutzerInnenorganisationen haben mit ihren Forderungen nach einklagbaren, harten Sozialrechten, Selbstbestimmung und Partizipationsrechten die Debatten stark beeinflusst. Ihre Stimme findet Gehör in einem Reformklima, in dem sie zunehmend als ExpertInnenorganisationen gefragt sind. Zielrichtung der „Disabilty Movements" ist, die paternalistischen Traditionen des Wohlfahrtsstaates bewusst zu machen, sie in Frage zu stellen und zu überwinden. Eine große Bedeutung hat dabei das sogenannte „social model of disability" erlangt (*Oliver*, 1996, 30ff.), eine soziologische Sichtweise, die systematisch die Macht dominierender Gesellschaftsgruppen hinterfragt, Lebensbedingungen nach den eigenen Vorstellungen von „Normalität“ zu gestalten. Die Organisationen behinderter und beeinträchtigter Menschen fordert hingegen die Anerkennung unterschiedlicher Lebensentwürfe und Lebenslagen, die nicht in ein hierarchisches Bewertungsraster zu pressen sind. Das „social model“ mit all seinen Implikationen ist mittlerweile aus den Selbstverständnissen der Sozialarbeit in Großbritannien nicht mehr wegzudenken (*O'Neil & Statham,* 1998, S. 5,7; *Brading & Curtis* 1996, S. 38).

5 Ergebnisse des Paradigmenwechsels

Mittlerweile beschreibt eine Fülle von Beispielen die Neuausrichtung der englischen Sozialarbeit, die in deutlichem Kontrast zu Entwicklungen in Deutschland steht. Auf allen Ebenen des Dienstleistungsprozesses wird versucht, die NutzerInnen in den Mittelpunkt zu rücken. Es wird nach Wegen gesucht, Partizipations- und Selbstbestimmungsrechte zu ermöglichen. Dies geschieht z.B. durch die Einbindung von NutzerInnengruppen in die kommunale Sozialplanung, durch die maßgebliche Einbeziehung geistig behinderter Menschen bei der Einstellung ihres Betreuungspersonals, durch Mitgestaltungsmöglichkeiten bei der Erstellung von Dienstplänen, durch die Einbeziehung von NutzerInnen oder NutzerInnengruppen bei der Erarbeitung von Qualitätskonzepten von Einrichtung oder Behörden, bei der Entscheidung über den Ankauf von Dienstleistungen, in Fortbildungsmaßnahmen für das Personal Sozialer Einrichtungen, in Evaluation und Forschung im Bereich Sozialer Dienstleistungen oder durch „direct payments“, also die Bereitstellung persönlicher Budgets (zu einem Überblick vgl.: *O'Neil,* 1998; *Lindow & Morris,* 1995; *Beresford, Croft, Evans & Harding* 1997).

Dennoch ist die in England formulierte Kritik an den Unzulänglichkeiten der Reform personenbezogener Sozialer Dienstleistungen nicht zu übersehen. Problematisch sind die chronischen Unterfinanzierungen, die auf lokaler Ebene zuweilen äußerst eng definierten Zugangskriterien für die Leistungen oder die Arbeitsbedingungen und der Ausbildungsstand des Personals in Sozialen Einrichtungen. Dennoch baut eine solche Kritik eher auf die Neuorientierungen auf, als dass sie die Reformen in ihrer Grundrichtung generell ablehnt.

Entscheidend bei der Bewertung von Entwicklungen der personenbezogenen Sozialen Dienstleistungen in beiden Ländern sind die in den Qualitätsdiskursen erkennbaren Referenzpunkte. Die englische Situation ist gekennzeichnet durch vergleichsweise klare, von der Regierung gesetzte Mindeststandards und Leitorientierungen. Die personenbezogenen Sozialen Dienstleistungen werden als eigenständige Säule des Wohlfahrtsstaates betrachtet, die in gleicher Weise der staatlichen Gestaltungs- und Steuerungskompetenz unterworfen ist wie andere Soziale Sicherungszweige auch. Das gesamte System der Sozialen Dienstleistungserbringung wird hier in eine qualitativ neue, nutzerInnenorientierte Richtung gelenkt. Der Staat übernimmt die direkte Verantwortung für die effektive und effiziente Verwendung von Steuergeldern (*Butcher*, 1995, S. 5f.), anstatt diese, wie unter den neokorporatistischen Bedingungen Deutschlands, teilweise an staatsnahe Verbände zu delegieren.

Diese Referenzpunkte, die gleichsam Messlatten für die Qualität und damit auch für Qualitätsgewährleistungskonzepte sind, fehlen im deutschen Qualitätsdiskurs. Sie tauchen weder in der Gesetzgebung auf, noch sind überhaupt Möglichkeiten vorgesehen, im Rahmen von Rechtsverordnungen der Sozialen Dienstleistungspraxis Leitorientierungen mit auf den Weg zu geben. Bestimmungen über die Qualität personenbezogener Sozialer Dienstleistungen sind in Deutschland relativ frei aushandelbar zwischen den Organisationen der Kosten- und DienstleistungsträgerInnen. Faktisch existiert hier die Definitionsmacht eines „bilateralen Kartells" (*Monopolkommission*, 1998, S. 334), das sich fortwährend auf einen christlich-weltanschaulich sowie durch Professionskompetenzen geprägten Wertekanon beruft (*Rechtsdienst der Lebenshilfe*, 1999) und dabei die Frage unbeantwortet lässt, wo in Entscheidungs- und Beurteilungsprozessen die Stimme der LeistungsnutzerInnen bleibt. Diese wohlfahrtsstaatlichen Grundstrukturen verhindern, dass Letztere als KoproduzentInnen der Leistungserbringung anerkannt werden, wie eine moderne Dienstleistungsorientierung es erfordern würde. Sie bleiben vielmehr Objekte der Wohlfahrtspflege, anstatt als Subjekte der Dienstleistung anerkannt zu werden.

Edgar Baumgartner

Evaluationen für wen?

Meta-evaluative Anmerkungen zu Evaluationssettings in der Sozialen Arbeit

In jüngster Zeit wird im deutschsprachigen Raum eine kontroverse Diskussion um die Eigenständigkeit und die Konstitutiva der Sozialen Arbeit als wissenschaftliche Disziplin geführt. Eine besondere Rolle spielt dabei die Frage der Definition und Ausgestaltung der Forschung im Bereich der Sozialen Arbeit, der eine wichtige Rolle für die Disziplinbildung eingeräumt wird (vgl. *Steinert; Sticher-Gil; Sommerfeld & Maier*, 1998; *Rauschenbach & Thole*, 1998; *Thole*, 1999). Ohne auf diese Debatte näher eintreten zu wollen, werden hier Anknüpfungspunkte aufgenommen, wenn im Folgenden die Frage der Nützlichkeit der Evaluationsforschung in der Sozialen Arbeit („Evaluationen für wen?") diskutiert wird. Dabei gilt es in einem ersten Teil mögliche Referenzpunkte zu benennen, an denen Nützlichkeit und damit das Potential der Evaluationsforschung beurteilt werden kann. Indem diese Referenzpunkte in einem zweiten Schritt in Beziehung zu strukturellen Bedingungen der Erkenntnisproduktion (Evaluationssettings) gesetzt werden, lassen sich einige Anregungen für die Diskussion, wie dem Evaluations- und Wissensbedarf aus der Praxis (vgl. *Schlenker*, 1995; *Heiner*, 1998, S. 47) optimal entsprochen werden kann, geben. In diesem Sinn haben die folgenden Ausführungen meta-evaluativen Charakter, wenngleich vorweg zu bemerken ist, dass sie sich nicht auf empirische Grundlagen stützen können.

1 *Funktionen der Evaluationsforschung in der Sozialen Arbeit*

Funktionen der Evaluationsforschung lassen sich auf unterschiedlichen Ebenen konkretisieren. In Anlehnung an *Chelimsky* (1997) und *Chen* (1994) möchte ich zwei grundlegende Funktionen aufgreifen, welche auf unterschiedliche Verwertungskontexte von Evaluationsergebnissen Bezug nehmen, und diese für die Soziale Arbeit präzisieren und eingrenzen.

Eine *erste Funktion* der Evaluationsforschung kann mit *Chen* (1994) als „program enlightenment" bezeichnet werden. Darunter ist die Produktion von relevanten und nützlichen Erkenntnissen für die Betroffenen und Beteiligten eines Programms zu verstehen. Evaluationen erbringen damit Leistungen für eine Praxis ausserhalb von Wissenschaft. Der Verwertungskontext ist hier auf die vorgesehenen EvaluationsnutzerInnen eingrenzbar, an deren Informationsbedürfnissen und –interessen die Evaluation ausgerichtet werden soll (vgl. Nützlichkeitsstandards, *Joint Committee*, 1999). Die Nützlichkeit bemisst sich folglich daran, wie weit die gewonnenen Erkenntnisse diesen Interessen und Bedürfnissen entsprechen und damit einen Beitrag zu praktischen Problemlösungen leisten. In Abhängigkeit von der Art der Praxis, dem Verwertungskontext und dem konkreten Anwendungsbezug (Legitimierung, Rechenschaft, Verbesserung, etc.) liessen sich in der Evaluationsmethodologie verschiedene Hinweise und Regeln zur strukturellen Ausgestaltung der Erkenntnisproduktion, inhaltlichen Fokussierung oder zur methodischen Vorgehensweise finden. Im Folgenden begrenze ich mich – unter Ausschluss von Evaluationen für das politisch-administrative System – auf die Praxis der Sozialen Arbeit und die Informationsbedürfnisse und -interessen von Professionellen und professionellen Organisationen. Wenn diese aufgegriffen werden und Evaluationen damit durch die Generierung von Wissen bei praktischen Problemlösungen unterstützend wirken, bezeichne ich diese Funktion in Anlehnung an *Moser* (1995) als Praxisreflexion.

Eine *zweite Funktion* der Evaluationsforschung kann gemäss *Chelimsky* (1997) als „knowledge generation" betitelt werden. Diese Funktion bezieht sich auf die Kumulierung und Entwicklung von Erkenntnissen über eine bestimmte gesellschaftliche Praxis. Die Kumulierung von Erkenntnissen beinhaltet die Entwicklung von Theorien und Modellen über eine Praxis und damit generalisierbaren Wissens, das über den einzelnen Fall hinaus Gültigkeit beansprucht (vgl. *Patton*, 1996, S. 32ff.). Diese Funktion kann beispielsweise auf die Evaluationspraxis bezogen werden, indem die Evaluierenden modellhaft Erklärungen und Anleitungen für die Evaluationspraxis formulieren. Während hierbei jedoch die Evaluierenden weitgehend selbst diese theoretische Weiterentwicklung betreiben und an die Gemeinschaft der Evaluierenden adressieren (vgl. *Chen*, 1994, S. 233), liegen die Dinge in der Sozialen Arbeit anders. Denn mit der Disziplin der Sozialen Arbeit hat sich ein spezifisches Sozial- und Wissenssystem ausdifferenziert, das für die Theorieentwicklung gesellschaftlich zuständig zeichnet. Damit ist eine Kommunikationsgemeinschaft von SpezialistInnen und Organisationen gemeint, die gemeinsamen Problemstellungen verpflichtet sind (vgl. *Merten*, 1998, S. 202f.). Fasst man diese Problemstellung unter dem Bezugspunkt einer Handlungswissenschaft (vgl. *Wagner*, 1995; *Sommerfeld*, 1998), dann wird auch eine Wissensentwicklung als Modellbildung sozialarbeiterischen Handelns (Verfahren, Methoden) integrierbar. Damit ist der Verwertungskontext zunächst ein fundamental anderer als bei der Funktion der Praxisreflexion. Denn der Verwertungskontext ist zunächst die Wissenschaft, die diskursiv nach dem Kriterium der Wahrheit/Richtigkeit neue Erkenntnisse beurteilt und in den disziplinären Wissensstand integriert (vgl. *Moser*, 1995, S. 73). Vermittelt über Aufklärung in Form von Publikationen sowie Ausbildung fließen Erkenntnisse aber auch in die Praxis und können somit Praxisreflexion orientieren. Dabei kann Wissenschaft aber nur Entscheidungs- und Orientierungswissen bereitstellen, dessen Verwendung durch die Praxis im Hinblick auf die Brauchbarkeit und Wirksamkeit situativ beurteilt werden muss. In dieser Perspektive stehen Evaluationen nicht im Dienst der Begleitung des Transfers von allgemeinen (theoretischen) Modellen und Konzepten in die Praxis, sondern öffnen den Wissenstransfer in die entgegengesetzte Richtung. Die Nützlichkeit von Evaluationen lässt sich somit daran beurteilen, wie weit Erkenntnisse in das Wissenschaftssystem transferiert werden und die Theorieentwicklung über die Praxis der Sozialen Arbeit, die Entwicklung und Revision von Konzepten und Modellen, befördern. Auch bei dieser Funktion lassen sich evaluationsmethodologische Hinweise und Regeln für eine konkrete Evaluation in den Dimensionen inhaltliche Fokussierung, methodische Vorgehensweise oder strukturelle Ausgestaltung der Erkenntnisproduktion finden. Im Folgenden beschränke ich mich auf den letzten Punkt und gehe dabei der Frage nach, wie weit Evaluationen in der Sozialen Arbeit einen Beitrag zur Praxisreflexion und zur Theoriebildung leisten können.

2 Evaluationssettings in der Sozialen Arbeit und deren Leistungsfähigkeit

Gemäss *Heiner* (1996, S. 35) sind Evaluationssettings unterschiedliche Personenkonstellationen, die für die Durchführung einer Evaluation zusammenarbeiten. Unter dem Gesichtspunkt der Beteiligung von Personen sind die Unterscheidungen in Selbst- und Fremdevaluation und interne und externe Evaluation geläufig. Allerdings werden diese Begrifflichkeiten entlang mehrerer Kriterien entwickelt und definiert: Steuerung der Evaluation, Anwendungskontext, Distanz/Nähe zum Gegenstand, organisationelle Zugehörigkeit der Evaluierenden (vgl. *Vedung*, 1999, S. 104f.; *Schratz*, 1999; *Heiner*, 1996, S. 34).

Trotz dieser begrifflichen Unschärfe beziehe ich mich zunächst auf die Unterscheidung von interner und externer Evaluation und verstehe unter interner Evaluation in Anlehnung an *von Spiegel* (1997, S. 32) die systematische Erhebung, Aus- und Bewertung von Daten über professionelles Handeln innerhalb der Organisation durch Fachkräfte im KlientInnenkontakt oder durch Angehörige von spezialisierten organisationsinternen Fachstellen. Diese interne Evaluationstätigkeit ist innerhalb der Sozialen Arbeit zumindest im deutschsprachigen Raum im Wachstum begriffen und wird über Ausbildungs- und Weiterbildungsangebote sowie durch Evaluationsberatung unterstützt. Diese Tätigkeit zeichnet sich zunächst dadurch aus, dass Methoden der

Erkenntnisgewinnung weitgehend aus der Wissenschaft übernommen werden und für Erkenntnisziele der Praxis (z.B. Legitimierung gegen außen, Kontrolle der eigenen Tätigkeit, Qualitätsentwicklung, individuelles und organisationelles Lernen) eingesetzt werden. Durch die Systematisierung der Informationserzeugung verspricht man sich gegenüber dem Modus des alltäglichen Beobachtens und Bewertens eine Steigerung des Erkenntnispotentials und auch des Reflexionspotentials. Durch die Initiierung einer Kultur der systematischen Fehlersuche und -kontrolle im professionellen Handeln kann der Routinisierung des professionellen Alltags entgegengewirkt und Reflexion institutionalisiert werden. Eine grundsätzliche Begrenzung besteht jedoch dann, wenn sich „Distanz" und „Handlungsentlastetheit" als Bedingungen der Erkenntnisproduktion nicht oder nur eingeschränkt durch die zeitliche Trennung der Rollen realisieren lassen. Denn durch die Verbundenheit mit dem Gegenstand sind vorherrschende soziale Systemreferenzen, d.h. Regulierungen von Handlungen, dem Erkennen wie auch der Reflexion systematisch verschlossen (vgl. *Koditek*, 1997; *Sommerfeld* & *Koditek*, 1994). Sogenannte „blinde Flecken" halten sich so trotz des Bemühens um systematische Informationsgewinnung. Die Hinzuziehung einer extern evaluierenden Person bietet hierbei ein gesteigertes Erkenntnispotential, wenngleich dieses nur unter den Bedingungen von Distanz und Autonomie gegenüber der Praxis, also gegenüber vorherrschenden Interessen, einlösbar ist.

Die Frage der Wahl und der Ausgestaltung des Evaluationssettings wird in der Diskussion um die Evaluationsforschung in der Sozialen Arbeit beherrscht durch den Bezugspunkt, lokales Problemlösungswissen für praktische Problemstellungen zu erzeugen. Der Referenzpunkt der Theorieentwicklung wird dabei weitgehend ausgeblendet. Entsprechend dominieren Kategorien wie vorhandene Kompetenzen, finanzielle Mittel, gesellschaftliche Anerkennung der Ergebnisse oder Gegenstandsebenen, wenn Vor- und Nachteile von internen bzw. externen Evaluationen abgehandelt werden (vgl. *Landert*, 1996; *von Spiegel*, 1997). Der funktionale Bezugspunkt der Theorieentwicklung verweist jedoch auf weitere Kategorien. Wenn Lernen nämlich primär dezentral, d.h. individuell oder organisationell, konzipiert wird, bleibt die Aufgabe der Integration und Akkumulierung von dezentral gewonnenen und lokal gebundenen Erkenntnissen jenseits von Organisationsgrenzen ungelöst. Es droht eine „Verinselung" der Erkenntnisproduktion. Gerade die Beförderung der Selbstevaluation leistet einem Professionsverständnis Vorschub, das Professionalität gewissermaßen den Professionellen und den professionellen Organisationen als zu lösendendes Problem überlässt. Damit droht auch eine Abschottung der Praxis gegenüber Wissenschaft, indem Erkenntnisse über Praxisinnovationen nicht in das Wissenschaftssystem fließen. Um hier eine Verbesserung zu erreichen, den Transfer der Erkenntnisse in die Wissenschaft sicherzustellen, reicht das Faktum einer externen Evaluation allein nicht aus. Dies lässt sich schon daran ablesen, dass sich bislang kaum Evaluationen in der Sozialen Arbeit finden lassen, die zu theoretischen Weiterentwicklungen geführt haben. Abschließend soll nun dargestellt werden, welche Bedingungen einen solchen Transfer begünstigen können, ohne den Anspruch aufzugeben, einen Beitrag zur Praxisreflexion zu leisten.

3 Kooperation als Modus der Erkenntnisproduktion

Zunächst bleibt festzuhalten, dass Evaluationsforschung konstitutiv auf die Produktion von Erkenntnissen für praktische Problemlösungen bezogen ist (vgl. *Moser*, 1995, S. 89). Sie hat sich damit um die unmittelbare Verwertung der Erkenntnisse in der untersuchten Praxis zu bemühen. Diesem Zweck würde ein Setting nicht Genüge tun, das ausschließlich Bezüge zum Referenzsystem Wissenschaft aufweist, indem die Erkenntnisinteressen durch den theoretischen Wissensstand induziert werden und die Verwertung sich auf den Transfer in die Wissenschaft beschränkt (program research; vgl. *Cordray & Lipsey*, 1987). Ebenso soll auch nicht die Rede davon sein, dass die Wissensakkumulierung gewissermaßen sekundär über die Integration der Ergebnisse verschiedener Evaluationen in Form einer Evaluationssynthese oder einer Metaanalyse durch die Wissenschaft zu leisten ist.

Vielmehr muss die Ausgestaltung eines Settings ermöglichen, dass den Interessen an praktischen Problemlösungen wie auch der Funktion der Theoriebildung gleichermaßen Rechnung getragen wird. Die Herausforderung besteht darin, einen Rahmen zu schaffen, in dem die sich im Hinblick auf einen konkreten Evaluationsgegenstand ergebenden theoretischen und praktischen Erkenntnisfragen aufgenommen und somit weder Praxis noch Forschung instrumentalisiert werden. Der grundlegende Modus für ein solches Evaluationssetting ist die Kooperation zwischen WissenschaftlerInnen und PraktikerInnen (vgl. *Sommerfeld*, 1998; *Koditek*, 1997; *Eppel & Hamer*, 1997). Kooperation steht für einen Modus, in dem die jeweiligen Verantwortlichkeiten, Autonomieräume und Handlungsrationalitäten beachtet werden. Auf Basis der Differenz, unterschiedlichen Systemen zugehörig zu sein, sind die jeweiligen Erkenntnisinteressen und Informationsbedürfnisse zu verhandeln. Dabei bildet der Transfer der gewonnenen Erkenntnisse in zwei unterschiedliche Verwertungskontexte ein ausdrückliches Ziel: zum einen sind die Erkenntnisse vor Ort durch die Praxis im Hinblick auf die Lösung von praktischen Problemen zu beurteilen, zum anderen werden die Ergebnisse über Publikation in das Wissenschaftssystem transferiert, um dort bezüglich des aktuellen theoretischen und technologischen Wissensstands beurteilt zu werden. Durch diese Rückkoppelung könnte durch die Evaluationsforschung ein eigenständiger Beitrag zur Weiterentwicklung von Theorien geleistet werden, was wiederum neue Erkenntnisfragen für Folgeprojekte induzieren kann (vgl. *Maier*, 1998, S. 60). Die Bewährung bzw. die Nützlichkeit eines solchen Modells muss sich also in unterschiedlichen Verwertungskontexten zeigen. Damit unterscheidet es sich auch grundsätzlich von einer Auftragsforschung, die sich unter Nutzung einer externen Perspektive auf die Beantwortung der von der Praxis formulierten Erkenntnisinteressen beschränkt. Denn aus dem aktuellen theoretischen und technologischen Wissensstand induzierte Erkenntnisfragen erhalten im Modell der kooperativen Evaluationsforschung einen Stellenwert, und die gewonnenen Erkenntnisse werden von der evaluierenden Person in die wissenschaftliche Diskussion eingespeist. Damit ist ein eigenständiger Typus der Evaluationsforschung begründet, dessen Umsetzung Vorkehrungen bedingt, die jenseits des Begriffspaars intern – extern liegen, und auf die ich an dieser Stelle nur kurz eingehen kann. Insbesondere die institutionelle Einbettung von Evaluationsprojekten erleichtert, erschwert oder verunmöglicht die Realisierung eines solchen Modells und entsprechender Formen des Wissenstransfers. Damit ist zum einen die institutionelle Einbettung im Wissenschaftssystem angesprochen, welche die entsprechenden Interessen zu sichern und reproduzieren vermag. Zum anderen ist insbesondere die Bereitstellung zeitlicher und personaler Ressourcen notwendig, um den Transfer der Erkenntnisse in das Wissenschaftssystem wie auch im Idealfall über Aus- und Weiterbildung wiederum in die Praxis leisten zu können. Diesem Anspruch gerecht zu werden und sich für die Praxis als leistungsfähige Kooperationspartnerin präsentieren und im Wissenschaftssystem über Theoriebeiträge Reputation erarbeiten zu können, ist nur über Spezialisierung in den Aufgaben zu erreichen. Hinzu kommt, dass hier Transferleistungen zu finanzieren sind, die über die Evaluationsinteressen der Praxis in einem konkreten Evaluationsprojekt hinausgehen. Unter diesen Bedingungen rücken Institutionen wie Hochschulen oder Institute nach dem Vorbild von „Research & Development“ – Zentren als ideale Orte ins Blickfeld, um neben Auftragsforschung das für einen optimalen Wissenstransfer in der Sozialen Arbeit wichtige Setting der kooperativen Evaluationsforschung mit Leben zu füllen, etablieren und finanzieren zu können. Doch diese für die Optimierung des Wissenstransfers in der Sozialen Arbeit notwendigen Strukturen sind zumindest in der Forschungslandschaft im deutschsprachigen Raum noch kaum vorhanden (vgl. *Salustowicz,* 1995, S. 11f.).

4 *Abschließende Bemerkungen*

Durch die Evaluationsforschung ist eine gesteigerte Dynamik bei den Formen der Erkenntnisproduktion und des Wissenstransfers in der Sozialen Arbeit ausgelöst worden. Die Nützlichkeit dieser Formen und damit die Frage, wie dem Evaluations- und Wissensbedarf aus der Praxis am besten entsprochen werden kann, ist bislang jedoch theoretisch und empirisch kaum untersucht worden. Als Referenzpunkte sind hierbei nicht nur die unmittelbare Nützlichkeit für die untersuchte Praxis, sondern auch der disziplinäre Wissensaufbau durch Theoriebildung einzubeziehen. Mit der kooperativen Erkenntnisgewinnung ist ein Modell präsentiert worden, das ein aussichtsreiches Setting für die Einlösung dieser doppelten Aufgabenstellung darstellt. Es scheint mir wichtig zu sein, dass die hier diskutierten Settings (interne bzw. selbstevaluative Erkenntnisgewinnung, die externe Erkenntnisgewinnung als Auftragsforschung sowie die kooperative Erkenntnisgewinnung) konzeptionell stärker als bisher getrennt werden und in ihren je spezifischen Funktionen sowie Möglichkeiten und Begrenzungen bestimmt werden. Es gilt den „semantischen Magneten" Evaluation (vgl. *Vedung*, 1999, S. 3), der weitgehend über methodische Kategorien integrierend wirkt, zu entkräften bzw. notwendige Differenzierungen entlang der Funktionen der Evaluationsforschung stärker zu betonen. Dabei geht es nicht darum, einzelne Formen der Erkenntnisproduktion zu verdrängen oder zu ersetzen, sondern um sinnvolle Formen des Nebeneinanders. Diese Verhältnisbestimmung muss erst noch geleistet werden. Dabei wirkt jedoch eine einseitige Reduktion der Evaluationsforschung auf die Funktion der Praxisreflexion eher behindernd. Die Etablierung von Evaluationsstandards kann hier hilfreich wirken, wenn sie die Verständigung über die Nützlichkeit von Evaluationen befördert und auch notwendige empirische Grundlagen zur Nützlichkeit einzelner Settings liefern kann. Allerdings sollte deutlich geworden sein, dass nicht nur die Nützlichkeit jeder einzelnen Evaluationsstudie zu beurteilen ist, sondern auch das Insgesamt der Wissensproduktion und des Wissenstransfers in der Sozialen Arbeit. Da die Evaluationsforschung somit in das Blickfeld des disziplinären Wissensaufbaus geholt wird, sind neben Fragen der Notwendigkeit von spezifischen Fragestellungen und Evaluationsmethoden, die in diesem Beitrag ausgeklammert wurden, auch Fragen der strukturellen Bedingungen der Erkenntnisproduktion für die Soziale Arbeit zu beantworten. Hier optimale Lösungen zu erarbeiten, verweist zunächst auf eine disziplinäre Spezialisierung und damit auf eine Ausdifferenzierung eines Kommunikationszusammenhangs innerhalb der Gemeinschaft der Evaluierenden. Allerdings ist eine solche Spezialisierung nur mit Anschlüssen zu eben dieser transdisziplinären Gemeinschaft der Evaluierenden gerechtfertigt. Denn für gute Evaluationen reichen theoretische Kenntnisse des Feldes oder spezifische Methodologien nicht aus. Weitere Kompetenzen und evaluationstheoretisches Wissen sind notwendig. Gerade für die Ausgestaltung einer Kooperation von WissenschaftlerInnen und PraktikerInnen im Rahmen einer Evaluation sind vielfältige Erfahrungen aus anderen Gegenstandsfeldern vorhanden. Dieser Diskurs ist folglich notwendigerweise offen zu gestalten.

Angelika Stötzel, Michael Appel

Das WANJA-Instrumentarium zur Qualitätsentwicklung in der Offenen Kinder- und Jugendarbeit

Mit dem vorliegenden Beitrag möchten wir einen kurzen Einblick in Verfahren und Instrumente der Qualitätsentwicklung in der Offenen Kinder- und Jugendarbeit (OKJA) geben, welche wir im Rahmen des Forschungsprojektes WANJA entwickelt und erprobt haben[1]. Auf der Grundlage von arbeitssoziologischen Studien im Arbeitsfeld wurde ein Instrumentarium für die Selbstevaluation („Checklisten" für die Hand der MitarbeiterInnen), Instrumente für die Befragung von Kindern und Jugendlichen sowie Verfahrensvorschläge für die Organisation eines kommunalen Qualitätsmanagements („kommunaler Wirksamkeitsdialog") entwickelt[2]. In unserer nachfolgenden Darstellung der Ergebnisse des Forschungs- und Entwicklungsprojektes werden wir den Schwerpunkt auf das von uns entwickelte Instrumentarium zur Selbstevaluation in der OKJA legen.

1 *Ziele und Prinzipien des Forschungs- und Entwicklungsprojektes*

Das Ziel des Forschungsprojektes WANJA war es, Wege und Verfahren der Qualitätssicherung und -entwicklung in der OKJA zu erkunden und zu entwickeln, die den Prinzipien der Fachlichkeit, der Nutzerorientierung und der Diskursivität gerecht werden.

---

1 Das Forschungsprojekt WANJA (Professionelle Handlungsmuster und Wirksamkeitsanalysen in der Offenen Kinder- und Jugendarbeit) ist am Fachbereich Erziehungswissenschaften der Universität Siegen angesiedelt und in das dortige Zentrum für Planung und Evaluation integriert. Das Projekt unter der Leitung von Prof. Dr. Schumann wurde vom August 1997 bis August 1999 aus Zuwendungen des Ministeriums für Frauen, Jugend, Familie und Gesundheit des Landes NRW finanziert.

2 Der Forschungsbericht ist in ausführlicher Form beim Votum-Verlag Münster unter dem Titel „Wirksamkeitsdialog in der Offenen Kinder- und Jugendarbeit. Handbuch: Qualität sichern, entwickeln und verhandeln" erschienen.

1.1 Fachlichkeit

Eher betriebswirtschaftlich orientierte Verfahren und solche der punktuellen Fremdprüfung wie z.B. die outputorientierte Steuerung der KGST treffen, wie die Erfahrung zeigt, nur auf geringe Akzeptanz bei den JugendarbeiterInnen. Sie sehen sich in diesen Verfahren lediglich als Informationsgeber beteiligt und von der Steuerung des Prozesses ausgeschlossen. Wir wollen die Stellung der JugendarbeiterInnen in dem Prozess der Qualitätsentwicklung dadurch stärken, dass dieser auf der kontinuierlichen Selbstevaluation in den Einrichtungen aufbaut.

In Ergänzung zu den bewährten Verfahren der Selbstevaluation (*Beywl & Bestvater, 1998; von Spiegel, 1998)* soll unser Instrumentarium weniger auf die Ebene des methodisch ausgefeilten Handelns abheben, sondern primär inhaltlich und fachlich ausgerichtet sein. Die Instrumente gehen deshalb von den Kernbestandteilen des professionellen Handelns in der OKJA aus, welche wir in empirischen Feldstudien erhoben haben. Damit spiegelt sich auch in den Instrumenten die Komplexität und die Originalität des beruflichen Handelns wider. Auf diese Weise werden fachlich begründete Handlungs- und Ausstattungsstandards der Ausgangspunkt für die (Selbst-)Überprüfung und Bewertung der Qualität der eigenen Arbeit.

Wie unsere Erfahrungen zeigen, steigert dieser Ansatz nicht nur die Akzeptanz des Verfahrens und der Instrumente der Qualitätssicherung bei den JugendarbeiterInnen. Vielmehr wird dadurch ein Prozess der fachlichen Selbstvergewisserung und Entwicklung angestoßen. Im Rahmen einer kontinuierlichen Selbstevaluation kann die Entdeckung von Handlungsbedarfen und deren Bearbeitung in einen spiralförmigen Prozess der beständigen Fortentwicklung der fachlichen Qualität in Gang setzten, d.h. in den Prozess Qualitätsentwicklung überführt werden.

Gleichzeitig wohnt dieser inhaltlichen Ausrichtung der Verfahren und Instrumente damit das Potential inne, dass die JugendarbeiterInnen ihre fachlichen Kompetenzen erweitern und mit fachlich begründeten Argumenten in den Qualitätsdiskurs mit TrägerInnen und MittelgeberInnen eintreten können.

1.2 Nutzerorientierung

Verfahren der Selbstevaluation bergen immer wieder die Gefahr, dass die Überprüfung und Bewertung sich in der bloßen Selbstbespiegelung der eigenen Praxis erschöpft. Wir haben deshalb in unser Verfahren der Qualitätssicherung und -entwicklung die Beteiligung anderer Akteure – insbesondere der Kinder und Jugendlichen – als NutzerInnen festgeschrieben. Dabei haben wir bestehende Verfahren und Instrumente der responsiven Evaluation (vgl. *Beywl, 1991; Müller-Kohlenberg, 1997, 1998)* aufgegriffen, modifiziert und eigene entwickelt.

Es geht hier um das Prinzip, dass die Qualitätssicherung eher nachfrage- als angebotsorientiert ist und dass die Interessen, Bedürfnisse und Bedarfe der Kinder und Jugendlichen angemessen mit berücksichtigt werden.

1.3 Diskursivität

Was Qualität und Erfolg ist, ist nicht generell normativ zu bestimmen, sondern hängt oft vom Standpunkt der BetrachterInnen ab. So können z.B. der durchführende Jugendarbeiter und die beteiligten Jugendlichen ein gemeinsames Projekt ganz unterschiedlich beurteilen. Auch Qualitätsstandards sind nicht absolut und müssen oft an die spezifischen Vor-Ort-Bedingungen angepasst werden. Ein weiteres Prinzip bei der Entwicklung unseres Evaluationsinstrumentes ist also gewesen, dass Qualitätsstandards und Erfolgsbeurteilungen unter den beteiligten Akteuren (JugendarbeiterInnen, Kinder/ Jugendliche, ggf. Eltern, andere Soziale Dienste etc.) ausgehandelt werden.

Das Prinzip der Diskursivität ist insbesondere auf der Ebene des Wirksamkeitsdialoges[3] auf kommunaler Ebene eine wichtige Voraussetzung für das Gelingen dieses Prozesses. Dabei sind die Aushandlungsprozesse zwischen Einrichtungen, Akteuren im Sozialraum, TrägerInnen und kommunaler Verwaltung einerseits und Aushandlungsprozesse auf der politischen Ebene (Jugendhilfeausschuss, kommunale Parlamente etc.) andererseits zu unterscheiden. Auf der politischen Ebene sollen auf der Grundlage der Ergebnisse des Fachdiskurses Entscheidungen über Mittelverteilungen getroffen werden.

2 Besonderheiten des methodischen Vorgehens bei der Entwicklung des WANJA-Instrumentariums

Eine Besonderheit bei der Entwicklung des WANJA-Instrumentariums ist, dass wir das Evaluationsinstrument auf der Grundlage der Ergebnisse von qualitativen sozialwissenschaftlichen Studien im Arbeitsfeld entwickelt haben. Insgesamt waren 25 Einrichtungen der OKJA aus unterschiedlichen Regionen NRWs mit verschiedenen Arbeitsschwerpunkten an der Untersuchung beteiligt.

---

3 Der „Wirksamkeitsdialog“ ist von dem nordrheinwestfälischen Ministerium für Frauen, Jugend, Gesundheit und Familie im neuen Landesjugendplan als neues Verfahren zur qualitätsorientierten Förderung der OKJA eingefordert worden. Das Verfahren selbst ist jedoch noch nicht festgelegt. Die Verfahrensweisen und -standards sollen durch eine landesweite Arbeitsgruppe mit freien und kommunalen TrägerInnen unter Federführung der Landesjugendämter und ein Modellprojekt in fünf kleinen und mittleren Städten und Landkreisen entwickelt und erprobt werden. In unserem Forschungsbericht (Fußnote 2) haben wir auch Verfahrensvorschläge für den kommunalen Wirksamkeitsdialog entwickelt.

Ziel unserer Untersuchung war es, die fachlichen Kernbestandteile der OKJA als Grundlage für die Entwicklung von Qualitätskriterien herauszuarbeiten. Wir haben dafür im Stile der interaktionistischen Arbeitsweltstudien (*Hughes, 1984; Schütze, 1984; Strauss, 1985; Riemann, 1997*) in elf wichtigen Arbeitsschwerpunkten der OKJA[4] die dortigen spezifischen Arbeitsabläufe, Kernaktivitäten und Handlungsmuster erforscht. Das heißt, wir haben mit Hilfe von ethnographisch orientierten Methoden der qualitativen Sozialforschung wie teilnehmende Beobachtung, narrative fallgeschichtliche Interviews, Gruppendiskussionen, Dokumentenanalysen etc. die immer wiederkehrenden Tätigkeiten auf den Ebenen des pädagogischen Handelns und der Arbeitsorganisation erhoben und analysiert. In Anlehnung an das Arbeitsbogenmodell des amerikanischen Soziologen *A. Strauss* (a.a.O.) haben wir für die OKJA ein Prozessmodell über die zentralen Arbeitsabläufe im Handlungsfeld entwickelt.

Arbeitsbogen für die Offene Kinder- und Jugendarbeit

1. **Arbeit an den Rahmenbedingungen** (fachliche Ressourcen, Ausstattung)
2. **Explorationsarbeit** (sozialräumliche Analyse, Zielgruppenanalyse etc.)
3. **Arbeit am Konzept** (sozialräumliche ‚Passung' des Angebotes, Profilbildung etc.)
4. **Pädagogisches Handeln** (Arbeit an den Voraussetzungen, Kontraktarbeit, Entwicklung von Arbeitszielen, Intervention, laufende Überprüfungsarbeit)
5. **Leitungsarbeit, Team und Organisation**
6. **Vernetzung und Kooperation**
7. **Evaluation und Dokumentation**

Das Modell gibt auf zwei Ebenen wichtige Kritik- bzw. Qualitätskriterien vor: Auf der Ebene der Arbeitsorganisation und auf der Ebene der Inhalte des pädagogischen Handelns, wobei letztere schwerpunktspezifisch auf der Kriterien- und Indikatorenebene ausdifferenziert wurde. Wir werden darauf im nachfolgenden Abschnitt näher eingehen.

Außerdem hat die Untersuchung auch Erkenntnisse über immer wiederkehrende Schwierigkeiten und Probleme im Arbeitsfeld gebracht. Die notwendigen Aktivitäten zur Bearbeitung dieser „Kernprobleme" haben weitere Hinweise auf Kriterien für qualitätvolles professionelles Handeln gegeben. Schließlich haben wir bei der Formulierung der Qualitätskriterien auch die einschlägige Fachliteratur mit einbezogen.

Zur Überprüfung des Grades der Genauigkeit der Ergebnisse aus den Feldstudien und der Gültigkeit der entwickelten Qualitätskriterien und -indikatoren haben wir die befragten JugendarbeiterInnen im Stile eines „Survey-

4 Die elf Schwerpunkte sind: 1) Freizeitpädagogische Arbeit, 2) Offene Kinderarbeit, 3) Mädchenarbeit, 4) Jugendkulturabeit, 5) Cliquenorientierte und mobile Arbeit, 6) Schulbezogene Angebote, 7) Arbeitsweltbezogene Jugendarbeit, 8) Interkulturelle Kinder- und Jugendarbeit, 9) Medienpädagogische Arbeit, 10) Beratung, biographische Begleitung und Einzelhilfe, 11) Partizipative Kinder- und Jugendarbeit

Feedbacks" beteiligt. Im Rahmen von insgesamt drei Workshops haben die JugendarbeiterInnen unsere Analysen und die Qualitätskriterien überprüft, zum Gegenstand von Aushandlungsprozessen gemacht und weiterentwickelt.

Im Sinne der Prinzipien der Diskursivität und der Multiperspektivität haben wir auch die Perspektive der Kinder und Jugendlichen systematisch erhoben. Die Gegenüberstellung der unterschiedlichen Perspektiven von JugendarbeiterInnen und Kindern/Jugendlichen war sowohl für die Entwicklung der Qualitätskriterien als auch auf der methodischen Ebene für die Entwicklung und Erprobung von Verfahren und Instrumenten der responsiven Evaluation sehr aufschlussreich.

Wie sieht nun das Evaluationsinstrument im Einzelnen aus und wie kann man damit arbeiten? Darauf soll nun näher eingegangen werden.

3 *Qualitätskriterien und Indikatoren als Grundlage und Einstieg in die Selbstevaluation*

Für jeden der genannten elf Arbeitsschwerpunkte (vgl. Fußnote 4) wurden entlang des Arbeitsbogenkonstruktes Qualitätskriterien und -indikatoren ausformuliert, die sich vor allem für die Maßnahme-Evaluation aus der MitarbeiterInnenperspektive eignen. Im Folgenden stellen wir beispielhaft einige dieser Ausarbeitungen sowie Anmerkungen zur methodischen Arbeit mit diesem Instrument vor.

3.1 Qualitätskriterien

Schwerpunkt: Jugendkulturelle Arbeit

Arbeitsbogenaspekt: Arbeit am Konzept

Qualitätskriterien:

Jugendkulturarbeit setzt sich durch ihre Lebenswelt- und Ressourcenorientierung wie durch ihre Förderung von Eigentätigkeit bewußt von Formen konventioneller und vermittelnder Kulturpädagogik ab. In welcher Form jugendkulturelle Ausdrucksformen von der Einrichtung aufgegriffen, gefördert und ermöglicht werden, soll im Konzept beschrieben werden.

Außerdem sollten die Besonderheiten der Arbeit mit Szenen beschrieben sein (siehe auch cliquenorientierte und mobile Jugendarbeit). Arbeitsbereiche, die unterschiedliche Orientierungen und institutionelle Einbindungen verlangen bzw. voraussetzen, sollen gekennzeichnet und strukturell voneinander abgesetzt werden. Z.B.:

- Vergabe von Proberäumen,
- Begleitung von und Hilfestellung für Amateurbands,
- Jugendkulturelle Arbeit mit interessierten BesucherInnengruppen (Aufbau und Begleitung eines Discoteams, Musikarbeit mit Mädchen, Projekte),
- Veranstaltungsplanung mit „lose assoziierten" Szene-Jugendlichen,

- Veranstaltungs- und Programmplanung der Einrichtung,
- Veranstaltungs- und Programmplanung der eingebundenen VeranstalterInnengruppen.
- Der jugendkulturelle Konzeptschwerpunkt soll mit dem/der TrägerIn und der kommunalen Jugendhilfe auf der Grundlage festgestellter Bedarfe abgestimmt und kontraktiert werden.

Die wie hier beispielhaft vorgelegten Qualitätskriterien sollen zunächst die Praxis von einer sehr schwierig zu leistenden Explizierungsarbeit entlasten. Gleichzeitig orientieren sie die Qualitätsdebatte auf ihre fachliche und sachliche Dimension hin.

Unsere Workshoperfahrung hat gezeigt, dass MitarbeiterInnen diesen bewusst normativ formulierten Input als informativ und orientierend für die Qualitätsdebatte erleben.

Unter günstigen Rahmenbedingungen scheinen derartige von außen an das Feld herangetragene Qualitätsbeschreibungen also eher als Spiegel und nicht – wie wir zunächst befürchtet hatten – als erneute Zumutung aufgefasst zu werden. Dies hängt sicherlich auch mit dem Vergewisserungsnotstand dieses Arbeitsfeldes hinsichtlich seiner Leistungen und mit seinen theoretischen wie praktischen Legitimationsproblemen zusammen.

3.2 Indikatoren

Die Indikatoren zu den jeweiligen Qualitätskriterien sind so formuliert, dass sie die Erfüllung der Qualitätsmaßstäbe unterstellen. Sie machen darin exemplarisch und ohne Anspruch auf Vollständigkeit vor, wie Qualitätskriterien operationalisiert, d.h. anhand von schlichten, praxisnahen Aussagesätzen überprüfbar gemacht werden können.

Indikatoren	Einschätzung der eigenen Praxis	trifft zu	trifft eher zu	trifft eher nicht zu	trifft nicht zu
1. Jugendkulturarbeit ist als eigenständiger Arbeitsansatz in das Konzept aufgenommen und beschrieben worden.		µ	µ	µ	µ
2. Das Konzept ist mit dem/der TrägerIn der Einrichtung verhandelt worden.		µ	µ	µ	µ
3. Die Konsequenzen der konzeptionellen Schwerpunktsetzung sind vom Team besprochen und bearbeitet worden.		µ	µ	µ	µ
4. Die MitarbeiterInnen haben sich über die Besonderheiten der Arbeit mit Cliquen und Szenen verständigt.		µ	µ	µ	µ
5. Das Konzept weist unterschiedliche jugendkulturelle Arbeitsbereiche auf.		µ	µ	µ	µ
6. Etc.		µ	µ	µ	µ

Bei der Formulierung der Indikatoren haben wir uns an das SMART-Modell verschiedener Evaluationskonzepte angelehnt, das besagt, dass Indikatoren *spezifisch, messbar, akzeptabel, realistisch und terminierbar* sein sollen.

Die Indikatoren sind z.T. multiperspektivisch formuliert, d.h. sie verlangen die Kenntnis oder die Erkundung der Perspektiven anderer Prozessbeteiligter (bzw. setzen diese voraus).

Die äußere Form der Indikatorenliste leitet den selbstbewertenden Prozess ein, indem sie zu Kommentaren sowie zu einer eindeutigen wertenden Stellungnahme zur eigenen Praxis auffordert.

3.3 Methodische Anmerkungen zur Arbeit mit den Kriterien- und Indikatoren-Katalogen

3.3.1 Auswahl des Evaluationsbereiches

Bei der Wahl des Evaluationsthemas können die Kriterienkataloge in unterschiedlicher Form verwandt werden. So kann man sich z.B. einzelne Arbeitsbogenaspekte wie „Konzeptarbeit", „Exploration", „Kooperation und Vernetzung" quer durch alle Arbeitsschwerpunkte vornehmen oder aber zu einem Schwerpunktbereich alle Aspekte des Arbeitsbogens durcharbeiten. Letzteres hat den Vorteil, dass Blindstellen der Arbeit, die häufig in der Auslassungen oder Verkürzung von Arbeitsschritten bestehen, unumgänglich bearbeitet werden müssen.

3.3.2 Unterschiedliche Settings

Weitere Varianten ergeben sich, wenn man die Zusammensetzung der Evaluationsgruppe ins Auge fasst. Ein besonders günstiges Setting scheint zu sein, wenn PraktikerInnen interessegeleitet und themenbezogen miteinander arbeiten, und zwar derart, dass zwei oder drei Einrichtungsteams aufeinandertreffen, die untereinander *nicht* in einem alltäglichen Arbeitszusammenhang stehen. In einer derartigen Konstellation ist es am einfachsten „Benchmarking-Effekte" jenseits der Angst vor „Ideenklau" und der Notwendigkeit der positiven Selbstdarstellung zu erzeugen.

3.3.3 Diskussion der Inhalte

Beim konkreten Einstieg in die Arbeit müssen die beteiligten MitarbeiterInnen die Gelegenheit haben, die Qualitätskriterien und Indikatoren inhaltlich zu diskutieren.

Diese Verständigung soll in einen Konsens über prinzipielle Qualitätserwartungen und -auffassungen münden, als Beginn der internen Standardbildung. Bei diesem Arbeitsschritt ist auch ein Blick in die sozialwissenschaftlichen Fallanalysen[5] hilfreich, denn dort finden sich die Kontexte, aus denen heraus die Kriterien entwickelt wurden. Die fallgebundenen fachlichen Erörterungen sowie der beispielhafte Fehlerdiskurs sollen Mut machen für eine angemessene und kollegiale Kritikhaltung. Diese nachträgliche Rekontextualisierung kann somit auch verhindern helfen, dass mit den Indikatoren formalistisch und unkritisch umgegangen wird.

3.3.4 Bewertungen und Kommentare in Einzelarbeit

In einem weiteren Arbeitsschritt sollen die MitarbeiterInnen jeweils in Einzelarbeit ihre konkrete Praxis anhand der Indikatoren einschätzen und bewerten. Dabei ist die skalierte Bewertung ebenso wichtig wie wertende Kommentare. Ersteres fördert eine eindeutige Stellungnahme und Letzteres entpuppt sich häufig als Schlüssel zur vertieften Debatte oder gar als Ansatzpunkt für Lösungen.

3.3.5 Einrichtungsbezogener Vergleich der Einzelbewertungen

Die Einzelbewertungen werden einrichtungsbezogen miteinander verglichen. Dabei kommt es darauf an, übereinstimmende positive Bewertungen zu begründen, den Abweichungen und diskrepanten Einschätzungen nachzugehen und übereinstimmende Negativ-Beurteilungen zu dokumentieren. Ein nicht zu unterschätzender Effekt liegt dabei häufig schon darin, dass MitarbeiterInnen ihre diskrepanten Bewertungen samt Hintergründen kommunizieren. Im Rahmen von einrichtungsübergreifenden Settings können die KollegInnen aus den gerade nicht-beteiligten Teams sehr viel lernen, wenn sie ausdrücklich die Rolle der kollegialen BeraterInnen einnehmen.

3.3.6 Stärke-Schwäche-Beschreibung und Identifizierung von Veränderungsbedarfen

Die Kommentare, die negativen und positiven Urteile und diskrepanten Bewertungen sollen abschließend in eine Stärke-Schwäche-Beschreibung sowie in eine Identifizierung von Veränderungsbedarfen münden.

Die Moderation und Anleitung sollte durch nicht in TrägerInnenstrukturen involvierte BeraterInnen erfolgen. Auf Feldkompetenz der BeraterInnen ist bei dieser fachlich orientierten Qualitätsentwicklungs-Arbeit unbedingt zu achten.

---

5 Es handelt sich hierbei um die Ergebnisse unserer Feldforschung. Sie sind Teil unseres oben zitierten Forschungsberichtes.

3.4 Hinweis auf die unberücksichtigt gebliebenen Ergebnisse unseres Projektes

In unserem Beitrag ging es vorrangig darum, die „Kriterien- und Indikatoren-Kataloge" als ein zentrales Instrument darzustellen und zu erläutern. Diese Einschränkung verlangt, nun noch einmal auf den Kontext der Gesamtergebnisse des WANJA- Projektes Bezug zu nehmen.

3.4.1 Responsive Evaluationsprojekte

Die Konstatierung und Beschreibung von Stärken und Schwächen bzw. von Veränderungsbedarfen führt nicht zwangsläufig zu Verbesserungen. Auf die Arbeit mit den Kriterien- und Indikatoren-Katalogen muss daher eine nutzerInnenorientierte, möglichst in die pädagogische Arbeit zu integrierende und experimentierende Evaluationsarbeit erfolgen. Erprobte Beispiele für derartige Projekte sind in unserem Abschlußbericht enthalten, u.a.

- Fragebögen für Eltern, Kinder und Lehrer für die Weiterentwicklung schulbezogener Angebote,
- offene Befragung als Auswertung eines Videoprojektes mit Jugendlichen,
- Kinderzeichnungen und Photos als Grundlage der Evaluation des offenen Bereiches,
- Untersuchung der Entwicklung von Verantwortungsübernahme bei Ehrenamtlichen.

3.4.2 Einbringung der internen Qualitätsarbeit in den kommunalen Wirksamkeitsdialog

Die interne Evaluation mit den vorgestellten Instrumenten soll in einen externen d.h. trägerInnen- und einrichtungsübergreifenden Dialog eingebracht werden. Die vom Projekt WANJA entwickelten Verfahrensvorschläge[6] konzipieren den sog. kommunalen Wirksamkeitsdialog als kommunales Qualitätsmanagement, das auf kontinuierliche Selbstevaluation setzt und eine dialogische Verhandlung und Weiterentwicklung von fachlichen Standards sicherstellen soll.

---

6 Auch diese Ergebnisse sind Teil des „Handbuches zum Wirksamkeitsdialog in der Offenen Kinder- und Jugendarbeit – Qualität sichern, entwickeln und verhandeln" (vgl. Fußnote 2).

Christine Spreyermann, Monica Tschanz, Susanna Wälti, Raffaela Vedova

Werkatelier für Frauen

Qualifizierende und qualifizierte Interventionen durch systematische Gespräche

1 *Projektziele*

Das Werkatelier für Frauen ist ein Angebot innerhalb des Programmes „Ergänzender Arbeitsmarkt" des Sozialamtes der Stadt Zürich. Es bietet 10 Frauen einen Arbeitsplatz auf Taglohnbasis (WAF I) und 10 Frauen einen 6 bis 12-monatigen Arbeitsplatz mit Förderungsanspruch (WAF II). WAF II richtet sich an Frauen mit beruflichen Zielvorstellungen und Wünschen nach einem verbindlichen Arbeitsplatz, hoher Motivation für einen Wiedereinstieg in den Arbeitsmarkt, jedoch geringen Chancen auf dem regulären Arbeitsmarkt. WAF II ist spezifisch auf Frauen ausgerichtet und geht dabei von folgenden Prämissen aus: Aufgrund ihrer Sozialisation bringen Frauen Ressourcen mit, die auf dem Arbeitsmarkt zwar gefragt, doch wenig honoriert werden. Gemeint sind damit gute planerische, organisatorische Fähigkeiten sowie die Bereitschaft zu umsichtiger Verantwortungsübernahme in Versorgungsaufgaben für sich und Dritte.

Die geringe offizielle Wertschätzung dieser Fähigkeiten im privaten wie im beruflichen Bereich und die oftmals prekären Arbeitsbiographien der Teilnehmerinnen im WAF bilden den Hintergrund für folgende Probleme: Geringes Selbstwertgefühl, mangelndes Durchsetzungsvermögen, wenig Sozialkontakte, wenig Erfahrung in der Zusammenarbeit in einem Arbeitsteam, wenig Vertrauen in die eigenen Fähigkeiten, Schwierigkeiten sich aktiv mit Problemstellungen auseinander zu setzen und selber Lösungsstrategien zu entwickeln.

WAF II soll die berufliche Vermittlungsfähigkeit der Teilnehmerinnen erhöhen sowie deren soziale Integration anstreben. Die Arbeit mit den Teilnehmerinnen im WAF verfolgt drei Zielbereiche:

1. Aufbau von technisch-fachlichen, sozialen und personalen Kompetenzen für einen (Wieder-)Einstieg in eine geregelte Arbeitssituation
2. Gezieltes Fördern des selbständigen Arbeitens und der Übernahme von Verantwortung
3. Förderung des Selbstwertes im Sinne von Vertrauen in die eigenen Fähigkeiten entwickeln.

2 Das Angebot

Das Werkatelier produziert Leinwände für KünstlerInnen in der Kunstbedarf-Branche. Nebst der Produktion (ca. 20 Arbeitsplätze) gibt es einen Arbeitsplatz Hauswirtschaft, zuständig für Einkauf und Zubereitung eines täglichen Mittagessens für die Teilnehmerinnen sowie für diverse Reinigungsarbeiten. Mittelfristig ist ein Arbeitsplatz Sekretariat geplant.

Das Programm des WAF II umfasst folgende Elemente/Maßnahmen:

Arbeitsplatz mit fachlicher Anleitung für unterschiedliche Tätigkeiten (Erstellen der Holzrahmen, Zuschneiden und Bespannen der Leinwände, unterschiedliche Grundierungstechniken, Hauswirtschaft), regelmäßige Gruppengespräche, regelmäßige Mitarbeiterinnen- und Zielvereinbarungsgespräche, individuelle Abklärung des Weiterbildungsbedarfes, transparente Präsenzkontrolle, gemeinsames Mittagessen, tägliche Freistellung für eigenes kreatives Malen, wöchentlich selbstverantwortliches Arbeiten ohne Teamaufsicht.

3 Logic Model

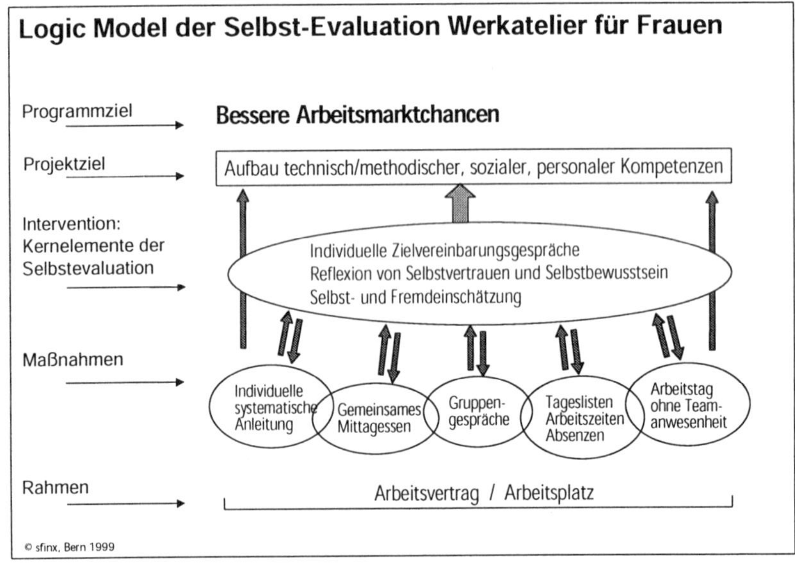

4 Die Selbst-Evaluation

Vor dem Start des Projektes WAF II suchte das Projektleitungsteam externe Unterstützung und Beratung für eine Selbst-Evaluation des Projektes. Die externe Beratung soll das Team anleiten im Hinblick auf:

- Festlegung der Evaluationsziele und Evaluationsfragestellungen; Evaluationsinteressen- und Risikenabschätzung; Erstellung eines Logic Model; Operationalisierung der Projektziele, Ressourcencheck
- Entwicklung selbst-evaluationsgeeigneter Instrumente (Fragebogen, Protokollbogen, Beratung bei der Gesamtplanung der Datenerhebung und bei der Instrumenteentwicklung: Arbeitserfassungsbogen u.a.)
- Auswertung der Daten, Anregung von Perspektivenwechseln, Nachvollziehbarkeit der Interpretationen.

Die Evaluation ist auf die Dauer von zwei Jahren angelegt werden. Dies soll gewährleisten, dass das Projekt WAF II nicht nur während der Aufbauphase überprüft wird, sondern auch eine Phase in die Selbst-Evaluation einbezogen wird, in der sich so etwas wie ein Normalarbeitsalltag installiert.

Bei der geplanten Selbst-Evaluation interessieren unter anderem folgende Fragestellungen:

- Inwiefern gelingt es, Interventionen zur Förderung technisch-methodischer, sozialer und personaler Kompetenzen in den Arbeitsalltag einzubauen?
- Inwiefern können die gesetzten Projektziele „Erwerb von technisch-methodischen, sozialen und personalen Kompetenzen“ erreicht werden?

5 Definition der Projektwirkungsziele/Operationalisierung

Der Erwerb technisch-methodischer, sozialer und personaler Kompetenzen wird mit fünf relevanten Kernkompetenzbereichen bestimmt. Diese werden durch relevante Faktoren konkretisiert, welche dann anhand eines systematischen Rasters definiert und als Logic Model beschrieben werden. Einige ausgewählte Beispiele sollen das Vorgehen illustrieren.

Bereich: Eigenverantwortung in Bezug auf die Arbeitsfähigkeit und in Bezug auf das Einhalten einer Tagesstruktur

- Die Teilnehmerin ist *pünktlich und zuverlässig*
- Die Teilnehmerin hat *Abklärungen hinsichtlich beruflicher Perspektiven* unternommen.
- Die Teilnehmerin hat *Weiterbildungsangebote* (WB) genutzt

- Die Teilnehmerin kann sich den Stellenausschreibungen adäquat bewerben und weist *Bewerbungen* vor
- Die Teilnehmerin zeigt *Durchhaltevermögen* im Projekt
- Die Teilnehmerin ist *sozial besser integriert* und hat deutlich bessere Chancen zur *beruflichen Integration* erworben

Ziel	*Berufsabklärung*/Eigenverantwortung
Definition	Die Teilnehmerin hat sich aktiv mit ihren beruflichen Perspektiven auseinandergesetzt: in Standortgesprächen, in der Berufsberatung, in Kursen.
Handeln/Intervention	Regelmäßige Standortgespräche. Teilnehmerin darf für die Auseinandersetzung mit ihren beruflichen Perspektiven Arbeitszeit nutzen.
Erfolgsspanne	Am Ende des Programms liegen vollständige Bewerbungsunterlagen vor. Teilnehmerin formuliert „realistische" berufliche Perspektiven und hat mindestens erste konkrete Schritte unternommen.
Instrumente/ Dokumentation	Zielformulierungen in den Standortgesprächen; Stellennachweise für die Regionale Arbeitsvermittlung (Berufliche Integration)

Bereich: Verantwortung in und gegenüber der Gruppe/Teamfähigkeit

- Die Teilnehmerin nimmt regelmäßig an *Gruppenaktivitäten und Gruppensitzungen* teil
- Die Teilnehmerin kann *unterschiedliche Meinungen und Wünsche in einer Gruppe akzeptieren und konstruktiv zur Zusammenarbeit* beitragen. *Konfliktfähigkeit*

Ziel	*Konfliktfähigkeit*, positives und negatives Feedback entgegennehmen und anbringen/Verantwortung gegenüber Gruppe
Definition	Teilnehmerin kann ihre eigenen Bedürfnisse und die Bedürfnisse von anderen wahrnehmen und akzeptieren, dass es unterschiedliche Interessen gibt. Sie ist fähig, ihre Bedürfnisse zu formulieren und ihre eigene Meinung zu vertreten. Sie kann akzeptieren, dass andere eine andere Meinungen haben und hält ihre Bereitschaft zur Zusammenarbeit weiterhin aufrecht. Die Teilnehmerin lernt, wie Konflikte angesprochen und wie befriedigende Lösungen gesucht werden können. Die Teilnehmerin kennt die Feedback-Regeln und wendet diese an. Sie hört bei negativem und positivem Feedback zu, und überprüft, ob sie es richtig verstanden hat. Sie bietet Feedback an und fragt von sich aus nach Feedback.
Handeln/Intervention	Wir bieten einen Rahmen an, in dem Konflikte angesprochen werden können. Wir regen dazu an, dass Gruppenregeln ausgehandelt werden, wie die Gruppe mit unterschiedlichen Interessen und Meinungen umgehen will. Wir regen dazu an, dass jede Teilnehmerin zuhört, andere ausreden lässt. Wir machen darauf aufmerksam, dass jede sagen kann, dass sie jetzt lieber nichts sagt, oder dass sie stopp sagen kann, wenn ihr etwas zu weit geht. Wir selber machen auf unterschiedliche Haltungen aufmerksam und geben zu verstehen, dass dies ok ist. Wir tragen dazu bei, dass in den Gruppengesprächen Lösungen gefunden werden, bei denen alle Gewinnerinnen sind. Wir führen in den Gruppengesprächen die Feedbackregeln ein und üben re-

	gelmäßig mit positivem und negativem Feedback. Wir achten darauf, dass die Regeln eingehalten werden und bieten dadurch einen geschützten Rahmen, in dem Kritik geübt werden darf. Wir bemühen uns, auch außerhalb der Gruppengespräche unsere Feedbacks an die Teilnehmerinnen entsprechend den Feedbackregeln zu gestalten.
Erfolgsspanne	Beteiligt sich innerhalb der Gruppensitzungen am Feedback. Selber gesteckte Ziele in diesem Bereich können erreicht werden.
Instrumente/ Dokumentation	Formular Standortgespräche / Gruppen-Sitzungsprotokolle

Bereich: Aufbau des Selbstwertgefühles

- Die Teilnehmerin entwickelt *Selbstbewusstsein.*
- Die Teilnehmerin hat sich mit *frauenspezifischen Erfahrungen* auseinandergesetzt.

Ziel	*Selbstbewusstsein*/Aufbau des Selbstwertgefühles
Definition	Die Teilnehmerin traut sich für die Zukunft eine regelmäßige Arbeit zu. Sie hat erlebt: „Ich kann über längere Zeit regelmäßig arbeiten". Sie weiß, welche Arbeiten sie gut und welche sie weniger gut kann. Die Teilnehmerin weiß, in welcher Arbeit sie sich sicher fühlt. Sie kennt ihre Rechte und kann diese vertreten. Sie weiß, dass sie Ziele, die sie sich selber gesetzt hat, auch verfolgen kann.
Handeln/Intervention	Wir fordern in Einzelgesprächen und Gruppengesprächen zu Selbsteinschätzung und Feedback auf. Wir führen für jede Teilnehmerin ein „Ressourcenblatt" und melden, was sie gut kann. Wir planen die Arbeitszuteilung unter dem Gesichtspunkt „kleine Herausforderungen anbieten", damit Erfolgserlebnisse möglich sind. Wir machen Zielvereinbarungen und halten gemeinsam die zur Zielerreichung zu unternehmenden Schritte fest. Wir spiegeln Fortschritte und Erfolge im Standortgespräch.
Erfolgsspanne	Teilnehmerin benennt im Halbzeit- und Abschlussgespräch mindestens zwei bzw. drei Stärken und je eine Schwäche, mit denen das Team übereinstimmt. Team kann zwei Situationen selbstbewussten Auftretens nennen.
Instrumente/ Dokumentation	Ressourcenblatt, Standortgespräche, Herausforderungen formulieren.

6 *Entwicklung selbst-evaluationsgeeigneter Datenerhebungsinstrumente*

Forschungs-Datenerhebungsinstrumente sollen in der Regel möglichst wenig Einfluss auf den Forschungsgegenstand nehmen. In der Selbst-Evaluation, insbesondere der Selbst-Evaluation von Humandienstleistungen, kann dieser Anspruch nicht ohne weiteres geltend gemacht werden. Die KlientInnen nehmen eine Dienstleistung in Anspruch und wollen nicht, dass deren Qualität oder Umfang durch Selbst-Evaluationsinteressen oder experimentelle Settings gemindert oder deren Beanspruchung umständlich wird. Dieses „Handicap" soll die Selbst-Evaluation wettmachen, indem sie den möglichen Einfluss von Datenerhebungsinstrumenten auf die Intervention nicht zu vermindern, sondern deren Grundfunktionen gezielt zu nutzen sucht. Dabei geht es um die Frage, wie sich die Grundfunktionen Dokumentation, Standortbestimmung, Rückmeldung, Verlaufsabbildung im Hinblick auf eine zielorientierte Intervention nutzen lassen.

strukturierend und bewusstseinsbildend
- strukturieren Denkprozesse, z.B. beschreiben, empfinden, bewerten, erklären
- strukturieren Handlungsabläufe, z.B. Beratungsgespräche
- machen Vorannahmen bewusst und reflektierbar
- machen Deutungsmuster bewusst und reflektierbar

alltagsnah
- in Übereinstimmung mit beruflichen Werten
- in Übereinstimmung mit Arbeitsabläufen
- in Übereinstimmung mit der eigenen Rolle/Funktion

Anforderungen an Datenerhebungsinstrumente ***Ideale Instrumente initiieren und intensivieren Lern- und Veränderungsprozesse***

ressourcenbewusst
- finanzielle Ressourcen
- personelle Ressourcen
- zeitliche Ressourcen
- räumliche Ressourcen

prozessunterstützend und zielorientiert
- steigern Mitwirkungsmöglichkeiten für alle Beteiligten
- geben Einblicke in Lernerfahrungen, Veränderungen und Erfolge
- geben Zeit für Besinnung und Klärung von Beobachtungen und Empfindungen
- machen den Unterschied zwischen Beschreiben und Bewerten bewusst
- erhöhen die Ausdrucksmöglichkeiten
- fördern das Vertrauen
- verdichten das Lernthema

7 *Interventions- und Datenerhebungsinstrument „Leitfaden für die regelmäßigen Mitarbeiterinnen- und Zielvereinbarungsgespräche"*

Mit allen Teilnehmerinnen werden regelmäßige Mitarbeiterinnengespräche mit Zielvereinbarungen geführt. Innerhalb von 12 Monaten finden zwischen Vorstellungsgespräch und Programmabschlussgespräch 6 weitere Gespräche statt, die alle anhand eines Gesprächsrasters vorstrukturiert sind. Die Entwicklung des Rasters erfolgte im Hinblick auf das vom Team erstellte Logic Model zur Erreichung des Zieles „Erwerb von Kernkompetenzen". Leitend war dabei die Frage: Wie müssen die Gespräche geführt/protokolliert werden, dass sie zum Erwerb und Bewusstwerden der Kompetenzen und zur Dokumentation dieses Prozesses beitragen. Das Raster besteht aus folgenden Elementen:

1. Teamvorbereitung: Ein bis zwei Team-Frauen fassen ihre Beobachtungen zu den vorgegebenen Kriterien der Kernkompetenzbereiche zusammen (z.B. Pünktlichkeit, Teilnahme an den Gruppengesprächen) sowie zu den Zielvereinbarungen aus früheren Gesprächen und nehmen eine Bewertung vor. Die Bewertung hält Stärken, Schwächen und Schwierigkeiten für das Team/Programm fest sowie das Potential i .S. von Herausforderungen, die das Team gerne anbieten würde. Das Team nimmt gleichzeitig eine Selbstbewertung im Hinblick auf angebotene, teilweise vereinbarte Unterstützungsleistungen vor.
2. Feedback an Teilnehmerin: Die Team-Frauen halten alle Punkte fest, welche sie als Rückmeldung im Mitarbeiterinnengespräch geben werden (z.B. Stärken, Schwächen, Stand der Bewerbungsunterlagen, Zielerreichung, Entwicklung).
3. Mitarbeiterinnen- und Zielvereinbarungsgespräch: Das Gespräch führen ein oder zwei Team-Frauen mit einer Mitarbeiterin. Das Gesprächsraster fordert zu Eigeneinschätzung zu verschiedenen Kriterien der Kernkompetenzbereiche und zur Zielerreichung auf. Die bisherige Zielvereinbarung sowie die Unterstützungsleistungen des Teams sollen überprüft und angepasst werden. Die Zielvereinbarungen berücksichtigen in höchstmöglicher Weise die persönlichen Ziele der Teilnehmerin. Das Team ist aufgefordert, die Zielvereinbarung im Hinblick auf einen guten Ausgleich zwischen Herausforderung und Erreichbarkeit zu überprüfen. Im Gespräch werden zudem Weiterbildungswünsche und Perspektiven thematisiert.
4. Team-Gesprächsnachbereitung: Nach jedem Gespräch sollen die wichtigsten Differenzen zwischen Team-Einschätzung und Eigeneinschätzung festgehalten werden. Die Team-Frauen vereinbaren ein bis zwei Interventionen/Unterstützungsleistungen, mit denen sie die Mitarbeiterin im Hinblick auf Zielerreichung unterstützen wollen. An dieser Stelle können auch Beobachtungsaufgaben vereinbart werden.

Die Gesprächs- sowie Vor- und Nachbereitungsraster strukturieren das Zielvereinbarungsgespräch und damit eine zentrale Programmintervention. Sie fordern die Teilnehmerinnen zur Reflexion des Arbeitsprozesses auf. Sie dokumentieren die Entwicklung der Teilnehmerinnen wie die Interventionen der Team-Frauen, sie dokumentieren die persönliche Zielerreichung der Teilnehmerinnen und die Erreichung der Projektziele.

Für die Einschätzungen durch das Team und die Selbsteinschätzung einzelner Kriterien durch die Teilnehmerin wurden skalierte Ankerbeispiele entwickelt. Mit den skalierten Ankerbeispiele üben sich die Team-Frauen in einer gemeinsamen Einschätzungspraxis.

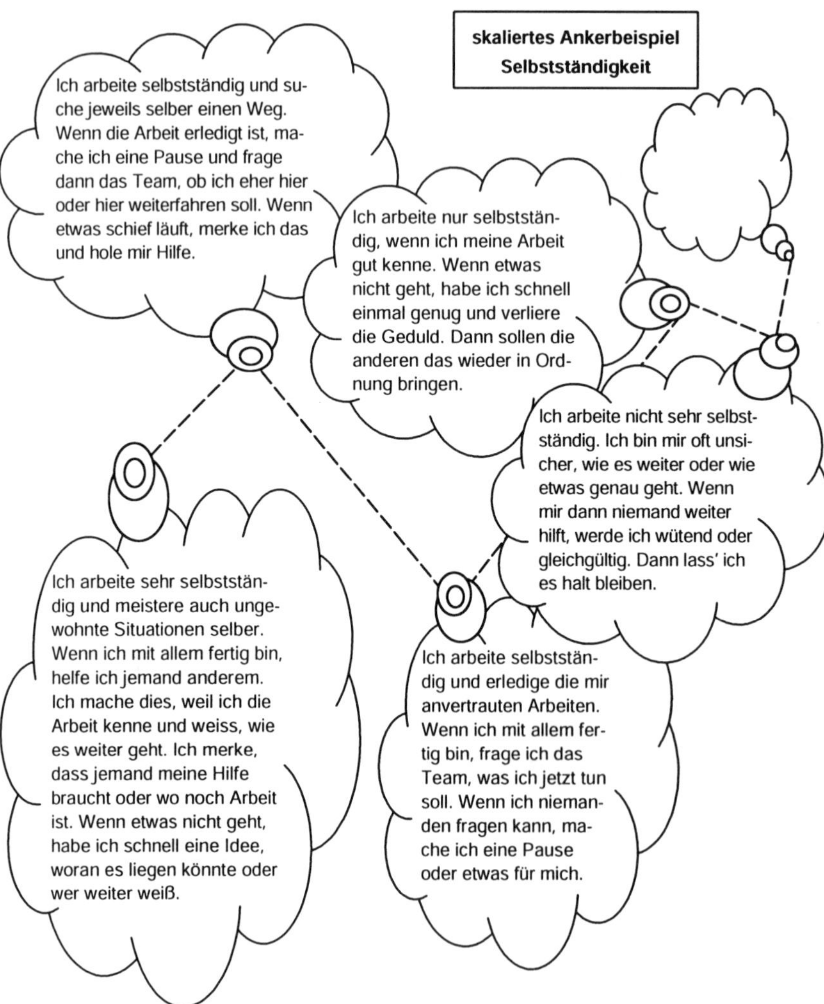

8 Erste Ergebnisse

Erste Teilnehmerinnen wurden im Frühjahr 98 ins WAF II aufgenommen. Die Instrumente wurden fortlaufend mit den ersten Teilnehmerinnen entwikkelt. Seit Januar 99 liegen alle Gesprächesraster und übrigen Datenerhebungsinstrumente vor. Da sich das Programm mehrheitlich über einen Zeitraum von 12 Monaten erstreckt, schließen erst seit Oktober 1999 die ersten Teilnehmerinnen ab, mit denen alle Mitarbeiterinnen- und Zielvereinbarungsgespräche anhand des systematischen Rasters geführt und protokolliert wurden.

Ergebnisse werden deshalb vor allem auf der Prozessebene deutlich:
Positive Rückmeldungen der Teilnehmerinnen:

- Die Teilnehmerinnen machen die Erfahrung, dass sie Ziele setzen und erreichen können. Für viele ist das eine neue und überraschende Erfahrung.
- Die Teilnehmerinnen erleben, dass Selbsteinschätzung und Fremdeinschätzung anhand konkreter Situationen überprüfbar, „nachweisbar" sind. Sie werden aufmerksamer, wie sie sich selber in unterschiedlichen Situationen wahrnehmen. Sie schätzen, dass sie mit den konkreten Feedbacks, der kontinuierlichen (auch schriftlichen) Rückmeldung von Stärken etwas Konkretes in der Hand haben.
- Die Teilnehmerinnen erleben, wie sie selbstständiger und selbstsicherer sowohl in der Gruppe als auch im Arbeitsprozess werden. Ihre Entwicklung ist für sie selber nachvollziehbar.
- Die Gespräche tragen zur Verbesserung der sprachlichen Fähigkeiten der Teilnehmerinnen bei. Sie machen gleichzeitig sprachliche Defizite von Migrantinnen deutlich und fordern dazu auf, sprachliche Förderung sowohl innerhalb des Arbeitsprozesses als auch im Hinblick auf Weiterbildung im Auge zu behalten.

8.1 Kritische Rückmeldungen der Teilnehmerinnen

- Bei einigen Teilnehmerinnen weckt das strukturierte, zielorientierte und dokumentierende Verfahren Prüfungs-, Überforderungs- und Versagensängste.
- Gesprächsraster und Dokumentation werfen auch Fragen vor Datenmissbrauch und Angst vor Pathologisierung/Etikettierungen auf.

Für das Team sind dies wertvolle Rückmeldungen, da sie grundsätzliche Fragen aktualisieren. Sie halten die Sensibilität des Teams wach für Fragen des Persönlichkeitsschutzes, für die Pflege der Vertrauensbeziehung und für das Nebeneinanderstellen der Assessmentperspektive und der Perspektive des „Miteinander einen Weg gehen um ein Ziel zu erreichen" .

8.2 Positive Erfahrungen auf Seiten der Team-Frauen

- Das Gesprächsraster vermittelt den Team-Frauen hohe Sicherheit in Bezug auf Sorgfalt und Vollständigkeit der Beurteilung und wirkt deshalb entlastend.
- Das Raster ermöglicht ihnen, eine Teilnehmerin individuell zu fördern und die Teilnehmerinnen und deren Entwicklung untereinander vergleichbar zu machen.
- Vor- und Nachbereitung regen zu intensiver Reflexion des eigenen Handelns an, zur eigenen Wahrnehmungsfähigkeit, zur Aufmerksamkeit, zur Wirksamkeit der eigenen Arbeit. Leere Stellen im Protokoll werfen Fragen auf.
- Die Team-Frauen sind kontinuierlich gefordert, ein bis zwei konkrete Unterstützungsleistungen im Hinblick auf eine realistische und herausfordernde Zielvereinbarung zu entwickeln. Die Team-Frauen erleben dies als Raum und Zeit, um kreativ und lustvoll kleine Interventionen zu beschließen. Sie erhalten kurzfristig (innerhalb von 4 bis 10 Wochen) eine Rückmeldung über Ausmaß der Umsetzung von beschlossenen Interventionen als auch zu deren Wirkung.
- Mit den Mitarbeiterinnen- und Zielvereinbarungsgesprächen haben die Team-Frauen gleichzeitig ein Instrument für ein differenziertes Assessment der Teilnehmerinnen erhalten. So ist es ihnen bereits mehrmals gelungen, Stärken von „schwierigsten" Teilnehmerinnen, d.h. Teilnehmerinnen, welche bereits mehrfach als unvermittelbar weitergereicht wurden – zu erkennen und für sie geeignete Tätigkeiten zu finden.

8.3 Kritische Erfahrungen auf Seiten der Team-Frauen

- Die Gesprächsraster sind aufeinander abgestimmt, d.h. das 3-Monate-Gespräch nimmt Bezug auf das Probezeit-Auswertungsgespräch. Änderungen vorzunehmen ist deshalb aufwendig, wenn diese Änderungen auch in die übrigen Gesprächsraster integriert werden sollen.
- Neue Themen oder unerwartete Gesprächsverläufe können kaum berücksichtigt werden. Das Gesprächsraster bietet nur innerhalb der vorgegebenen Themen viel Spielraum, ansonsten wenig Flexibilität.

9 Ausblick

Im Frühjahr fand eine fundierte Auswertung aller bis Ende Februar 2000 abgeschlossenen (6 bis 12 monatigen) Programme statt. Diese Auswertung soll der Erreichung der Projektziele besonderes Gewicht beimessen.

Seit der zweiten Hälfte 1999 zeichnen sich angesichts von Reorganisationen innerhalb des Sozialamtes der Stadt Zürich, des Rückgangs der Erwerbslosenzahlen in der ganzen Schweiz und städtischer und kantonaler Sparprogramme allerdings höchst ungewisse Zukunftsperspektiven für das Projekt ab.

Zur Zeit können nur noch ein bis zwei Monatsverträge abgeschlossen werden, ungeachtet der Nachfrage von Seiten der Teilnehmerinnen. Konzept, Ziele, Interventionen und Selbst-Evaluation von WAF II basieren jedoch auf einer 6 bis 12-monatigen Programmstruktur.

Ungeachtet der einschneidenden Veränderungen, welche die weitere Existenz des WAF II grundsätzlich in Frage stellen, besteht bei den Team-Frauen Begeisterung und Zuversicht im Hinblick auf Konzept und Ergebnisse von Programm und Selbst-Evaluation. Gerade im Bereich Assessment haben die Team-Frauen zentrale Kernkompetenzen erworben und Instrumente entwickelt, welche für viele künftige Aufgaben adaptierbar sind.

10 Anhang

1. Ausschnitte aus den Rastern für Vorbereitung, Gespräch und Nachbereitung zur Auswertung der Probezeit

Teamvorbereitung Probezeitauswertung / SI 3 Monate

Teil 1 Allgemeiner Eindruck

Wie wohl ist mir mit TN ? Wie gut passt sie für mich zum WAFII, zur aktuellen Gruppe, zu uns als Team?

grosses Wohlsein — grosses Unwohlsein

10	9	8	7	6	5	4	3	2	1

Kommentar:

Teil 2 Beobachtung / Facts

T-2 1 Arbeitsqualität

T-2 1a) Wie beurteilen wir die **Arbeitsqualität bezüglich Zuverlässigkeit, Genauigkeit und Qualität**?

sehr zufriedenstellend — gar nicht zufriedenstellend

10	9	8	7	6	5	4	3	2	1

Einschätzung in der Probezeit-Zwischenauswertung

10	9	8	7	6	5	4	3	2	1

T-2 1b) Was genau haben wir zu Arbeitsqualität festgestellt?

T-2 2 Arbeitseinsatz

T-2 2a) Wie beurteilen wir den **Arbeitseinsatz bezüglich Arbeitsbereitschaft, Initiative, Einhaltung von Terminen und Mass der Belastbarkeit**?

sehr zufriedenstellend — gar nicht zufriedenstellend

10	9	8	7	6	5	4	3	2	1

Einschätzung in der Probezeit-Zwischenauswertung

10	9	8	7	6	5	4	3	2	1

T-2 2b) Was genau haben wir zu Arbeitseinsatz festgestellt?

T-2 2c) In bezug auf das Ausfüllen der Tagesliste, sehen wir folgendes:
Ueberprüft wird die Zeitperiode von einem Gespräch bis zum nächsten, oder von einer Teamvorbereitung bis zur nächsten. **in % angeben**, d.h. wenn TN 41 Tage gearbeitet hat, und davon 31 richtig ausgefüllt hat, sind dies 75% richtig ausgefüllt (31:41x100).

T-2 3 **Verhalten in der Gruppe** (Mittagessen, Malen, Gruppensitzung)

T-2 3a) Was genau haben wir festgestellt zum Verhalten in der Gruppe?

T-2 3b) Unsere Einschätzung heute, wie sich TN in der Probezeit bezüglich der Teilnahme am **Mittagessen** verhalten hat:

sehr zufriedenstellend,	gar nicht zufriedenstellend
beteiligt sich aktiv am Geschehen	ist unbeteiligt oder dominiert alles
hält sich an die Abmachungen	hält sich nicht an gemeinsame Abmachungen
bringt sich mit Eigeninteressen ein	zeigt sich nicht, kritisiert andere
gibt Kritik und nimmt Kritik an	rechtfertigt sich, gibt andern die Schuld

10	9	8	7	6	5	4	3	2	1

Unsere Einschätzung in der Probezeit-Zwischenauswertung

10	9	8	7	6	5	4	3	2	1

Unsere Einschätzung nach der Schnupperwoche

10	9	8	7	6	5	4	3	2	1

Unsere Einschätzung, wie Bewerberin im Vorstellungsgespräch ihr Verhalten bezüglich Mittagessen geschildert hat (siehe Nachbereitung Vorstellungsgespräch)

10	9	8	7	6	5	4	3	2	1

T-2 3c) TN nahm seit der Probezeitzwischenauswertung bis heute an .... von .... stattfindenden Gruppensitzungen teil.

TN nahm bis zur Probe-Zwischenausw. an .... von .... Gruppensitzungen teil.
TN nahm in der Schnupperwo an .... von .... Gruppensitzungen teil.

T-2 4 Welche Beobachtungen haben wir in bezug auf die für die Probezeit gesetzten Zielegemacht?

T-2 4a) Wie schätzen wir die Zielerreichung ein
100% erreicht / sehr zufriedenstellend gar nicht zufriedenstellend /erreicht 0%

1. Ziel | 10 | 9 | 8 | 7 | 6 | 5 | 4 | 3 | 2 | 1 |

2. Ziel | 10 | 9 | 8 | 7 | 6 | 5 | 4 | 3 | 2 | 1 |

Zielerreichung übertragen in "Teil 5 Feedback / Rückmeldung vom Team an Teilnehmerin" T-5 4
Unsere Prognose in der Probezeit-Zwischenauswertung
1. Ziel | 10 | 9 | 8 | 7 | 6 | 5 | 4 | 3 | 2 | 1 |

2. Ziel | 10 | 9 | 8 | 7 | 6 | 5 | 4 | 3 | 2 | 1 |

T-2 5 Wie gut ist es uns gelungen, die geplanten Aktivitäten zur Unterstützung der Zielerreichung umzusetzen?
1. Aktivität
2. Aktivität

T-2 5a) Wie zufrieden sind wir mit unserer Umsetzung insgesamt:
| 10 | 9 | 8 | 7 | 6 | 5 | 4 | 3 | 2 | 1 |

Wie zufrieden waren wir in der Probezeit-Zwischenauswertung mit der Umsetzung der damals geplanten Aktivitäten:
| 10 | 9 | 8 | 7 | 6 | 5 | 4 | 3 | 2 | 1 |

T-2 5b) Zu welchen Wahrnehmungen hat unsere Beobachtungsaufgabe geführt?

Teil 3 Bilanzierung

T-3 1 Wir sehen folgende Stärken (wurde realisiert) und folgendes Potential (lässt sich entwickeln) (Anzahl offen):
Aufnehmen in Teil 5 / Teil C Feedback / Rückmeldungen
Stärken wie bisher Potential wie bisher
Stärken neu Potential neu

T-3 2 So steht es mit unserer Lust zur definitiven Aufnahme:

gross klein
| 10 | 9 | 8 | 7 | 6 | 5 | 4 | 3 | 2 | 1 |

Bei Teilnehmerinnen, die wir nicht ins Programm aufnehmen:

Begründung:

Ausschnitt aus Feedback / Rückmeldung Probezeit vom Team an Teilnehmerin

T-3 3 Stärken / Schwächen

T-3 3a) als Stärken (mindestens drei, zwei davon auf der Handlungsebene)
Kommentar TN

T-3 3b) als Schwierigkeiten und / oder Schwächen (max. 2)
Kommentar TN

T-3 4 in Bezug auf Pünktlichkeit und Verlässlichkeit:

	Vorstellungsgespräch	Schnupperwoche effektiv	Probezeit Zwischenauswertung	Probzeit
von 20 Tagen pünktlich	☐	☐	☐	☐
Absenz-Tage gesamt	☐	☐	☐	☐
Absenz-Tage ohne Abmeldung	☐	☐	☐	☐

T-3 5 Unsere Beobachtungen in Bezug auf die für die Probezeit gesetzten Ziele:
Ziel
Unsere Einschätzung der Zielerreichung
Ziel
100% erreicht / sehr zufriedenstellend gar nicht zufriedenstellend /erreicht 0%

10	9	8	7	6	5	4	3	2	1

Kommentar von TN:

T-3 5a) allenfalls Anliegen / Bedingungen bis zum 1. Standortgespräch (in ca. 3 Monaten):
z.B. Bewerbungsunterlagen, Bewerbungen

Kommentar TN zu Anliegen / Bedingungen

Ausschnitte aus dem Gespräch mit Teilnehmerin: Probezeit-Auswertung / SI 3 Monate

Allgemeines, Befindlichkeit und Ausgangssituation

1. 1 Wie hat es Dir während der Probezeit im Werkatelier gefallen?

Skala:
super gut gar nicht gut

10	9	8	7	6	5	4	3	2	1

Eigeneinschätzung

1. 2 Was fiel Dir leicht?

1. 3 Was hast Du in der Probezeit (neu) als Stärken von Dir erfahren?

1. 4 Was fiel Dir schwer?

1. 5 Was erlebst Du bei der Arbeit als Schwächen von Dir?

1. 6 Wir haben in der Probezeit-Zwischenauswertung Ziele vereinbart: Wie beurteilst du, wie gut du diese Ziele erreicht hast?

1. Ziel:
2. Ziel:

und als Schätzung auf der Skala

1. Ziel:
super gut gar nicht gut

10	9	8	7	6	5	4	3	2	1

2. Ziel:
super gut gar nicht gut

10	9	8	7	6	5	4	3	2	1

---

1. 7 **Wie hast Du dazu beigetragen, dass Du die Ziele in diesem Ausmass erreicht hast?**
Ziel

---

1. 8 **Wie spürbar war für Dich, die von Dir gewünschte Unterstützung durch das Team? Was war besonders hilfreich?**

was weniger?

---

2 **Zielvereinbarung: Wenn Du dir Deine Stärken nochmals vergegenwärtigst, was Dir leicht fällt und was Dir eher schwer fällt, und wenn Du Dir nochmals durch den Kopf gehen lässt, was Du von uns über Stärken und Schwächen gehört hast, welches Ziel möchtest Du selber erreichen? Das Ziel muss bis zur ersten SI-Standortbestimmung (in ca. 3 Monaten) erreichbar sein (ein Ziel genügt, max. zwei).**

---

2. 1 **Gemeinsam vereinbarte Zielsetzungen:**

---

2. 2 **Wie kannst Du Dich selber unterstützen, damit Du dieses Ziel erreichst?**

---

2. 3 **Welche Unterstützung brauchst Du von uns, um dieses Ziel bis zum ersten Standortgespräch zu erreichen?**

Ausschnitt aus: Nachbereitung Probezeit-Auswertungsgespräch 3 Monate

---

Teil 4 **Allgemeiner Eindruck**

T-4 1 Wie haben wir das Gespräch erlebt

T-4 1a) spezielle Umstände beim Gespräch

- ☐ mangelnde Deutschkenntnisse
- ☐ TN bereits von früher bekannt
- ☐ mangelnde Zeit
- ☐ mangelnde Vorbereitung
- ☐ Konflikt mit Team(frau)

anderes:

Teil 5 **Bilanzierung**

T-5 1 Welches sind die wichtigsten Differenzen zwischen unserer Einschätzung und der Einschätzung von TN

T-5 1a) in Bezug auf Stärken / Potentiale

T-5 1b) in Bezug auf Schwierigkeiten / Schwächen

T-5 2 Wie hoch schätzen wir die Wahrscheinlichkeit ein, dass die Ziele erreicht werden? ....%

Begründung

Teil 6 **Entscheidung / Absichten**

T-6 1a) Mit welchen Teamaktivitäten unterstützen wir TN?

T-6 1b) Teamziel: Werden wir etwas speziell beobachten?

Thomas Beer, Günther Gediga

Empirische Supervisionsforschung durch Evaluation von Supervision

1 *Einleitung*

Trotz weiter Verbreitung in verschiedenen beruflichen Feldern und offenkundiger Akzeptanz bei „AbnehmerInnen“ wie AuftraggeberInnen liegen erstaunlicherweise nur relativ wenige empirische Untersuchungen zu den Wirkungen und der Wirksamkeit von Supervision vor. Die Supervisionswissenschaft und -forschung entwickelt sich freilich in jüngerer Zeit und führt die Supervisionspraxis einer wissenschaftlichen Evaluation zu (*Weigand*, 1999, S. 257). Die gegenwärtige Qualitätsdebatte trägt wesentlich dazu bei, dass sich Supervision allmählich der Evaluation öffnet (*Kühl & Müller-Reimann*, 1999, S. 87ff.; *Kühl*, 1999). Die hier vorgestellte Studie dient einer systematischen Erforschung der Wirkungen verschiedener Supervisionsprozesse aus dem Bereich der Sozialen Arbeit mittels quantitativer und qualitativer Datenerhebung.

2 *Untersuchungsziele*

Zum einen rekurriert die mit der vorliegenden Untersuchung verbundene empirische Wirkungsanalyse von Supervision auf den von *Blinkert & Huppertz* (1974) formulierten Vorwurf vom „Mythos der Supervision“, zum anderen soll der festgestellte empirische Nachholbedarf befriedigt werden. Ferner soll der Wert und Nutzen von Supervision durch eine praxisorientierte Evaluation bestimmt, mögliche „Bedingungsfaktoren“ für den „Supervisionserfolg“ untersucht sowie insbesondere die „Leistung des Supervisors/der Supervisorin“ festgestellt werden. Die insgesamte Bewertung der Dienstleistung Supervision seitens der direkten (= SupervisandInnen) und indirekten (= Dienstvorgesetzte) „KundInnen“ soll erfasst und verschiedenen Einzelfragestellungen nachgegangen werden. Die Untersuchungsergebnisse werden schließlich daraufhin geprüft, inwieweit sie zum einen Hinweise auf die Verbesserung zukünftiger Supervisionsprozesse liefern, zum anderen den Wert und Nutzen von Supervision „belegen“ können.

3 Darstellung der Untersuchung

3.1 Design und Instrumente

Als Datenerhebungsverfahren wurde das von *Schneider & Müller* (1995, 1998) konstruierte *„Supervisions-Evaluations-Inventar (SEI)“* verwendet – es dient der vorliegenden Evaluationsstudie als Folie, freilich in zum Teil erheblich modifizierter Form.

Um die Wirkungen von Supervision zu erforschen, erscheint eine Kombination mehrerer Methoden der Datenerhebung sinnvoll. Im Unterschied zur Untersuchung von *Schneider & Müller* soll zusätzlich als qualitatives Evaluationsinstrument ein *Interviewleitfaden (SEI-I)* eingesetzt werden. Einige (wenige) Interviews sollen mit nicht direkt am Supervisionsprozess beteiligten Dienstvorgesetzten durchgeführt werden, um eine weitere, fremdreflexive Perspektive einzubeziehen, die mit der per Fragebogen ermittelten selbstreflexiven der SupervisandInnen kontrastiert werden kann.

Dem Rahmen einer Normierungs- und Explorationsstudie angemessen wurde ein retrospektives oder Ex-post-facto Untersuchungsdesign gewählt.

Wichtigstes Ziel der Untersuchung war die Entwicklung eines quantitativ-numerisches Verfahrens zur Bestimmung der Wirkungen von Supervision. Insbesondere wurden die theoretischen Konstrukte „Supervisionserfolg“ und „Leistung des Supervisors/der Supervisorin“ für alle Befragten in gleicher Form operationalisiert. Das modifizierte *„Supervisions-Evaluations-Inventar“ (SEI)* ist wie folgt aufgebaut:

SEI/1 erfragt *Angaben zur Situation zu Beginn der Supervision* und besteht aus 9 Fragen.

SEI/2 erfasst *Angaben zu den möglichen Wirkungen der Supervision bzgl. der eigenen Person, der Klientel, der kollegialen Ebene sowie der Einrichtung/Institution* und besteht aus 6 Fragen, wobei die Skala zur Messung des „Supervisionserfolgs“ vier Fragen mit insgesamt 20 Items umfasst.

SEI/3 zielt auf *Angaben zum abgeschlossenen Supervisionsprozess und zur Person und Leistung des Supervisors/der Supervisorin* und besteht aus 14 Fragen.

SEI/P erfragt *Angaben zur Person und Arbeitssituation* und besteht aus 8 Fragen.

Der verwendete Fragebogen enthält zwei Skalen mit Items, die jeweils nach dem Antwortschema in Abb. 1 beantwortet werden mussten. Es handelt sich hierbei um den „Supervisionserfolg“ sowie die „Leistung des Supervisors/der Supervisorin“.

Abbildung 1: Antwortschema zu den Fragen nach dem „Supervisionserfolg" und der „Leistung des Supervisors/der Supervisorin"

Trifft zu	eher	/	zu eher nicht zu	Trifft nicht zu
☐	☐	☐	☐	☐

Getrennt nach den vier Bereichen „eigene Person", „Klientel", „KollegInnenkreis" und „Einrichtung/Institution" werden die Befragten um eine Einschätzung in Bezug auf folgende Aussagen gebeten:

1. Wirkung der Supervision bezogen auf die *eigene Person:*
Item-Nr. 2.1.1: „meine berufliche Aufgabe ist mir klar geworden"
Item-Nr. 2.1.2: „ich kenne besser meine Stärken und Schwächen"
Item-Nr. 2.1.3: „ich suche bei beruflichen Konflikten und Problemen nicht nur bei mir die Verantwortung"
Item-Nr. 2.1.4: „ich teile mir meine Kräfte besser ein"
Item-Nr. 2.1.5: „meine Arbeit macht mir mehr Spaß"

2. Wirkungen der Supervision bezogen auf die *KlientInnen:*
Item-Nr. 2.2.1: „ich fühle mich im Umgang mit KlientInnen sicherer"
Item-Nr. 2.2.2: „kann fachliche Ziele erfolgreicher erreichen"
Item-Nr. 2.2.3: „ich kann mich gegenüber den Wünschen der KlientInnen besser abgrenzen"
Item-Nr. 2.2.4: „verstehe besser ihre Situation und Person"
Item-Nr. 2.2.5: „es finden mehr Fallbesprechungen bzw. klientInnenbezogene (Dienst-)Besprechungen statt"

3. Wirkungen der Supervision bezogen auf den *KollegInnenkreis:*
Item-Nr. 2.3.1: "Verantwortungsbereiche sind klarer abgesteckt"
Item-Nr. 2.3.2: „kollegiale Beratung und Unterstützung hat zugenommen und ist besser"
Item-Nr. 2.3.3: „kritische Rückmeldungen werden eher ausgetauscht und Konflikte gelöst"
Item-Nr. 2.3.4: „klarere Absprachen werden getroffen und zuverlässiger eingehalten"
Item-Nr. 2.3.5: „aufgabenbezogene Zusammenarbeit hat sich verbessert"

4. Wirkungen der Supervision bezogen auf die *Einrichtung/Institution und die Leitung:*
Item-Nr. 2.4.1: „mir sind die Ziele und Aufgaben der Einrichtung klarer geworden"
Item-Nr. 2.4.2: „ich kann mich mit den Zielen und Aufgaben der Einrichtung besser identifizieren"
Item-Nr. 2.4.3: „ich kann meine Wünsche und Anliegen besser gegenüber der Leitung vertreten"
Item-Nr. 2.4.4: „die Abläufe und Entscheidungswege in meiner Einrichtung sind mir geläufiger"
Item-Nr. 2.4.5: „Verhältnis zu meiner Leitung hat sich verbessert"

Die Skala „Leistung des Supervisors/der Supervisorin" wurde überwiegend neu konstruiert und besteht aus insgesamt 18 Items, wobei 10 Items positiv und 8 Items negativ formuliert und in abwechselnder Reihenfolge vorgegeben wurden. Der Anregung von Grawe et al. (1994) folgend wird aus theoretischen Erwägungen eine (im Fragebogen nicht ausgewiesene) Unterteilung in drei Dimensionen angenommen, so dass jeweils 6 Items einer der drei Dimensionen „Beziehungsperspektive", „Problembewältigungsperspektive" und „Klärungsperspektive" zugeordnet werden, und zwar wie folgt:

1. „Beziehungsperspektive":
Item Nr. 3.11.1 „Beziehung war distanziert-kühl"
Item Nr. 3.11.5 „wirkte aufdringlich und dominant"
Item Nr. 3.11.9 „verletzte durch kritisch-ironische Äußerungen"
Item Nr. 3.11.14 „vermied kritische Rückmeldungen"
Item Nr. 3.11.15 „wirkte motivierend und vermochte es, Erfolgserwartungen zu wecken"
Item Nr. 3.11.18 „weckte mein Vertrauen"

2. „Problemlösungsperspektive":
Item Nr. 3.11.3 „wirkte unsicher und konzeptlos"
Item Nr. 3.11.7 „hat mehr verunsichert als Orientierung vermittelt
Item Nr. 3.11.8 „konnte die Sache ‚auf den Punkt' bringen"
Item Nr. 3.11.12 „hat effektiv zur Problemlösung beigetragen"
Item Nr. 3.11.13 „hat den ‚roten Faden' gehalten und aufgezeigt"
Item Nr. 3.11.16 „ließ die Dinge einfach laufen, griff nicht ein"

3. „Klärungsperspektive":
Item Nr. 3.11.2 „hat Interesse und Anteilnahme an den Beteiligten und ihren Problemen gezeigt"
Item Nr. 3.11.4 „verschaffte allen Beteiligten gleichrangig Raum"
Item Nr. 3.11.6 „vermittelte einleuchtende Erklärungsmodelle"
Item Nr. 3.11.10 „regte zum Nachdenken an"
Item Nr. 3.11.11 „hat einseitig Partei genommen"
Item Nr. 3.11.17 „hat die Grenzen der Beteiligten akzeptiert"

Der *Interviewleitfaden zur Evaluation von Supervision (SEI-I)* wurde für die Untersuchung neu konstruiert. Inhaltlich orientiert er sich am SEI und liegt als hochstrukturiertes Interview mit z.T. geschlossener und z.T. offener Befragung sowie in teilweise standardisierter und teilweise nicht-standardisierter Form vor; er gliedert sich in drei Abschnitte mit insgesamt 30 Fragen.

3.2 Ablauf und Umfang der Evaluationsstudie

Die *Fragebogenerhebung* fand Ende 1995 statt. Es wurden 166 Exemplare des SEI ausgeteilt. Etwa 90% der befragten SupervisandInnen leben in Niedersachsen; alle Befragten sind im Non-Profit-Bereich tätig und haben einen Supervisionsprozess abgeschlossen; dabei handelt es sich entweder um eine Einzelsupervision, eine Gruppensupervision oder eine Teamsupervision (entweder mit oder ohne Teilnahme der Leitung). Mehr als 90% der UntersuchungsteilnehmerInnen haben den Supervisionsprozess bei einem/r nach den Richtlinien der DGSv anerkannten SupervisorIn absolviert.

Die *Interviews* mit Dienstvorgesetzten (n = 3) fanden Ende1995 statt und dauerten zwischen 60 und 80 Minuten. Alle InterviewpartnerInnen sind nächsthöhere Dienst- und Fachvorgesetzte der SupervisandInnen und im Non-Profit-Bereich tätig.

4 Darstellung der Ergebnisse

4.1 Empirische Stichprobenbeschreibung

Von 166 ausgegebenen Fragebögen wurden 129 bearbeitet und zurückgeschickt; die hohe Rücklaufquote von 77,7% weist auf hohes Eigeninteresse der Befragten hin. 60% sind Teilnehmerinnen und 84% der Supervisanden sind im Altersbereich von 25 bis 45. 38% üben eine Berufstätigkeit als SozialarbeiterInnen/SozialpädagogInnen aus, jeweils 15,5% sind ErzieherInnen/HeilerziehungspflegerInnen und KrankenpflegerInnen. Die überwiegende Mehrheit der befragten SupervisandInnenen arbeitet in Feldern der Sozialen Arbeit. Tab. 1 gibt die Ergebnisse im Überblick wieder.

Tabelle 1: demographische und tätigkeitsbezogene Daten

Merkmal	n	%
Männlich	50	40,0
Weiblich	75	60,0
bis 25 Jahre	10	7,8
bis 45 Jahre	108	83,7
älter als 45 Jahre	11	8,5
Dipl.-SozialarbeiterIn/Dipl.-Sozialpädagoge/in	49	38,0
Dipl.-Pädagoge/in, Dipl.-Psychologe/in	11	8,5
Arzt/ÄrztIn	1	0,8
ErzieherIn, HeilerziehungspflegerIn	20	15,5
KrankenpflegerIn	20	15,5
Sonstiges	28	21,7
bis zu 2 Jahre berufstätig	31	24,0
bis zu 10 Jahre berufstätig	61	47,3
länger als 10 Jahre berufstätig	37	28,7
Kinder- u. Jugendhilfebereich	39	30,2
Behindertenhilfe	11	8,5
Suchttherapie	5	3,9
Psychiatrie	31	24,0
Wohnungslosenhilfe	1	0,8
kommunale Sozialarbeit	2	1,6
gesetzliche Betreuungen	2	1,6
Bewährungshilfe, Straffälligenhilfe	8	6,2
Altenhilfe	1	0,8
schulische u. außerschulische Bildung	10	7,8
Sonstiges	19	14,7

4.2 Ergebnisse: Reliabilitäts- und Validitätsbestimmung

Die im SEI verwendeten Skalen zur Messung des „Supervisionserfolgs“ und der „Leistung des Supervisors/der Supervisorin“ wurden hinsichtlich der Testgütekriterien der Reliabilität und der Validität untersucht. Mit Konsistenzkoeffizienten von .74 bis .87 der vier Subskalen der Skala „Supervisionserfolg" wird der Anforderung der Homogenität im Sinne der klassischen Testtheorie entsprochen, so dass diese Skalen als hinreichend zuverlässiges Messinstrument gelten können. Die theoretisch angenommene Dreidimensionalität der Skala „Leistung des Supervisors/der Supervisorin" konnte faktorenanalytisch nicht bestätigt werden; unter Anwendung einer orthogonalen Rotationstechnik (Varimax) ergab sich eine Lösung mit 4 Faktoren, die zusammen 64,0% der Gesamtvarianz aufklären. Hinsichtlich der diskriminanten Validität dieser Skala ergab eine multiple Regressionsanalyse, dass die Faktoren 1 („Problemlösung") und 4 („Beziehung") als hinreichend valide gelten können, während die diskriminante Validität der Faktoren 2 und 3 („Klärung") nicht gegeben ist. Die Skala muss also diesbezüglich verbessert werden.

4.3 Ergebnisse: Hypothesenprüfung

Der „Supervisionserfolg" konnte in unterschiedlichem Ausmaß und mit gewissen Einschränkungen für die vier angenommenen Bereiche „eigene Person", „Klientel", „KollegInnenkreis" und „Institution" aufgrund der Angaben der Befragten „bestätigt" werden; die dabei festgestellten Mittelwerte sind in Abb. 2 dargestellt. Am deutlichsten fällt der „Supervisionserfolg" nach den Angaben der SupervisandInnen für die „eigene Person" aus, am geringsten sind positive Effekte bezogen auf die „Institution" berichten worden. Für den „KollegInnenkreis" ergeben sich ebenfalls leicht positive Wirkungen; bezüglich der „Klientel" sind die Ergebnisse widersprüchlich und bedürfen der Interpretation bzw. der weiteren Erforschung.

Insbesondere für die Bereiche „eigene Person" (Entlastungsfunktion, Erhöhung der Arbeitszufriedenheit), „KollegInnenkreis" (Verbesserung der aufgabenbezogenen Kooperation) sowie mit Einschränkungen für die „Klientel" (Verbesserung der professionellen Kompetenz) liefern die Untersuchungsergebnisse handfeste Hinweise auf differenzierte, positive Effekte der Supervision. Die von SupervisandInnen angegebenen positiven Effekte der Supervision konnten schließlich für eine Teilstichprobe im Großen und Ganzen auch von nicht direkt am Supervisionsgeschehen beteiligten Dienstvorgesetzten „bestätigt" werden. Möglicherweise liegt damit ein Hinweis auf „tatsächlich" positive Wirkungen vor. Bei der Analyse möglicher relevanter „Wirkfaktoren" für den „Supervisionserfolg" konnten alle diesbezüglichen Fragestellungen lediglich zum Teil bestätigt werden und warfen im Zuge der Auswertung der Evaluationsstudie etliche Fragen auf. Die angenommene primäre Funktion von Person und Verhalten des Supervisors/der Supervisorin konnte mangels geeigneter Operationalisierung nicht nachgewiesen werden. Die vorgeschlagene Unterscheidung von drei wesentlichen Kompetenzen des Supervisors/der Supervisorin (Problemlösungs-, Beziehungs- und Beratungskompetenz) konnte bereits bei der Prüfung der Reliabilität und der Konstruktvalidität nur mit Einschränkungen bestätigt werden. Insbesondere hinsichtlich der beiden erstgenannten Kompetenzen liegen deutliche Hinweise auf ihre hervorragende Bedeutung vor, wobei die „Problemlösungskompetenz“ speziell für supervisorisches Handeln primär und die „Leistung des Supervisors/der Supervisorin“ im Wesentlichen zu bestimmen scheint.

Abbildung 2: Ausmaß positiver Veränderungen nach Abschluss der Supervision bezogen auf die eigene Person, die Klientel, den KollegInnenkreis und die Institution (n = 126) (1 = „sehr hohe“; 2 = „hohe“; 3 = „mittlere“; 4 = „wenige“; 5 = „gar keine“)

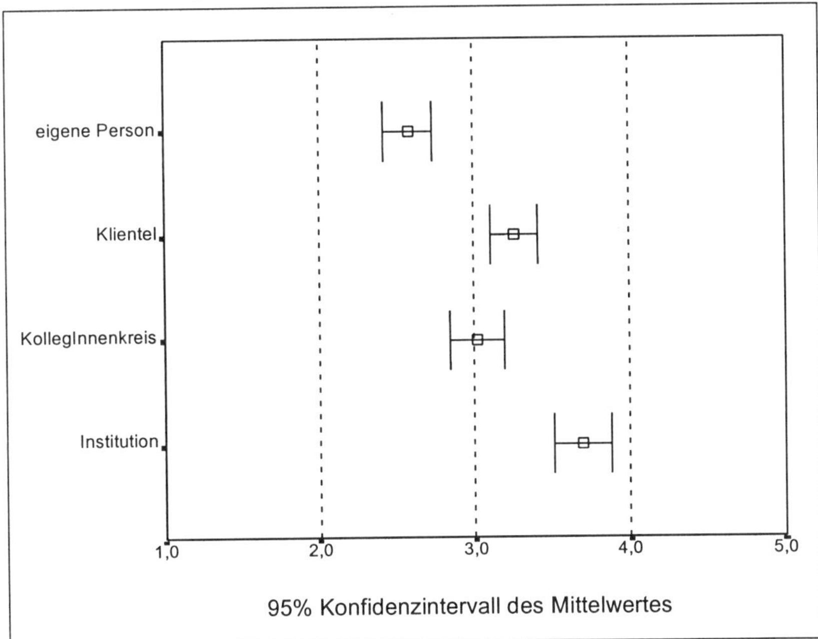

Tabelle 2: Mittelwerte und Streuung der Items der Dimension „Problemlösungskompetenz“ aufgrund faktorenanalytischer Bestimmung (Faktor 1) (n = ca. 127)

Item	Mittelwert	Streuung
3.12. 3: „wirkte unsicher und konzeptlos"	1,38 (R)	0,78
3.12. 6: „vermittelte einleuchtende Erklärungsmodelle"	1,95	0,98
3.12. 7: „hat mehr verunsichert, als Orientierung vermittelt"	1,33 (R)	0,63
3.12. 8: „konnte die Sache ‚auf den Punkt' bringen"	1,85	1,01
3.12.12: „hat effektiv zur Problemlösung beigetragen"	1,84	0,93
3.12.13: „hat den ‚roten Faden' gehalten und aufgezeigt"	1,74	0,92
3.12.16: „ließ die Dinge einfach laufen, griff nicht ein"	1,49 (R)	0,84

Gesamtmittelwert der Dimension „Problemlösungskompetenz“: 1,65

In Tab. 2 sind die Mittelwerte und Streuungen der dazugehörigen Items des Faktors „Problemlösungskompetenz“ dokumentiert. Aufgrund der gewählten Skalierung (1 = „trifft zu“ bis 5 = „trifft nicht zu“) entspricht dabei ein numerisch kleiner Wert einem hohen Grad an Zustimmung. Zum Zweck der Vergleichbarkeit wurden die Rohwerte der negativ formulierten Items „umgekehrt“ und mit „R“ (= reverse) markiert. Die „Leistung des Supervisors/der Supervisorin“ wird bezogen auf die formulierten Items in hohem Ausmaß bestätigt; der Gesamtmittelwert der Dimension „Problemlösungskompetenz“ beträgt 1,65. Auch für die faktorenanalytisch ermittelten drei Items (3.12.1, 3.12.15, 3.12.18) der Dimension „Beziehungskompetenz“ wird die „Leistung des Supervisors/ der Supervisorin“ mit einem Gesamtmittelwert von 1,94 bestätigt.

Ferner ergaben sich deutliche Hinweise auf settingspezifische Effekte, u.z. bereits hinsichtlich der seitens der SupervisandInnen gehegten Erwartungen auf spezifische Effekte der Supervision, die je nach Supervisionssetting unterschiedlich ausfallen: so werden in der Einzel- und Gruppensupervision hohe Erwartungen auf positive Veränderungen hinsichtlich der „eigenen Person“, in Teamsupervisionssettings hingegen im Hinblick auf den „Kollegenkreis“ geäußert. In allen Settings sind bereits die bezüglich des institutionellen Sektors angegebenen Veränderungserwartungen relativ gering, wobei in Teamsupervisionsprozessen mit Teilnahme der Leitung im Verhältnis die höchsten Veränderungserwartungen für die „Institution“ zu verzeichnen sind. Die schließlich von den SupervisandInnen angegebenen eingetretenen positiven Veränderungen unterscheiden sich signifikant hinsichtlich der Bereiche „eigene Person“ und „KollegInnenkreis“, wobei deutliche Anhaltspunkte dafür vorliegen, dass insbesondere in Einzel- und Gruppensupervisionen positive Effekte für die „eigene Person“, in Teamsupervisionsprozessen hingegen für den „KollegInnenkreis“ und auch für die „eigene Person“ erzielt werden. Die vermuteten positiven Auswirkungen einer Teamsupervision auf die „Institution“ konnten ebenso nicht festgestellt werden wie die für das Gruppensupervisionssetting angenommenen positiven Effekte für die „Klientel“.

Die Analyse weiterer möglicher Wirkfaktoren lieferte insbesondere Hinweise auf die Bedeutung spezifischer Zielsetzungen der SupervisandInnen zu Beginn der Supervision und stellt somit für die supervisorische Praxis die Empfehlung bereit, zusammen mit den SupervisandInnen konkrete Zielsetzungen zu erarbeiten.

Die Bewertung der „Leistung des Supervisors/der Supervisorin“ (Abb. 3) und des insgesamten Supervisionsprozesses (Abb. 4) seitens der direkten (= SupervisandInnen) und indirekten (=Dienstvorgesetzte) KundInnen „bestätigt“ die qualitativ hohe Wertschätzung der Supervision sowohl durch SupervisandInnen als auch durch Dienstvorgesetzte: die überwiegende Mehrheit (ca. 90%) bewertet die „Leistung des Supervisors/der Supervisorin“ mit mindestens „gut“; der Supervisionsprozess insgesamt wird von mehr als drei Viertel der SupervisandInnen mit „gut“ oder besser eingeschätzt.

Abbildung 3: Bewertung der Leistung des/r Supervisors/in insgesamt (n = 128)

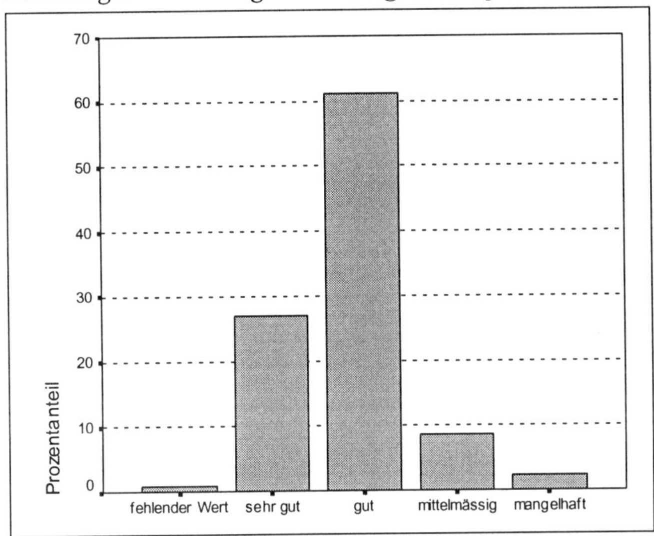

Abbildung 4: insgesamte Bewertung des Supervisionsprozesses (n = 127)

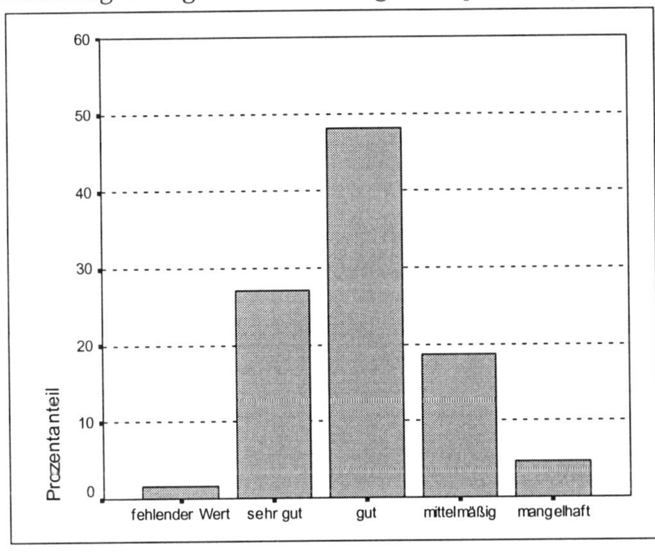

Die Einschätzung der drei befragten Dienstvorgesetzten ergibt ein ähnlich positives Urteil. Ferner halten alle InterviewpartnerInnen Supervision im Non-Profit-Bereich für unverzichtbar, da die Qualität der professionellen Arbeit dadurch gesteigert werden könne. Was bedeutet die qualitativ hohe Bewertung der Beratungsform Supervision bei genauer Betrachtung? Über den genauen Nutzen und mögliche bestimmte Effekte der Supervision ist damit keine Aussage gemacht. Hier bietet sich eine genauere Erforschung an, welche subjektiven Gründe die SupervisandInnen für die Wertschätzung der Supervision anführen.

5 Diskussion der Ergebnisse

Die Kombination von Fragebogenerhebung und Interview hat sich bewährt. Zukünftig bietet sich ein Ausbau der Kombination von quantitativer und qualitativer Evaluation zu den Wirkungen von Supervision an: so erscheint eine Miteinbeziehung der SupervisorInnen (wie z.B. von *Filsinger* et al. (1993) praktiziert) ebenso interessant wie die der Klientel (*Belardi*, 1992). Das hier vorgestellte „Supervisions-Evaluations-Inventar (SEI)“ hat seine Tauglichkeit als Evaluationsinstrument unter Beweis gestellt und ist in modifizierter Form angewendet worden (*Kühl & Pastäniger-Behnken*, 1998, S. 136). Es kann als Praxisforschungsinstrument aber auch zur Auswertung der supervisorischen Praxis eingesetzt werden (*Beer*, 1998; *Beer & Gediga*, 1999; *Kühl & Müller-Reimann*, 1999, S. 90). Das Verfahren kann allerdings aufgrund der gemachten Erfahrungen weiter verbessert werden; dies betrifft vor allem die Skala zur Messung der „Leistung des Supervisors/der Supervisorin“. Ferner sollten die Supervisanden nach möglichen Wirkfaktoren für den Supervisionserfolg gefragt werden und eine Gewichtung vornehmen. Hinsichtlich des Wirkfaktors „Person und Verhalten des Supervisors/der Supervisorin“ konnte die vorliegende Untersuchung die angenommene primäre Bedeutung der Person und des Verhaltens des Supervisors/der Supervisorin nicht ausreichend bestätigen; in diesem Zusammenhang sollten auch die spezifischen Kompetenzen des Supervisors/der Supervisorin weiter erforscht werden. Mit Verweis auf die auch in dieser Untersuchung festgestellten relativ geringen Effekte der Supervision für den Sektor „Institution“ sollten zukünftig die möglichen Gründe untersucht werden.

Hinweise auf mögliche *Verbesserungen der Supervisionspraxis* können insofern formuliert werden, als dass zum einen methodisch und interventionsbezogen die möglichen Wirkungen für die Bereiche „Institution“ und „Klientel“ stärker in den Blick genommen werden sollten. So empfiehlt sich – insbesondere bei Teamsupervisionsprozessen – eine stärkere Miteinbeziehung der Dienstvorgesetzten und InstitutionsrepräsentantInnen. Zum anderen sollten zu Beginn eines Supervisionsprozesses und während des Prozesses zusammen mit den SupervisandInnen Zielsetzungen formuliert, überprüft und revidiert werden, um ergebnis- und handlungsrelevante Effekte auch für das professionelle Handeln im jeweiligen Berufsfeld zu fördern.

Welcher Stellenwert kommt nun der vorliegenden Evaluationsstudie zu? Die vorgelegten Ergebnisse verstehen sich als anregender Beitrag zur empirischen Supervisionsforschung. Zugleich kann die Wirksamkeit von Supervision im Sinne eines differenzierten positiven Wirkungsspektrums auf der Basis der untersuchten Stichprobe und der verwendeten Methoden als bestätigt gelten. Einschränkend sind einige reaktive Messeffekte nicht auszuschließen, vor allem bei den ausschließlich positiv formulierten Items der Frage SEI/2.2. Ferner werden die Wirkungsdimensionen „Klientel", „KollegInnenkreis" und „Institution" mittels der verwendeten Evaluationsinstrumente in erster Linie über die eigene Person festgestellt. Gleichwohl – und dies wird durch die ergänzende Befragung von drei Dienstvorgesetzten gestützt – liegen handfeste Hinweise darauf vor, dass die Angaben der SupervisandInnen über die positiven Wirkungen der Supervision durchaus verlässlich sind.

Bilanzierend scheint es freilich aufgrund der Untersuchungsergebnisse berechtigt, von deutlichen Hinweisen auf positive Wirkungen der Supervision zu sprechen. Die von *Blinkert & Huppertz* (1974) geübte Kritik, der zufolge Supervision ein „Mythos" sei, muss somit aufgrund dieser Untersuchung ebenso wie aufgrund der weiteren bislang durchgeführten Evaluationsstudien (*Filsinger* et al., 1993; *Schneider & Müller*, 1995, 1998; *Kühl & Paständiger-Benken*, 1998) zurückgewiesen werden. Damit findet praxisnahe Supervisionsforschung (*Berker & Buer*, 1998) seit Mitte der 90er Jahre verstärkt statt und trägt neben der wissenschaftlichen Legitimation der Supervision auch zu ihrer Professionalisierung bei (*Weigand*, 1999).

Wolfgang Kühl

Bewerten und Beraten – Qualität Sozialer Arbeit durch Evaluation und Supervision

Aus der Sicht eines Supervisors und Hochschullehrers für Methoden Sozialer Arbeit will ich in diesem konzeptionell orientierten Beitrag[1] in einem ersten Schritt aufzeigen, inwiefern die Qualitätsentwicklung Sozialer Arbeit die Kooperation von Evaluation und Supervision erforderlich macht, zweitens weshalb es eine solche Kooperation bislang kaum gegeben hat, drittens welche mittelfristigen Vorarbeiten notwendig aber auch lohnend erscheinen, um eine solche Kooperation zwischen der Fremdevaluation und der Supervision zu erreichen. Viertens sollen Anknüpfungspunkte zwischen der Selbstevaluation und der Supervision aufgezeigt werden, weil vor allem von der Kombination von Selbstevaluations- und Supervisionskonzepten unmittelbare Synergieeffekte zur Qualitätsverbesserung Sozialer Arbeit zu erwarten sind.

1 *Inwiefern macht die Qualitätsentwicklung Sozialer Arbeit eine Kooperation von Evaluation und Supervision erforderlich?*

Supervision ist einst aus der Notwendigkeit der Qualitätsverbesserung Sozialer Arbeit entstanden. Bevor sie sich in Deutschland als Beratungsform etablieren konnte, war Supervision in den USA zunächst „Aufsicht der Arbeitsleistung von Mitarbeitern mit Verantwortung für deren Qualität" (*Föllner*, 1977, S. 21). Mittlerweile gibt es allerdings neben der Supervision eine ganze Reihe von Verfahren und Methoden der Qualitätssicherung und -entwicklung. Daher ist es erforderlich, den supervisorischen Beitrag zur Qualitätsentwicklung gegenüber den anderen Ansätzen der Qualitätsverbesserung abzugrenzen und gleichzeitig anschlussfähig zu halten (*Kühl*, 1999). Dieses Anliegen verfolgt der Beitrag im

1 Einen Teil der diesem Beitrag zugrundeliegenden Ausführungen ist bereits in *Kühl & Müller-Reimann* (1999) veröffentlicht. Wir danken Verlag und Herausgeber für die freundliche Abdruckgenehmigung.

Hinblick auf die Relation von Supervision und Evaluation. Denn bevor fachfremde Ansätze der Qualitätssicherung (etwa TQM, ISO) hinzugezogen werden, sollten zunächst die in der Praxisberatung der Sozialen Arbeit gewachsenen Ansätze auf mögliche Synergien überprüft werden.

Evaluation und Supervision – bei beiden handelt es sich um Dienstleistungen, die zur Qualitätsentwicklung der Sozialen Arbeit beitragen. Allerdings stellt *Belardi* fest: „Über die Verbindung von Evaluation und Supervision konnte jedoch noch keine Literatur gefunden werden" (1998, S. 114). Wozu also die Relation von Supervision und Evaluation bestimmen, wo es doch offenbar bislang keinen solchen Bedarf gegeben hat? Noch vor 10-15 Jahre ließ sich ein solcher Bedarf hinsichtlich der Sozialen Arbeit in der Tat kaum ausmachen. Evaluation war noch nicht so verbreitet wie Supervision und weitgehend auf wissenschaftlich begleitete Modellprojekte beschränkt.

Doch in zunehmendem Maße gerieten nun soziale Organisationen unter legitimatorischen und innovativen Druck durch Politik und GeldgeberInnen. „Billiger und besser" lautet die fast magisch anmutende Beschwörungsformel, die oft eher der Legitimation der Etatkürzungen als der Qualitätsverbesserung dient. Evaluation sollte nun dazu beitragen, die Qualität personenbezogener Dienstleistungen zu bewerten. Grob verkürzt dargestellt: traditionell orientierte EvaluatorInnen erstellten entsprechende Gutachten. Die oftmals zuvor kaum beteiligten Fach- und Leitungskräfte sahen sich sodann mit einem ganzen Bündel oftmals schwer realisierbarer Handlungsempfehlungen konfrontiert. Und Aufgabe der ebenfalls nicht einbezogenen SupervisorInnen war es dann, die entsprechenden Frustrationen aufzuarbeiten.

Mittlerweile haben sich die Evaluationskonzepte verändert, nicht zuletzt aufgrund der Unzulänglichkeit der bisheriger Strategien. EvaluatorInnen verstehen sich nun im Sinne von Handlungsforschung eher als an der Partizipation der Fachkräfte interessierte ProzessbegleiterInnen. So spricht *Beywl* (1988) etwa von „responsiver" Evaluation. Organisationsentwicklung wird zunehmend als zentrale Dimension der Umsetzung evaluativer Erkenntnisse entdeckt. An die Fach- und Leitungskräfte richtet sich nun die Anforderung, Evaluationen anzuregen, deren Ziele mitzubestimmen, bei der Datensammlung mitzuwirken, die Ergebnisse zu interpretieren und daraus Konsequenzen für ihre Praxis abzuleiten.

Auch Supervision hat sich mittlerweile konzeptionell verändert. Von der unmittelbaren Praxisanleitung kommend hat sie sich in den letzen 10 bis 15 Jahren schärfer als berufsbezogene Beratungsform konturiert und etabliert. Nach *Weigand* (1987) lassen sich hinsichtlich der beruflichen Interaktion vier konstitutive Faktoren unterscheiden, deren Interdependenz den Gegenstand von Supervision bestimmen: 1. die Person des/r Handelnden, 2. sein/ihr selbst- und fremdbestimmtes Rollenverständnis, 3. die ihn/sie beauftragende Institution einschließlich der gesellschaftlichen Umwelt und 4. seine/ihre Klientel.

Seit den achtziger Jahren versteht sich Supervision zunehmend als Team- bzw. Organisationsentwicklung (*Pühl*, 1998, *Scala & Grossmann*, 1997). Es gilt also, das filigrane Geflecht aus Personen, Regeln und Strukturen der Institution differenziert wahrzunehmen und in seiner Funktionalität zu verbessern. Mit diesem Perspektivenwechsel wendet sich Supervision – so *Belardi* (1992, S. 166) wieder der ursprünglichen Frage zu: „Wie kann die Effizienz und Effektivität von sozialen Dienstleistungseinrichtungen unter Berücksichtigung berufsethischer, humaner und klientenorientierter Gesichtspunkte erhöht werden?"

Man könnte meinen, dass sich die skizzierten Entwicklungsstränge in der Evaluation und der Supervision nun eigentlich annähern würden. Doch gibt es noch immer wenig Berührungspunkte. Nachfolgend wollen wir deshalb die Entwicklungen in der Sozialen Arbeit aufzeigen, die eine Klärung der Relation von Supervision und Evaluation nunmehr erforderlich machen.

Angesichts des tiefgreifenden sozialen Wandels in der Postmoderne im Sinne einer Individualisierung und Entsolidarisierung sowie den sich daraus ergebenden zunehmend komplexeren Bedürfnislagen der NutzerInnen Sozialer Arbeit erhöhen sich gegenwärtig – bei gleichzeitig sinkenden finanziellen Ressourcen – die Anforderungen an die Institutionen. Diese verstehen sich nunmehr als Dienstleistungsanbieter, die ihr Angebot aufgrund des Kostendruckes flexibler als bisher am Bedarf orientieren müssen. Erforderlich sind daher entsprechend systematisch angelegte Bedarfsanalysen, darauf abgestimmte Konzeptentwicklungen, differenzierte Programmzielsetzungen, dezentrale Prozesssteuerungen ebenso wie multiperspektivische Erfolgsbeurteilungen.

Gleichzeitig steht der gesamte Sozialbereich unter dem Diktat der Sparpolitik. Noch scheint nicht entschieden, ob es um die berechtigte weil lange vernachlässigte Frage geht, wie sich Soziale Arbeit rechnet, oder ob mit ihr gesellschaftspolitisch abgerechnet werden soll. In jedem Fall gilt nicht erst seit dem 30 Milliarden-"Sparpaket" der Bundesregierung: der sozialwirtschaftliche Ernstfall ist mittlerweile eingetreten.

Für die Organisationen der Sozialen Arbeit stellen sich daher gegenwärtig die Fragen nach der Qualität ihrer Ergebnisse und die Frage nach der Relation von Kosten und Nutzen mit einer besonderen Brisanz. Nicht nur welche guten Ergebnisse erzielt werden ist von Bedeutung, sondern wie gute Arbeit gemacht wird und wie Kooperation gut funktioniert.

Des Weiteren ist zu berücksichtigen, dass die Neuorganisation der Sozialen Dienste unter den Handlungsmaximen der Lebensweltorientierung und Dezentralisierung eine Verlagerung von Steuerungselementen auf die Teamebene vor Ort mit sich gebracht hat. Dadurch steigt der Bedarf an reflexiver Kompetenz an. Supervision bekommt hier die Aufgabe, den Prozess der professionellen Selbststeuerung zu begleiten und das bisherige Tun unter den Prämissen der KlientInnen- und „KundInnen"-Orientierung zu hinterfragen. Diese Entwicklungen bringen nicht nur für die Fach- und Führungskräfte der Sozialen Arbeit besondere Anforderungen im Hinblick auf Evaluationskompetenzen mit sich, sondern auch für die Supervision.

2 Weshalb ist bislang eine Kooperation unterblieben?

„Die Verbindung zwischen Supervision und Evaluation funktioniert kaum; vor allem Supervisoren schotten sich gegenüber den Methoden und Einsichten aus der Evaluationsforschung ab" – schreibt *von Spiegel* (1993, S. 220). Dieser nur noch teilweise zutreffende Kritikpunkt muss allerdings im Kontext der Entwicklungsgeschichte von Supervision betrachtet werden.

Während in den USA die Supervision durch Vorgesetzte auch nach dem Zweiten Weltkrieg weiterhin üblich blieb, formte sich in der Bundesrepublik die außerhalb der Institution angesiedelte Supervision als professionelle Reflexionsmethode moderner Prägung aus.

Der „Psychoboom" in den siebziger Jahren hatte allerdings zur Folge, dass es zum Teil zu einer Therapeutisierung der Supervision im Sinne einer übergewichtigen Orientierung an der Person der SupervisandInnen und deren Psychohygiene kam.

In der Supervision wird das berufliche Handeln reflektiert, dass heißt, es wird gedeutet, positiv konnotiert, konfrontiert und unterstützt. Als Ressource, aber auch Hypothek einer vormaligen Therapienähe bleibt teilweise eine Bewertungsscheu zurück. Diese ging in den letzten Jahrzehnten, so meine These, eine Allianz mit der Praxis der Sozialen Arbeit ein, die sich mit dem Hinweis auf die angebliche Nichtmessbarkeit der Ergebnisse der unangenehmen Bewertungsthematik ebenfalls entzogen hat. Demgegenüber ist festzuhalten: Supervision war und ist immer auch „Anregung zu einer Bewertungsbewegung", wie es *Berker* (1997) treffend formuliert.

Doch wie steht es mit dieser Bewertungsbewegung in der Supervision selbst? In der unmittelbaren Supervisionspraxis geschieht die Auswertung ziel- und prozessbezogen, und zwar zyklisch als Zwischen- und Endauswertung mit den SupervisandInnen gemeinsam. Zunehmend werden auch die Leitungskräfte zumeist am Anfang, bei der Zielformulierung, und am Ende des Beratungsprozesses, bei der Zielkontrolle, beteiligt. Insgesamt findet jedoch eine systematische Wirkungsanalyse noch selten statt.

Schneider und Müller (1997) haben ihre SupervisandInnen gebeten, die Beratung mittels des Supervisions-Evaluations-Inventars bewerten zu lassen. Im Anschluss an diese Evaluations-Studie haben wir seitens der Fachhochschule Jena in Thüringen eine erste nicht über SupervisorInnen vermittelte, direkte systematische NutzerInnenbefragung bei 193 SupervisandInnen durchgeführt (*Kühl & Pastäniger-Behnken*, 1999). Noch sind die meisten Untersuchungen zum Nutzen von Supervision allerdings relativ einfacher Art. Wie auch unsere Studie bestätigen sie jedoch, dass die Supervision durchweg positiv bewertet und für wirksam erachtet wird. Neuere, derzeit noch laufende Evaluationsvorhaben weisen aufwendigere und vor allem prospektiv orientierte Forschungsdesigns auf (vgl. *Berker & Buer*, 1998).

Darin dokumentiert sich, dass sich Supervision dem Evaluationsanliegen öffnet, es jedoch an entsprechenden Forschungskapazitäten mangelt. Allerdings liegt mit dem besagten Supervisions-Evaluations-Inventar neuerdings ein reliables und valides Instrument zur praxisnahen Evaluation von Supervision vor. Insgesamt jedoch steckt die wissenschaftliche Evaluation von Supervision noch in den Kinderschuhen.

Doch wie halten es nun die EvaluatorInnen mit der Selbstreflexion und Supervision?

Die Perspektive, nämlich inwieweit Supervision für EvaluatorInnen von Nutzen ist, kann hier nicht umfassend verfolgt werden. Nur soviel: die mehrperspektivische Reflexion des Evaluations-Systems mit seinen unterschiedlichen Subsystemen und oftmals divergierenden Interessenlagen kann dazu beitragen, einer Triangulisierung der ohnehin häufig belasteten Dreieckskonstellation der AuftraggeberInnen, EvaluatorInnen und sozialpädagogischen Fachkräfte entgegenzuwirken. Insbesondere die supervisorischen Instrumente der Nachfrage- und Institutionsanalyse, wie sie etwa von *Rappe-Giesecke* (1994) entwickelt worden sind, können EvaluatorInnen die Orientierung erleichtern. Erweist sich doch die Kontakt- und Kontraktgestaltung, aber auch die Durchführung der Evaluation angesichts der manifesten und hintergründigen Motive der Auftraggeber und entsprechender Gewinn- bzw. Verlustvermutungen der Beteiligten oft als schwierig. Neben dem „geheimen Lehrplan" der Evaluation gilt es aber auch die möglichen latenten Präferenzen der EvaluatorInnen zu klären.

Die Brisanz nimmt noch zu, wenn es in der Organisation bzw. im Team um die Bewertung der Arbeit bereits massive Konflikte gibt, zu deren vermeintlichen Lösung nun Evaluation herhalten soll. So betont *Lüders*, „dass Evaluationsprojekte keine geeigneten Gelegenheiten darstellen, dem schon lange ungeliebten Kollegen durch die Hintertür die Meinung zu geigen, oder um einmal alle Teamkonflikte offen auf den Tisch des Hauses zu bringen, um endlich einer Lösung näher zu kommen. Ich neige immer mehr dazu, Evaluationen nur noch in Projekten zu starten, in denen mit großer Wahrscheinlichkeit keine schon langdauernden Konflikte schwelen. Es ist wichtig zu betonen, dass Evaluationsprojekte ... ungeeignet sind, gleichsam nebenher Supervision zu leisten" (1998, S. 30). Hier wäre allerdings zu klären, ob eine Supervisionsphase vorgeschaltet werden oder eine entsprechende Abstimmung von Supervision und Evaluation erfolgen könnte.

3 Welche konzeptionellen Vorarbeiten sind notwendig aber auch lohnend, um Anschlussstellen für eine Kooperation zwischen der Fremdevaluation und der Supervision zu schaffen?

Bis vor einiger Zeit war die Frage nach solchen Anschlussstellen eindeutig negativ zu beantworten. Dies war auf die Unterschiedlichkeit in der historischen Entwicklung und den zentralen Wesensmerkmalen zurückzuführen. Sie sind begründet in:

- den unterschiedlichen Qualifikationen: sozialwissenschaftliche Qualifizierung der EvaluatorInnen versus beratungsbezogene Weiterbildung der SupervisorInnen,
- der Zugehörigkeit zu unterschiedlichen Referenzsystemen und Gemeinschaften: scientific community versus professional community,
- dem unterschiedlichen Auftrag: systematische Bewertung versus individuelle bzw. teamorientierte Kompetenzentwicklung und
- unterschiedlichen Wirkungsebenen in der Institution: Evaluation arbeitet eher auf der Leitungs- bzw. TrägerInnenebene und auf der Ebene der Programme, Supervision fokussiert eher auf der Fall- und MitarbeiterInnenebene die unmittelbaren Interaktionen mit KlientInnen oder im Team.

Deshalb begegnen sich EvaluatorInnen und SupervisorInnen in den Institutionen Sozialer Arbeit selten, wissen offenbar auch wenig von einander. Eine Annäherung ist jedoch zunehmend über die von SupervisorInnen und EvaluatorInnen gleichermaßen anvisierte Organisationsentwicklung im Sinne der „lernenden Organisation" und vor allem über das Postulat der MitarbeiterInnenorientierung möglich, dem sich beide Ansätze verpflichtet sehen.

Gerade die Evaluation sieht sich zunehmend Handlungsmaximen der MitarbeiterInnenbeteiligung und der innovationsorientierten Prozessbegleitung verbunden. Sie belässt es schon lange nicht mehr bei bloßen Gutachten, sondern versucht über formative, prozessorientierte Methoden bei der Gestaltung professioneller Prozesse zu beraten. So weist bereits der Titel des jüngsten Buches von *Heiner* (1999), „Experimentierende Evaluation", auf eine solche Annäherung an Organisationsentwicklung und Supervison hin.

Hinzu kommt, dass sich Supervision seit den achtziger Jahren zunehmend als Ort definiert, „an dem nicht nur Beziehungsverwicklungen sondern auch berufliche Fachfragen niveauvoll bearbeitet werden können" (*Berker*, 1997, S. 29), der sich also perspektivisch der Organisationsentwicklung vermehrt zuwendet.

Im Sinne von seismographisch sensibilisierter „Früherkennung" lassen sich in der Supervision mit den Fachkräften der Sozialen Arbeit evaluationsrelevante Fragestellungen und Ziele im Sinne umfassenderer Analysebedarfe erarbeiten, die dann von den Teams an die Leitung weitergeleitet werden können. In der Supervision lassen sich ferner die Interessenlagen der Fach- bzw. Führungskräfte und KlientInnen klären. Phantasien um mögliche GewinnerInnen und VerliererInnen der Evaluation lassen sich thematisieren. Hinsichtlich der Umsetzung der Evaluationsergebnisse auf der Teamebene bietet sich in der Supervision ebenfalls ein Reflexionsort, etwa um den Veränderungswiderstand zu bearbeiten.

In dem Maße, wie Supervision sich selbst der internen und externen Evaluation stellt, werden auch die Kooperationschancen wachsen. Dies gilt ebenso in dem Maße, wie Evaluation sich reflektiert in das komplexe Getümmel von Systemdynamiken sozialarbeiterischer Praxis begibt und insofern den

„Mittelweg zwischen exakter Trivialität und interessantem Chaos" (*Schweitzer*, 1998, S. 67) findet.

Als Dienstleistungen für die Soziale Arbeit werden sich dann Supervision und Evaluation vermehrt zuarbeiten. Doch ist dies gegenwärtig noch Zukunftsmusik. Konkretere und unmittelbarere Kooperationschancen bietet vielmehr eine konzeptionelle Kombination von Supervision und Selbstevaluation.

In dieser Evaluationsform untersuchen die Fachkräfte der sozialen Arbeit selbst ihrer Praxis daraufhin, inwieweit ihre konzeptionellen Ziele in berufliches Handeln umgesetzt werden (*Heiner*, 1988, 1994, 1996; *von Spiegel*, 1993, 1998). Die Umsetzung der Evaluationsergebnisse ist insofern leichter, weil die Fachkräfte selbst die Veränderungsnotwendigkeit erarbeitet haben und sowohl kognitiv als auch emotional nachvollziehen können.

Selbstevaluation ist deshalb besonders geeignet, die Qualitätsentwicklung auf der Mikroebene der einzelnen MitarbeiterInnen und Teams voranzubringen. Allerdings überfordert Selbstevaluation vielfach die Fachkräfte, da es an den entsprechenden methodischen Kompetenzen mangelt und die strukturellen Voraussetzungen fehlen, die rollenbezogenen Kooperationsmuster und kollegialen Beziehungsdynamiken weitgehend unreflektiert bleiben.

Obschon sich eine Kooperation gerade unter dem Aspekt der Qualitätsentwicklung Sozialer Arbeit anbieten würde, ist die mögliche Nahtstelle von Selbstevaluation und Supervision bislang weder aus der Perspektive der Selbstevaluation noch aus dem Blickwinkel der Supervision konzeptionell ausgearbeitet worden. Hier sollen jedoch einige Anhaltspunkte für eine mögliche Kooperation aufgezeigt werden.

4 Welche konzeptionellen Anknüpfungspunkte zwischen Selbstevaluation und Supervision gibt es?

Wird ein Projekt der Selbstevaluation erwogen, so kann in der Supervision die Indikation zur Selbstevaluation mit dem jeweiligen Team thematisiert werden. Ferner können die Erwartungen aus der MitarbeiterInnen-, Leitungs- und KlientInnenperspektive sowie die zur Verfügung stehenden Ressourcen geklärt werden. Bei der Methodenwahl, Datenerhebung und Auswertung kann Supervision den Prozess begleiten, vor allem aber bei der Umsetzung der Evaluationsergebnisse unterstützen (ausführlicher: siehe *Kühl & Müller-Reimann*, 1999).

Eine solche Kooperation erfordert entsprechende Kompetenzen der SupervisorInnen. Diese werden sich jedoch in dem Maße ausweiten, wie sich die Beratungsform zunehmend als Organisationssupervion versteht. Das bedeutet, dass organisationsbezogene Supervision nicht etwa Organisationsentwicklung für die gesamte Organisation betreibt. Dies ist Aufgabe von Organisationsberatung. Aufgabe von Supervision ist es vielmehr Leitbildentwicklung „im Kleinen“ auf der Teamebene zu betreiben, die Fachkräfte darin zu unterstützen, ihre Ziele konzeptorientiert zu präzisieren und zu überprüfen.

In der Supervision gilt es ferner herauszufinden, woher die MitarbeiterInnen Sicherheit darüber gewinnen, dass sie gute Arbeit machen, woher sie Feedback über positive Leistungen, aber auch kritisches Feedback bekommen. Sofern diese nicht mit der Leitung entwickelt worden sind, müssen sich Teams solche Kriterien, orientiert an den jeweiligen fachlichen Qualitätsstandards, in der Supervision selbst erarbeiten und in der unmittelbaren Interaktion mit KlientInnen überprüfen. Methodische Instrumentarien bieten etwa die Sammlung von „Signalsätzen“ in KlientInnenäußerungen, „aus denen deutlich wird, dass sie heute etwas anders sehen und angehen als vor der Beratung“ (*Heiner*, 1998, S. 58), während des Hilfeprozesses und der abschließende Einsatz von Zielerreichungsskalen (*Lenz*, 1998, S. 131). Somit wird deutlich, hinsichtlich welcher Aspekte möglicherweise systematischere Datenerhebungen, etwa NutzerInnenbefragungen, lohnend erscheinen.

Dies gilt auch für die Katamnese, zu der Supervision anregen kann. Ist doch sowohl eine fallorientierte wie systematische Nachschau in der Sozialen Arbeit noch selten – aber durchaus sinnvoll – um festzustellen, was „daraus geworden ist“, um Rückschlüsse für die Qualitätsentwicklung zu ziehen.

Nicht zuletzt erfordert die Transparenz des Gesamtprozesses der Qualitätsentwicklung die Dokumentation der einzelnen Maßnahmen. Noch in den siebziger Jahren entsprach es durchaus gängiger Praxis, dass SupervisandInnen Protokolle der Supervisionssitzungen erstellten. Zumindest die Ziele und Ergebnisse der Supervision lassen sich – unter Wahrung der Vertraulichkeit persönlicher Teaminterna – in ihren fall- und organisationsbezogenen Anteilen durchaus zusammenfassend verschriftlichen und somit in den umfassenden Qualitätsentwicklungsprozess der jeweiligen Organisation einbringen.

Damit schließt sich dann der hier lediglich skizzierte Kreis von Kooperationsmöglichkeiten zwischen Evaluation und Supervision. Zusammenfassend komme ich zu der These, dass sich der Beitrag der Supervision zur Qualitätsentwicklung sozialer Arbeit durch eine Kombination mit Elementen der Selbstevaluation verbessern lässt. Die ebenso notwendige Kooperation mit externen Evaluatoren erfordert hingegen weitere Vorarbeiten, die sich allerdings lohnen würden, weil beide Seiten voneinander lernen könnten. Eine konzeptionelle Annäherung von Bewertung und Beratung wird letztlich der Qualität sozialer Arbeit zugute kommen, der sich sowohl die Evaluation wie die Supervision verpflichtet sehen.

Literatur

Adams, R. (1996): Social Work and Empowerment. Houndsmills/London.

Ambühl, H. (1993): Was ist therapeutisch an Psychotherapie? In: Zeitschrift für klinische Psychologie, Psychopathologie und Psychotherapie, Jg. 41, S. 285-303.

American Evaluation Association, Task Force on Guiding Principles for Evaluators (1995): Guiding Principles for Evaluators. In: New Directions for Program Evaluation 66, S. 19-26.

Anderegg-Tschudin, H.; Käppeli, S. & Knoepfel-Christoffel, A. (1998): Qualitätsmanagement am Beispiel der Pflegediagnostik. Vom Wissen zum Handeln. Projekthandbuch für Verantwortliche im Pflegedienst. Zürich.

Antes, G.; Bassler, D. & Galandi, D. (1999): Systematische Übersichtsarbeiten: ihre Rolle in einer Evidenz-basierten Gesundheitsversorgung. In: Dtsch. Ärztebl. 96: A-616-A-622.

Arbeitsgemeinschaft der Wissenschaftlichen Medizinischen Fachgesellschaften – AWMF - (1999) AWMF-online: Leitlinien für Diagnostik und Therapie. http://www.uni-duesseldorf.de/WWW/AWMF/ll/ll_index.htm

Ärztliche Zentralstelle Qualitätssicherung (1998): Leitlinien-In-Fo – Das Informations- und Fortbildungsprogramm zu Leitlinien in der Medizin. ÄZQ-Schriftenreihe, Bd. 1. München: Zuckschwerdt. Online-Version: http://www.leitlinien.de.

Association of Finnish Local and Regional Authorities and Ministry of Finance (1998). Quality strategy for public services. Helsinki: Oy Edita Ab.

Attkisson, A. et al. (1983): Assessment Of Patient Satisfaction. Evaluation and Program Planning, S. 299-314.

Aulbert, E. & Zech, D. (Hrsg.) (1997): Lehrbuch der Palliativmedizin. Stuttgart; New York.

Baltes M.M. & Zank, S. (1990): Gesundheit und Alter. In: Schwarzer, R. (Hrsg.): Gesundheitspsychologie. Göttingen, S. 199-214.

Bauer, R. (1996): „Hier geht es um Menschen, dort um Gegenstände." – Über Dienstleistungen, Qualität und Qualitätssicherung. In: Widersprüche, H. 61, S. 11-49.

Beale, V. & Pollitt, C. (1994): Charters at the grassroots: a first report. In: Local Government Studies, 20/2, S. 202-225.

Beck, U. & Bonss, W. (1989): Verwissenschaftlichung ohne Aufklärung. Zum Strukturwandel von Sozialwissenschaft und Praxis. In: dies. (Hrsg.): Weder Sozialtechnologie noch Aufklärung? Frankfurt: Suhrkamp, S. 7-45.

Beer, T. & Gediga, G. (1999): Evaluation von Supervision: Eine Untersuchung im Bereich der Sozialen Arbeit. In: Holling, H. & Gediga, G. (Hrsg.): Evaluationsforschung. Göttingen: Hogrefe, S. 73-126.

Beer, T. (1998): Evaluation von Supervision. Ein Beitrag zur Wirkungsforschung und Qualitätssicherung berufsbezogener Beratung. In: Berker, P. & Buer, F. (Hrsg.): Praxisnahe Supervisionsforschung: Felder – Designs – Ergebnisse. Münster: Votum, S. 99-129.

Belardi, N. (1992): Supervision. Von der Praxisberatung zur Organisationsentwicklung. Paderborn: Junfermann.

Beresford, P.; Croft, S.; Evans, C. & Harding, T.; (1997): Quality in Personal Social Services: The Developing Role of User Involvement in the UK. In: Evers, A.; Haverinen, R.; Leichsenring, K. & Wistow, G. (Hrsg.), Developing Wuality in Personal Social Services. Concepts, Cases and Comments. Aldershot; Brookfield USA; Singapore; Sidney, S. 63-80.

Berger, J.T. & Rosner, F. (1996): The Ethics of Practice Guidelines. In: Arch. Intern. Med. 156, S. 2051-2065.

Berger, M. (1983): Toward Maximizing the Utility of Consumer Satisfaction as an Outcome. In: The Assessment of Psychotherapy Outcome (hrsg. v. M.J. Lambert; E.R. Christensen & S.S. Dejulio), New York; Chichester u.a.: John Wiley & Sons, S. 56-80.

Berk, R. & Rossi, P. (1977): Doing good or worse: evaluation research politically reexamined. In: Glass G. (Hg.), Evaluation studies review annual 2. Beverly Hills: Sage. 77-89.

Berker, P. & Buer, F. (Hrsg.) (1998): Praxisnahe Supervisionsforschung: Felder – Designs – Ergebnisse. Münster: Votum.

Berker, P. (1997): Der Beitrag von Supervision zur Qualitätsdiskussion. In: Supervision, H. 31, S.17-31.

Berndt, M. et al.(1999): Leitlinien für Hausärzte. In: Perspectives on Managed Care, Ausg. 2, S. 27-30.

Beyer, M.; Berndt, M. & Gerlach, F.M. (1999): DEGAM-Leitlinien für die Hausarzt-Praxis: Wie geht es weiter? In: Zeitschrift für Allgemeinmedizin 75, S. 143-146.

Beyme von, K. (1991): Theorie der Politik im 20. Jahrhundert. Frankfurt: Suhrkamp.

Beywl, W. & Bestvater, H. (1998): Selbst-Evaluation in pädagogischen und sozialen Arbeitsfeldern. Eine Ergänzung und Alternative zur Fremdevaluation. In: Bundesvereinigung Kulturelle Jugendbildung e.V. (Hrsg.): Qualitätssicherung durch Evaluation. Remscheid.

Beywl, W. & Widmer, T. (1999): Die ‚Standards' im Vergleich mit weiteren Regelwerken zur Qualität fachlicher Leistungserstellung. In: Joint Committee on Standards for Educational Evaluation (Hrsg.): Handbuch der Evaluationsstandards. Opladen: Leske + Budrich, S. 259-295.

Beywl, W. (1988): Zur Weiterentwicklung der Evaluationsmethodologie. Grundlegung, Konzeption und Anwendung des Modells der responsiven Evaluation. Frankfurt a.M.

Beywl, W. (1991): Entwicklung und Perspektiven praxiszentrierter Evaluation. In: Sozialwissenschaften und Berufspraxis, 14/3, S. 265-279.

Beywl, W. (1999): Zielfindung und Zielklärung – ein Leitfaden. In: QS Materialien zur Qualitätssicherung in der Kinder- und Jugendhilfe, H. 21, Bonn (BMFSFJ).

Binnie, A. & Titchen, A. (1999): Freedom to Practise: The Development of Patient-Centred Nursing. Lathlean, ed. Oxford.

Blalock, A. (1999): Evaluation research and the performance management movement. In: Evaluation, 5/2, April, S. 117-149.

Blinkert, B. & Huppertz, N. (1974): Der Mythos der Supervision – Kritische Anmerkungen zu Anspruch und Wirklichkeit. Neue Praxis, 4, (2), S. 117-127.

Brading, J. & Curtis, J. (1996): Disability Discrimination. A Practical Guide to the New Law. London.

Brady, J.P.; Zeller, W.W. & Rezuikoff, M. (1959): Attitudinal Factors Influencing Outcome of Treatment of Hospitalized Psychiatric Patients. In: Journal of Clinical and Experimental Psychopathology, S. 326-334.

Brune, A. (1999): Stand der Einführung der Pflegediagnostik am Universitätsspital Zürich aus Patientensicht. Unveröffentlichte Diplomarbeit, Fachhochschule Osnabrück.

Bryce, F.P.; Neville, R.G.; Crombie, I.K. et al. (1995): Controlled trial of an audit facilitator in diagnosis and treatment of childhood asthma in general practice. B.M.J., 310, S. 838-842.

Budde, A. (1999): Stand der Einführung der Pflegediagnostik am Universitätsspital Zürich aus Patientensicht. Unveröffentlichte Diplomarbeit, Fachhochschule Osnabrück, S. 83.

Bundesärztekammer, Kassenärztliche Bundesvereinigung (1997): Beurteilungskriterien für Leitlinien in der medizinischen Versorgung. In: Dtsch. Ärztebl. 94, A2154-2155, B-1622-1623, C-1754-1755.

Burke, K. (1999): Report Attacks Poor Commissioning. In: Community Care, 29.7.-4.8., S. 2f.

Büssing, A.; Barkhausen, M. & Glaser, J. (1998): Modernisierung der Pflege durch ganzheitliche Pflegesysteme? Ergebnisse einer formativen Evaluation. In: Pflege, 11. Jg., S. 183-191.

Butcher, T. (1995): Delivering Welfare. The Governance of the Social Services in the 1990s. Buckingham.

Butterworth-Heinemann & Titchen, A. (1998): Professional Craft Knowledge in Patient-Centred Nursing and the Facilitation of its Development. DPhil Thesis, University of Oxford.

Campbell, D. (1969): Reforms as experiments. In: American Psychologist, 24, S. 409-429.

Campbell, D.T. (1983): Reforms as experiments. In: Struening, E.L. & Brewer, M.B. (eds.): Handbook of evaluation research. Beverly Hills; London, S. 107-137 (zuerst in: The American Psychologist, 24/1969/4).

Campbell, D.T. (1984): Can We Be Scientific in Applied Social Science? In: Evaluation Studies Review Annual 9, S. 26-48.

Caring for People (1989): Caring for People. Community Care in the Next Decade and Beyond. London: HMSO.

CCETSW (1996): Central Council for Education and Training in Social Work: Assuring Quality in the Diploma in Social Work – 1. Rules and Requirements for the DipSW. Plymouth (2. rev.).

Chalmers, I.; Enkin, M. & Kierse, M. (1989): Effective Care in Pregnancy and Childbirth. Oxford; O.U.P:.

Cheetham, J.; Fuller, R.; McIvor, G. & Petch, A. (1992). Evaluating social work effectiveness. Buckingham: Opening University Press.

Chelimsky, E. (1997): Thoughts for a new evaluation society. „Keynote speech" at the UK Evaluation Society conference in London 1996. In: Evaluation, 3/1, S. 97-109.

Chen, H. T. (1994): Current trends and future directions in program evaluation. In: Evaluation practice, 15, S. 229-238.

Cloerkes, G. (1985). Einstellung und Verhalten gegenüber Behinderten. Eine kritische Bestandsaufnahme internationaler Forschung. Berlin: Marhold.

Commission Europeenne (1999) : Document de Travail: Bilan d'Evaluation 1998. Brussels, Commission Europeenne.

Cook, T.D. & Campbell, D.T. (1979): Quasi-experimentation. Design & analysis issues for field settings. Chicago.

Cordray, D.S. & Lipsey, M.W. (1987): Program evaluation and program research. In: Cordray, D.S. & Lipsey, M.W. (eds.), Evaluation studies review annual. 11th volume. London: Sage, S. 17-44.

Corrigan, P.W. (1990): Consumer Satisfaction with Institutional and Community Care. In: Community Mental Health Journal, Vol. 26, No 2,S. 151-165.

Cousins, J.B. & Leithwood, K.A. (1986): Current Empirical Research on Evaluation Utilization. In: Review of Educational Research 56, 331-364.

Cronbach, L.J. (1982): Designing Evaluations of Educational and Social Programs. San Francisco: Jossey-Bass.

Dahlgaard, K. & Schiemann, D. (1996): Voraussetzung und Darstellung der Methode der Stationsgebundenen Qualitätssicherung. In: Bundesministerium für Gesundheit, Bd. 79: Qualitätsentwicklung in der Pflege. Baden-Baden: Nomos

Davies, I. (1999): Evaluation and performance management in government. In: Evaluation, 5/2, April, S. 150-159.

Day, K. (1999): Back from the Brink. In: Community Care, 5.-11.8., S. 28f.

Delbanco T.L. (1992): Enriching the doctor-patient relationship by inviting the patient's perspective. In: Annals of Internal Medicine, 116; S. 414-418.

Denner, B. & Halprin, F. (1974): Clients and Therapists Evaluate Clinical Services. In: American Journal of Community Psychology, Vol. 2, No 4, S. 373-386.

Department of Health, Social Services Inspectorate / Scottish Office, Social Work Services Group (1992): Care Management ans Assessment. Summary of Practice Guidance. Milton Keynes (3. impr.).

Deutsches Herzzentrum Berlin (1999): Pflegestandards. http://www.dhzb.de/Pflegestandard.htm

Doenges, M. & Moorhouse, M. (1994): Pflegediagnosen und –maßnahmen. Bern u.a.: Huber.

Donabedian, A. (1980): Explorations in quality assessment and monitoring: The definition of quality and approaches to its assessment. Ann Arbor, MI.

Dukes, R.L.; Stein, J.A. & Ullman, J.B. (1997): Long-term impact of Drug Abuse Resistance Education (D.A.R.E.). In: Evaluation Review, 21/4, S. 483-500.

Dumke, D. & Schäfer, G. (1993): Entwicklung behinderter und nichtbehinderter Schüler in Integrationsklassen. Weinheim: Deutscher Studien Verlag.

Dun, E.V.; Norton, P.G.; Stewart, M. et al (eds.) (1994): Disseminating research/changing practice. London: Sage.

Eekhoff, J.; Muthmann, R. & Sievert, O. (1977): Methoden und Möglichkeiten der Erfolgskontrolle städtischer Entwicklungsmaßnahmen. Bonn-Bad Godesberg: Schriftenreihe „Städtebauliche Forschung", Bd. 03.060.

Ehrlich, K. (1995): Auf dem Weg zu einem neuen Konzept wissenschaftlicher Begleitung. In: Berufsbildung in Wissenschaft und Praxis, 24/1, S. 32-37.

Eppel, Heidi & Hamer, Beate (1997): Runter vom Ross – raus aus dem Laufrad! Partnerschaftliche Kooperation in der Handlungsforschung. In: Neue Praxis, 27, S. 182-189.

ERS Standards Committee (1982): Evaluation Research Society Standards for Program Evaluation. In: Rossi, P.H. (ed.): Standards of Evaluation Practice, New Directions for Program Evaluation 15, San Francisco: Jossey-Bass.

European Commission (1997). Evaluating EU expenditure programmes: a guide. Brussels, DGXIX/02, January.

Feuerstein, G. (1993): Systemintegration und Versorgungsqualität. In: Badura, B.; Feuerstein, G. & Schott, T. (Hrsg.): System Krankenhaus. Weinheim, S. 41-67.

Fiechter, V. & Meier, M. (1981): Pflegeplanung – Eine Anleitung für die Praxis. Basel: Rocom.

Filsinger, D.; Schäfer, J.; Vollendorf, M.; Auckenthaler, A. & Bergold, J. (1993): Supervision in der AIDS-Arbeit. Ergebnisse einer wissenschaftlichen Begleituntersuchung. Berlin: Freie Universität Berlin.

Fitz-Gibbon, C.T. & Morris, L.L. (1987): How to design a program evaluation. Newbury Park: Sage.

Flick, U. (1995): Qualitative Forschung. Reinbek.

Floc'hlay, B. & Plottu, E. (1998): Democratic evaluation: from empowerment evaluation to public decision-making. In: Evaluation, 4/3, July, S. 261-277.

Föllner, M. (1977): Supervision in der amerikanischen Sozialarbeit. In: Neue Praxis, H. 1.

Frey, S. & Frenz, H.-G. (1982): Experiment und Quasi-Experiment im Feld. In: Patry, J.-L. (Hrsg.): Feldforschung. Bern; Stuttgart, S. 229-258.

Gartner, A. & Riessman, F. (1978): Der aktive Konsument in der Dienstleistungsgesellschaft. Zur politischen Ökonomie des tertiären Sektors. Frankfurt a.M.

Gaster, L. (1995): Quality in public services: managers' choices. Buckingham: Open University Press.

Gerhardt U. (1986): Verstehende Strukturanalyse: Die Konstruktion von Idealtypen als Analyseschritt bei der Auswertung qualitativer Forschungsmaterialien. In: Soeffner, H.G. (Hrsg.): Sozialstruktur und soziale Typik. Frankfurt a.M., S. 31-83.

Gerlach, F.M. (1999): Das DEGAM-Konzept „Leitlinien für die hausärztliche Praxis". In: Niedersächsisches Ärztebl. 72, H. 8, S. 15-16.

Gerlach, F.M.; Beyer, M.; Szecsenyi, J. & Fischer, G.C. (1998): Leitlinien in Klinik und Praxis: Welche Anforderungen sollten moderne Leitlinien erfüllen? Welche Strategien zur Entwicklung, Verbreitung und Implementierung haben sich bewährt? Welchen Beitrag können Leitlinien zur Qualitätsförderung in der Medizin leisten? In: Dtsch. Ärztebl. 95, A-1014 – A1021.

Gerteis M.: Edgman-Levitan S.; Daley J. & Delbanco T. (1993): Through the patient's eyes: understanding and promoting patient-centered care. San Francisco: Jossey-Bass Publishers.

Gerteis M.; Edgman, S.L. & Daley, J. (Eds.) (1993): Through the patients eyes. San Francisco.

Gesundheitsdirektion des Kantons Zürich: 23 wissenschaftliche Dokumentationen zu den Tracerdiagnosen und Kriterien, 1998-2000.

Gesundheitsdirektion des Kantons Zürich: LORAS-Publik 2, „Outcome-Projekt Schlussbericht" (Schlussbericht des Projektes Outcome 1), 1998.

Gesundheitsdirektion des Kantons Zürich: LORAS-Publik 6, Schlussbericht Outcome 98, 1999.

Gesundheitsdirektion des Kantons Zürich: Projekt LORAS, Projekt-Newsletters LORAS-Profil 1-7, 1997-1999.

Gesundheitsdirektion des Kantons Zürich: Projekt Outcome Weiterentwicklung, Ebner H., Patera N.: Kurzstudie zur Datenqualität,. Koeck, Ebner & Partner, Wien (unveröffentlicht),1999.

Gill, W. & Mantej, W. (1997): Die Sozialvisite. Pflege aktuell. 51/6, S. 376-380.

Görres, S.; Luckey, K. & Stappenbeck, J. (1997): Qualitätszirkel in der Alten- und Krankenpflege. Bern.

Gove, W.R. & Fain, T. (1973): The Stigma of mental hospitalisation: an attempt to evaluate its Consequences. Archives of General Psychiatry 28, S. 494-500.

Graham, J. (1998): Perspectives. AHCPR's evidence-based centers: will their findings guide clinical practice? In: Med. Health. 52(32): suppl 1-4.

Grawe, K., Donati, R. & Bernau, F. (1994): Psychotherapie im Wandel. Von der Konfession zur Profession. Göttingen: Hogrefe.

Greco, P. & Eisenberg, J.M. (1993): Changing physicians' practices. In: NEJM 329, S. 1271-1274.

Greene, J. (1999): The inequality of performance measurements. In: Evaluation, 5/2, April, S. 160-172.

Greenfield, T. & Attkisson, C.C. (1989): Steps toward a Multifactoral Satisfaction Scale for Primary Care and Mental Health Services. In: Evaluation and Program Planning 12, S. 271-278.

Grieshaber, U. (1997): TÜV zertifiziert Pflegedienste. Markenzeichen: Kundenbefragung. In: Forum Sozialstation, Nr. 85, April, S. 18-19.

Griffiths Report (1998): Community Care: An Agenda for Action. London, HMSO.

Grimshaw, J.M. & Russell, I.T. (1993a): Achieving health gain through clinical guidelines: I. Developing scientifically valid guidelines. In: Quality in Health Care 2, S. 243-248.

Grohmann, R. (1997): Das Problem der Evaluation in der Sozialpädagogik. Bezugspunkte zur Weiterentwicklung der evaluationstheoretischen Reflexion. Frankfurt.

Grossmann, R. (1993): Leitungsfunktionen und Organisationsentwicklung im Krankenhaus. In: Badura, B.; Feuerstein, G. & Schott, T. (Hrsg.): System Krankenhaus: Arbeit, Technik und Patientenorientierung. Weinheim, München: Juventa, S. 301-321.

Gruyters, T. & Priebe, S. (1994): Die Bewertung psychiatrischer Behandlung durch die Patienten - Resultate und Probleme der systematischen Erforschung. In: Psychiatrische Praxis 21, S. 88-95.

Gruyters, T. (1995): Die Bewertung psychiatrischer Behandlung durch die Patienten. Hamburg: Korvac

Guba, E.G. & Lincoln, Y.S. (1989): Fourth Generation Evaluation. California: Sage.

Guba, Y. & Lincoln, E. (1989): Fourth generation evaluation. London: Sage.

Habermas, J. & Luhmann, N. (1971): Theorie der Gesellschaft oder Sozialtechnologie - Was leistet die Systemforschung? Frankfurt: Suhrkamp.

Habermas, J. (1968): Technik und Wissenschaft als Ideologie. Frankfurt: Suhrkamp.

Habermas, J. (1981): Theorie des kommunikativen Handelns, 2 Bde. Frankfurt: Suhrkamp.

Haines, A. & Jones, R. (1994): Implementing findings of research. In: British Medical Journal, 308, S. 1488-1492.

Hansen, E. (1997): Qualitätsaspekte Sozialer Dienstleistungen zwischen Professionalisierung und Konsumorientierung. Qualitätsdiskurse in Großbritannien und Deutschland. In: Zeitschrift für Sozialreform, Jg. 43, H. 1, S. 1-28.

Hansen, E. (1999a): Nationale Qualitätskulturen. Ein Vergleich am Beispiel personenbezogener Sozialer Dienstleistungen für Erwachsene in England und Deutschland. In: Jantzen, W.; Lanwer-Koppelin, W.; Schulz, K., S. 21-34.

Hansen, E. (1999b): Mehr als nur Kummer- und Meckerkästen. Reklamationen im sozialen Dienstleistungsbereich: Großbritannien als Beispiel für ein formalisiertes Beschwerdeverfahren. In: Sozial Extra, Jg. 23, Nr. 3, S. 1-5.

Hart, D. (1998): Ärztliche Leitlinien - Definitionen, Funktionen, rechtliche Bewertungen. In: MedR 16, S. 8-16.

Harvey, G. & Kitson, A.L. (1996): Achieving improvement through quality: An evaluation of key factors in the implementation process. In: Journal of Advanced Nursing, 24, S. 185-195.

Häußermann, H. & Siebel, W. (1978): Thesen zur Soziologie der Stadt, Leviathan, 6/4, S. 484-500.

Heiner, M. (Hrsg.) (1988): Selbstevaluation in der Sozialen Arbeit. Freiburg: Lambertus.

Heiner, M. (Hrsg.) (1994): Selbstevaluation als Qualifizierung in der Sozialen Arbeit. Freiburg: Lambertus.

Heiner, M. (Hrsg.) (1996): Qualitätsentwicklung durch Evaluation. Freiburg: Lambertus.

Heiner, M. (1986): Evaluation und Effektivität in der sozialen Arbeit. In: Oppl, H. und Tomascheck, A. (Hrsg.): Soziale Arbeit 2000, Bd. 2. Freiburg: Lambertus.

Heiner, M. (1998): Reflexion und Evaluation methodischen Handelns in der Sozialen Arbeit. Basisregeln, Arbeitshilfen und Fallbeispiele. In: Heiner, M. u.a.: Methodisches Handeln in der Sozialen Arbeit, 4. erw. Aufl., Freiburg, S. 138-219.

Heiner, M. (2000): Evaluation. In: Otto, H.-U. & Thiersch, H. (Hrsg.): Handbuch Sozialarbeit/Sozialpädagogik. Neuwied (im Erscheinen).

Heiner, M. (Hrsg.) (1999): Experimentierende Evaluation. München: Juventa.

Heiner, M. (1196): Evaluation zwischen Qualifizierung, Qualitätsentwicklung und Qualitätssicherung. In: Heiner, M. (Hrsg.), Qulaitätsentwicklung durch Evaluation. Freiburg i.Br.: Lambertus, S. 20-47.

Heiner, M. (1998): Lernende Organisation und Experimentierende Evaluation. Verheißungen lernender Organisationen. In: Heiner, M. (Hrsg.): Experimentierende Evaluation. Ansätze zur Entwicklung lernender Organisationen. Weinheim; München: Juventa, S. 11-54.

Hellstern, G.-M. & Wollmann, H. (1983): Evaluierungsforschung. Ansätze und Methoden, dargestellt am Beispiel des Städtebaus. Basel; Stuttgart.

Herman, S.E. (1997): Exploring the link between service quality and outcomes. Parents' assessments of family support programs. In: Evaluation Review, Vol. 21/3, S. 388-404.

Hochreutener M.-A. & Eichler K.: Outcome-Messung und Qualitätssteuerung. In: Managed Care 1/2000.

Hochreutener M.-A.; Stäger L. & Lenz M.: Das wif!-Projekt LORAS und die Outcome-Messung. In: Schweizer Spital 6/98

Hoefert, H.-J. (1995): Berufliche Sozialisation und Zusammenarbeit im Krankenhaus. In: ders. (Hrsg.): Führung und Management im Krankenhaus. Göttingen, S. 23-48.

Höhmann, U. (Hrsg.) (1995): Pflegediagnosen – Irrweg oder effektives Instrument professioneller Praxis. Eschborn: DBfK.

Höhmann, U.; Müller-Mundt, G. & Schulz, B. (1999): Qualität durch Kooperation. Frankfurt a.M.

Howe, R.; Gaeddert, D. & Howe, M. (1992): Quality on trial. London: McGraw-Hill.

Hübener, A. & Halberstadt, R. (1976): Erfolgskontrolle politischer Planung – Probleme und Ansätze in der Bundesrepublik Deutschland. Göttingen.

Huber, N. (1999): "At Risk" Local Authorities could lose their Sociale Services... In: Community Care, 25.11.-1.12., S. 2f.

Hughes, E.C. (1984): The Sociological Eye. Selected Papers. New Brunswick (USA) and London.

Jantzen, W.; Lanwer-Koppelin, W. & Schulz, K. (Hrsg.) (1999): Qualitätssicherung und Deinstitutionalisierung. Berlin.

Jessop, B. (1992): Thatcherismus und die Neustrukturierung der Sozialpolitik – Neoliberalismus und die Zukunft des Wohlfahrtsstaates. In: Zeitschrift für Sozialreform, Jg. 38, H. 11/12, S. 709-734.

Johnson, R.B. (1998): Toward a theoretical model of evaluation utilization. In: Evaluation and Program Planning 21, 93-110.

Joint Committee on Standards for Education Evaluation (1981): Standards for Evaluations of Educational Programs, Projects, and Materials. New York: McGraw-Hill.

Joint Committee on Standards for Education Evaluation (1994): The program Evaluation Standards. Newbury Park: Sage.

Joint Committee on Standards for Education Evaluation (Hrsg.) (1999): Handbuch der Evaluationsstandards. Opladen: Leske + Budrich.

Joint Committee on Standards for Educational Evaluation, Sanders, James R. (Hrsg.) (1999): Handbuch der Evaluationsstandards. Die Standards des "Joint Committee on Standards for Educational Evaluation". Opladen: Leske + Budrich.

Joss, R. & Kogan, M. (1995): Advancing quality: Total Quality Management in the National Health Service. Buckingham: Open University Press.

Kallert, T.W. (1991): Patientinnen mit depressiven Erkrankungen bewerten nach Entlassung die therapeutischen Angebote einer psychiatrischen Klinikbehandlung. In: Psychiatrische Praxis 18, S. 178-185.

Kalman, T.P. (1983): An Overview of Patient Satisfaction with Psychiatric Treatment. In: Hospital and Community Psychiatry, S. 48-54.
Kamiske, G.F. & Brauer J.-P. (1993): Qualitätsmanagement von A-Z. München; Wien.
Käppeli, S. (1995): Pflegediagnosen in der Akutpflege – Eine explorative Studie im Universitätsspital Zürich. In: Pflege, 8. Jg., H. 2, S. 113-120.
KGSt (1994) (Kommunale Gemeinschaftsstelle für Verwaltungsvereinfachung) (Hrsg): Outputorientierte Steuerung der Jugendhilfe. Köln.
Kitson, A.L.; Ahmed, L.D.; Harvey, G. et al. (1996): From research to practice; one organisational model for promoting research based practice. In: Journal of Advanced Nursing, 23, S. 430-440.
Kitson, A.L.; Harvey, G. & McCormack, B. (1998): Enabling the implementation of evidence-based practice: a conceptual framework. In: Quality in Health Care, 7, S. 149-158.
Kleinig, G. (1995): Lehrbuch entdeckende Sozialforschung, Bd. 1. Weinheim.
Klie, T. (1999): „Homes are for Living in" – Ein englischer Qualitätssicherungsansatz und seine Positionierung in der deutschen Qualitätssicherungslandschaft. In: Jantzen, W.; Lanwer-Koppelin, W.; Schulz, K., S. 15-20.
Klink, G. & Reck-Hog, U. (1998): Kundenorientierte Pflege. In: Blonski, H. (Hrsg.): Qualitätsmanagement in der Altenpflege. Hagen, S. 171-180.
Klüsche, W. (1990): Professionelle Helfer – Anforderungen und Selbstdeutungen. Analyse von Erwartungen und Bedingungen in Arbeitsfeldern der Sozialarbeit und Sozialpädagogik. Aachen.
Koch, U. & Wittmann, W.W. (1990): Evaluationsforschung. Berlin: Springer.
Koditek, T. (1997): Voraussetzungen sozialpädagogischer Wirkungsforschung. In: QS Materialien zur Qualitätssicherung in der Kinder- und Jugendhilfe, H. 11, Bonn (BMFSFJ), S. 50-55.
Koditek, T. (1997): Voraussetzungen sozialpädagogischer Wirkungsforschung. In: Müller-Kohlenberg, H. & Autrata, O. (Hrsg.): Evaluation der sozialpädagogischen Praxis (QS – Materialien zur Qualitätssicherung in der Kinder- und Jugendhilfe, H. 11), S. 50-55.
Krelle, W. (1968): Präferenz- und Entscheidungstheorie. Tübingen.
Kreuz, E.-M. (1973): Probleme der Nutzerbefragung im Planungsprozess. In: Nutzerbeteiligung durch Nutzerbefragung (Arbeitsberichte zur Planungsmethodik 7, hrsg. v. Institut für Grundlagen der Modernen Architektur), Stuttgart: Krämer, S. 13-24.
Krogstrup, H.K. (1997): User participation in quality assessment. A dialogue and learning oriented evaluation method. In: Evaluation, 3/2, S. 205-224.
Krohwinkel, M. (1993): Der Pflegepozeß am Beispiel von Apoplexiekranken. Baden Baden.
Kromrey, H. & Ollmann, R. (1985): Handlungsorientierungen und gebaute Umwelt. Zur subjektiven Bedeutung objektiver Indikatoren. In: Informationen zur Raumentwicklung, H. 5, S. 393-406.
Kromrey, H. (1987): Zur Verallgemeinerbarkeit empirischer Befunde bei nicht-repräsentativen Stichproben. Ein Problem sozialwissenschaftlicher Begleitung von Modellversuchen und Pilotprojekten. In: Rundfunk und Fernsehen, 35/4, S.478-499.
Kromrey, H. (1988): Akzeptanz- und Begleitforschung. Methodische Ansätze, Möglichkeiten und Grenzen. In: Massacommunicatie, 16/3, S.221-242.
Kromrey, H. (1994): Evaluation der Lehre durch Umfrageforschung. In: Universität und Lehre. Ihre Evaluation als Herausforderung an die Empirische Sozialforschung (hrsg. v. P.Ph. Mohler), Münster: Waxmann, S. 91-114.
Kromrey, H. (1994a): Strategien des Informationsmanagements in der Sozialforschung. Ein Vergleich quantitativer und qualitativer Ansätze. In: Angewandte Sozialforschung, 18/3, S. 163-184.

Kromrey, H. (1994b): Wie erkennt man „gute Lehre“? Was studentische Vorlesungsbefragungen (nicht) aussagen. In: Empirische Pädagogik, 8/2, S. 153-168.

Kromrey, H. (1996): Qualitätsverbesserung in Lehre und Studium statt sogenannter Lehrevaluation. Ein Plädoyer für gute Lehre und gegen schlechte Sozialforschung. In: Zeitschrift für Pädagogische Psychologie, 10/3-4, S. 153-166.

Kromrey, H. (1998): Empirische Sozialforschung. Modelle und Methoden der Datenerhebung und Datenauswertung, 8. Aufl. Opladen: UTB.

Kühl, W. & Müller-Reimann, K. (1999): Qualität durch Supervision und Evaluation. In: Kühl, W. (Hrsg.): Qualitätsentwicklung durch Supervision. Münster: Votum, S. 83-120.

Kühl, W. & Müller-Reimann, K. (1999): Qualität durch Supervision und Evaluation. In: Kühl, W. (Hrsg): Qualitätsentwicklung durch Supervision. Münster: Votum-Verlag.

Kühl, W. & Pastäniger-Behnken, C. (1999): Supervision in Thüringen (2) – eine erste Evaluation im Bereich Sozialer Arbeit. In: Kühl, W. & Schindewolf, R. (Hrsg.): Supervision und das Ende der Wende. Opladen: Leske + Budrich.

Kühl, W. & Pastäninger-Behnken, C. (1998): Supervision in Thüringen – Design einer Erkundungs- und Evaluationsstudie im Bereich der Sozialen Arbeit. In: Berker, P. & Buer, F. (Hrsg.), Praxisnahe Supervisionsforschung: Felder – Designs – Ergebnisse. Münster: Votum, S. 130-147.

Kühl, W. (Hrsg.) (1999): Qualitätsentwicklung durch Supervision. Münster: Votum.

Lamnek, S. (1988/89): Qualitative Sozialforschung; Bd. 1: Methodologie; Bd. 2: Methoden und Techniken. München.

Lamnek, S. (1993): Qualitative Sozialforschung. Bd. 2: Methoden und Techniken, 2. überarbeitete Auflage. Weinheim: Beltz, PsychologieVerlags Union.

Lamnek, S. (1995): Qualitative Sozialforschung, 2 Bde., Weinheim.

Landert, C. (1996): Externe und interne Evaluation – Schnittstellen und Übergänge. In: Heiner, M. (Hrsg): Qualitätsentwicklung durch Evaluation. Freiburg, S. 68-84.

Landert, Charles (1996): Externe und interne Evaluation – Schnittstellen und Übergänge. In: Heiner, Maja (Hrsg.), Qualitätsentwicklung durch Evaluation. Freiburg i.Br: Lambertus, S. 68-84.

Langan, M. & Clarke, J. (1994): Managing in the Mixed Economy of Care. In: Clarke, J.; Cochrane, A. & McLaughlin, E. (Hrsg.), Managing Social Policy. London; Thousand Oaks; New Delhi, S. 73-92.

Langan, M. (1993): The Rise and Fall of Social Work. In: Clarke, J. (Hrsg.), A Crisis in Care? Challenges to Social Work. London; Newbury Park; New Delhi, S. 47-67.

Langenegger M.: Qualitätsmanagement im Gesundheitswesen – Rahmenbedingungen des BSV für die Umsetzung. In: Soziale Sicherheit 3/99.

Langer, J. & Schulz v. Thun, F. (1974): Messung komplexer Merkmale in Psychologie und Pädagogik. Ratingverfahren. München; Basel.

Larsen, D.L.; Attkisson, C.C.; Hargreaves, W.A. & Nguyen, T.D. (1979): Assessment of Client/Patient Satisfaction: Development of a General Scale. In: Evaluation and Program Planning, Vol. 2, S. 179-207.

Lenz, A. (1998): Evaluation und Qualitätssicherung in der Erziehungs- und Familienberatung. In: Menne, K. (Hrsg.): Qualität in Beratung und Therapie. München: Juventa.

Leviton, L.C. & Hughes, E.F.X. (1981): Research on the Utilization of Evaluation. In: Evaluation Review 5 (4), 525-548.

Lindow, V. & Morris, J. (1995): Service User Involvement. Synthesis of Findings and Experience in the Field of Community Care. York.

Loftus-Hills, A. & Duff, L. (1998): The Use of national standards to improve nutritional care for older adults: a case study. Royal College of Nursing Institute, Oxford.

Loftus-Hills, A. & Harvey, G. (1999): A Review of the Role of Facilitators in changing Health Care Practice. Royal College of Nursing Institute, Oxford.

Lomas, J. (1994): Teaching Old (and not so old) docs new tricks: effective ways to implement research findings.

Lösel, F. & Nowack, W. (1987): Evaluationsforschung. In: Schultz-Gambard, J. (Hrsg.): Angewandte Sozialpsychologie. München; Weinheim, S. 57-87.

Love, R.E.; Caid, C.D. & Davis, A. jr (1979): The User Satisfaction Survey. In: Evaluation and the Health Professions, Vol. 1, No 5, S. 42-54.

Lüders, C. (1998): Evaluationsforschung in der Kinder- und Jugendhilfe. In: Bundesvereinigung Kulturelle Jugendbildung (Hrsg.): Qualitätssicherung durch Evaluation. Remscheid.

Lüders, C. (1999): Das Programm der rekonstruktiven Sozialpädagogik. Eine Kritik seiner Prämissen und Anmerkungen zu einigen Unterschieden zwischen sozialpädagogischem Handeln und Forschen. In: Fatke, R.; Hornstein, W.; Lüders, C. & Winkler, M. (Hrsg.): Erziehung und sozialer Wandel. Brennpunkte sozialpädagogischer Forschung. Theoriebildung und Praxis (39. Beiheft der Zeitschrift für Pädagogik). Weinheim; Basel, S. 203-219.

MacDonald, B. (1993): A Political Classification of Evaluation Studies in Education. In: Hammersley, M. (ed.): Social research. London: Sage, S. 105-108.

Maier, K. (1998): Zur Abgrenzung der Sozialarbeitsforschung von der Forschung in den Nachbardisziplinen. Ein Versuch. In: Steinert, E.; Sticher-Gil, B.; Sommerfeld, P. & Maier, K. (Hrsg.): Sozialarbeitsforschung: was sie ist und leistet. Freiburg i.Br.: Lambertus, S. 51-66.

Marconi, K.M. & Rudzinski, K.A. (1995): A formative model to evaluate health services research. In: Evaluation Review, 19/5, S. 501-510.

Marshall, G. (Hrsg.) (1996): The Concise Oxford Dictionary of Sociology. Oxford u.a.

Mayer, S. (1999): Wirkungen eines sexualpädagogischen Kurses an der 8. und 9. Jahrgangsklasse einer Gesamtschule. – Die Bewertung aus Sicht der SchülerInnen in fokussierten Interviews. Osnabrück (unveröff. Magisterarbeit).

Mayntz, R. (1980): Die Entwicklung des analytischen Paradigmas der Implementationsforschung. In: dies. (Hrsg.): Implementation politischer Programme. Königstein/Ts., S. 1-17.

McIntyre, K.; Farrell, M. & David, A.S. (1989): In-patient psychiatric care: The patient's view. In: British Journal of Medical Psychology, S. 249-255.

McIntyre, K.; Farrell, M. & David, A.S. (1989): What do psychiatric patients really want? In: British Medical Journal, Vol. 298, S. 159-160.

McNeal Jr., R.B. & Hansen, W.B. (1995): An examination of strategies for gaining convergent validity in natural experiments. D.A.R.E. as an illustrative case study. In: Evaluation Review, 19/2, S. 141-158.

Merchel, J. (1998): Zwischen Effizienzsteigerung, fachlicher Weiterentwicklung und Technokratisierung: Zum Sozialpolitischen und fachpolitischen Kontext der Qualitätsdebatte in der Jugendhilfe. In: Merchel, J. (Hrsg): Qualität in der Jugendhilfe. Münster, S. 20-42.

Merten, R. (1998): Königsweg oder Holzweg? Sozialarbeitswissenschaft als Praxiswissenschaft. In: Archiv für Wissenschaft und Praxis der sozialen Arbeit, 29, S. 190-211.

Millbank, Q. (1993): The co-ordinated implementation model.71:445.

Milner, J. & O'Byrne, P. (1998): Assessment in Social Work. Basingstoke; London.

Modernising Social Services (1998): Modernising Social Services. Promoting Independence, Improving Protection, Raising Standards. London: HMSO.

Moers, M.; Schaeffer, D & Steppe, H. (1997): Pflegetheorien aus den USA – Relevanz für die deutsche Situation. In: Schaeffer, D.; Moers, M.; Steppe, H. & Meleis, A., Pflegetheorien. Beispiele aus den USA. Bern u.a.: Huber, S. 281-295.

Monopolkommission (1998): Hauptgutachten 1996/1997. Baden-Baden.

Moser, H. (1995): Grundlagen der Praxisforschung. Freiburg i.Br.: Lambertus.

Müller, B. (1998): Probleme der Qualitätsdiskussion in sozialpädagogischen Handlungsfeldern. In: Merchel, J. (Hrsg.): Qualität in der Jugendhilfe. Münster: Votum, S. 43-60.

Müller, W. (1996): Erarbeitung von Leitlinien für Diagnostik und Therapie im Rahmen der AWMF. In: Bundesärztekammer, Kassenärztliche Bundesvereinigung, AWMF (Hrsg.): Curriculum Qualitätssicherung – Ärztliches Qualitätsmanagement. Texte und Materialien der Bundesärztekammer, Bd. 10, S. 183-186.

Müller-Kohlenberg, H. (1997): Evaluation aus Sicht der Klienten. Divergenzen in der Beurteilung psychosozialer Dienstleistungen zwischen Anbietern und Abnehmern. In: Innovation und Erfahrung (hrsg. von: Baumgärtel, F.; Wilker, F.-W. & Winterfeld, U.). Bonn: Deutscher Psychologen Verlag GmbH, S. 42-52.

Müller-Kohlenberg, H. (1997): Evaluation von sozialpädagogischen Maßnahmen aus unterschiedlicher Perspektive. In: QS Materialien zur Qualitätssicherung in der Kinder- und Jugendhilfe, H. 11, Bonn (BMFSFJ), S. 8-20.

Müller-Kohlenberg, H. (1998): Die Delphi-Methode in der Evaluationsforschung. Eine Pilotstudie zur Evaluation aus Sicht der KlientInnen bzw. NutzerInnen. In: Heiner, M.: Experimentierende Evaluation und lernende Organisation. Weinheim und München.

Murray, H.A. (1943): Thematic Apper-Ception Test, Harvard.

Neumann, S. (1997): Die TÜV-Plakette für Pflegedienste, In: Häusliche Pflege, H. 4, S. 50-53.

Oesingmann, U. (1997): Anforderungen des Allgemeinarztes in der vertragsärztlichen Versorgung an Diagnose- und Therapiestandards. In: Hallauer, J.F. & Beske, F. (Hrsg.) Diagnose- und Therapiestandards in der Medizin. Schriftenreihe Institut für Gesundheits-System-Forschung, Bd. 62, Kiel, S.77-89.

O'Hagan, K. (Hrsg.) (1999): Competence in Social Work Practice. A Practical Guide for Professionals. London; Bristol (Pennsylvania), (3. impr.).

Oliver, M. (1996): Understanding Disability. From Theory to Practice. Basingstoke; London.

Olk, T. (1994): Jugendhilfe als Dienstleistung – Vom öffentlichen Gewährleistungsauftrag zur Machtorientierung. In: Widersprüche, H. 53, S. 11-33.

Ollenschläger, G. & Thomeczek, C. (1996): Ärztliche Leitlinien-Definitionen, Ziele, Implementierung. In: Z ärztl Fortbild (Zaef) 90, S. 355-361.

Ollenschläger, G. & Thomeczek, C. (1996): Ärztliche Leitlinien-Definitionen, Ziele, Implementierung. In:Bundesärtzekammer. Texte und Materialien der Bundesärztekammer zur Fortbildung und Weiterbildung, Bd. 10: Curriculum Qualitätssicherung, Köln, S. 177-181.

Ollenschläger, G.; Oesingmann, U.; Thomeczek, C.; Kolkmann, F.W. & Lampert, U. (1998): Ärztliche Leitlinien. Aktueller Stand und zukünftige Entwicklungen aus Sicht der Ärztlichen Zentralstelle Qualitätssicherung, In: Ziegler, M. (Hrsg.): Qualitätsmanagement im Gesundheitswesen: Aus Erfahrung lernen. S. 52-60, Bonn: Wiss. Verlag Venusberg.

Ollenschläger, G.; Oesingmann, U.; Thomeczek, C.; Kolkmann, F.-W. (1997): Ärztliche Leitlinien in Deutschland – aktueller Stand und zukünftige Entwicklungen. In: Z ärztl Fortbild. Qual.sich. (ZaefQ) 92, S. 273-280.

Ollenschläger, G.; Oesingmann, U.; Thomeczek, C.; Lampert, U. & Kolkmann, F.-W. (1998): Leitlinien und Evidence-based Medicine in Deutschland. In: Münch. Med Wschr. 140, 38, S. 502-505.

Ollenschläger, C.; Thomeczek, C.; Oesingmann, U. & Kolkmann, F.-W. (1999): Qualitätsförderung ärztlicher Leitlinien: das deutsche Clearingverfahren, Hintergründe und Ziele. In: Niedersächsisches Ärzteblatt 8/99, S. 12-14.

O'Neil, A. & Statham, D. (Hrsg.) (1998): Shaping Futures. Rights, Welfare and Personal Social Services. London.

Osborne, D. & Gaebler, T. (1992): Reinventing government. Reading MA., Addison Wesley.

Palumbo, D.J. & Hallett, M.A. (1993): Conflict Versus Consensus Models in Policy Evaluation and Implementation. In: Evaluation and Program Planning 16, S. 11-23.

Patton, M. (1998): Die Entdeckung des Prozeßnutzens. Erwünschtes und unerwünschtes Lernen durch Evaluation. In: Heiner, M. (Hrsg.): Experimentierende Evaluation. Ansätze zur Entwicklung lernender Organisationen. Weinheim; München, S. 11-53.

Patton, M.Q. (1997): Utilization-Focused Evaluation, 3. Auflage, Thousand Oaks: Sage.

Patton, M.Q. (1998): Die Entdeckung des Prozessnutzens. Erwünschtes und unerwünschtes Lernen durch Evaluation. In: Heiner, M. (Hrsg.): Experimentierende Evaluation. Weinheim: Juventa, S. 55-66.

Patton, M.Q. (1996): A world larger than formative and summative. In: Evalution Practice, 17, S. 131-144.

Petrosino, A.J. (1995): Specifying inclusion criteria for a meta-analysis. In: Evaluation Review, 19/3, S. 274-293.

Priebe, S. & Gruyters, T. (1993): The Role of Helping Alliance in Psychiatric Community Care. A Prospective Study. In: The Journal of Nervous and Mental Disease, Vol. 181, No 9, S. 552-557.

Priebe, S.; Gruyters, T.; Heinze, M.; Hoffmann, C. & Jäkel, A. (1995): Subjektive Evaluationskriterien in der psychiatrischen Versorgung – Erhebungsmethoden für Forschung und Praxis. In: Psychiatrische Praxis 22, S. 140-144.

Pühl, H. (1998): Teamsupervision. Von der Subversion zur Institutionsanalyse. Göttingen: Vandenhoeck & Ruprecht.

Randoll, D. (1991): Lernbehinderte in der Schule. Integration oder Segregation? Köln und Wien: Böhlau.

Rappe-Giesecke, K. (1994): Vom Beratungsanliegen zur Beratungsvereinbarung – Diagnose und Setting. In: Pühl, H. (Hrsg.): Handbuch der Supervision. Berlin: Marhold.

Rauschenbach, T. & Thole, W. (Hrsg.) (1998): Sozialpädagogische Forschung, Gegenstand und Funktionen, Bereiche und Methoden. Weinheim; München: Juventa.

RCN/National Institute for Nursing (1994): The impact of a nursing quality assurance approach, the Dynamic Standard Setting System on nursing practice and patient outcomes, Report no. 4, Vol. 1. Oxford.

Rebien, C.C. (1997): Development assistance evaluation and the foundations of program evaluation. In: Evaluation Review, 21/4, S. 438-460.

Rechtsdienst (1999): Bundesregierung stärkt Stellung der Freien Wohlfahrtspflege. Kritik am 12. Hauptgutachten der Monopolkommission. In: Rechtsdienst der Lebenshilfe, Nr. 3, S. 103f.

Reck-Hog, U. & Leisz-Eckert, U. (1998): Bildungs-und Beratungsangebote für pflegende Angehörige. Freiburg. Diese Studie (Inhaltsverzeichnis und Auszüge in: www.reck-hog.de) kann über *reck-hog@t-online.de* bezogen werden.

Rein, M. (1981): Comprehensive program evaluation. In: Levine, R.A.; Solomon, M.A.; Hellstern, G.-M. & Wollmann, H. (eds.): Evaluation research and practice. Beverly Hills; London.

Reinauer, H. (1999): Entwicklung und Implementierung von ärztlichen Leitlinien im Gesundheitswesen. In: J Lab. Med. 23, S. 297-302.

Reinauer, H. (1999): Entwicklung von Leitlinien. In: Perspectives on Managed Care, Ausg. 2, S. 35-38.

Rich, R.F. (1977): Uses of social science information by federal bureaucrats: knowledge for action versus knowledge for understanding. In: Weiss, C.H. (ed.), Using Social Research in Public Policy Making, Lexington, M.A.: Lexington Books.

Riemann, G. (1997): Beziehungsgeschichte, Kernprobleme und Arbeitsprozesse in der sozialpädagogischen Familienberatung. Eine arbeits-, biographie- und interaktionsanalytische Studie zu einem Handlungsfeld der sozialen Arbeit. Habilitationsschrift. Fakultät für Geistes-, Sozial- und Erziehungswissenschaften der Otto-von-Guericke-Universität Magdeburg.

Rittel, H. (1972): Democratic Decision Making. In: Architectural Design, No 4.

Robson, P.; Locke, M. & Dawson, J. (1977): Consumerism or Democracy? User Involvement in the Control of Voluntary Organisations. Bristol.

Rossi, P.H. & Freeman H.E. (1994): Evaluation 5. Newbury Park: Sage.

Rossi, P.H. & Freeman, H.E. (1988): Programmevaluation. Einführung in die Methoden angewandter Sozialforschung. Stuttgart.

Ruggeri, M. & Dall 'Agnola, R. (1993): The development and use of the Verona Expectations for Care Scale (VECS) and the Verona Service Satisfaction Scale (VSSS) for measuring exceptations and satisfaction with community-based psychiatric services in patients, relatives and professionals. In: Psychological Medicine 23, S. 511-523.

Sackett, D.L.; Rosenberg, W.M.C.; Gray, J.A.M. et al. (1996): Evidence based Medicine. What it is and what it isn't. B.M.J., 312, S. 71-72.

Salustowicz, Piotr (1995): Ohne Forschung keine Wissenschaft. Die Entwicklung der Sozialarbeitsforschung an Fachhochschulen steht erst am Anfang. In: Blätter der Wohlfahrtspflege, 142 (1/2), S. 10-13.

Salzer, M.S.; Nixon, C.T.; Schut, L.J.; Karver, M.S. & Bickman, L. (1997): Validating quality indicators. Quality as relationship between structure, process, and outcome. In: Evaluation Review, 21/3, S. 292-309.

Sanders, J.R. & Joint Committee on Standards for Education Evaluation (Hrsg.) (1999): Handbuch der Evaluationsstandards, deutsche Fassung bearb. u. erg. v. Beywl, T.; Widmer, T. & Sanders, J.R. Opladen.

Sanders, J.R. (1999): Aspekte der Entwicklung und Verbreitung der Evaluationsstandards. In: Joint Committee on Standards for Educational Evaluation (Hrsg.): Handbuch der Evaluationsstandards. Opladen: Leske + Budrich, S. 237-241.

Scala, K. & Grossmann, R. (1997): Supervision in Organisationen. Weinheim; München: Juventa.

Schaarschuch, A. (1996): Dienst – Leistungen und Soziale Arbeit. Theoretische Überlegungen zur Rekonstruktion Sozialer Arbeit als Dienstleistung. In: Widersprüche, H. 59, S. 87-97.

Schaeffer, D.; Moers, M.; Steppe, H. & Meleis, A. (Hrsg.) (1997): Pflegetheorien. Bern.

Schlenker, Carmen (1995): Wonach die Praxis verlangt. Erwartungen der in der Sozialen Arbeit tätigen Fachkräfte an Wissenschaft und Forschung. In: Blätter der Wohlfahrtspflege, 142 (1/2), S. 17-18.

Schmied, K. & Ernst, K. (1983): Isolierung und Zwangsinjektion im Urteil der betroffenen Patienten und des Pflegepersonals. In: Archiv für Psychiatrie und Nervenkrankheiten, S. 211-222.

Schneider, K. & Müller, A. (1995): Evaluation von Supervision. Supervision, 27, S. 86-89.

Schneider, K. & Müller, A. (1998): Das Supervisions-Evaluations-Inventar (SEI). Entwicklung und Anwendung. In: Berker, P. & Buer, F. (Hrsg.): Praxisnahe Supervisionsforschung: Felder – Designs – Ergebnisse. Münster: Votum, S. 90-98.

Schneider, K. & Müller, A.(1998): Das Supervisions-Evaluations-Inventar (SEI), Entwicklung und Anwendung. In: Berker, P. & Buer, F. (Hrsg.) (1998): Praxisnahe Supervisionsforschung. Münster: Votum.

Schönecker, H. G. (1982): Akzeptanzforschung als Regulativ bei Entwicklung, Verbreitung und Anwendung technischer Innovationen. In: Neue Systeme der Bürotechnik. Berlin: Schmidt, S. 49-69.

Schratz, Michael (1999): Selbstevaluation als Bemühen, Qualität zu verstehen und zu entwickeln. In: PÄD Forum, 27, S. 219-222.

Schumann, M. (1998): Wirksamkeitsdialog und Qualitätsentwicklung in der Offenen Kinder und Jugendarbeit (Projekt WANJA). In: deutsche jugend, H. 7/8.

Schütze, F. (1984): Tätigkeitsstudien zu Arbeitsabläufen. Zur Veränderung der „sozialen Grammatik" von Arbeit. Vorschlag zu einer Konferenzserie in Bielefeld. Unveröffentlichtes Mecanoskript. Bielefeld.

Schweitzer, J. (1998): Gelingende Kooperation, Systemische Weiterbildung in Gesundheits- und Sozialberufen. München: Juventa.

Seed, P. & Kaye, G. (1996): Handbook for Assessing and Managing Care in the Community. London; Bristol (Pennsylvania), (2. impr.).

Senge, P.M. (1990): The Fifth Discipline. New York.

Senge, P.M. (1993): Die fünfte Disziplin – die lernende Organisation. In: Fatzer, G. (Hrsg.): Organisationsentwicklung für die Zukunft. Köln, S. 145-178.

Shadish, W.R.; Cook, T.D. & Leviton, L.C. (1991): Foundations of program evaluation. Theories of practice. Newbury Park, CA.

Sjoberg, G. (1983): Politics, ethics and evaluation research. In: Struening, Elmer L. & Brewer, M.B. (eds.): Handbook of evaluation research. Beverly Hills; London, S. 65-88.

Smale, G., Tuson, G. et al (1993): Empowerment, Assessment, Care Management and the Skilled Worker. London: HMSO.

Smith, A.; Preston, D.; Buchanan, D. & Jordan, S. (1997): When two worlds collide. Conducting a management evaluation in a medical environment. In: Evaluation, 3/1, S. 49-68.

Soliday, S.M. (1985): A Comparison of Patient and Stoff Attitude toward Seclusion. In: The Journal of Nervous and Mental Disease, Vol. 173, No 5, S. 282-286.

Sommerfeld, P. & Koditek, T. (1994): Wissenschaftliche Praxisberatung in der Sozialen Arbeit. In: Neue Praxis, 24, S. 230-249.

Sommerfeld, P. (1998): Erkenntnistheoretische Grundlagen der Sozialarbeitswissenschaft und Konsequenzen für die Forschung. In: Steinert, E.; Sticher-Gil, B.; Sommerfeld, P. & Maier, K. (Hrsg.): Sozialarbeitsforschung: was sie ist und leistet. Freiburg i.Br.: Lambertus, S. 13-31.

Spiegel von, H. (1993): Aus Erfahrung lernen. Qualifizierung durch Selbstevaluation. Münster: Votum.

Spiegel von, H. (1996): Arbeitshilfen für das methodische Handeln. In: Heiner, M.; Meinhold, M. & von Spiegel, H. (Hrsg.): Methodisches Handeln in der Sozialen Arbeit, 3. Aufl. Freiburg: Lambertus.

Spiegel von, H. (1998): Erfolg? Qualitätskriterien und ihre Prüfung in der Offenen Jugendarbeit. In: Deinet & Sturzenhecker (Hrsg.): Handbuch Offene Jugendarbeit. Münster.

Spiegel von, H. (1997): Perspektiven der Selbstevaluation. In: Müller-Kohlenberg, H. & Autrata, O. (Hrsg.): Evaluation der sozialpädagogischen Praxis (QS – Materialien zur Qualitätssicherung in der Kinder- und Jugendhilfe, H. 11), S. 32-48.

Steinert, E.; Sticher-Gil, B.; Sommerfeld, P. & Maier, K. (Hrsg.) (1998): Sozialarbeitsforschung: was sie ist und leistet. Freiburg i.Br.: Lambertus.

Stockmann, R. (1996): Die Wirksamkeit der Entwicklungshilfe. Opladen: Westdeutscher Verlag.

Stokes, H.; Thompson D. & Seers, K. (1996): The Implementation of multi-disciplinary guidelines for cardiac rehabilitation. Royal College of Nursing Institute, Oxford.

Strauss, A. (1994): Grundlagen qualitativer Sozialforschung. München.

Strauss, A. et al. (1985): The Social Organization Of Medical Work, Chicago und London.

Thole, W. (1999): Die Sozialpädagogik und ihre Forschung. Sinn und Kontur einer empirisch informierten Theorie der Sozialpädagogik. In: Neue Praxis, 29, S. 225-244.

Thomas, M. & Pierson, J. (1995): Dictionary of Social Work. London.

Üxküll von, T. & Wesiak, W. (1991): Theorie der Humanmedizin. München.

Ulmer, E.M. & Saller, R. (1994): Das Krankenhaus – ein gefährlicher Ort für ältere Menschen? In: Internistische Praxis, 34, S. 847-852.

Ulsenheimer, K. (1999): Leitlinien und Standards – Fallstricke der ärztlichen Therapiefreiheit. In: Niedersächsisches Ärztebl. 72, H. 8, S. 6-11.

Vass, A. (Hrsg.) (1997): Social Work Competences. Core Knowledge, Values and Skills. London; Thousand Oaks; New Delhi.

Vedung, E. (1999): Evaluation im öffentlichen Sektor, Studien zu Politik und Verwaltung; Bd. 12. Wien; Köln; Graz: Böhlau.

Vertrag zur „Verankerung der Ergebnisqualitäts-Messung (Outcome) im stationären Bereich im Kanton Zürich" (Vertragspartner: Gesundheitsdirektion, Spitäler, Versicherer). Version vom 30.08.99.

Wagner, A. (1995): Zur Debatte um eine eigenständige Sozialarbeitswissenschaft. Wissenschaftstheoretische Anmerkungen. In: Soziale Arbeit, 44, S. 290-297.

Waniek, W. (1977): Psychiatrische Patienten beurteilen die Behandlungsmöglichkeiten ihrer Klinik. In: Psychiatrische Praxis 4, S. 237-242.

Weber, M. (1988): Gesammelte Aufsätze zur Wissenschaftslehre, hrsg. von Johannes Winckelmann, 7. Aufl., Tübingen: Mohr.

Weigand, W. (1999): Professionalität schafft Qualität, wenn Ziel und Inhalt definiert sind. In: Kühl, W. (Hrsg.): Qualitätsentwicklung durch Supervision. Münster: Votum, S. 246-262.

Weiss, C. (1988): Evaluations for decisions; is anybody there? Does anyone care?. In: Evaluation Practice, 9/1, S. 5-19.

Weiss, C. (ed.) (1992): Organizations for policy analysis: helping governments think. Newbury Park: Sage.

Weiss, C.H. (1974): Evaluierungsforschung. Methoden zur Einschätzung von sozialen Reformprogrammen. Opladen 1974.

Weiss, C.H. (1995): Nothing is as practical as good theory: Exploring theory-based evaluation for comprehensive community initiatives for children and families. In: Conell, J.P. et al. (eds.): New approaches to evaluating community initiatives. Washington, DC, S. 65-92.

Weiss, C.H. (1997): How can theory-based evaluation make greater headway? In: Evaluation Review, 21/4, S. 501-524.

Weiss; C.H. (1977): Research for policy's sake: the enlightenment function of social research. In: Policy Analysis 3, 531-545.

Widmer, T. & Beywl, W. (1999): Die Übertragbarkeit der Evaluationsstandards auf unterschiedliche Anwendungsfelder. In: Joint Committee on Standards for Educational Evaluation (Hrsg.): Handbuch der Evaluationsstandards. Opladen: Leske + Budrich, S. 243-257.

Widmer, T. (1996): Meta-Evaluation: Kriterien zur Bewertung von Evaluation. Bern: Haupt.

Widmer, T.; Landert, C. & Bachmann, N. (1999): Von der Schweizerischen Evaluationsgesellschaft (SEVAL) empfohlene Evaluationsstandards. Bern/Genève: SEVAL.

Widmer, T.; Rothmayr, C. & Serdült, U. (1996): Kurz und gut? Qualität und Effizienz von Kurzevaluationen. Zürich: Rüegger.

Willke, H. (1994): Systemtheorie II: Interventionstheorie. Grundzüge der Intervention in Komplexe Systeme. Stuttgart; Jena: UTB.

Windgassen, K. (1989): Schizophreniebehandlung aus der Sicht des Patienten. Untersuchungen des Behandlungsverlaufs und der neuroleptischen Therapie unter pathischem Aspekt. Berlin, Heidelberg.

Wottawa, H. & Thierau, H. (1990): Lehrbuch Evaluation. Bern; Stuttgart.

Zbaracki, M. (1998): The rhetoric and reality of Total Quality Management. In: Administrative Science Quarterly, 43, S. 602-636.

MitarbeiterInnen dieses Bandes

Anton, Hubert, Dipl.-Soz., Organisationsberater und Supervisor, Falkensteiner Str. 8, D-60322 Frankfurt a.M.,

Appel, Michael, Dr., Nordstr. 4, D-59457 Werl

Baumgartner, Edgar, Dr., Fachhochschule Solothurn Nordwestschweiz, Hochschule für Soziales, Weißensteinstr. 5, CH-4500 Solothurn

Beer, Thomas, Dipl. Psych., Waldstr. 2, D-49173 Ostercappeln

Eichler, Klaus, Dr. med., stv. Leiter der Geschäftsstelle Verein Outcome, Klausstr. 44, CH-8008 Zürich

Gediga, Günther, Dr., Dipl. Math., Brinkstr. 19, D-49143 Osnabrück

Hansen, Eckhard, Dr., FB 11, Studiengang Sozialarbeitswissenschaft, Universität Bremen, Postfach 33 04 40, D-28334 Bremen

Heiner, Maja, Prof. Dr., Institut für Erziehungswissenschaft, Abtlg. Sozialpädagogik, Eberhard-Karls-Universität Tübingen, Münzgasse 22-30, D-72070 Tübingen,

Hochreutener, Marc-Anton, Leiter der Geschäftsstelle Verein Outcome, Klausstr. 44, CH-8008 Zürich

Höhmann, Ulrike, Prof., Ev. Fachhochschule Darmstadt, FB Pflege und Gesundheitswissenschaft, Zweifalltorweg 12, D-64293 Darmstadt,

Kammann, Cornelia, Westerwieder Weg 33, D-49196 Bad Laer

Kitson, Alison, Dr., BSC (Hons), RN Dphil, FRCN, Direktorin des RCN Institutes, Royal College of Nursing, 20 Cavendish Square, London W1 M OAB

Kromrey, Helmut, Prof. Dr., Freie Universität Berlin, Institut für Soziologie, Babelsberger Str. 14-16, D-10715 Berlin,

Kühl, Wolfgang, Prof. Dr., Professor für Arbeitsformen und Institutionen Sozialer Arbeit an der Fachhochschule Jena, Carl-Zeiss-Promenade 2, D-07745 Jena

Moers, Martin, Fachbereich Wirtschaft, Fachhochschule Osnabrück, Postfach 19 40, D-49009 Osnabrück

Müller, Burkhard, Prof. Dr., Institut für Sozialpädagogik der Universität Hildesheim, Am Sandwerder 14, D-14109 Berlin

Müller-Kohlenberg, Hildegard, Prof. Dr., Universität Osnabrück, Fachbereich Erziehungs- und Kulturwissenschaften, D-49069 Osnabrück

Müller-Mundt, Gabriele, M.A., wiss. Mitarbeiterin am Institut für Pflegewissenschaft an der Universität Bielefeld (IPW), Postfach 10 01 31, D-33501 Bielefeld

Pollitt, Christopher, Prof. Dr., Professor of Public Management, Faculteit Sociale Wettenschappen, Erasmus Universiteit Rotterdam, Burg. Oudlaan 50, NL-3062 PA Rotterdam

Reck-Hog, Ursula, Dr., Institut für Sozialforschung und Organisationsberatung, Sternwaldstr. 3, D-79102 Freiburg

Schiemann, Doris, Fachbereich Wirtschaft, Fachhochschule Osnabrück, Postfach 19 40, D-49009 Osnabrück

Schulz, Brigitte, Dipl.-Soz., freie Journalistin, Burgstr. 9, D-60316 Frankfurt a.M.,

Spreyermann, Christine; Tschanz, Monica; Wälti, Susanna; Vedova, Raffaela; Projektadresse: Werkatelier für Frauen, Aemtlerstr. 203, 8005 Zürich,

Stockbauer, Uta, Mag., Evaluatorin am „IBE-Institut für Berufs- und Erwachsenenbildungsforschung an der Universität Linz“, Raimundstr. 17, A-4020 Linz

Stockmann, Reinhard, Prof. Dr., Lehrstuhl f. Soziologie FR. 6.3, Universität des Saarlandes, Postfach 15 11 50, D-66041 Saarbrücken

Stötzel, Angelika, Dr., Dipl. Supervisorin (DGSv.), Sozialwissenschaftlerin, Hoffeldstr. 17, D-51469 Bergisch Gladbach

Thomeczek, Christian, Dr., Stellvertretender Geschäftsführer, Ärztliche Zentralstelle Qualitätssicherung, Köln, Aachener Str. 233-237, D-50931 Köln

Widmer, Thomas, Dr., Institut für Politikwissenschaft, Universität Zürich, Karl-Schmid-Str. 4, CH-8006 Zürich,